역사주의와 반역사주의

이 한 구 지음

『역사주의와 역사철학』을 기초로 새롭게 전개한
역사주의의 현대적 재구성과 그 비판

역사주의와 반역사주의

이 한 구 지음

철학과현실사

'역사'라는 미명 아래 희생당하고 현혹된 모든 분들께 이 책을 바친다.

머리말

이 책은 역사주의에 대한 비판적 탐구이다. 이 책에서 나는 반역사주의의 입장을 지지하면서 역사주의를 비판적으로 고찰했다.

역사주의는 나의 오랜 화두였다. 나는 『역사주의와 역사철학』(문학과지성사, 1986)에서 이 문제를 다루었다. 그렇지만 한 세대 가까운 세월이 흐르는 동안 역사적 상황의 변화와 함께 역사주의를 바라보는 시각이나 관심의 초점도 많이 바뀌었으며, 역사주의를 이해하는 방식도 새롭게 검토할 필요가 생겼다. 이런 상황에서 이 책은 지난번 저서의 논의들을 부분적으로 활용하면서 현대의 인식론적 탐구에 기초해서 역사주의를 새롭게 재구성하고 동시에 비판적으로 검토한 것이다.

역사주의의 문제에 대해 내가 지속적으로 관심을 기울인 이유는, 역사주의는 여전히 우리가 극복해야 할 위험한 사상이며, 현재 난무하는 온갖 형태의 상대주의가 근원적으로는 역사주의의 변형들이라고 판단했기 때문이다. 한 세대 전만 해도 역사주의의 문제는 칼 포퍼가 제기한 역사결정론이 논의의 중심이었다. 그러나 전체주의의 몰락과 함께 역사결정론에 대한 논의는 뒷전으로 밀리고, 역사상대주의가 다시 논의의 중심을 차지하게 되었다.

지난번 나의 저서는 전체적으로 역사법칙주의의 문제를 다룬 것이었다. 역사개성주의가 언급은 되었지만 전혀 본격적으로 다루어지지 못했다. 그뿐만 아니라 지난번 저서는 역사법칙주의에 대한 칼 포퍼의 비판을 설명하고 대변하는 성격이 강했다.

이 책은 시대의 흐름에 맞추어 역사주의의 문제를 새롭게 조명하면서 역사법칙주의와 함께 역사개성주의를 논의의 중심으로 삼았고, 이를 통해 역사주의의 전체적 의미를 제시하고 그 문제를 해결하려고 했다. 동시에 칼 포퍼가 제시한 논제들을 여러 부분에서 비판하고 보완하는 새로운 논의의 장을 만들려고 했으며, 역사주의에 대한 비판을 현대의 인식론적 논의에 기초하여 새롭게 전개하려고 했다.

그 결과 나는 칼 포퍼가 지목한 역사법칙주의의 삼인방 중에서 플라톤은 역사법칙주의에서 제외했다. 플라톤은 전체주의자이며 유토피아주의자이지만, 역사법칙주의자는 아니라고 판단되었기 때문이다. 그뿐만 아니라 단지 역사의 단계적 발전만을 이야기한 몇몇 계몽주의자들에 대해서도 역사법칙주의자라는 부적절한 상표를 떼어버렸다. 역사의 단계를 나누는 것과 각각의 단계들이 계기의 역사법칙에 의해 필연적으로 연결된다는 주장은 서로 다르기 때문이다.

이 책에서 나는 역사주의 일반에 대한 좀 더 체계적인 정리와 분석을 시도했고, 역사주의와 비판적 합리주의의 논쟁을 더욱 치밀한 과학적 논의 위에서 한층 발전시키고 보완하려고 했다. 역사주의와 반역사주의를 논의하면서, 반역사주의의 대표자로 칼 포퍼의 비판적 합리주의를 선택한 것은 두 가지 이유 때문이다. 하나는 비판적 합리주의가 역사주의와 대립관계에 있던 계몽주의의 정통적 계승자이기 때문이고, 다른 하나는 칼 포퍼가 역사주의를 가장 철저하게 비판한 철학자로 평가되었기 때문이다.

바쁜 시간 속에서도 원고를 읽고 여러 가지 유익한 조언을 해준 분들을 잊을 수 없다. 오랜 세월 동안 철학하는 기쁨을 함께 누리면서 나의 끝없는 질문에 언제나 최선을 다해 응답해 준 이좌용, 원만희, 정연교, 이종관 교수님이 그분들이다. 이 분들의 비판과 제안이 아니었다면 아마 지금과 같은 작품이 되지 못했을 것이다.

이 책이 역사에 관심을 가진 모든 분들에게 도움이 될 수 있기를 기원한다.

2010년 7월
명륜서재에서
이한구 삼가 씀

차 례

2부 역사주의 비판

3부 반역사주의

서 론 역사주의의 현대적 재구성과 비판적 합리주의의 논박

역사의 발전 단계에서 볼 때 인류가 맨 처음 부딪힌 놀라움의 대상은 자연이었다. 자연의 일부분으로서 존재했던 인간에게 자연이 결정적 의미를 갖는 것은 당연한 일이었다. 그러므로 자연이 우주의 전부였고, 인간이 탐구하는 대상의 전부였던 과거로 거슬러 올라갈수록 인류는 자연 속에서 인간의 본질과 삶의 의미를 발견하고자 했다. 자연의 의미는 곧 삶의 의미였다.

이와는 달리 기독교가 지배했던 서양의 중세기는 신의 본질 속에서 인간의 운명을 밝히고자 한 시기였다. 고대 세계에서 자연이 차지했던 자리에 신이 들어선 것이다. 신은 우주의 본질이었고, 알파요 오메가였다. 모든 근본적인 탐구는 신으로 향했고, 삶의 의미와 목적까지도 신에 의해서 부여되었다.

근대 세계에 와서 우리의 주요 관심 중의 하나로 떠오른 것은 자연이나 신이 아니라 역사였다. 즉, 역사의 본질과 목적을 파헤침으로써 인간의 운명과 위치를 해명하고자 했던 것이다. 이제 역사의 의미와 목적은 곧 삶의 의미와 목적이 되었고, 역사의 운명과 인간의 운명은 하나가 되었다. 이렇게 역사가 관심과 탐구의 중심으로 떠오르면서, 모든 것을 역사적으로 설명하고 평가하는 태도인 역사주의가 형성되기에 이른다.

물론 이러한 주장은 고대나 중세 시대에는 역사적 탐구나 관심이 없었다는 의미가 아니다. 오히려 동서양을 막론하고 역사학은 다른 학문보다도 일찍 존재했으며, 근대적인 업적에 비길 만한 역사철학도 고대 세계에서 이미 형성되었다고 할 수 있다. 특히 유교를 중심으로 한 동양적 세계에서는 객관적인 역사적 기록과 평가를 위해 어떤 희생도 감수한 전통까지 있다. 그렇지만 역사 속에서 인간의 운명과 본질을 발견하고, 모든 것을 역사적 맥락에서 설명하고 평가하고자 하는 역사주의적 세계관과 방법론이 성숙된 것은 역시 근대의 일이라 할 수 있다.

어제의 일들이 오늘의 삶에 미치는 영향을 고려하면 우리가 역사 속에서 살고 있다는 것은 분명하다. 과거의 온갖 전승이 우리가 사는 현실의 기초가 되어 있다. 그뿐만 아니라 과거의 기억과 미래의 계획이 현재의 실천 속에서 계속적으로 엮어져 가는 과정이 삶이라는 사실을 고려한다면, 우리의 삶 자체가 역사적인 흐름이라고도 할 수 있다.

그렇지만 우리는 역사 속에 살면서도 문제가 발생하기 전에는 역사를 의식하지 못한다. 이것은 우리가 질병이 없는 한 우리 자신의 육체를 의식하지 않고 생활하는 것과 흡사하다. 욕구나 계획의 좌절을 통해 우리는 비로소 현실과의 긴장을 체험하게 되며, 삶의 긴장이 고조되었을 때, 우리는 우리 자신을 되돌아보고 미래의 설계를 확인하거나 수정한다. 이런 역사의식의 형성과 함께 필연적으로 다음과 같은 물음이 제기된다: '역사는 어디로 가고 있는가?', '역사가 지향하는 목적은 무엇이며, 나는 이 역사의 흐름에서 어떤 역할을 수행하는가?', '현실의 역사는 개인들의 노력에 의해 자유로이 창조되는 것인가, 아니면 인간의 힘으로는 어쩔 수 없는 어떤 섭리나 운명이 이끌어가는 것인가?', '우리는 현재와 다른 과거를 어떻게 이해할 것인가?' 이러한 물음들은 극히 추상적인 것 같지만, 우리의 현실적인 삶에서도 매우 중요한 의미를 지닌다. 왜냐하면 우리가 어떻게 우리의 삶을 설계하고 현실에 대처할 것인가 하는 것은 바로 이런 물음들에 어떻게 대답하는가에 달려 있기 때문이다.

'역사주의'란 19세기 중엽부터 역사와 철학 분야에서 본격적으로 논의되기 시작하여 지금은 인문사회과학의 여러 분야에서 광범위하게 사용되고 있는 술어이다. 이것은 하나의 독특한 방법론과 세계관을 동시에 지칭하는 매우 다의적이고 포괄적인 개념이다. 또한 역사 과정에서의 분화를 고려할 때 그 자체로 역사성을 가진 개념이라 할 수 있다. 그러므로 역사주의는 넓은 의미에서 역사성을 만물의 본질로 간주하는 입장으로 규정될 수 있지만, 강조하는 논점의 차이에 따라 여러 측면에서 논의될 수 있다. 이와 아울러 그것은 분석 · 검토되어야 할 매우 다양한 문제를 제기한다.

사상사적 맥락에서 보면 역사주의는 계몽주의의 보편적 이성에 대한 반명제로서 나타난 사조이다. 이때의 역사주의는 물론 여러 갈래로 분화되기 전의 독일 역사학파들이 중심이 되어 주장한 고전적 역사주의이다. 고전적 역사주의가 인류의 보편적 이성을 부정하면서 내세운 개념이 역사적 이성이다. 보편적 이성은 시대를 넘어선 인간의 공통적 이성인 반면, 역사적 이성은 특정한 시대에 국한된 특수한 이성이다. 근대 세계를 주도한 두 이성은 여러 측면에서 대립한다. 먼저 계몽주의의 보편적 이성은 초시간적 타당성을 지닌 자연법을 주장하지만, 역사적 이성은 시간 · 공간의 제약을 받는 실정법만을 인정한다. 보편적 이성은 구성원들의 합의를 통한 국가 수립의 계약이론을 주장하지만, 역사적 이성은 국가 수립의 기초로서 정치권력과 지리적 조건 및 국민의 우수성을 주장한다. 따라서 보편적 이성은 국가도 법 아래 있다고 주장하는 반면, 역사적 이성은 산 실체로서의 국가는 법 위에 있다고 주장한다.

인식론에 있어서도 보편적 이성은 이성의 힘으로 세계를 이해할 수 있다는 합리주의를 주장하지만, 역사적 이성은 이성의 역사성을 강조하면서 진리의 상대성을 옹호한다.

두 이성은 역사를 보는 관점에서도 극명하게 대립한다. 보편적 이성은 인류의 역사를 주장하며, 역사의 주체로서 인류를 상정한다. 반면에 역사적 이성은 여러 민족들의 역사를 주장하며, 역사의 담당자로서 민족국가를 상정한다. 역사의 발전 방향에 대해서도 보편적 이성은 이성에 의한 진보를 주장하는 반면, 역사적 이성은 운명적 순환을 주장한다.

전체적으로 계몽주의의 보편적 이성은 이성에 의한 진보와 민주주의, 인권의 확장을 주장하는 진보주의의 입장을 취한다면, 고전적 역사주의의 역사적 이성은 인간 본래의 불평등과 국가 이성, 그리고 각 시대의 내재적 가치를 주장하는 보수주의의 입장을 옹호한다.

고전적 역사주의의 배경을 이루는 사조가 낭만주의이다. 낭만주의는 계몽주의의 합리주의에 대한 가장 포괄적인 반명제이다. 낭만주의는 기본적으로 이성보다는 정서를 더욱 중시하며, 지성보다는 감성을 우선시한다. 그것은 정서, 상상, 신비 등을 강조하며, 개성적인 것과 이런 개성적인 것을 창조하는 천재와 영웅을 찬양한다. 낭만주의에서 민족문화는 가장 개성적인 것으로 격상된다.

20세기 들어와 역사주의는 다양하게 분화된다. 그것은 역사개성주의와 역사법칙주의로 나누어지면서, 역사법칙주의는 보편적 이성이 주장하는 진보와 인권과 평등을 함께 주장하기도 한다. 그럼에도 불구하고 모든 역사주의는 존재의 역사성을 가장 기본적인 범주로 채택함으로써 본질적으로는 보편적 이성을 부정하려는 특성을 갖는다.

보편적 이성은 18세기 계몽주의의 중심점이며, 이 세기가 동경하고, 추구하고, 성취해 낸 모든 것들을 표현하는 이름이다. 계몽주의는 이성의 동일성과 불변성을 믿는다. 이성은 모든 사유주관에서, 모든 민족에서, 모든 시대에서, 모든 문화에서 동일하다는 것이 이성의 보편성이다. 그렇지만 계몽적 이성은 경험계를 초월하는 인식능력이 아니라, 경험계를 통합할 수 있는 능력이다.[1] 여기에 17세기의 이성과 차이점이 있다. 17세기의 이성은 영원한 진리를 파악할 수 있는 능력이었다. 이런 점에서 17세기의 이성은 초월적 이성이었고 신의 능력과도 같은 것이었다. 그러므로 이성의 행위는 신적인 것에 참여함을 의미했으며, 이성은 초감각적인 예지계를 인식할 수 있었다. 17세기의 형이상학의 여러 체계들, 즉 데카르트, 말브랑슈, 스피노자, 라이프니츠의 체계들은 이런 초월적 이성의 결과물이다.

이에 반해 18세기의 계몽적 이성은 경험계를 초월해서 진리를 찾지 않고 경험계 내부에서 진리를 추구한다. 이성의 가장 중요한 기능은 분해하고 연결하는 것이다. 이성은 사실적인 것, 즉 주어진 모든 것을 분해하여 단순한 요소로 환원하고, 이를 다시 연결하여 종합한다. 분석과 종합이라는 이런 이성의 이중적 기능을 알 때만 우리는 18세기 이성 개념을 제대로 이해하게 된다. 17세기가 데카르트의 『방법서설』이 지배하는 시대였다면, 18세기 계몽시대는 뉴턴의 『철학함의 규칙』이 지배하는 시대였다.[2] 뉴턴의 방법은 순수 연역적 방법이 아니고, 분석의 방법이다. 그는 사실에 관한 구체적 지식에 도달하기 위해 먼저 원리나 공리를 세우지 않고, 오히려 반대로 진행한다. 현상은 주어진 자료이고 원리는 추구되어야 할 과제이다. 법칙은 현상 속에서 찾아야 한다.

계몽주의는 자연인식의 가능성과 조건을 문제 삼았듯이, 역사의 가능성과 조건을 문제 삼았다. 말하자면 18세기는 역사에 대한 명석 판명한 개념을 추구하며, 보편과 특수, 이념과 현실, 법칙과 사실 간의 관계를 확립하고 이들 사이의 한계를 확실히 밝혀 역사적인 것의 의미를 찾으려 했다.

이러한 계몽주의의 역사 탐구에 대해 역사주의는 묻는다. "이성이 보편적이라면 역사의 진보는 어떻게 가능한가? 보편성과 진보는 조화될 수 있는가?" 이에 대해 계몽주의는 다음과 같이 답한다. 이성의 보편성이란 이성은 타고난 능력으로서 어디서나 똑같다는 의미이며, 역사의 진보란 관습과 일상적인 선입견의 무게에 억눌려 있던 이성이 점차 이런 방해물들을 극복하고 그 참된 모습을 실현시켜 나간다는 뜻이다. 따라서 진보라는 말은 이성 자체의 변화를 말하는 것이라기보다는 '이성이 밖으로 드러남'이나 혹은 '이성이 경험적이며 객관적으로 가시화됨'을 뜻한다.[3)]

이 책은 계몽주의와 고전적 역사주의의 대결을 단순히 재론하자는 것이 아니다. 역사주의를 현대적 관점에서 두 유형으로 정형화하고 이들과 비판적 합리주의의 대결을 통해 역사주의가 정당화되지 못한다는 것을 논증하려는 것이다. 내가 이 책에서 역사주의와 대결시킨 비판적 합리주의는 계몽적 합리주의의 정통적 계승자라고 할 수 있다. 이들의 유일한 차이점은 계몽적 합리주의가 이성의 무오류성을 주장한 데 반해, 비판적 합리주의는 이성의 오류 가능성을 인정한다는 것이다. 이런 차이점에도 불구하고, 비판적 합리주의와 역사주의는 대립극을 형성한다. 그러므로 이 책은 계몽주의와 고전적 역사주의의 대결을 현대적 상황에서 포괄적으로 재구성한 2차전이라 할 수 있다.

이 책에서 다룬 나의 논제들은 전체적으로 다음과 같이 몇 가지로 정리될 수 있다.

첫째, 역사성을 키워드로 하는 역사주의는 다양하게 전개되었지만 역사개성주의와 역사법칙주의로 유형화할 수 있다.

역사개성주의는 역사가 독특한 개체들의 개성적 발전 과정이라는 주장이며, 역사법칙주의는 역사가 법칙에 의해 지배된다는 주장이다. 많은 사람들이 이 두 교설은 전혀 별개라고 생각한다. 그 이유는 두 입장 간에 서로 상반되는 주장까지도 존재하기 때문이다. 나는 이들이 별개의 교설이 아니라 역사성에 뿌리를 내리고 있는 역사주의의 다른 변형들임을 논증한다.

둘째, 역사개성주의는 진리의 상대주의를 초래하고, 역사법칙주의는 정치적 전체주의를 야기한다.

인식론적 관점에서 보면 모든 역사주의는 역사적으로 닫힌 체계(historically closed system)이다. 닫힌 체계의 본질적인 특성은 통약불가능성이다. A와 B 두 체계가 존재할 때, A와 B는 서로 번역 불가능하며, 아무런 공통의 기초를 갖지 않는다는 것이다. 통약불가능성 논제는 최근 토마스 쿤(Thomas S. Kuhn)에 의해 패러다임 이론으로 정식화된 것이다. 역사적 닫힌 체계는 진리의 상대주의로서 현대의 수많은 상대주의의 원형이 되었다. 말하자면, 지식사회학, 패러다임 이론, 언어공동체 이론, 문화상대주의 등이 역사적 닫힌 체계를 보넬로 한 변형들이다. 닫힌 체계는 공시적 닫힌 체계와 통시적 닫힌 체계로 나눌 수 있다. 공시적 닫힌 체계는 어떤 시간 단면에서 계급이나 계층 혹은 언어공동체를 단위로 논의되기 때문에 시대를 단위로 논의하는 통시적인 역사적 닫힌 체계와는 연관이 없어 보이기도 한다. 그러나 모든 닫힌 체계는 닫혀 있다는 점에서 근본적으로는 같은 논리적 구조를 갖는다고 할 수 있다.

역사법칙주의가 정치적 전체주의를 야기하는 이유는 분명하다. 그것은 소위 역사의 법칙이라는 것을 우리에게 덮어씌우면서, 정해진 노선에 따라 강제적으로 우리를 몰아가고자 하기 때문이다.

셋째, 역사적 닫힌 체계는 열린 체계로, 역사법칙은 합리성의 원리로 대체되어야 한다.

역사적 닫힌 체계가 정당화될 수 없는 이유는 그것이 이성의 자율성과 자기 초월성을 부정하기 때문이다. 이성은 역사적 상황의 제약을 받지만 전적으로 상황에 갇힌 노예는 아니며, 때때로 잘못을 범하지만 오류를 수정할 수 있는 비판적 능력을 갖고 있다. 역사적 한계를 뛰어넘으면서 전진하는 인식의 논리가 역사적으로 열린 체계이다.

역사법칙주의가 주장하는 '역사의 법칙'은 진정한 과학적 법칙이 아니다. 많은 경우 역사의 법칙이란 추세에 대한 별명에 불과하며, 법칙으로 볼 수 있는 경우라도 수반된 법칙일 뿐이다. 그러므로 우리가 자유로운 행위자인 한에서 역사는 결정되어 있지 않다. 미래는 결정되어 있는 것이 아니라 열려 있다. 인간은 역사의 산물이지만 역사 또한 인간의 산물이다.

이런 논제들을 통해 나는 존재의 역사성을 용인한다 해서 지식의 객관성을 포기할 아무런 이유가 없음을 제시하고자 한다. 역사는 세계정신이나 섭리 같은 초개인적인 힘이 아니라 바로 자유로운 주체적 개인들에 의해 창조되는 것이며, 역사의 목적과 방향은 미리 결정되어 있는 것이 아니라 우리가 어떤 결단을 내리고 어떻게 선택하는가에 달려 있음을 논증하려고 한다. 동시에 어떠한 형태의 역사적 결정론이나 이에 근거한 어떤 형태의 정치적 전체주의도 정당화될 수 없을 뿐만 아니라, 인식론적 닫힌 체계는 인식론적 열린 체계에 의해 대체되어야 함을 보여주고자 한다. 한마디로 나는 신비화된 역사라는 검은 상자를 해부하여 그 정체를 확인하려고 한다.

1부 역사주의의 유형

'역사주의'는 매우 다양하고 포괄적인 의미를 갖고 있어서, 때에 따라서는 심지어 서로 모순적인 의미로 사용되기도 한다. 이런 문제점 때문에 역사주의는 이제 쓸모없는 개념이 되었다는 주장도 있다. 그렇지만 역사주의는 여전히 우리의 삶과 세계를 규정하는 매우 유용한 범주로 판단된다. 왜냐하면 역사주의는 그 짝을 이루는 자연주의와 함께 여러 영역에서 삶과 세계의 모습을 드러내는 필수불가결한 틀이기 때문이다.

헤르더, 훔볼트, 낭만주의 학파와, 헤겔, 랑케, 마르크스, 만하임, 마이네케, 포퍼 등 수없이 많은 사람들이 역사주의를 직접, 간접으로 정의하고, 역사주의 사상을 논의했다. 그러나 여러 사람들이 논의에 참여하면 할수록 역사주의라는 말의 의미는 더욱 복잡해졌으며, 이것은 역사주의에 대한 일관된 논의를 불가능하게 했다.

이런 상황은 역사주의에 대한 새로운 정의를 요청한다. 나는 역사주의의 의미를 좀 더 간결하면서도 일반화하기 위해 상위 역사주의적 입장에서 역사주의와 연관된 개성과 발전, 역사법칙, 역사성 등의 개념을 검토한 후, '역사성' 하나만을 핵심 개념으로 하여 역사주의를 역사개성주의와 역사법칙주의로 정형화했다.

역사개성주의는 역사를 개성적 존재들의 발전 과정으로 보는 입장이다. 반면에 역사법칙주의는 역사를 거시적 역사법칙에 의해 지배되는 과정으로 이해하려는 입장이다. 이들은 역사주의라는 같은 이름 아래 포섭되면서 서로 모순되는 내용을 주장하기도 한다. 역사개성주의는 역사의 보편적 법칙을 부정하는 반면, 역사법칙주의는 역사를 역사법칙에 의해 설명하려 하기 때문이다. 그런데도 불구하고 이들을 역사주의라는 범주 하에 함께 묶을 수 있는 것은 이들이 역사성이라는 역사주의의 기본 개념을 공유하기 때문이다. 이런 유형화는 실타래처럼 얽힌 '역사주의'를 명료하게 만들어준다. 그 결과 이들의 장점과 문제점에 대해서도 좀 더 명료한 논의가 가능해진다.

1 장 역사주의는 두 유형으로 정형화된다[1)]

이 장에서는 먼저 지금까지 논의된 역사주의의 다양한 의미부터 살펴본다. 역사주의의 의미를 객관적으로 고찰하기 위해 나는 상위 역사주의적 태도를 견지하면서 역사주의를 다음과 같이 정의한다. "역사주의란 모든 사상이 역사성을 본질적 속성으로 갖는다고 보고, 역사성을 통해 이들을 설명하고 평가하고자 하는 특수한 사고방식이다."

다음으로 특수한 사고방식으로서의 역사주의의 두 양상을 논의한다. 세계관으로서의 역사주의와 방법론으로서의 역사주의가 그것이다. 우리가 과거의 기록을 탐구할 때 사고방식은 역사과학의 방법론을 의미하게 되며, 세계가 우리의 탐구 주제일 때 사고방식은 세계관의 문제로서 나타난다.

문제의 초점은 방법론적 측면이다. 물론 이때의 방법은 경험적 자료를 수집하는 정확한 기술이나 자료의 분석과 같은 세부적인 규칙을 지칭하는 것은 아니다. 여기서 문제 삼는 개념이나 원리들은 역사가에게 더 폭넓은 발견의 지침을 제공하는 것으로 이해되어야 한다.

세계관은 동일하다 할지라도 구체적인 방법론은 다를 수 있다. 나는 역사주의의 내용을 좀 더 명료하게 하기 위해 방법론을 중심으로 역사주의를 두 유형으로 정형화했다. 하나는 독일 역사학파를 중심으로 논의되어 왔고 지금도 그 전통에서 전개되고 있는 전통적 역사주의이고, 다른 하나는 칼 포퍼에 의해서 새로이 규정된 역사주의이다. 나는 전통적 역사주의를 역사개성주의로, 포퍼가 규정한 역사주의를 역사법칙주의로 명명했다.

1. 역사주의의 다양한 의미

'역사주의'란 말은 처음 사용될 때부터 매우 다의적인 개념이었다. 그 후 다방면에 걸친 활발한 논의와 더불어 그 의미는 더욱 다양하고 포괄적으로 전개되어 현재 이 말은 심지어 상호 모순되는 의미까지도 함축하고 있을 정도이다. 역사주의를 둘러싸고 수많은 논쟁이 끊임없이 제기되어 온 것도 바로 이 말이 갖는 의미의 다양성과 포괄성 때문이었다고 할 수 있다.

역사주의는 때로는 역사법칙이나 역사적 예측과 연관되기도 하고, 때로는 이들과는 전혀 관계가 없는 것으로 이해되기도 한다. 그것은 때로는 역사적으로 전개되는 일회적인 개성을 강조하기도 하고 때로는 발전에 초점을 맞추기도 한다. 그것은 서구 사상이 이룩한 가장 위대한 정신적 혁명으로 평가 절상되기도 하고, 단순히 가치와 진리의 상대주의에 불과한 것으로 폄하되기도 한다. 그뿐만 아니라 정신과학의 본질을 드러내는 특수한 방법론으로 극찬되기도 하고, 과학의 방법론을 오해한 방법론으로 비판되기도 한다.[2)]

역사주의에 관해 매우 깊이 연구했고, 특히 마이네케(F. Meinecke)의 역사주의에 관해 방대한 연구 업적을 남긴 호퍼(Walter Hofer)는 일찍이 다음과 같은 평가를 내렸다. "역사주의는 최근의 수없는 논의와 논쟁의 와중에서 공격당하고 주장되고 포기되고, 애매하게 된 논쟁적 개념(Kampfbegriff)이다."[3] 이런 논쟁의 과정에서 역사주의는 너무 넓게 제멋대로 사용되어 이제 쓸모없는 개념이 되었다는 주장도 있다.[4]

이런 상황에서 역사주의의 의미를 제대로 드러내기 위해서는 먼저 상위 역사주의적 태도(meta-historicism)가 필요할 것으로 생각된다. 말하자면 역사주의에 대한 찬반의 입장을 유보하고, 한 차원 높은 단계에서 모든 역사주의를 분석하고 정리할 수 있는 태도가 요구된다. 나는 일단 다양하고 혼란스러운 역사주의를 체계적으로 정리하는 단계에서는 상위 역사주의적 태도를 취하려고 한다. 그렇지 않을 경우 우리는 '역사주의'라는 개념의 정확한 의미를 파악하기가 어렵기 때문이다. 역사주의란 도대체 무엇을 의미하는 것인가? 역사주의란 이름 아래에서 우리는 무엇을 이해하는가? 역사주의란 어떻게 정의되며, 이 말의 정당한 사용은 어떤 것인가?

가장 일반적인 차원에서 이야기한다면, 첫째로 역사주의는 역사를 중심으로 사물을 보는 태도라고 할 수 있다. 이때 모든 사회 문화적 현상은 역사적인 맥락 속에서 이해된다는 이론과 역사주의는 거의 동일시된다. 비슷한 관점에서 런즈(D. D. Runes)는 역사주의를 다음과 같이 정의한다. "역사주의는 어떤 사물의 역사가 그 사물에 대한 충분한 설명이 되며, 어떤 사물의 가치는 그 사물의 기원을 발견함으로써 평가될 수 있고, 어떤 사물의 본성은 그 발전 과정 속에서 완전히 이해된다고 보는 견해이다."[5] 만델바움(M. Mandelbaum)에 있어서도 역사주의는 "어떤 현상에 대한 적절한 이해와 그 현상에 대한 가치 평가는, 우리가 그 현상을 그것이 어떤 발전의 과정 속에서 점유한 위치와 그 과정 속에서 수행한 역할의 관점에서 고찰함으로써만 가능하다고 믿는 신념"[6]으로 정의된다.

헤르더(J. G. Herder), 훔볼트(Wilhelm von Humbolt)로부터, 낭만주의 학파와 헤겔(G. W. F. Hegel), 랑케(Leopold von Ranke)를 거쳐 마르크스(K. Marx), 부르크하르트(J. C. Burckhardt)에까지 이르는 독일 역사주의의 성장을 자세히 추적한 엥겔-야노시(Friedrich Engel-Janosi)의 정의에 의하면, "역사주의는 역사를 중심으로 보는 태도이며, 지적인 삶의 대부분의 영역을 역사에 의해 침투되어 있다고 보고, 역사를 실제적 삶은 아니라 할지라도 적어도 어느 정도까지는 이론적 삶의 스승으로 삼는 태도이다."[7] 이런 관점에서 그는 괴테(Johann Wolfgang von Goethe)나 쇼펜하우어(A. Schopenhauer) 같은 이들도 역사주의자로 분류했다. 이들은 모두 역사를 인간적 지혜에 이르는 중요한 길로서 생각했기 때문이다.

둘째로 역사적 변화와 역사적 맥락에 대한 강조는 역사주의를 역사적 상관주의나 상대주의로도 해석하게 만들었다. 말하자면 역사주의는 역사에서 절대적 원리의 타당성을 부정하는 신념으로도 정의된 것이다. 역사적 상대주의는 사상과 그것이 발생한 역사적 상황과의 관계를 강조하며, 사상이란 단지 그것이 발생한 사회적 조건의 반사작용일 뿐이라고 주장한다.[8] 이러한 입장을 우리는 만하임(Karl Mannheim)의 지식사회학에서 쉽게 발견할 수 있다. 만하임은 우리의 모든 지식은 상관적 지식이며 그것은 관찰자의 위치와 관련시켜서만 정식화될 수 있다고 본다.[9] 비슷한 맥락에서 트뢸치(Ernst Troeltsch)도 역사주의를 "우리의 모든 인식과 경험의 역사화"[10]라고 규정했다.

셋째로 이와는 달리 역사적 개성을 역사주의의 핵심으로 본 마이네케는 "우리가 적절한 의미에서 역사주의라고 부르는 것은 역사를 다루는 근본적 두 개념인 개성과 개체의 발전이며, 이것은 랑케의 업적에서 절정에 달했다."[11]고 주장한다. 마이어호프(Hans Meyerhoff)

도 역사적 개성을 강조한다. 그는 역사주의를 "역사의 특수한 성질은 일반적 법칙이나 일반적 원리의 진술이 아니라, 시간의 흐름 속에 잠겨 있는 특수한 역사적 사실의 무한한 다양성을 파악하는 데 있다고 보는 견해"[12)]로서 정식화한다.

넷째로 다른 한편으로 역사주의에 대한 비판을 통해 유명하게 되었고, 역사주의에 대해 새로운 문제점들을 제기한 칼 포퍼(Karl R. Popper)는 이들과는 매우 다른 각도에서 역사주의를 "역사적 예측을 목적으로 삼는 사회과학의 한 방법론"[13)]으로 규정한다.

역사주의에 관한 정의들은 이 외에도 상당히 많다.[14)] 그렇지만 이런 정의들의 무차별적인 나열이 역사주의의 의미 규명에 큰 도움이 된다고 하기는 어려울 것이다. 역사주의의 다양한 정의를 좀 더 간명하게 정리하기 위해 리(Dwight E. Lee)와 베크(Robert N. Beck)는 역사주의를 다음과 같이 다섯 가지 유형으로 나누고 있다.[15)] (i) 역사에 의한 설명과 평가, (ii) 삶의 역사화, (iii) 철학의 역사화, (iv) 역사적 상관주의와 상대주의, (v) 역사적 예측이 그것이다. (i)은 역사를 중심으로 해서 사물을 설명하고 평가하려는 입장이며, (ii)는 삶의 일회성과 개성을 강조하는 입장이다. (iii)은 크로체(B. Croce)와 콜링우드(R. G. Collingwood)의 역사주의를 의미하며, (iv)는 우리의 모든 사상과 인식을 그것이 발생한 역사적 맥락에서 보려는 상대주의적 입장이며, (v)는 역사의 연구를 통해 미래를 예측하려고 하는 포퍼의 역사주의를 가리키고 있다.

문학 비평의 입장에서 새로운 역사주의를 추구하고 있는 모리스(Wesley Morris)는 역사주의를 네 가지 유형으로 분류한다.[16)] 형이상학적 역사주의, 자연주의적 역사주의, 민족주의적 역사주의 및 심미적 역사주의가 그것이다. 형이상학적 역사주의(metaphysical historicism)는 역사주의 중에서도 가장 전통적인 형식인데, 역사의 전 과정을 직관에만 드러나는 궁극적 목적의 실현 과정으로 보는 입장이다. 헤겔이 물론 이 이론의 가장 잘 알려진 대변자이다. 최근에는 니버(Reinhold Niebuhr)가 헤겔의 변증법적 발전 도식을 채용하여, 역사를 기독교적 의미로 해석하고 있다. 역사에 대한 형이상학적 해석과는 정반대되는 입장이 자연주의적 내지는 실증주의적 역사주의이다. 실증주의적 역사주의는 초월적 질서를 주장하는 이론들을 강렬하게 거부하며, 경험적으로 관찰 가능한 사실 속에서 의미의 구조를 찾으려고 한다. 이러한 태도는 역사가란 일어난 그대로의 사실(wie es eigentlich gewesen)을 그리려고 노력해야 한다는 랑케의 이론에서 가장 분명하게 드러난다.

민족주의적 역사주의는 인류의 보편적 역사를 부정하고, 역사의 주체를 민족으로 보는 입장이다. 19세기의 많은 독일 역사가들과 언어역사학파들에 의해서 수행된 민족정신을 찾고자 하는 여러 연구들이 이런 입장에 속한다. 심미적 역사주의는 역사가 자신의 창조적 행위를 강조하는 입장이다. 이때는 역사의 이야기를 구성하는 역사적 상상력(historical imagination)이 중심 개념으로 등장한다. 역사적 상상력은 역사가와 소설가에게 동일하게 작용하며, 역사적 상상력에 의한 역사적 의미의 구성은 전적으로 역사가의 현재의 관점에서 이루어진다. 이런 근거에서 안토니(Carlo Antoni)는 "확실한 역사 서술은 항상 현재의, 당대의 역사 서술이며, 그것은 항상 우리의 현재 상황을 명백히 이해하기 위한 것으로 생각된다."[17]고 주장한다.

이런 유형화들보다는 좀 더 간결하게 슈네델바흐(H. Schnädelbach)는 역사주의를 다음과 같이 세 가지로 규정한다. 첫째는 역사적 탐구에서의 정신과학적 실증주의(geisteswissenschaftliche Positivismus)이며, 둘째는 인식과 도덕 영역에서의 역사적 상대주의(historische Relativismus in Bereich der Erkenntnis und der Moral)이며, 셋째는 자연

주의에 대립되는 세계관(Weltanschauung)이다.[18)]

2. 역사주의의 양상

역사주의에 대한 규정에서 거론된 중요한 개념들을 일별해 보면, 역사, 개성, 발전, 역사법칙 등을 확인할 수 있다. 역사주의에 대한 이러한 여러 규정이나 유형화는 나름대로의 특성과 장점을 갖고 있다. 그리고 이 외에도 여러 가지 규정이나 분류 방식이 있을 수 있다.[19)] 그렇지만 이런 규정들이나 유형화들은 모두 지나치게 국소적이고 자의적이라는 비판을 면할 수 없을 것으로 판단된다. 그것들은 역사주의의 어떤 특수한 측면만을 보거나 역사주의 아래 너무 많은 내용들을 포함시킨다. 역사주의를 특수화시키면 역사주의의 일반적인 사용을 무시하게 되고, 너무 확대하면 역사주의 아닌 것을 발견하기 어려워진다. 이것은 역사주의라는 유용한 개념의 폐기를 의미한다.

역사주의의 의미를 좀 더 간결하면서도 일반화하기 위해 나는 역사성 하나만을 핵심 개념으로 사용하는 것이 좋다고 생각한다. 나머지 개념들은 모두 역사성 다음의 비중을 갖거나 역사성에서 파생된 이차적인 개념이다. 이렇게 되면 우리가 여러 종류의 역사주의를 이야기하고 논의한다 할지라도 모두를 하나의 기본적인 개념 밑에 묶을 수 있다. 이때 역사주의는 다음과 같이 정의된다. 역사주의란 모든 사상(事象)이 역사성을 본질적 속성으로 갖는다고 보고, 역사성을 통해 이들을 설명하고 평가하고자 하는 특수한 사고방식이다. 사고방식이란 탐구자가 그의 주제를 파악하는 방식을 의미한다. 이때 탐구의 주제가 과거의 기록이라면 사고방식은 대체로 역사과학의 방법론(methodology of history)을 의미하게 되며, 그 주제가 우리를 둘러싼 세계라면 사고방식은 세계관(Weltanschauung)의 문제로서 나타난다.

따라서 역사주의는 특수한 역사적 방법론으로서 규정될 수 있는 동시에, 하나의 특수한 세계관으로서 규정될 수 있다.[20)]

역사성을 실례를 들어 설명해 보자. 우리가 고흐의 '해바라기'를 감상한다고 하자. 고흐는 세잔, 고갱과 함께 후기 인상주의에 속하는 화가이다. 그는 인상주의에서 출발하면서도 객관적 묘사에만 만족하지 않고 간결한 기교를 사용하여 주관적 표현을 시도했다. 그러므로 우리가 고흐의 작품을 이해하기 이해서는 먼저 인상주의를 이해해야 한다. 인상주의 회화는 사물의 고유색을 부정하고, 태양 광선에 의해 순간순간 변해 보이는 대상의 순간적인 색채를 포착하려고 한다. 르누아르, 마네, 모네 등이 인상주의의 대표적인 화가이다. 만약 누군가가 고흐의 '해바라기'를 이런 역사적 맥락 속에서 이해할 때만 제대로 이해하게 된다고 주장한다면, 그는 역사주의자라고 할 수 있다. 그는 역사성의 관점에서 고흐의 작품을 바라보고 있기 때문이다.

우리는 이런 역사성의 맥락을 더욱 확대할 수 있다. 말하자면, 인상주의는 그 이전의 고전주의에 대한 안티테제로 등장했고, 인상주의 이후에 표현주의가 다시 인상주의에 대한 발전적 형태로 등장했다는 식이다. 인상주의 전후의 역사적 흐름이 드러나야 인상주의를 제대로 이해할 수 있다고 역사주의자는 생각한다. 반면에 누군가가 이런 역사성과는 관계없이 작품의 구조와 특성을 기초로 작품을 이해하면 그만이라고 주장한다면, 그는 반역사주의자라고 할 수 있다.

우리가 조선시대 네모형의 한옥을 이해하고 평가한다고 해보자. 우리는 보편적이라고 생각하는 집의 기준에 따라 이 집을 바라볼 수가 있다. 이때 역사적 상황과는 관계없이 집의 크기나 생활의 편리성, 집의 재료 등이 관심의 대상으로 먼저 떠오를 것이다. 반면에 이 집을 조선시대의 시대정신의 한 표현으로 이해하고, 조선시대의 유학의 이념에 따라 지어진 특수한 생활공간으로 평가한다면, 그것은 역사주의적 접근이라 할 수 있다.

같은 논리에서 역사주의적 문학 비평이나 역사주의적 음악 연주라는 표현도 이해할 수 있다. 역사주의 비평은 어떤 작품을 그 작품이 탄생한 시대적 배경과 연관지어 이해하는 방법이다. 만해 한용운의 「님의 침묵」을 만해가 그 작품을 쓴 일제강점기의 역사적 배경 속에서 이해하고자 한다면 역사주의 비평이 된다. 이러한 비평은 「님의 침묵」을 형식적, 구조적으로 분석하여 그 시의 의미와 아름다움을 감상하고자 하는 형식주의 비평과는 다른 접근이라 할 수 있다. 형식주의 비평에서는 그 작품의 역사적 배경 같은 것은 논의에서 중심을 차지하지 못하기 때문이다.

음악의 연주에서도 그렇다. 조선시대의 궁중음악을 연주한다고 해보자. 연주가 제대로 되려면 지금은 사용하지 않지만 그 당시에 사용했던 역사적 악기들로 그 당시의 방식으로 그 당시의 연주 관습에 따라 연주해야 할 것이다. 이런 역사적인 사실에 바탕을 둔 연주가 바로 역사주의 연주이다. 이러한 연주는 오늘날의 악기를 사용하여 현대적 관점에서 해석하여 현대적 방식으로 궁중음악을 연주하는 경우와는 다를 것이다. 평가에서도 오늘날의 기준에서 궁중음악의 예술성이 높다거나 낮다거나 하는 평가와, 궁중음악이 지닌 특이한 예술성을 드러내려는 평가가 다르다는 것은 분명하다. 역사주의는 궁중음악과 현대음악이 서로 다른 특이한 역사적 개성을 지니고 있으며, 그러므로 하나의 잣대로는 잴 수 없다고 주장한다.

그뿐만 아니라 우리는 어떤 사상이 역사적 과정을 거치면서 변형되고, 진화되어 간다는 점을 강조하기 위해 역사주의적 접근을 주장하기도 한다. 예컨대 유학은 처음부터 지금의 사상체계로 존재했던 것이 아니라, 고대에서 현대까지 이르는 동안 덧붙여지고 변형된 사상이다. 그러므로 현대유학에 대한 이해는 원시유학에서부터 지금까

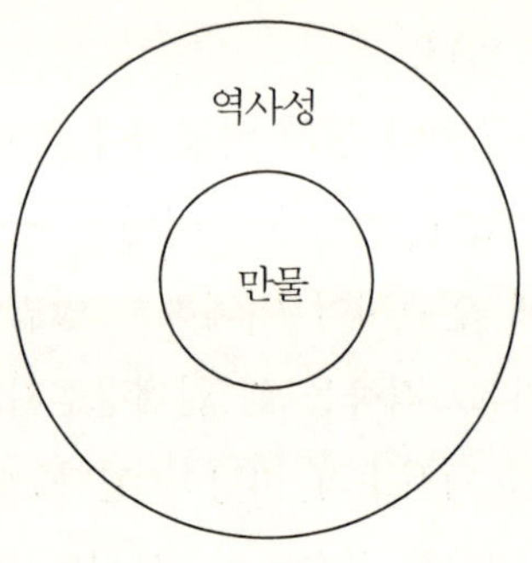

[그림 1] 만물은 역사성을 본질적 속성으로 갖는다.

지의 역사적 변천 과정에 대한 이해를 요구한다.

어떤 사람은 역사성에 기반하여 역사주의를 단순화시키는 이런 시도에 대해 다음과 같이 반대할지도 모른다. "역사주의는 여러 맥락에서 너무나 다양한 의미로 사용되기 때문에 이들 상호간에는 가족 유사성(family resemblance) 이외의 어떤 공통점도 없다." 일상적인 언어 사용의 맥락에서 보면 비트겐슈타인(L. Wittgenstein)이 말한 가족 유사성은 설득력 있는 말이기도 하다. 그러나 가족 유사성이라 해서 공통성이 전혀 없는 것은 아니다.

1) 세계관

세계관이란 우리를 둘러싸고 있는 세계와 그 안에 존재하는 인간의 위치에 관한 통일적이고 포괄적인 견해이며, 세계 전체를 바라보고 경험하는 방식을 의미한다. 역사주의적 세계관에 의하면 우리가 사는 세계는 유전과 변화의 와중에 있고 새로운 개체들이 나타나서 발전하는 과정이라 할 수 있다. 그리고 반복되지 않는 개체들 각각은 시간과 공간 속에서 자신의 특이한 위치를 갖는다. 그러므로 트뢸치가 규정한 바와 같이 이러한 역사주의적 세계관은 18세기의 자연주의적 세계관에 대립되는 것이었다.[21] 자연주의가 모든 현상을 자연화(Naturalisierung)하려 했고, 동시에 수학화(Mathematisierung)하려 한 데 반해서, 역사주의는 모든 현상을 역사화(Historisierung)하고 동시에 개별화(Individualisierung)하려 했기 때문이다. 말하자면 자연주의가 온갖 현상과 그 변화 과정을 자연의 불변적 법칙에 따라 설명하고자 하는 입장인 데 반해, 역사주의는 모든 현상을 개성적이고 발전적으로 파악하려는 입장이었다. 그러므로 역사주의는 먼저 고정불변적인 존재 개념을 거부하는 '동적 세계관(dynamische Weltanschauung)'으로 나타난다.

만하임은 이러한 동적 세계관으로서의 역사주의를 19세기에 와서 형성된 새로운 세계관으로 해석한다. "역사주의란 현대의 세계관이며 … 우리의 모든 세계 이해가 기초하는 세계 해석의 방식이다."[22] 만하임에 의하면 서양 중세기를 특징지은 정적이고 신학적인 세계 개념은 계몽주의 시대까지도 세속화된 개념으로 전승되었다. 왜냐하면 두 문화 모두 무시간적 개념에 집착하고 있기 때문이다. 여기에 도전한 역사주의는 극단적인 시간 중시적인 세계관이었고, 모든 것을 역사화하려는 진화적 세계관이었다고 할 수 있다.

만하임은 역사주의를 서양 중세의 종교적인 세계관이 붕괴되고 난 후 세속화의 과정에서 나타난 계몽시대의 세계관에 대항하는 새로운 종류의 세계관으로 이해한다. 즉, 계몽시대의 세계관이 초시대적 이성에 기초하여, 보편적 법칙과 구조를 통해 세계를 이해하고자 하였다면, 역사주의의 세계관은 역사적 이성에 기초하여 사물의 개성적 발전을 통해 세계를 이해하고자 하는 것이었다. 만하임이 역사주의를 이렇게 새로운 세계관으로 이해하려는 것은 과거의 역사 연구들이 부분적 현상의 규명에만 집착하여 전체를 파악하기 어려웠다고 생각

하기 때문이다.[23)]

마이네케 역시 역사주의를 동적 세계관으로 정의한다. 그에 있어서 역사주의는 우리의 온갖 지식과 가치를 역사적 변화의 맥락 속에서 보고자 하는 앎의 원리(Wissenschaftsprinzip)이면서, 동시에 모든 현실은 동일한 두 사건이 존재할 수 없는 일회적인 역사적 흐름이라는 삶의 원리(Lebensprinzip)[24)]로서 파악되기 때문이다. 그러므로 역사주의는 모든 사물의 본질과 가치를 그것의 시간적 변화 과정을 통해 파악할 수 있다고 믿는 세계관이며, 우리가 사는 세계가 주어진 세계인 동시에 창조되어 가는 세계라고 주장하는 세계관이다. 우리는 이러한 역사주의에서 인간 행위와 사회제도를 포함한 온갖 현상을, 나아가 우리가 살고 있는 전 세계를 그 역사성에 비추어 관찰하고 해석하는 독특한 사고의 틀을 발견한다. 만델바움은 이러한 관점에서 "변화란 사실을 진지하게 파악하려는 기도"가 곧 역사주의라고 갈파했던 것이다.

2) 방법론

방법론으로서 역사주의는 역사 연구에서 지침이 되는 개념과 원리의 체계를 의미한다. 물론 이때의 방법은 경험적 자료를 수집하는 정확한 기술이나 자료의 분석과 같은 세부적인 규칙을 지칭하는 것은 아니다. 그것은 더 일반적인 탐구의 방법을 의미한다. 여기에서 문제 삼는 개념이나 원리들은 역사가에게 폭넓은 발견적 지침을 제공하는 것으로 이해해야 한다. 말하자면 그것들은 역사가의 목적과 목표에 영향을 미치며, 그가 그의 주제의 연구에서 추구해야 할 것을 결정하는 데 도움을 주는 이론적 틀이나 규칙들이다.

세계관은 동일하다 할지라도 구체적인 방법론은 다를 수 있다. 그뿐만 아니라 세계관도 구체화되려면 방법론적 차원에서 논의될 수밖에 없다. 나는 역사주의의 내용을 좀 더 명료하게 규명하기 위해, 방법론을 중심으로 역사주의를 다음과 같이 두 유형으로 정형화하고자 한다. 하나는 독일 역사학파를 중심으로 논의되어 왔고 지금도 그 전통에서 전개되고 있는 전통적 역사주의이고, 다른 하나는 칼 포퍼가 새롭게 규정한 역사주의이다.[25)]

역사주의를 이같이 분류한 이유는 무엇인가? 여기에는 다음과 같은 두 가지 이유가 있다. 첫째로 역사주의에 관한 수많은 논의들이 진행되어 왔지만, 최근에는 칼 포퍼가 제기한 역사주의의 해석과 문제가 가장 뜨거운 쟁점으로 부각되어 이를 중심으로 한 세대 넘게 끝없는 논의가 진행되었기 때문이다. 둘째로는 칼 포퍼가 규정한 역사주의가 아닌 다른 역사주의들은 비록 강조점의 차이는 있다 하더라도, 하나의 유형으로 묶을 수 있다고 보았기 때문이다.

'역사주의'라는 용어의 역사와 그 내용의 역사는 동일하지 않다. 내용적으로 보면 역사주의는 선민사상이나 고대 그리스의 소피스트에서부터 탄생되었다고 할 수도 있다. 그 이유는 이렇다. 선민사상은 신의 선택을 받은 민족이 이 세상을 통치하도록 되어 있다고 보면서, 인류의 역사를 신의 뜻이 실현되어 가는 필연적 과정으로 해석하기 때문이다. 그리고 소피스트들은 진리란 관습에 따라 달라진다고 본다. 그런데 관습은 역사적 전통에 따라 달라진다. 그러므로 진리란 역사적 전통에 따라 다르다는 결론에 이른다. 이들은 모두 역사에 주목했다는 점에서 역사주의의 원형이라 할 만하다.

그렇지만 용어상으로만 보면 'Historismus'는 19세기 중엽부터 본격적으로 사용되기 시작하였으며,[26)] 이것이 오늘날과 같은 의미를 가진 전문적 용어로서 논의된 것은 19세기 후반부터였다. 1839년 포이에르바흐(L. Feuerbach)는 역사주의를 종교적 전통과, 알 수 없는 과거의 사실에 얽매여 현재의 삶을 부자유하게 만드는 이론이라 비난했고, 하임(R. Haym)은 헤겔의 보수주의와 역사의 형이상학을 비판하면서 이 말을 사용했다. 1848년 브래니스(Ch. J. Braniss)는 이 말을 헤겔이나 셸링(F. W. J. von Schelling)과 같이 절대자의 자유가 세계사에서 실현된다고 주장하는 그의 사변적 역사철학에 대한 표제로서 사용했고, 1852년 플란틀(C. Prantl)은 이 말을 사변적 관념론에서 벗어난 더 구체적인 역사 탐구의 의미로 사용했다. 1879년 베르너(K. Werner)는 18세기 이탈리아의 철학자 비코(G. Vico)의 사상을 특징짓는 수단으로 이 말을 사용했다. 비코는 데카르트의 사유의 철학에 반대하고 행위에다 진리의 기준을 두었기 때문에, 우리가 창조하지 않은 자연을 이해하는 것은 불가능하지만 우리 스스로가 만든 역사를 이해하는 것은 가능하다고 주장했다.[27)]

이 말을 철학과 역사학의 경계를 넘어 광범위하게 학계에서 사용하게 된 것은 19세기 중엽을 전후하여 경제학과 법학의 영역에서 탄생한 역사학파들 때문이라고 할 수 있다. 프리드리히 리스트(F. List), 로셔(W. Roscher), 슈몰러(G. Schmoller) 등을 중심으로 하는 경제역사학파는 보편타당한 경제법칙을 부정하고 국민경제의 법칙은 역사적 상황에 따라 다르다고 주장하면서, 영국 고전학파의 자유주의 경제이론이 후진국인 독일의 현실에는 맞지 않는다고 역설했다. 이들은 영국의 선진 자본주의가 후진 자본주의 국가인 독일에 침투해 들어오는 것을 막고자 했다. 이들은 이론적 탐구보다는 경제현상에 대한 역사적 연구나 통계적 조사를 중시했다. 이들은 각각의 경제발전 단계에는 그것에 맞는 경제정책이 필요하기 때문에 영국의 경제 단계에는 자유무역정책이 맞지만 독일의 경우에는 보호무역정책이 맞다고 보았다.

이런 주장은 독일 경제학자들 간의 방법론 논쟁을 야기하였으며, 1884년 「독일 정치경제학에서 역사주의의 오류」에서 오스트리아학파의 창시자인 칼 멩거(C. Menger)는 역사학파를 대표하는 슈몰러와 그 학파에 대해 경제이론을 부당하게 경제사에 의존해서 확립한다고 비판하고, 이를 '역사주의(Historismus)'라 불렀다.[28] 그러므로 이때의 역사주의는 "역사와 이론의 허용하기 어려운 혼합"이라는 비난의 뜻으로 사용된 것이다.

법역사학파도 같은 논리적 기초 위에서 성립했다고 할 수 있다. 사비니(F. Savigny), 기르케(Otto von Gierke) 등을 중심으로 하는 법역사학파는 법을 민족의 역사 속에서 자발적으로 형성되고 발전하는 것으로 보면서, 법의 보편성과 합리성 대신에 법의 역사와 전통을 강조한다. 이들에 의하면 모든 법은 불가피하게 민족의 역사 발전과 연관되어 있다. 이 때문에 법역사학파는 자연법 대신에 실증법을 중시한다.

20세기 들어와서 딜타이, 트뢸치, 만하임, 마이네케, 크로체 등이 이 개념을 여러 분야에서 다각도로 검토하게 되면서, 역사주의는 자연주의나 합리주의와 대립되는 인문사회과학의 중요한 개념으로 등장하기에 이르렀다. 이렇게 볼 때 전통적 역사주의 운동의 절정기는 1880년대에서 1930년대에 걸친 반세기 동안이라고 할 수 있다.

한편 19세기 말엽부터 'Historizismus'란 말도 사용되기 시작했다. 이 말은 니체(F. Nietzsche)나 캘러(M. Kähler)에서 보듯 역사주의에 대해 더욱 강한 비판적 의미가 담긴 용어였다. 후설(E. Husserl)은 이 말로써 딜타이의 상대주의를 지칭하고, 그것을 비난하는 뜻으로 사용했다.[29] 그런데도 불구하고 이 말은 포퍼가 새롭게 규정할 때까지는, 역사주의에 대한 비난의 의미가 강하다는 것 외에는 'Historismus'와 구별되는 것이 아니었다.[30]

영미 학계에서는 역사주의를 의미하는 말로서 20세기를 전후해서 'Historism'이 사용되어 오다가, 1930년대 후기부터 1940년대에 걸쳐

'Historicism'이 등장하여 지금은 이것이 더욱 일반적인 용어로서 정착되었다. 이 말들은 모두 독일어 'Historismus'나 'Historizismus'의 번역이라 할 수 있다. 그런데 어째서 'Historicism'이 'Historism'보다 더 일반적인 용어가 되었는가? 이에 대해 역사주의의 의미로 크로체가 사용한 이탈리아 말인 'storicismo'가 다시 'Historicism'으로 영역되어 이미 학계에 널리 알려졌기 때문이라는 이유가 제시되고 있다.[31] 말하자면 크로체의 영향 때문에 'Historicism'이 더욱 일반적인 용어가 되었다는 것이다.[32]

그러나 'Historicism'은 포퍼에 의해 'Historism'과는 매우 다른 의미를 나타내게 되었다. 그는 'Historism'으로는 독일의 전통적인 역사주의를 나타내는 것으로 사용했고, 'Historicism'으로는 자신이 새로이 규정한 역사주의를 표현했다. 화이트(H. White)와 네이들(G. Nadel)을 비롯한 여러 사람들이 'Historismus'와 'Historizismus', 즉 'Historism'과 'Historicism'의 구별이 필요하다는 데 공감한다.[33] 우리가 'Historicism' 하나만을 사용하는 경우에도 맥락에 따라 이런 구분은 얼마든지 가능하다고 할 수 있다. 'Historicism'이라는 하나의 단어만 사용하면서도 패스모어(J. Passmore)는 전통적 역사주의를 '시대적 역사주의(periodic historicism)'로, 포퍼의 역사주의를 '예언적 역사주의(prophetic historicism)'로 구분했다.[34]

나는 'Historism'과 'Historicism'을 함께 사용하는 것이 좋다고 보고, 우리말에서도 이들을 구별할 수 있어야 혼란을 막을 수 있다고 생각한다. 이런 논리에서 나는 'Historism'은 '역사개성주의'로, 'Historicism'은 '역사법칙주의'로 번역하고자 한다. 이렇게 번역되어야 강조점이 다른 역사주의의 두 흐름이 극명하게 드러날 수 있다고 보기 때문이다. 'Historism'을 '역사상대주의'로 번역하는 경우도 가끔 있지만, 그것은 'Historism'의 상대주의적인 인식론적 측면만을 지나치게 부각시키고 개성을 강조하는 존재론적 측면을 사장시키는 폐단이 있기 때문에 적절한 번역이 아니라고 생각된다.

이러한 구분을 반대하는 사람들은 독일의 전통적인 역사주의만을 역사주의로 고집하면서 역사법칙주의는 아예 역사주의로부터 배제해야 한다고 생각한다. 그렇지만 이런 주장은 역사주의가 실제로 사용되는 현실을 무시하고 혼란만 가중시키는 공허한 주장일 뿐이다.

3. 역사주의의 두 유형

랑케나 마이네케 등이 대표하는 독일의 전통적 역사주의는 역사적 사건들의 개성과 발전을 강조하는 이론이며, 포퍼에 의해서 새로이 규정된 역사주의는 역사가 거시적인 역사의 법칙에 의해 지배된다는 이론이다. 이들은 강조하는 초점이 다르므로 한 단어로 포괄하기에는 무리가 따른다. 그러므로 나는 역사주의를 역사개성주의와 역사법칙주의라는 두 유형으로 정형화하고자 한다. 이런 구분이 역사주의를 둘러싼 수많은 혼란을 말끔히 제거할 수 있다고 판단하기 때문이다. 물론 간단히 역사주의로 표현할 때는 역사주의 일반을 의미한다.

1) 역사개성주의

역사개성주의는 역사를 개성과 발전 및 연관성의 원리에 의해서 설명하려는 것이다.[35] 이 세 원리는 다음과 같이 설명된다. '개성의 원리(Individualitaetsprinzip)'란 역사 속의 개별적 사건이나 사실들은 그 자체로서 독자적인 개성과 가치를 갖는다는 것이다. '발전의 원리(Entwicklungsprinzip)'는 역사적 현실 전체가 다양한 개체들의 발전 과정이고 역사 속에 존재하는 모든 개체들의 본질이 이 발전하는 역사 과정 속에서 전개된다는 것이며, 그리고 '연관성의 원리(Zusammenhangsprinzip)'란 개별적인 사건들이 하나의 유기적이고 통일적인 연관 속에 존재한다는 것이다.

개성의 원리는 역사 세계를 개성적 개체들의 집합으로 본다. 개성은 보편성에 대립한다. 개성의 원리는 사물이나 사건을 그들의 고유한 특수성의 관점에서 이해하고자 한다. 말하자면 태양 아래 같은 사물은 존재하지 않는다고 본다. 해변의 셀 수 없는 모래알 하나하나도 자세히 보면 나름대로의 개성을 갖고 있다는 것이다.

개성의 원리는 개성기술적 방법론을 함축한다. 이것은 역사의 주제가 복잡하게 얽혀서 끊임없이 변화되고 있는 다양한 인간 생활이기 때문에 이런 현실을 있는 그대로 드러낼 수 있어야 된다고 주장한다. 말하자면 민족, 국가, 문화, 관습, 제도, 시가, 사상 등 갈피를 잡을 수 없을 정도의 비체계적인 개별적 다양성을 그것들 특유의 살아 있는 모습으로, 생생하게 묘사하는 것이 역사가의 목적이라는 것이다. 이것은 역사의 특성이 일반 법칙이나 원리의 진술에 있는 것이 아니라, 시간의 경과 속에 명멸하는 특수한 역사적 사건들의 무한한 다양성을 포착하는 데 있다는 것을 의미한다.[36)]

"어떤 것의 본질은 그것의 발전 과정을 통해서 완전하게 이해된다."는 발전의 원리에 의하면 개별적인 역사적 사건들이나 사실들은 정지된 상태에 있지 않고 끊임없는 시간의 변화 속에 존재한다. 그러므로 역사가는 개인이나 사건, 민족이나 시대를 다른 개별자들과의 상호작용 속에서 발전하는 특이한 개체로서 고찰하지 않으면 안 된다. 그는 한 개체가 발전하는 상이한 단계에 유의하지 않으면 안 되며, 이러한 변화를 초래한 내적 혹은 외적 원인이 무엇인가 규정하지 않으면 안 된다. 그뿐만 아니라 역사가는 모든 개체가 역사 과정에서 그 자신의 시대와 장소에 뿌리를 내리고 있다는 것을 알아야 하며,

그것이 그 시대의 특수한 상황으로부터 성장했다는 것을 인지해야 한다. 여기서 딜타이(W. Dilthey)는 역사가는 "기원적인 것에 대한 감각, 진정한 발전의 본질에 대한 감각"[37]을 가져야 한다고 역설했다. 트뢸치도 발전의 원리를 다음과 같이 주장한다. "모든 것이 생성의 흐름 속에 존재하는 것으로, 무제한의 그리고 끊임없는 개별화로서, 과거에 의해 규정되고 알 수 없는 미래로 향하고 있는 것으로 보인다. 국가, 법, 도덕, 종교, 예술 등 모두가 역사적 생성의 흐름 속으로 해소되고, 역사적 발전의 구성요소로서 우리들에게 이해된다."[38]

그러나 발전의 개념은 법칙에 의한 단순한 반복적 변화의 개념과는 구별되지 않으면 안 된다. 왜냐하면 반복의 과정에서는 변화 과정의 최후에 나타난 것이 처음에 나타난 것과 조금도 다르지 않은 데 반해서 발전의 과정 속에는 완전한 질적 변화가 함축되어 있기 때문이다. 그렇지만 그것은 또한 진보의 개념과도 구별되어야 한다. 말하자면 발전의 원리는 역사를 더 높은 단계로의 이행이라는 '진보의 도식' 아래서 파악하는 것이 아니다. 진보가 낮은 단계에서 더 높은 단계로의 변화인 데 반해, 발전은 동일 차원에서의 상대적인 전개를 의미하기 때문이다. 따라서 랑케는 계몽주의의 진보 개념을 부정하고 모든 시대는 신에 직결되며 그 자체로서 가치를 가진다고 주장했고, 마이네케는 각 시대는 공리성이나 유용성에서가 아니라 그 시대가 지니는 내적 본질에서 평가되어야 한다고 강조했다.

개성과 발전 중 어느 것이 더욱 핵심적인 개념인가? 역사개성주의는 어디에다 초점을 맞추고 있는가? 역사주의를 서구 사상이 이룩한 가장 위대한 정신적 혁명 중 하나로서 규정하는 마이네케에 의하면 역사개성주의의 본질은 발전의 원리로서보다는 오히려 개성의 원리로서 더욱더 잘 설명된다.[39] "개체는 말과 글로 다 표현할 수 없다(Individuum est ineffabile)."[40]는 명제가 개성의 원리를 전형적으로 상징한다. 마이네케의 관점에서 보면, 역사개성주의의 핵심은 역사적, 인간적 작용에 대한 일반화적 고찰을 개별화적 고찰로서 대신한 것이다.[41] 말하자면 역사개성주의란 바로 라이프니츠로부터 괴테의 죽음에까지 이르는 독일 운동에서 획득한 새로운 삶의 원리를 역사적 삶에 적용한 것이었다. 이리하여 마이네케는 자연법적 사고방식이나 보편적 이성의 울타리를 파괴한 역사개성주의의 개성의 원리를 종교개혁에 이어 독일 정신이 두 번째로 수행한 위대한 업적 중의 하나로서 평가하며, 그 의의도 프랑스 혁명에 결코 뒤지지 않는다고 찬양했다. 그는 보편적인 것까지도 개체들 속에 내재하는 최고의 개성에 불과하다고 본다. 따라서 개성의 원리에 의하면 인간 생활의 개별적인 국면과 상이한 사실의 집합체인 역사에서는 어떠한 미세한 사실이라 해도 반복되지 않으며, 하나하나의 사실이 독자적인 가치와 의미를 갖는다.

랑케는 이러한 개성의 원리를 다음과 같이 표현한다.

> 모든 시대는 직접적으로 신에 귀속되며, 모든 시대의 가치는 그 시대로부터 파생된 결과에 의존하는 것이 아니라, 그 존재 자체 안에, 그 자신 안에 있다. 그러므로 모든 시대는 그 자신을 위해 타당한 어떤 것으로, 그리고 가장 고려할 만한 가치 있는 것으로 간주되어야 하기 때문에 역사에 대한 고찰과 그리고 개인적 삶에 대한 고찰은 아주 특수한 자극을 얻는다. … 인류의 모든 세대는 신의 눈으로 보면 똑같이 정당화된다. 따라서 역사가의 견해도 그렇게 되지 않으면 안 된다.[42]

랑케는 또 어떤 것도 전적으로 다른 것을 위해 존재하지 않으며 아무것도 다른 것의 존재 속에 전적으로 포섭되지 않는다고 말하기도 했다. 말하자면 이것은 각 개체는 무한한 전체에 속하나 또한 그 자체로서 하나의 전체이며, 개체는 더 큰 세계 속에 있으나 그 자체 내에 하나의 세계를 지니는 것으로 볼 수 있다는 것을 의미한다.

개성에 대한 강조는 이상주의나 낭만주의와도 밀접한 연관을 갖는다. 낭만주의는 인간을 감정과 정서가 지배하는 비합리적 존재로 보며, 개개인을 하나의 생동하는 개성적 존재로 파악한다. 사상사의 전체적인 맥락에서 볼 때, 18세기는 계몽주의와 합리주의의 시대였고, 19세기는 낭만주의와 역사개성주의의 시대였다고 할 수 있다. 그러므로 역사개성주의는 18세기의 계몽주의에 대한 19세기의 낭만주의의 비판을 통해 대조적인 특징을 드러낸다.[43] 계몽주의의 이론적 기초는 변화하지 않는 보편적인 인간성과 자연법, 인류의 보편적 평등과 모든 종류의 설명을 충족시키는 인간 이성, 역사 담당자로서의 인류 및 인류의 세계인 데 반해, 역사개성주의는 일회적 개성과 실증법, 인간 본래의 불평등과 비합리주의, 역사 담지자로서의 국가 및 여러 민족의 세계에 기초하고 있었다. 그러므로 계몽주의와 역사개성주의의 대결은 곧 합리주의와 낭만주의의 대결이었다고 할 수 있다. 계몽주의로부터 역사개성주의로의 역사적 사고의 이행을 비어드(Charles A. Beard)와 베이그츠(Alfred Vagts)는 좀 더 포괄적인 입장에서 [표 1]과 같이 제시하고 있다.[44]

만약 우리가 보편적이고 불변적인 인간성의 개념을 역사 고찰의 기초로 삼는다면, 역사는 우리가 심리학에서 연구할 수 있는 보편적인 인간 행위의 사례들을 모아놓은 것에 불과할 것이다. 계몽주의는 보편적 진리를 추구하며, 그러기 때문에 보편적이고 고정불변한 인간성을 설명의 기초로서 선택하고 변화하는 것을 변화하지 않는 것과 그 법칙으로 환원시키는 자연과학적 이상을 지지한다. 즉 계몽주의는 인간존재의 비역사적 성격에 기초한다고 할 수 있다. 이러한 계몽주의적 역사관에 반대해서 역사적 개성(historische Individualität)의 사고를 도입한 뫼저(J. Möser), 헤르더 등에 의하면 역사는 단순히 변화

[표 1] 계몽주의와 역사개성주의는 여러 분야에서 대립한다.

계몽주의로부터	역사개성주의로
자연법, 초시간적 타당성을 가진 법	역사주의, 시공간의 제약을 받는 타당성을 가진 법들
인간의 이성적 합의를 통한 국가 수립에 관한 계약 이론	국가 수립의 기초로서의 정치권력, 지리적 조건, 국민의 천재성
인간을 모든 것을 알 수 있다.	인간은 모든 것을 알 수는 없다.(Vico)
인간의 최고 이상의 불변성과 모든 장소에서의 인간 본성의 본질적 동일성 및 역사에서의 순환의 가능성에 대한 믿음	시간과 장소는 이상, 개인주의, 역사적 인물의 개성, 업적 및 사건에 영향을 줌
세계정신(Weltgeist)	민족정신(Volksgeist)
인류의 복지	인종들의 복지
인간의 본래적 평등	인간의 본래적 불평등
해명의 모든 목적을 충족시키는 인간 이성, 지성, 주지주의, 합리주의, 실용주의	영혼, 직관, 비합리주의, 비전(Schau), 플라톤주의, 신플라톤주의 성찰 없는 그리고 성찰보다 상위에 있는 지혜(Burke)
역사의 대상 및 역사의 담당자로서의 인류	역사의 대상 및 역사의 담당자로서의 국가
인류의 세계로서의 세계	'여러 민족의 세계'로서의 세계(Vico)
인간의 권리, 권력 정치의 거부	국가 이성, 권력 정치의 승인
확정적인 목표를 향한 진보	'무한한 진보(progressus in infinitum)' (Leibniz)
세계의 진보	세계의 순환(Goethe)
인간처럼 국가도 법 아래 있다.	산 실체로서의 국가는 법 위에 있다.
자연권은 역사적 시도의 옳고 그름을 판단한다; 전쟁 범죄의 문제 있음	도덕적 판단의 보류; 전쟁 범죄의 문제 없음
중세는 어리석음의 연속 (Voltaire, Hume)	기사도 시대에 대한 높은 평가
이성에 대한 믿음	운명에 대한 믿음
역사 자체에서의 슬프고 광적인 일화들	그런 일화들은 비극적 성격으로 나타난다.
정상적, 전형적 미	개성적 미
혁명; 인간의 여러 권리를 수호하는 국가; 민주주의; 진보	보수주의; 버크(Burke)가 말한 '성자들과 기사들'의 국가; 메테르니히(Metternich)의 왕정복고

하지 않는 인류(人類)로서의 인간 행위의 사례들을 다루는 것이 아니다. 왜냐하면 그들에게 있어서 참된 역사란 반복적 사례의 집합으로서의 역사가 아니라, 교체 불가능한 개성의 역사이기 때문이다. 마이네케가 개성에 대한 깊은 이해는 독일에 이상주의와 낭만주의를 통해서 형성되었고 현대의 역사개성주의를 창조한 위대한 업적이었다고 평가하고, 괴테나 쉴러(Friedrich von Schiller) 등의 낭만주의자들을 역사개성주의의 선구자들로서 다룬 것도 이러한 이유 때문이라 할 수 있다.[45] 이렇게 볼 때 낭만주의가 놀라울 정도로 역사적 사고를 풍부하게 하였고, 역사적 사고가 낭만주의의 가장 중요한 지적 성숙이었다는 것은 부인할 수 없다.[46]

이런 역사개성주의의 개성은 자연과학의 원자론적이 아닌, 생명의 통일성이나 전체성이라는 차원에서 이해되어야 한다. 따라서 역사개성주의가 주장하는 개체는 다음 두 가지 측면에서 자연과학의 원자적 개체와는 구별된다. 첫째로 역사개성주의의 개성의 개념은 발전의 개념과 밀접히 연결되어 있다. 즉 역사적 개체는 단순한 반복적 변화를 하는 것이 아니라 항상 역사적으로 발전하며 발전을 통해서만 그 개체들은 드러난다. 마이네케는 다음과 같이 주장한다. 모든 개체는

[그림 2] 만물은 서로 다르며, 독자적인 발전 과정을 갖는다.

발전을 통해 더 차원이 높은 개체 속으로 포섭되며, 더 차원이 높은 개체 속에서 일어나는 발전은 서로서로 분리되어 발전하는 개체들을 더 큰 통일체로서 포괄한다. 그러므로 역사개성주의에서 개체와 발전은 서로 불가분의 관계를 이루면서 역사 세계를 형성한다.

둘째로 역사 속의 개체는 인간 개개인을 의미할 뿐만 아니라 민족이나 국가, 문화적인 여러 시기나 여러 경향, 계급이나 종교적 단체와 같은 집단적 개체들까지 모두 포괄한다. 말하자면 역사개성주의의 개체란 개인뿐만 아니라 국가, 제도, 문화, 시대, 사건 등을 포함하여 역사적 단위가 되는 모든 개별적 사상을 가리킨다고 할 수 있다. 그러므로 역사개성주의에 의하면 하나의 민족, 하나의 국가는 개인들의 단순한 집합체가 아니라 더 차원이 높은 통일적인 구체적 개체인 것이다.[47]

여기에서 역사개성주의의 '연관성의 원리'가 나타난다. 연관성의 원리란 역사상의 개별적인 사실들이나 인물들, 민족이나 국가, 제도나 개체 등은 각각 개성적인 발전을 하지만, 이러한 개별적인 발전 간에는 긴밀한 상호 연관이나 유기적 통일성이 존재한다는 이론이다. 딜타이의 연관의 개념이 이를 잘 설명해 준다.

> 정신생활은 부분들의 합성으로 이루어지지 않는다. 즉 그것은 요소들로 형성되는 것이 아니다. … 그것은 항상 근원적으로 포괄적인 통일체이다. 이러한 통일체로부터 정신적 기능들은 분화되지만, 그때에도 그것들은 상호 연관 속에 결합되어 있다.[48]

딜타이는 지역적 사건들은 더 차원이 높은 보편사의 테두리 안에서 종합되며, 각 시대와 민족은 세계사와의 관계에서 이해되어야 한다고 본다. 이렇게 하여 삶의 간단한 상태로부터 최고의 이념에 이르기까지의 모든 것을 포괄하는 정신적 통일체가 형성되고 이것이 정점에 도달한 후 다시 소멸하는 것을 기준으로 역사적 과정의 시기들은 구분될 수 있으며, 이러한 시기들은 또다시 더 큰 전체와의 내적 연관성 속에서 파악될 수 있다.[49)]

랑케 역시 개별과 개별 사이의 상호 연관성을 인정하고 개별적 발전 사이에 존재하는 내적 연관에 주목하면서 역사를 하나의 거대한 전체로서 파악해야 할 것을 강조했다.

> 전체는 그것이 나타난 모든 외적 표현들이 확실한 것만큼 모든 순간 확실하다. 우리는 전체에 우리의 모든 주의를 집중시키지 않으면 안 된다. … 우리는 개인들에 관심을 갖는 것이 아니라 개인들을 통해서 살아 있는 사물로서 자신을 표현하는 전체에 관심을 갖는다.[50)]

랑케는 역사적 사건이나, 개인들, 제도들의 외적인 현상 이면에는 언제나 통합된 정신적 실재인 전체(Totalität; Totales)가 있는 것이 확실하다고 보았다. 특히 랑케는 국가를 정신적 실체로서 다른 역사적 행위자들과 마찬가지로 살아 있는 하나의 독특한 개체로, 그리고 인간의 집단적인 역사적 운명이 전개되는 특이한 종류의 개체로 이해했다.[51)] 이런 관점에서 보면 개별만을 보고 그것들의 연관인 전체를 보지 못하는 것은 생명체의 외양만을 보고 그 생명을 보지 못하는 것과 같은 것이다. 만하임이 역사적 발전을 '수직적 발전'과 '수평적 발전'으로 나누고 이러한 발전의 두 측면을 역사의 수직적 분석과 수평적 분석을 통해 구명하고자 한 것도 바로 역사적 현실이 지닌 이러한 연관적 성격 때문이었다고 할 수 있다.[52)]

이런 연관성의 원리는 불가피하게 역사개성주의를 전체론으로 몰고 갔다. 많은 사람들이 역사개성주의는 개체와 개성을 강조하기 때문에 전체만이 참다운 존재라는 전체론과는 양립할 수 없을 것으로 생각해 왔다. 그러나 역사개성주의의 개체는 원자적 개체가 아니라, 연관성의 원리에 기초한 총체적인 개체이기 때문에 역사개성주의는 전체론에 기초하지 않을 수 없게 된다. 역사주의를 새롭게 정의한 칼 포퍼는 역사주의의 전체론적 기초를 가장 날카롭게 갈파한 사람 중의 하나였다고 할 수 있다.

발전과 개성 및 연관성이라는 방법론적 원리들과 아울러, 또 하나 중요한 역사주의의 방법론적 원리는 이해(Verstehen)의 방법론이다. 역사주의가 이해의 방법을 주장하는 주된 이유는 자연의 세계와 역사의 세계는 완전히 구별된다는 역사개성주의의 존재론에 기초하고 있다. 역사개성주의의 선구자인 비코가, 신이 창조한 연장(延長)의 세계인 자연은 원칙상 이해 불가능한 세계요 인간 자신이 만들어낸 역사 세계만이 이해될 수 있다고 했을 때, 그는 분명히 역사의 세계를 자연의 세계와는 다른 차원에서 보려 했던 것이었다.[53] 같은 역사주의 선구자인 훔볼트가 역사가는 과거의 사실을 탐구할 때 사실의 외부만을 볼 것이 아니라 그 내부 구조까지 파고들어가야 하며, 그러기 위해서는 사실들에 대한 정확한 비판적 탐구의 방법과 아울러 이를 넘어서는 직관적 이해의 방법이 필요 불가결하다고 했을 때도 사정은 마찬가지였다고 할 수 있다. 헤르더에 있어서도 다른 사람들의 내면적 생활에 대한 공감적 이해를 요구하는 방법론은 발견된다. 이리하여 이들은 모두 과거를 이해하기 위해서는 무엇보다 해당 민족에 공감을 가지고, 시대와 지리, 그리고 전체 역사 속에 몰입하여 그 안에서 당신 자신을 느끼라고 주장한다.

이러한 '이해적 방법'의 인식론적 기초는 딜타이가 세워놓았다. 그에 의하면 과학적 탐구의 두 가지 태도가 완전히 구별된다. 하나는 인식 대상으로서의 자연을 중심에 놓고 보는 태도이고, 다른 하나는 인간 자신을 중심으로 삼는 태도이다. 자연을 중심으로 놓고 볼 때 "인간은 자연에 의해서 규정된 존재이다. 자연은 드문드문 여기저기에 나타나는 정신적 과정을 포괄한다. 이렇게 본다면 정신적 과정은 물리적 세계라는 큰 본문 속에 들어 있는 삽입구와 같이 보인다."[54] 이와 반대로 자연으로부터 인간 자신에게로 눈을 돌렸을 때, 즉 의미와 가치와 목적이 전개되어 있는 인간의 삶의 세계를 중심으로 삼았을 때 새로운 현실이 우리에게 나타난다. 삶의 세계는 인간에 의해서 창조된 세계이기 때문이다. "인간이 조우하는 모든 것, 인간이 창조하고 실천하는 것, 인간이 그 속에서 살아가는 목적 체계, 개인이 그 속에 포괄되는 사회의 외적 조직, 이 모든 것이 여기에서 하나의 통일체를 이룬다."[55] 이렇게 하여 자연의 법칙적 질서를 다루는 자연과학과 인류라는 사실을 대상으로 삼는 정신과학이 구분된다.

딜타이의 논의에 따르면, 자연과학은 외부로부터, 현상으로서, 개별적으로, 감각에 주어지는 사실들을 그 대상으로 삼는 데 반해서, 정신과학은 내부로부터, 실재로서, 살아 있는 전체로서, 내면적 경험에 나타나는 사실들을 그 대상으로 삼는다. 따라서 자연과학은 가설들의 결합에 의해서 자연의 체계를 논의하는 데 반해서, 정신과학은 정신생활의 전체를 더 근원적인 소여로서 다룬다. 여기서 딜타이는 다음과 같이 선언한다. "우리는 자연을 설명하고 정신생활을 이해한다."[56] "자연의 인식은 감각 경험에 나타나는 현상에만 관계한다. 그에 반해 정신과학의 대상은 내면적 경험(innere Erfahrung)에 주어지는 체험의 실재 자체이다."[57]

이 내면적 경험이 바로 이해이다. 그러므로 이해는 외부에 나타난 삶의 표현을 통해 삶이 파악되는 과정이다. 말하자면 이해는 먼저 다른 사람의 정신을 파악하는 방법이며 개인의 삶의 표현에서부터 문화의 거대한 체계에 이르기까지의 전체 역사 세계에 대한 인식의 방법이다. 그러므로 역사주의에 의하면 역사 인식은 이해를 통해서만 가능한 것이며, 역사가는 이해를 통해서만 자신의 주제에 침투할 수 있고, 문제되는 시대에 대한 구체적 평가를 내릴 수 있게 된다.

2) 역사법칙주의

역사법칙주의란 역사가 역사법칙에 의해 지배된다는 주장이다. 역사의 법칙을 주장한 역사법칙주의자들은 대체로 역사 세계 전체를 셰익스피어의 희곡과 같이 어떤 줄거리를 가지고 전개되는 기나긴 드라마로 간주하거나, 탄생과 성장과 죽음이 주기적으로 전개되는 생명을 가진 하나의 유기체로 해석한다. 따라서 이들에 의하면, 역사의 과정에는 필연적으로 이 과정을 지배하는 어떤 법칙이나 율동이 존재하고, 우리가 그 법칙이나 율동을 발견할 때 우리는 미래의 세계가 어떻게 전개될 것인가를 알 수 있으며, 이에 기초하여 변화에 합리적으로 대처할 수 있게 된다. 이러한 역사법칙주의는 참으로 매력적이고 관심을 끌기에 충분한 주장이었다. 왜냐하면 우리 모두는 우리의 운명을 좌우할 미래 세계에 대해 호기심을 갖지 않을 수 없을 뿐만 아니라, 과거와 미래에 대한 앎은 결국 인간의 본질과 의미까지도 밝혀줄 것이기 때문이다.

역사법칙주의를 역사주의의 한 유형으로 정형화한 철학자는 칼 포퍼이다. 포퍼는 자신이 규정한 역사법칙주의를 사회과학의 특이한 방법론으로 규정하고 이를 다음과 같이 정의한다.

> 역사법칙주의란 역사적 예측이 사회과학의 기본적 목적이라고 생각하고 이러한 목적은 역사 진전의 밑바닥에 깔려 있는 율동이나 유형, 법칙이나 경향을 발견함으로써 달성될 수 있다고 보는 사회과학에의

한 접근법을 의미한다.[58)]

이러한 규정에서 보면 역사법칙주의는 방법론적 전체론이나 역사법칙에 의한 역사적 예측의 신념과 동일시된다. 말하자면 포퍼가 규정한 역사법칙주의의 방법론적 원리는 방법론적 개체론에 대립되는 방법론적 전체론(methodological holism)의 원리로서, 이것은 다음과 같은 명제들로서 정식화될 수 있는 것이었다. (i) 개인들의 활동으로는 환원될 수 없는 사회 전체가 존재한다. (ii) 이러한 사회 전체의 발전을 지배하는 거시적인 역사법칙이 존재한다. (iii) 이러한 역사법칙에 기초해서 미래에 대한 예측이 가능하다. 그리고 역사주의가 이렇게 규정되면서, 플라톤, 헤겔, 마르크스 등이 그 대표자들로서 등장하게 되었다.

포퍼는 선민사상을 이런 역사법칙주의의 기원으로 이해한다.[59)] 선민사상은 신을 역사라는 무대에서 공연되는 연극의 연출가로서 생각하여 신이 그의 뜻을 실현시키기 위해 어떤 민족을 선택하였으며, 이 선택된 민족이 지상을 다스려갈 것으로 가정하는 이론이다. 선민사상은 근대의 가장 중요한 두 역사법칙주의에 의해 전승된다.[60)] 하나는 인종주의나 파시즘의 역사철학이며, 다른 하나는 마르크스의 역사철학이다. 선민의 자리를 인종주의나 파시즘은 선택된 인종이나 민족으로, 마르크스주의는 선택된 계급으로 대체한다. 인종주의의 경우 역사의 법칙은 자연의 법칙과 같은 것으로 이해된다. 선택된 종족의 생물학적 피의 우수성이 역사 과정의 과거와 현재 및 미래를 설명하기 때문이다. 마르크스주의의 경우 역사 발전의 법칙은 경제적 법칙이다. 모든 역사는 경제적 패권을 위한 계급 사이의 투쟁으로 해석되기 때문이다.

역사법칙주의의 근대적 유행에는 다윈이 체계화한 진화론이 큰 역할을 수행했다. 진화론이란 모든 유기체들이 진화의 법칙에 따라 고대에서 현대로 진화해 왔다는 이론이다. 진화론을 인간 사회에 적용할 수가 있다고 믿는 역사법칙주의자들은 역사에 있어서 어떤 발전 방향이나 예정된 진로를 인정한다. 말하자면 이들은 탄생, 청년기, 성숙기, 노년기, 죽음이라는 생명의 주기가 개개의 동물과 식물에만 적용되는 것이 아니라, 사회나 국가 내지는 역사 전체의 과정에까지도 적용될 수 있다고 하는 이론이다. 이런 이론은 토인비(A. Toynbee)가 『역사의 연구』에서, 그리고 슈펭글러(O. Spengler)가 『서구의 몰락』에서 문명의 생명주기를 연구할 때 사용된 것이다.

역사 해석은 단순한 이론적 차원에서 끝나지 않는다. 우리가 역사를 어떻게 보느냐 하는 문제는 곧바로 우리가 어떤 유형의 삶과 어떤 종류의 사회를 창조할 것인가 하는 문제와 직결되어 있다. 역사가 필연적인 역사법칙에 따라 전개되어 간다고 주장하는 역사법칙주의를 택할 때, 우리는 불가피하게 닫힌사회 속에 살지 않을 수 없게 된다. 왜냐하면 역사법칙주의는 거역할 수 없는 역사법칙이라는 것을 인간에게 덮어씌움으로써 인간의 이성을 무력화하고 인간을 운명의 노예로 만들어버리기 때문이다. 이와 반대로 역사를 자유로운 창조의 관점에서 바라볼 때 우리는 이성과 자유에 기초한 열린사회를 지향한다고 할 수 있다.

그뿐만 아니라, 결정론적 역사관을 수용할 때, 우리는 역사법칙에 따라 일어나는 변화와 합치하며 그것을 촉진하는 행위만이 합리적이라는 도덕적 미래주의를 승인하지 않을 수 없게 된다. 도덕적 미래주의는 우리로 하여금 도래하는 시대의 사실을 새로운 도덕적 기준으로 채택하도록 권유하며, 이성에 의한 계획 없이도 더 합리적인 세계가 도래할 것이라고 주장한다. 그러므로 도덕적 미래주의는 '힘이 곧 정의'라는 도덕적 실증주의가 '도래하는 힘이 곧 정의'라는 형태로 변신한 것이다.

역사법칙주의는 전통적 역사주의와는 매우 다른 의미를 갖는 것이었다. 그러므로 포퍼가 정의한 이러한 역사주의에 대해 전통적 역사주의만을 인정하는 이론가들로부터 강한 비판들이 제기되어 왔다. 즉 포퍼가 규정한 역사주의는 진정한 의미의 역사주의가 아니라는 것이다. 왜냐하면 이러한 역사주의는 역사적 결정론으로 우리를 몰고 가는 역사 발전의 법칙을 승인할 뿐만 아니라, 때로는 역사가 더 높은 단계로 발전해 간다는 진보의 개념까지도 용인하기 때문이다. 이러한 것들은 모두 전통적 역사주의가 거부하는 이론들이다. 그러므로 전통적 역사주의자인 마이어호프는 포퍼가 설정한 역사주의의 상은 역사주의의 서투른 모방에 불과한 것이라고 비난한다. "역사주의라는 이 말의 사용은 어떻든 좀 이상하고 잘못되어 있다. 왜냐하면 그것은 마이네케의 고전적 작품에서 정의되고 분석된 역사주의 운동과는 관계가 없으며, 딜타이와 그의 후계자들의 현대적 역사주의와도 관계가 없기 때문이다."[61)]

오늘날도 전통적 역사주의만을 참된 역사주의로 인정하는 많은 사람들은 마이어호프의 의견에 동조하거나, 적어도 포퍼가 역사주의라

[그림 3] 기차가 선로를 따라 달리듯 역사는 역사법칙에 따라 진행된다.

는 용어를 잘못 사용했다고 생각한다.[62] 그렇지만 포퍼는 자신이 규정한 역사주의를 전통적 역사주의 속에 포함시키거나 그것과 동일시하려고 한 것은 아니었다. 그는 분명히 자신의 역사주의와 전통적 역사주의를 구별한 후에, 전통적 역사주의를 지식사회학과 같은 인식의 상대주의로 해석했던 것이다. "사회학적 학설들이 특정한 시대에 있어서 지배적인 편애나 이해관계와 관련을 가진다고 보는 견해는 때로는 역사주의(historism)라고 불려온 것이며, 내가 역사주의(historicism)라고 부르는 것과 혼동해서는 안 된다."[63] 그뿐만 아니라 포퍼가 전통적 역사주의의 의미를 충분히 파악하지 못했고 그가 규정한 역사주의가 전통적 역사주의와는 상당히 다르다 할지라도, 도나간(A. Donagan)이 지적한 대로[64] 포퍼의 역사주의가 넓은 의미의 역사주의라는 이름 아래 포섭될 수 없다고 판단되지는 않는다. 왜냐하면 포퍼가 규정한 역사주의 역시 '역사성에 의한 설명과 평가'라는 특이한 역사적 방법론이기 때문이다.

전통적 역사주의가 갖는 가장 근본적인 방법론적 원리는 우리가 어떤 현상을 그것이 어떤 발전의 과정 속에서 점유한 위치와 그 과정 속에서 수행한 역할의 관점에서 고찰한다는 것이었다. 이때 우리가 이 발전의 과정을 하나의 거시적인 역사법칙에 의해 지배되는 역사 전체의 발전 과정으로 해석한다면 포퍼가 규정한 역사주의가 구성될 수도 있는 것이다. 우리는 의미의 혼란을 피하기 위해 가능한 한 언어를 정확하게 사용해야 하겠지만, 역사주의의 어떤 확정된 사용 방법만이 정당화될 수는 없는 것이다. 포퍼는 전통적 역사주의와 자신이 규정한 역사주의를 분명히 구분하고 있었다. 그렇지만 그는 자주 거론되면서도 분명한 형태로 제시되지는 않았던, '역사적 방법론'의 다른 측면을 충분히 부각시키기 위해, 전통적 역사주의와는 다른 형태의 역사주의를 새로이 규정했던 것이다.

2장 역사개성주의는 역사적 닫힌 체계의 인식론을 함축한다

이 장은 역사개성주의의 인식론적 문제를 다룬다. 역사개성주의의 존재론적 논제는 다음과 같이 표현된다. “태양 아래 모든 사물은 독특한 개성을 갖는다.” 이런 존재론적 논제는 개성기술적 방법론을 함축한다. 개성기술적 방법론은 다음과 같이 주장한다. “현실은 우리가 보편적인 것과 관련해서 고찰하면 자연이 되고, 특수하고 개성적인 것과 관련해서 고찰하면 역사가 된다.” 자연의 경우에는 무수히 많은 개체들이 보편적 개념의 체계 안에서 파악된다. 반면에 역사의 경우에는 모든 개별적 사실의 특수성과 개성이 이해되며, 어디에서고 두 번 다시 없었던 것이 논의의 대상이 된다.

‘개성적 발전’이란 개념을 가치와 인식에 적용하면 상대주의가 된다. 우리는 이를 역사적 상대주의라 부른다. 역사개성주의는 다음과 같이 주장한다. 어떤 시대의 가치는 그 시대의 고유한 특성을 나타낼 뿐 보편적인 것은 아니다. 보편적이라면 개성을 갖는다고 할 수 없다. 같은 논리가 인식이나 과학에도 적용되면 이들도 가치와 마찬가지로 시대적 특성을 갖는다고 할 수 있다.

한 시대 동안 군림하면 진리가 다음 세대에는 진리가 아니게 된 것은 수없이 많다. 과학의 역사는 폐기된 진리들로 포장되어 있다. 프톨레마이오스의 천동설은 코페르니쿠스의 지동설과의 경쟁에서 패퇴되었고, 아인슈타인의 상대성 이론은 뉴턴의 역학을 진리의 반열에서 끌어 내렸다. 우리는 이를 과학의 역사성이라 부른다. 과학의 역사성을 인정하면서 역사를 관통하는 지식의 합리성을 부정하게 되면, 우리는 역사상대주의자가 된다.

상대주의는 본질적으로 닫힌 체계라고 할 수 있다. 그것은 다른 인식주체와의 공통성을 부정하고 자신의 상황에만 기반하기 때문이다. 닫힌 체계란 한 체계가 그 자체로 완결되어 있는 체계이다. 이것은 다른 체계와의 통약불가능성을 특징으로 한다. 자신의 경계를 넘어설 수 없다는 점에서 그것은 유아론과도 흡사하다. 역사적 닫힌 체계는 역사적 시기를 단위로 하여 구성되는 닫힌 체계이다. 역사적 닫힌 체계는 역사 상대주의를 함축하며, 역사상대주의는 모든 근대적 상대주의의 원조이다.

닫힌 체계의 대표적인 세 유형으로 마르크스의 이데올로기 과학, 만하임의 지식사회학, 토마스 쿤의 패러다임 이론을 들 수 있다.

1. 개성기술적 방법론

역사개성주의는 역사를 개성적 존재들의 독특한 발전 과정으로 본다. 말하자면 낱낱의 개성적 존재들이 제 나름의 발전을 이루어나가는 체계가 역사라는 것이다. 역사개성주의의 존재론적 논제는 "태양 아래 똑같은 사물은 존재하지 않는다."는 것이다. 이것은 역사적 관점에서 보면 "역사 속의 만물은 모두 독특한 개성과 독자적인 발전 과정을 갖는다."는 논제로 표현될 수 있다. 방법론적 측면에서 역사개성주의가 개성기술적 방법론을 요청할 수밖에 없다는 이유가 여기에 있다.

개성기술적(idiographisch) 방법은 원래 신칸트학파의 빈델반트(W. Windelband)와 리케르트(H. Rickert)가 법칙정립적(nomothetisch) 방법에 대립시켜 주장한 것이다.[1] 이들이 주장한 법칙정립적 방법은 자연과학의 방법론으로서 탐구의 최종 목표를 법칙의 수립에 두는 것이다. 예컨대 우리가 화강암의 성질을 연구한다고 해보자. 크고 작은 온갖 모양의 화강암이 탐구의 대상이 될 것이다. 하나하나의 화강암은 모두 모양이나 무게 등에서 나름대로의 특색을 갖고 있을 것이다. 말하자면 모두가 독특한 개성을 갖고 있는 셈이다.

이때 자연과학적 탐구에서 우리가 추구하는 것은 이 모든 화강암에 공통되는 보편적인 속성이며, 규칙성인 것이다. 이 규칙성을 법칙이라 부른다. 그러므로 자연을 인식한다는 것은 보편적인 요소를 근거로 하여 보편적 개념을 구성하는 것이며, 탐구의 대상들에 대해서 전칭판단을 내린다는 것을 의미한다. 여기서는 일회적이며 개별적인 사상에서만 찾아볼 수 있는 것은 아무것도 없다. 오직 하나의 유일한 대상에만 귀속시킬 수 있는 성질은 언제나 비본질적인 것으로 간주된다. 베르그송(H. Bergson)은 일반화의 방법을 기성복의 제작에 비유한다. 기성복은 개인 갑이나 을의 특수성을 고려하면서 만드는 것이 아니다. 그것은 어떤 특수한 사람의 체격을 본뜬 것이 아니라, 일정한 집단의 사람 모두에게 보편적으로 적용됨직한 치수를 정하여 만드는 것이다.

물론 자연과학이 단 하나의 사례에 근거하여 개념을 구성한다 할지라도, 그것은 보편적 유개념이라 할 수 있다. 논리적 구조에서 볼 때, 사례가 하나인가 다수인가 하는 것은 우연적인 사건에 불과하다. 예컨대, '시조새'에 대한 화석이 단 하나밖에 발견되지 않았다 하더라도, 우리가 유개념을 만드는 데는 문제가 없는 것이다. 자연과학적 방법을 일반화라고 부르는 것은 이처럼 자연 인식은 일반화를 지향하기 때문이다.

개성기술적 방법은 이와 정반대이다. 이것은 일반화를 추구하지 않고, 특수화, 개별화를 추구한다. 빈델반트나 리케르트는 이를 역사적 방법이라 부르기도 한다. 그들은 역사란 개성적인 것, 일회적인 것을 기술하고자 한다고 보기 때문이다. 그러므로 개성기술적 방법이 역사에 적용될 때는 개성기술적 역사적 방법이라 불리기도 한다.

이러한 역사적 방법이 연구 대상의 성질을 기준으로 하여 나눈 방법론과는 다르다는 사실을 우리는 유의해야 한다. 예컨대, 딜타이는 정신과 자연이라는 두 존재론적 범주를 설정하고 정신과학과 자연과학을 구분했다. 그는 이런 구분에 따라 정신을 연구하는 이해의 방법과 자연을 연구하는 설명의 방법을 나눈다. "이해는 감각에 주어진 정신적인 삶의 표현에서 그 표현 속에 나타난 정신을 인식함이다."[2] "외부에서 주어진 기호에서 내면적인 것을 인식하는 과정을 우리는 이해라 부른다."[3]

개성기술적 역사적 방법을 선호하는 사람들이 연구의 대상을 기준으로 나누는 이해와 설명의 방법론을 거부하는 이유는 정신과학에서도 일반화의 방법이 필요하고 또 가능하다고 보기 때문이다. 예컨대 리케르트는 심리학의 법칙 정립을 얼마든지 가능한 것으로 본다. 실제로 우리가 인간 심리의 보편적 측면을 부인하기 어려우며, 현대 심리학의 연구 방법이 자연과학적 방법을 모델로 하고 있는 현실을 인정하지 않을 수 없다. 그렇기 때문에 리케르트는 대상에 근거한 방법의 분류 대신에, 같은 대상에 대한 상이한 접근법을 주장하는 것이다.

개성기술적 역사적 방법은 다음과 같이 주장한다. "현실은 우리가 보편적인 것과 관련해서 고찰하면 자연이 되고, 특수하고 개성적인 것과 관련해서 고찰하면 역사가 된다."[4] 전자의 경우에는 무수히 많은 개체들이 보편적 개념의 한 체계 안에 들어온다. 이때 이 체계는 많은 개체들 중에 어떤 것에도 타당한 것을 목적으로 하고 있으며, 또 항상 되풀이되는 것을 서술하려고 한다. 이에 반해 후자의 경우에는 일련의 특정한 일면적 현실이 포착되고, 모든 개별적 사실의 특수성과 개성이 표현되며, 어디서고 두 번 다시 없었던 것이 서술된다. 예컨대, 3 · 1 독립운동의 예를 들어보자. 1919년 3월 1일 일제강점기 시대, 한반도에서 일어난 이 사건은 역사상 일회적인 사건이다. 어디에도 이와 동일한 사건은 존재하지 않는다. 이런 점에서 이것은 철저히 유일무이한 사건이다. 그렇지만, 식민지 독립운동이라는 범주에 드는 사건들은 많다. 중국의 5 · 4 운동이 있고, 인도나 아프리카의 독립운동도 있다. 그러므로 3 · 1 독립운동은 식민지 독립운동이라는 일반적 운동의 한 실례가 된다. 물론 이때의 일반이란 인간 사회라는 특수한 영역에 국한되는 낮은 단계이기는 하지만 개별적 사건을 넘어선다는 점에서는 일반적이라 부를 수 있다.

리케르트는 개성기술적 역사적 방법을 특히 문화적 현상에 적용하고자 한다. 우리 앞에 이중섭의 '그림집'이 있다고 하자. 이중섭의 그림 세계는 특이하다. 아무도 그와 같이 그릴 수가 없다. 그가 그린 그림들은 전체적으로 하나의 특성을 드러낸다고 할 수 있지만, 그림 한 점, 한 점까지도 독특한 개성을 갖는다. 그러므로 이런 작품들을 이해하고 표현하기 위해서는 개성기술적 방법이 필요하다.

역사개성주의는 '개성의 발전'을 핵심 개념으로 삼는다. 개성의 발전은 개성적인 사물들 하나하나가 특이한 발전을 전개하는 것이다. 즉, 개성적인 존재들이 개성적인 역사를 갖는다는 것이다. 예컨대 식민지 독립운동은 다양한 형태로 전개될 수 있다. 그리고 그것들은 다양한 결과를 가져온다. 3 · 1 독립운동은 상해임시정부를 수립했지만,

인도의 독립운동은 망명정부를 수립하지는 않았다. 같은 식민지 독립운동이지만 독특한 개성적 존재들이므로 그것들이 전개되는 역사도 특이할 수밖에 없었던 것으로 이해할 수 있다.

2. 지식의 역사성과 반역사성

이런 '개성적 발전'이란 개념을 가치와 인식에 적용하면 어떻게 될까? 그것은 필연적으로 상대주의를 함축하게 된다. 우리는 이를 역사적 상대주의라 부른다. 이유는 분명하다. 역사개성주의의 관점에서 보면, 어떤 시대의 가치는 그 시대의 고유한 특성을 나타낼 뿐 보편적인 것은 아니다. 보편적이라면 개성을 갖는다고 할 수 없다. 예컨대 조선시대 사람들이 추구했던 유교적 가치나 이념은 오늘날 민주주의적인 가치체계나 이념과 매우 다르다는 것은 명백하다. 삼강오륜은 더 이상 지배적인 가치가 아니다. 그렇기 때문에 유교적 가치나 이념은 조선시대의 독특한 윤리적 특성이 될 수 있다. 동시에 철저한 개성주의의 입장에서 보면, 어떤 것이 우월한지 판별할 수 없게 된다. 이것이 상대주의이다.

같은 논리가 인식이나 과학에도 적용된다. 우리의 인식이나 과학도 가치와 마찬가지로 시대적 특성을 갖는다. 우리가 과학의 역사를 조금만 훑어보더라도 수많은 과학이론이 시간의 흐름과 더불어 교체되었다는 것을 알 수 있다. 한때는 절대적 진리로 군림하던 이론이 거짓으로 드러나 폐기된 것도 있으며, 수백 년 동안 진리로 수용되던 이론이 교체된 것도 있다. 만약 과학이론이 어떤 특정 시기에 나타나서 일정 기간 수용되다가 사멸한다면, 그것은 역사성을 갖는다고 할 수 있다. 그리고 이 문제가 일반화되면 과학은 초역사적 진리의 성격을 갖는 것이 아니라, 과학의 역사와 내적인 연관을 갖는 문제로 나타난다. 어제의 진리가 오늘 더 이상 진리가 아닌 것은 열거하기 어려울 정도로 많다. 프톨레마이오스의 천동설은 코페르니쿠스의 지동설로 대체되었고, 뉴턴의 역학은 아인슈타인의 상대성 이론으로 대체되었다. 우리는 이를 과학의 역사성이라 부를 수 있다.

실증주의자들이 과학의 역사성을 인정하지 않는 이유는 우리가 순수한 감각 지각을 통해 세계에 대한 지식을 얻을 수 있으며, 한 번 참으로 정당화된 지식은 변화할 수 없다고 보기 때문이다. 이들도 물론 시간의 흐름에 따라 과학이론에 어떤 변화가 일어난다는 사실을 부인하지는 않는다. 그렇지만 오류로 밝혀진 이론의 교체가 일어난다는 사실만을 인정할 뿐, 이론의 교체에 더 이상의 의미를 부여하지는 않는다. 예컨대 플로지스톤 연소설, 프톨레마이오스의 천동설, 뉴턴의 절대공간 등은 잘못된 이론으로 확인되었을 뿐이다.

실증주의의 기본 특성은 검증주의와 귀납주의이다. 실증주의는 원래 19세기 프랑스의 철학자 콩트(A. Comte)에 의해 제창되었지만, 20세기 들어서는 비엔나학단에 의해 '논리실증주의'라는 이름으로 유행하게 되었다. 논리실증주의는 언어의 논리적 분석을 통해 전통적 실증주의를 더욱 철저화하고자 했다. 논리실증주의는 전통적 실증주의와 같은 내용을 주장하면서도, 방법론에서는 언어 분석이라는 더욱 철저한 방법을 사용했다. 논리실증주의에 의하면, 우리가 한 진술을 이해한다는 것은 그 진술의 의미를 이해하는 것이다. 한 진술이 의미를 가지려면 그것은 검증 가능해야 한다. 즉, 한 진술의 유의미성을 판별하는 기준은 검증 가능성의 원리이다. 이것은 경험적으로 검증할 수 있는 가능성이다. "모든 명제의 의미는 궁극적으로는 감각에 주어진 것, 즉 소여에 의해 결정될 수 있으며, 그 밖의 어떤 것에 의해서도 결정될 수가 없다."[5)]

논리실증주의의 철저한 과학정신에도 불구하고, 논리실증주의는 다음과 같은 문제점을 안고 있었다. 첫째로, 그것은 일반 법칙이나 이론 속에 있는 이론적 구성요소를 충분히 고려하지 못했다. 예컨대 과학에서 사용하는 일반 용어들은 감각 경험을 나타내는 감각 자료로 환원할 수 없으며, 과학의 일반적인 이론들은 한정된 수의 특수한 명제로 환원할 수도 없다. 일반 법칙과 관련해서 보면, 이들은 정당화되지 않은 귀납논리의 타당성을 전제하거나 일반 법칙을 자연의 규칙성으로 해석하기보다는 추론을 위한 도구로 해석하려고 했다. 일반 법칙이나 이론들은 유한한 관찰을 넘어설 뿐만 아니라 검증될 수 없는 이론적 술어를 포함한다. 힘(force), 에너지(energy), 장(field) 등은 관찰의 대상이 아니다. 그런데도 우리가 이들을 제거하고 물리이론들에 관해 논의하기는 어렵다. 일반적 술어도 엄격히 따지면 관찰의 대상은 아니다. 예컨대 '나무'라는 일반 술어는 직접적인 관찰의 대상은 아니다. 우리가 관찰하는 것은 여러 개별적인 나무들일 뿐 일반명사가 가리키는 대상을 경험하고 있지 않다.

둘째로 논리실증주의는 의식의 세계를 행동주의적으로만 접근하려고 했다. 의식은 직접 관찰되지 않기 때문이다. 심리철학의 영역에서 보통 환원적 물리주의라 불리는 입장들이 논리실증주의를 대변한다. 그 중 대표적인 것이 심신 동일론이나 기능주의이다. 그러나 의식의 세계를 물리적 세계로 완전히 환원하려는 어떤 시도도 완벽하게 성공하지는 못했다.

셋째로 논리실증주의는 이론의 변화에 대해서 충분한 설명을 하지 못했다. 그뿐만 아니라 지식의 성장에 대해서도 만족할 만한 설명을 할 수가 없었다. 실증주의는 순수한 경험과 귀납주의를 전제하기 때문에, 관찰이 축적되면 일반화가 증가한다는 설명은 할 수 있다. 그리고 순수한 경험의 결과가 아닌 것으로서 오류로 드러난 것은 폐기되어야 한다고 주장할 수 있다. 그렇지만 그것은 뉴턴의 역학으로부터 아이슈타인의 상대성 이론으로의 변천이나, 프톨레마이오스의 천동설에서 코페르니쿠스의 지동설로 전환되는 과학사의 변화를 제대로 설명해 주지 못한다. 이것은 이론의 구조가 근본적으로 바뀌는 과정이지, 단순한 관찰의 축적이 아니며, 관찰에 의한 일반화의 증가라고 할 수도 없다. 특히 실증주의는 양자역학에서 커다란 난관에 부딪힌다. 양자들의 세계는 직접적인 관찰의 세계가 아니기 때문이다. 이런 문제점들 때문에 실증주의는 결국 매력을 잃었다고 할 수 있다.

현재 우리의 주제와 관련해서 본다면, 실증주의의 가장 큰 문제점은 경험의 역사성을 이해하지 못한 것이라 할 수 있다. 후기 실증주의는 이런 문제점들에 대한 새로운 해결책을 나름대로 제시하면서 출발한다.

과학이 과학의 역사와 어떤 연관성을 갖고 있다고 보는 입장과 과학과 과학의 역사는 전혀 별개라고 보는 입장은 명백하게 구별된다. 전자는 과학의 역사성을 인정하는 입장이고, 후자는 과학의 역사성을 인정하지 않는 입장이다. 과학의 역사성을 인정한다 할지라도 그 귀결은 서로 다를 수 있다. 말하자면, 과학의 상대주의자가 될 수도 있고, 과학의 합리주의자가 될 수도 있다. 역사개성주의는 과학의 역사성을 인정하면서 동시에 상대주의를 주장하는 교설이다.

3. 역사적 닫힌 체계 모형

과학의 역사성을 수용하면서 역사를 관통하는 지식의 합리성을 부정하게 되면, 우리는 역사상대주의자가 된다. 여기에 대상 X가 있고, 갑, 을, 병, 세 사람이 그것을 관찰한 후, 각각 X1, X2, X3이라고 판단을 내렸다고 하자. 그리고 누구의 판단이 제대로 된 판단인지, 누구의 판단이 가장 나은 판단인지 알 길이 없다고 할 때, 이것이 인식의 상대주의이다.

역사상대주의는 상대화의 단위를 역사적 단계로 보는 것이다. 말하자면 위에서 말한 세 사람 갑, 을, 병이 역사의 세 단계로 전환되면, 상대주의는 역사상대주의가 된다. 갑, 을, 병이 문화의 단위가 되면, 상대주의는 문화상대주의가 된다. 그뿐만 아니라 이들은 계급이나 계층, 혹은 그 밖의 다른 것으로 전환되어 다양한 상대주의가 탄생한다.

최근의 사회구성주의의 인식론은 역사상대주의를 매우 잘 설명해준다. 이 이론이 상대주의의 본질을 극명하게 드러내기 때문이다. 사회구성주의는 보통 세 가지 측면에 적용되는 세 가지 논제를 주장한다. 형이상학적 논제(metaphysical theses), 인식론적 논제(epistemological theses), 의미론적 논제(semantical theses)가 그것이다. 사회구성주의의 형이상학적 논제는 우리가 보는 세계의 사실들이 발견되었다기보다는 발명되었다고 주장하는 교설이다. 이것은 일상의 공산품들이 우리의 발명품임을 주장하는 것이 아니라 모든 자연적인 사실까지도 인식적 차원에서 구성된 것으로 간주하는 반실재론적 교설이다. 의미론적 논제는 진술들이 어떤 확정적인 사실적 내용을 갖지 않는다고 주장하는 교설이다. 말하자면, 진술 a는 사회적 맥락 C_1에서와 맥락 C_2에서 서로 다르게 해석된다는 것이다.

인식론적 논제와 의미론적 논제는 겉으로 보기에는 비슷해 보이지만, 서로 다른 것이다. 인식론적 논제는 신념을 논의의 대상으로 삼는 반면, 의미론적 논제의 논의 대상은 진술이다. 우리의 신념이 모두 상대적이라 해서 반드시 절대적으로 참인 진술이 존재하지 않는다고 할 필요는 없다. 절대적으로 참인 진술이 존재한다 해도, 우리는 어느 것이 그것인지 알 수 없을 수가 있기 때문이다.

사회구성주의의 인식론적 논제는 다음과 같다.

우리의 신념은 사회적으로 구성된 것이다. 그러므로 어떤 신념도 절대적 근거를 갖지 못한다. 합리적 근거가 있다는 어떤 주장도 어떤 문화나 패러다임에 상대적인 근거를 가질 뿐이다.[6)]

해킹(I. Hacking)은 사회적 구성주의를 다음과 같이 규정한다.

X는 현재 상태와 같이 존재할 필요가 전혀 없다. 현재 상태와 같은 X는 사물들의 본성에 의해 결정된 것이 아니다. X는 불가피한 것이 아니다.[7)]

'X는 불가피한 것이 아니다'라는 주장은 '비X가 가능하다'는 주장을 함축한다. 말하자면 다른 식으로도 존재할 수 있다는 의미이다. 넬슨(A. Nelson)은 이를 다음과 같이 정교화시켰다.

만약 과학자들이 그들이 실제로 행동하는 방식과는 다른 방식으로 사실을 언급하고자 했다면, 그 이후에 전개된 역사는 이것을 그들의 반사실적 선택과 일치되게 세계관에 반영했을 것이다. 그러므로 '사실들'은 '객관적 실재'에 의해서가 아니라 과학자들의 선택에 의해서 결정된다.[8)]

우리는 이러한 규정을 '구성주의의 반사실적 논증(constructivist counterfactual argument)'이라 부른다. 이 논증은 과학의 사실들이 불가피한 것이 아님을 함축한다. 그들은 과학자들의 선택에 따라 지금과는 다른 방식으로도 존재할 수 있기 때문이다.

우리가 어떤 사물을 규정할 때 A 개념체계로서 할 수도 있고, B 개념체계로서 할 수도 있다. 예컨대 '아버지'라는 개념이 없는 모계사회를 생각해 보자. 이 사회의 관점에서 보면 일부일처 사회에서 '이 사람은 누구의 아버지이다'라고 규정하는 사실은 사실이 아니다.

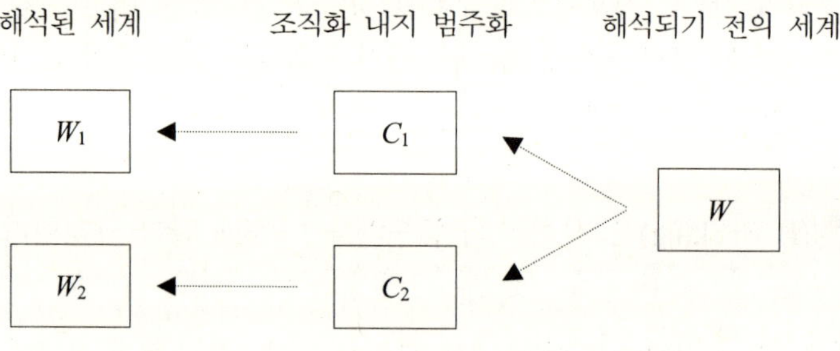

[그림 4] C_1 개념체계에서는 W_1의 세계가 나타난다.

그것은 어떤 특정한 관점에서만 사실일 뿐이다.

이런 논제들에 근거해서 소위 '체계의 신화'가 성립한다. 상식적인 차원에서도 우리가 이질적인 문화를 만날 때 진리의 다원성을 쉽게 확인한다. 일부일처제에 사는 우리가 일부다처제나 모계사회를 알았을 때, 결혼제도에서 절대적 진리가 없다는 것을 알아차린다. 도로교통에서 파란 불일 때 길을 건너지 않고 빨간 불일 때 길을 건너는 문화도 있다는 것을 알았을 때, 대다수의 문화가 자의적이고 규약적임을 쉽게 확인한다. 어떤 문화는 잔인하고, 어떤 문화는 관용스럽다. 어떤 문화는 너무 경쟁적이고, 어떤 문화는 협동적이다.

사회구성주의자들은 여기에서 더 나아가 한 사회가 갖는 문화란 근원적으로 세계를 이해하는 기본 틀이기 때문에, 각각의 문화는 세계를 보는 서로 다른 사고방식을 가지고 있으며, 상호 비교할 수 없으며, 통약불가능하다고 주장한다. 농경사회는 세계를 전체론적으로 보는 반면, 유목사회나 상업사회는 세계를 개체론적 관점에서 본다. 이런 사고방식을 대표하는 것이 개념체계이다. 그러므로 우리가 어떤 개념체계를 갖느냐에 따라 세계를 다르게 인식하며, 진리란 상대적이라고 할 수밖에 없다. 말하자면 세계 W가 C_1 개념체계 하에서는 W_1

으로 보이고, C_2의 개념체계 아래서는 W_2로 보이며, 어느 것이 세계를 더 잘 반영하는지 객관적으로 비교할 수 없다는 것이다.

상대주의는 본질적으로는 닫힌 체계이다. 그것은 우리가 자신의 울타리를 벗어나지 못한다고 주장하기 때문이다. 닫힌 체계란 한 체계가 다른 체계와 통약 가능하지 않고 그 자체로 완결되어 있는 체계이다. 자신의 경계를 넘어설 수 없다고 주장하는 점에서 그것은 유아론과도 흡사하다. 역사적 상대주의는 근대적 상대주의의 원조이다. 그 이유는 진리의 보편성을 주장하는 계몽주의에 대한 도전이 바로 역사개성주의이며, 여기에서 모든 형태의 근대적 상대주의가 파생되어 나왔기 때문이다. 논리실증주의가 계몽주의의 후예라면, 지식사회학, 언어공동체 이론, 패러다임 이론, 개념체계 상대주의 등은 모두 역사개성주의의 후예들이다.

4. 닫힌 체계의 세 유형

인식론적 닫힌 체계를 주장하는 지식사회학의 세 거두는 마르크스, 만하임, 그리고 토마스 쿤이다. 이들은 모두 우리의 지식이 사회에 의해 결정된다는 사회적 전회를 감행한 자들이며, 특히 토마스 쿤은 우리의 지식은 우리가 사용하는 언어체계에 의해 결정된다는 비트겐슈타인의 언어적 전회를 계승한 자이다.

앞의 두 사람과 쿤의 차이점은, 마르크스나 만하임은 수학과 자연과학은 지식사회학의 대상에서 제외시켰지만, 쿤은 수학이나 자연과학까지도 지식사회학의 대상으로 삼았다는 것이다. 더 나아가 쿤은 과학적 신념뿐만 아니라 과학적 사실까지도 구성의 대상으로 삼았다. 이것은 인식론적 상대주의에서 존재론적 상대주의로까지 극단화된 것이다.

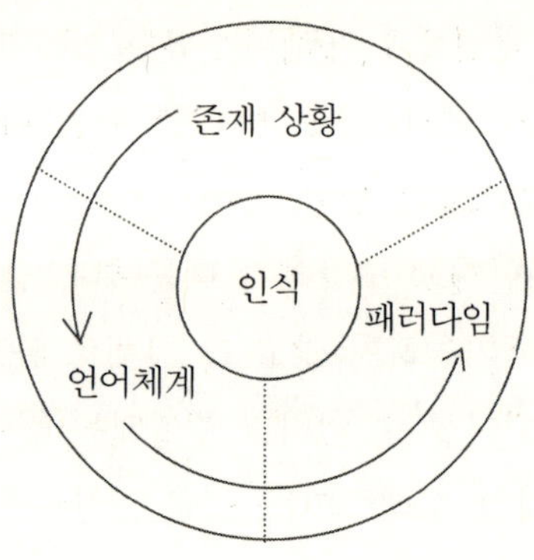

[그림 5] 우리의 인식은 우리의 존재 상황이나 언어체계나 패러다임의 영향 하에 있다. 존재 상황에서 언어체계로, 여기에서 다시 패러다임으로의 전환이 이루어졌다.

1) 마르크스의 이데올로기 과학

마르크스는 우리의 신념이 계급적 이해에 의해 결정된다고 주장한다. 더욱 일반적으로 말한다면 우리의 신념 형성에 사회적, 역사적 요인이 인과적 영향을 미친다고 주장한다. 이것이 그 유명한 의식의 존재구속성 논제이다.

> 그들이 종사하는 사회적 생산에서 사람들은 불가피하게 그들 자신의 의지와는 상관없는 어떤 관계 속에 편입된다. 즉, 그들은 물질적 생산력의 어떤 발전단계에 상응하는 생산관계 속에 들어간다. 이러한 생산관계의 총체가 사회의 경제적 구조를 형성하며, 이 실질적 토대 위에 법률적, 정치적 상부구조가 세워지고 그리고 이 토대에 상응하는 일정한 사회의식의 형태가 나타나게 된다.
>
> 물질적 삶의 생산양식이 사회적, 정치적 및 지적인 생활과정 일반을 조건 지운다. 사람들의 의식이 그들의 존재를 결정하는 것이 아니라, 반대로 그들의 사회적 존재가 그들의 의식을 결정한다.[9]

의식이 존재를 결정하는 것이 아니라 존재가 의식을 결정한다는 마르크스의 의식의 존재구속성 논제는 계통적으로 보면 헤겔의 체계 이론을 변형시킨 것이며, 헤겔의 체계이론은 다시 칸트(I. Kant)의 범주체계론을 변형시킨 것이다.[10) 마르크스는 전도된 상태이긴 하지만 헤겔의 체계이론을 계승했다.

헤겔은 체계의 신화를 이론적으로 정초한 대표적인 철학자이다. 헤겔은 칸트의 보편적 범주체계를 변형시켜, 인간의 지적 장치는 계속 변하는 것이며, 그것은 사회적 유산의 일부분임을 주장했다. 말하자면, 개인의 지식은 그가 속한 사회의 역사적 발전과 일치할 수밖에 없으며, 어떤 개인도 그가 속한 민족정신을 넘어설 수 없다는 것이다.

우리는 인식에서의 정신적 역할이라는 관점에서 모든 인식론을 수동주의적 인식론과 능동주의적 인식론으로 양분할 수 있다. 영국의 경험론으로 대변되는 수동주의적 인식론은 인식에서의 정신의 역할을 자료의 저장에 국한시킨다. 수동주의적 인식론에 의하면 우리의 모든 참된 지식은 우리의 감각 경험을 통해서만 만들어지며, 인식에서의 모든 잘못은 우리 정신의 간섭에 의해서만 발생한다. 그러므로 우리가 인식의 오류를 피하는 최선의 길은 우리 자신의 간섭을 완전히 배제하고 전적으로 수동적으로 남는 길이다. 포퍼는 이를 정신의 물통 이론(bucket theory of mind)이라 부른다.[11)]

이와 대립되는 능동주의적 인식론은 인식에서의 정신의 역할에 결정적인 비중을 부여한다. 능동주의적 인식론의 창시자인 칸트는 우리의 지식을, 감관에 의해서 받아들여지고 박물관같이 정신 속에 저장되는 자료들의 수집이 아니라, 거의 대부분이 우리의 정신적 행위의 결과라고 보았다. 즉, 우리가 감관을 통해 외부세계와 연관되는 자료들을 수용하는 것은 사실이라 할지라도, 그 자료들을 우리의 정신구조의 틀에 맞게 우리가 정리함으로써 비로소 지식이 성립한다는 것이다. 예컨대 시장에서 이런저런 종류의 음식 재료를 구입하는 일(감각경험)과 그것으로 어떤 원리(범주체계)에 따라 음식을 만드는 일(지식)은 다른 것이다. 그러므로 우리가 지식을 얻고자 한다면 우리 스스로가 자료들을 능동적으로 검토하고, 비교하고, 통합하고, 일반화하지 않으면 안 된다.

포퍼는 이러한 이론을 과학의 탐조등 이론(searchlight theory of science)[12]이라 명명한다. 캄캄한 밤에 손전등을 켠다고 가정해 보자. 손전등의 불빛은 일정한 영역만 밝힌다. 우리가 손전등을 이리저리 회전시킴에 따라 사물의 이런저런 영역만이 우리의 시야에 들어온다. 이와 같은 인식의 탐조등 이론과 아울러 칸트는 어떠한 전제로부터도 자유로운 과학의 이상을 포기했다. 즉, 그에 의하면 우리는 무로부터 출발할 수는 없고, 과학의 경험적 방법에 의해서는 검증되는 않는 어떤 전제의 체계를 갖고 우리의 일을 추진할 수밖에 없다는 것이다. 그리고 여기서 말한 전제의 체계란 '범주적 틀'로서 인간 이성의 불변적 구조를 의미한다.

인간성의 불변성 대신에 역사성을 중시한 헤겔은 칸트의 '범주적 틀'을 수정 · 변형시켰다. 그는 우리의 인지적 틀은 부단히 변화하며, 사회적 유산의 일부분이라는 것을 가르쳤다. 말하자면, 각 민족마다, 각 시대마다 인식의 범주체계가 다르다는 것이다. 따라서 헤겔에서 인간 이성의 발전은 그가 속하고 있는 국가 사회의 발전과 조화되지 않으면 안 된다. 진리 자체는 각각의 역사적 체계나 문화적 체계에 상대적이며, 이들 체계간의 합리적 논의란 불가능하다.

마르크스는 헤겔의 체계이론을 유물론적으로 변형시키면서, 헤겔이 주체적 단위로 삼은 민족정신이나 시대정신을 계급으로 대체했다. 이제 우리가 처한 경제적 토대가 우리의 의식을 결정하게 된다.

이런 관점에서 보면 우리의 지식은 실제로는 이데올로기와 같은 것이다. 그 내용이 세계에 대한 객관적 관찰이 아니라 우리가 처한 사회적 상황에 의해서 결정되기 때문이다. 극단적으로 말하면 지식은 인식주체가 대상을 반영해서 형성된 어떤 내용이 아니라, 대상과의 관계에서 공동체와 공유해야 할 마음의 어떤 상태를 반영하는 것이며, 자기애적 반성이라 할 수 있다. 부르주아 과학과 프롤레타리아 과학이 가능한 것은 이 때문이다.

2) 만하임의 지식사회학

마르크스 이후에 뒤르켐(E. Durkheim)과 만하임이 의식의 존재구속성 논제를 더욱 발전시키면서, 이런 체계이론을 지식사회학(sociology of knowledge)이라고 불렀다. 뒤르켐은 추상을 수행할 수 있는 우리의 인식력이 사회 집단의 일원이라는 사실에서 나온다고 생각한다. 사회의 일원으로서 우리는 추상하는 방식을 배우며, 지식을 갖는 형식을 배운다는 것이다. 그러므로 우리가 속한 사회 집단이 다름에 따라 우리의 경험 양식도 달라진다.

만하임의 지식사회학은 우리의 모든 사상, 특히 사회 및 정치 현상에 관한 사상은 진공 속에서 진행되는 것이 아니라 사회적으로 규정된 분위기 속에서 진행된다는 것을 주장한다. 즉 우리의 모든 사고와 사상은 의식적인 요소와 무의식적인 요소에 의해서 영향을 받지만 이런 요소는 사고하는 주체자의 눈으로부터는 숨겨져 있다는 것이다. 왜냐하면 이런 요소는 사고하는 주체자가 살고 있는 바로 그 장소, 즉 그에겐 의문의 여지가 없이 자명한 것으로 나타나는 그의 사회적인 거주지(social habitat)에 기초하기 때문이다. 그러나 그가 가정에 근거해 있다는 사실은 우리가 A를 아주 다른 환경 속에서 자란 B와 비교해 볼 때 분명히 나타난다. 물론 A와 마찬가지로 B도 그 나름대로 의문의 여지가 없는 어떤 가정에 근거해 있지만, 이 가정은 A와는 서로 다른 것이다. 이와 같이 사회적으로 완전히 다르게 규정된 가정의 체계들은 지식사회학자들에 의해서 전체적-일반적 이데올로기라 불린다. 이런 전체적-일반적 이데올로기에 의해서 우리의 인식은 상대성을 면할 수 없게 된다고 그들은 주장한다.

전체적-일반적 이데올로기란 무엇인가? 지식사회학을 체계화시킨 만하임에 의하면, 이데올로기는 먼저 부분적 이데올로기와 전체적 이데올로기로 나누어진다. "부분적 이데올로기 개념(particular conception of ideology)은 단지 상대방이 주장하는 것 중의 일부분만을 — 그리고 그 주장의 내용에만 국한해서 — 이데올로기로서 지시하는 데 반해서 전체적 이데올로기 개념(total conception of ideology)은 상대방의 전체적 세계관(그의 개념적 틀까지도 포함해서)을 문제 삼으며, 이러한 개념들을 상대방이 참여하고 있는 집단적 삶의 결과로서 이해하려고 한다."[13] 또한 부분적 이데올로기가 사상의 분석을 이해관계의 심리학(psychology of interests)을 갖고 심리학적 차원에서만 수행하는 데 반해, 전체적 이데올로기는 더 고차적인 정신적 차원에서 사상의 분석을 수행한다.[14] 이런 전체적 이데올로기 개념은 다시 특수적 형식과 일반적 형식으로 나누어진다. 우리가 우리 자신의 입장은 문제 삼지 않고 절대적인 것으로 보면서, 상대방의 사상만을 그들이 살고 있는 사회적 상황의 단순한 반영으로 본다면, 그것은 전체적 이데올로기의 특수한 형식이다. 이러한 특수적 형식과는 반대로, 전체적 이데올로기의 일반적 형식은 그 자신의 관점을 포함한 모든 관점을 이데올로기적 분석의 대상으로 삼는다.[15] 그러므로 부분적 이데올로기와 전체적 이데올로기의 구분에서는, 하나의 단일한 사상이 이데올로기적인가, 아니면 전체적 정신구조가 이데올로기적인가 하는 것이 문제되지만, 전체적 이데올로기의 특수적 형식과 일반적 형식의 구분에서는 우리 자신을 포함한 모든 집단의 사상을 사회적으로 결정되었다고 보는가, 아니면 상대방의 사상만 사회적으로 결정되었다고 보는가 하는 것이 결정적인 문제이다. 이리하여 전체적 이데올로기 개념에 관한 보편적 형식화와 함께, 이데올로기 이론이 지식사회학으로 발전하기에 이른다.[16)]

만하임은 자신의 입장을 단순한 상대주의가 아닌 상관주의(Relationalis)라고 주장한다. 상관주의는 시공을 초월하여 성립하는 객관적이고 보편적인 진리를 부정한다는 점에서는 상대주의와 같은 입장이지만, 주어진 역사적 상황 속에서 진리를 규명하는 것은 가능하다고 보는 점에서는 상대주의와 구별된다. 상대주의는 어떤 상황에서도 진리란 존재하지 않는다고 보기 때문이다. 만하임은 "의식이 존재를 규정하는 것이 아니라 존재가 의식을 규정한다."는 마르크스의 논제를 기본적으로 수용하면서도 마르크스의 논제를 크게 변용시켰다. 첫째로 마르크스가 존재 상황의 중요 변수로서 경제적 생산관계와 계급을 강조한 데 반해, 그는 지역이나 연령, 세대나 성별 같은 요인들을 중요하게 보았다. 둘째, 마르크스주의는 온갖 지식체계들을 이데올로기적으로 보면서도 자신의 지식체계는 객관적으로 타당한 지식처럼 취급했지만, 그는 마르크스주의 이론 자체도 존재구속성에서 해방될 수 없는 것으로 이해했다. 즉, 만하임은 프롤레타리아 계급의식도 넓은 의미에서 하나의 이데올로기이며, 그렇기 때문에 부르주아 의식과 마찬가지로 허위의식일 수 있음을 주장한다.

만하임은 『이데올로기와 유토피아』에서 모든 사상은 체계적으로 왜곡된 지식이라고 규정한다. 말하자면 모든 사상은 이데올로기적이거나 유토피아적이다. 이데올로기는 지배집단의 집단적 무의식이 깔려 있어 사회를 안정화하려는 의도를 반영하며, 유토피아는 기존 사회를 변혁시키려는 피지배집단의 의도를 반영한다. 여기서 만하임은 자신의 상관주의를 정당화시키기 위해 자유로운 지식인의 개념을 제안한다. 지식인은 존재의 구속성에서 어느 정도 벗어날 수 있으며, 그렇기 때문에 주어진 상황 속에서 진리를 발견할 수 있는 존재이다. 그러므로 지식인은 어떤 사상의 이데올로기적 요소와 유토피아적 요소의 사회적 근원을 밝혀 객관적 지식에 도달할 수 있다는 것이다. 이런 자유로운 지식인 주장은 자신의 출발점으로 삼은 의식의 존재구속성 논제를 부정하는 새로운 문제를 야기한다.

현대 인식론의 관점에서 보면 만하임의 상관주의는 인식론적 내재주의(internalism)라고 할 수 있다. 이것은 우리가 사실의 진리를 논의할 수 있지만, 어떤 개념체계 안에서만 가능하다는 주장이다. 같은 개념체계 아래 있는 사람들은 사실의 진리에 대해 의견의 일치를 볼 수 있다. 그러나 개념체계가 다르면 같은 사실이라도 다르게 볼 수밖에 없다. 이것은 개념체계 상대주의이다. 인식론적 내재주의에서는 아무도 자신의 개념체계 밖으로 나갈 수가 없다. 지식인이라 해서 예외가 아니다. 만하임의 자유로운 지식인 논제가 자기모순적인 결론을 몰고 온 것은 이런 이유 때문이다.

3) 토마스 쿤의 패러다임 이론

20세기 전반부를 지배하던 논리실증주의를 부정하고 뒤를 이어 나타난 새로운 사조가 일상 언어 분석의 철학이다. 이 새로운 사조는 때로는 후기 실증주의라고 불리기도 하지만, 그것의 핵심적인 내용은 일상 언어 분석에 기초한 언어공동체 이론이다.[17]

언어공동체 이론은 우리가 지식을 의심할 수 없는 순수 지각이나 경험적 확실성에 호소하여 정당화시킬 수는 없다고 보고, 그 대신 우리의 지식이 언어공동체의 지배적인 규범이나 발화 습관에 기초하고 있음을 보여줌으로써 지식을 정당화하려는 것이다. 이것은 정당화 이론의 새로운 모형이라 할 수 있다.

논리실증주의는 대표적인 지식의 정당화 이론이다. 이것은 다음과 같이 진행된다. 우리는 오염되지 않은 순수한 경험을 상정할 수 있다. 일상적인 경험들은 편견과 잘못된 관념들에 오염되어 있지만, 이들 불순물들을 제거하면 순수한 경험에 이를 수 있다. 순수한 경험은 사실을 있는 그대로 반영한다. 순수 경험에 반영되는 소여를 언어로 표현하면 직접적 관찰 문장(protocol sentence)이 된다. 우리는 이 프로토콜 문장을 기초로 사실 세계에 관한 모든 지식을 구성한다. 그러므로 이 프로토콜 문장으로 환원되는 지식은 정당한 지식이 되며, 그렇지 못한 지식은 정당화되지 못한다.

언어공동체 이론은 우리의 지식을 정당화하기 위해 이와는 다른 방식을 택한다. 이것은 다음과 같이 진행된다. 어떤 주장의 참과 거짓을 판별하는 기준은 객관적으로 존재하지 않는다. 사실을 있는 그대로 반영하는 순수한 경험은 존재하지 않기 때문이다. 프로토콜 문장 같은 토대도 검증 가능성의 원리 같은 것도 존재하지 않는다. 우리의 경험은 우리가 사용하는 언어체계에 의존해 있다. 즉, 우리의 언어체계가 변함에 따라 우리의 경험은 변한다. 우리의 언어체계는 한 사회가 정한 의미의 규칙들이 체계화된 것이다. 그러므로 우리의 지식은 결국 우리가 속한 사회가 정한 규칙에 의해 결정된다. 이러한 관점에서 보면, 지식을 갖는다는 것은 곧 규칙을 따른다는 것을 의미하며, 규칙에 따른 지식은 정당화된 지식이다.[18)]

언어공동체 이론은 토마스 쿤의 패러다임 이론에서 가장 전형적으로 나타난다. 그는 패러다임을 한 시대를 특징지을 정도의 탁월한 학문적 성취이면서 모든 유형의 문제들을 후속 연구자들이 해결할 수 있도록 기초를 제공하는 학문 연구의 모델로 규정한다.[19)] 쿤의 설명에 따르면, 아리스토텔레스의 자연학(physica), 프톨레마이오스의 알마게스트(almagest), 뉴턴의 프린키피아(principia)와 광학(opticks), 라부아지에의 화학요론(traité elementaire de himie), 라이엘의 지질학(geology) 등이 패러다임의 대표적인 예들이다. 오늘날의 관점에서 보면 학교에서 배우는 교과서와 같은 것이다.

패러다임은 때로는 학문의 표본 모형(disciplinary matrix)으로, 때로는 표본 사례(examplar)로 불리기도 한다. 어떤 경우에는 넓은 의미에서 세계관을 의미하기도 한다. 학문의 표본 모형은 탐구 활동을 준비하는 교육과정에서 과학자들이 질문하고 답하는 근본적인 문제들에 대한 기준을 제시해 준다. 말하자면 문제풀이의 모형과 같은 것이다. 만약 이런 기준이 없으면, 어떤 과학공동체가 함께 연구할 수 없을 것이다. 이것은 어떤 탐구공동체는 탐구를 시작하기 전에 다음과 같은 질문들에 먼저 의견의 일치를 보아야 한다는 것을 의미한다.

> 우주에는 어떤 종류의 사물들이 존재하는가. 이들은 서로 어떻게 관계하며, 우리들의 감각과는 어떻게 접촉하는가. 이런 사물들에 대해서 적법하게 제기할 수 있는 물음으로는 어떤 종류가 있는가. 이러한 물음에 대답하기 위해서는 어떠한 기술이 적합한가. 어떤 이론에 대해여 어떠한 것이 증거로 간주될 수 있는가. 어떤 물음들이 과학에서 중심적이라고 할 수 있는가. 어떤 현상에 대한 설명으로 간주될 수 있는 것은 무엇인가 등의 물음이다.[20)]

이러한 표본 모형들은 언어로 분명하게 표현될 수 있는 측면도 있지만, 때로는 말로 표현될 수 없고 말로 표현할 필요도 없는 실천적인 기술들과 방법들로 구성되어 있는 측면도 있다. 이러한 기술들은 때로는 암묵적 지식이라 부르기도 한다.

표본 사례들은 모든 초보 과학자들이 배워야 하는 과학의 성공적인 부분들이다. 교과서에 실려 있는 문제와 그 해답들 및 표본 사례에서 사용된 기술을 학생들이 새로운 상황에서도 적합하게 잘 사용할 수 있도록 하는 연습문제들이 모두 표본 사례와 연관되어 있다.

패러다임은 전문가들 집단이 시급하다고 느낀 몇 가지의 문제를 경쟁 상대들보다 훨씬 성공적으로 해결한다는 이유 때문에 그 지위를 획득한다. 그렇지만 성공적이라는 말은 완벽하게 성공적이라든지 또는 모든 문제들에 대해서 성공적이라는 것을 의미하지는 않는다. 한 패러다임의 성공은 당초에는 주로 불완전한 예제들에서 발견할 수 있는 성공의 약속일 따름이다. 정상과학(normal science)은 사실들에 대한 지식을 확장시키고 사실들과 패러다임의 예측이 서로 일치하는 정도를 증진시키면서, 그리고 패러다임 자체를 더욱 명료화시킴으로써 이런 약속을 구체화시킨다.[21)]

정상과학은 이미 확립되어 있는 한 패러다임 내에서 수행하는 과학이다. 그러므로 정상과학은 수수께끼 풀이 활동이라고 불리기도 한다. 이때 패러다임은 수수께끼를 푸는 데 사용하는 규칙들을 매우 엄밀하게 결정한다. 예컨대 어떤 생명공학자가 체세포 복제를 시도할 때 유전자 생물학의 패러다임에 따라 수수께끼를 풀어 나간다.

그렇지만 수수께끼 풀이가 성공하지 못할 수도 있다. 설명이 제대로 되지 않는 변칙 사례가 나타날 수 있다. 어느 정도 일이 진척되는 동안에는 이들도 결과적으로는 해결될 것이라고 보지만, 변칙 사례들의 계속적인 누적은 끝내는 위기를 초래한다. 변칙 사례들의 수가 증가하여 예사롭지 않게 될 때, 일부의 독창성이 강한 학자들은 기존 패러다임의 핵심적인 어떤 것에 관하여 의문을 제기하기 시작한다. 이때 기존의 방식과는 전혀 다른 방식으로 생각하는 새로운 패러다임이 논의되기 시작한다. 마침내 과학공동체는 위기가 닥쳤음을 감지한다.

[그림 6] 패러다임이 다름에 따라, 대상은 다르게 보인다.

패러다임은 정상과학에 의해서 고쳐질 수 있는 성질의 것이 아니다. 정상과학은 오히려 이상 현상들을 인지하고 위기로 인도할 따름이다. 그리고 이런 상황은 형태 전환과 같은 돌발적이고 비구조적인 사건에 의해서 끝을 맺는다. 새로운 패러다임이 탄생한 것이다. 정상과학의 관점에서 보면 혁명이 일어난 것이다. 과학자들은 이제 전혀 새로운 눈으로 세상을 보게 된다. 이때 과학자들은 "눈에서 비늘이 걷혔다."고 말한다.[22)]

쿤은 코페르니쿠스의 혁명을 대표적인 예로서 든다. 코페르니쿠스의 지동설은 프톨레마이오스의 오랜 천동설을 대체했다. 프톨레마이오스의 천동설은 많은 장점들을 갖고 있었다. 우선 우리의 감각에는 지구 중심설이 그럴듯하게 보였으며, 그런 우주는 신이 인간을 위해서 특별히 지구를 창조했다고 믿는 사람들에게는 자연스럽다. 프톨레마이오스의 기본 이론은 행성들의 운행을 예측할 수 있는 합리적인 수단을 제공했으며, 수세기 동안 성공적으로 사용되었다. 그렇지만 이 패러다임은 어떤 행성들의 궤도가 완전히 원은 아니라는 변칙 사례들에 직면하게 되고, 끝내는 태양을 중심으로 보는 코페르니쿠스의 지동설 패러다임이 등장한다. 쿤의 설명을 따라가자면, 과학사는 이런 혁명의 역사이다.

여기까지는 큰 문제가 없어 보인다. 문제의 핵심은 옛 패러다임(P_1)과 새로운 패러다임(P_2)이 서로 통약불가능(incommensurability)하다는 쿤의 주장이다. 통약불가능이란 일차적으로는 동일한 기준으로 잴 수 없다는 의미이며, 더 나아가 과학에 대한 기준이나 정의가 동일하지 않다는 의미이다. 비록 P_2가 P_1으로부터 개념들과 중요한 실험적 요소들을 차용한다 할지라도 전통적 방식으로 사용하지는 않는다. 말하자면 새로운 패러다임 속에서 옛 용어나 실험은 서로 새로운 관계를 맺는다. 예컨대, 같은 '공간'이란 용어를 사용한다 할지라도 아인슈타인의 휘어진 공간은 이미 평평하고 동질적인 뉴턴의 절대공간이 아니다.

P_1과 P_2가 전혀 비교 불가능하다면 어느 패러다임이 더 우수한지 우열을 가릴 수 없게 된다. 이것은 철저한 상대주의이다. 그리고 이것은 완전히 닫힌 체계라고 해야 한다. P_1 속에 있는 사람들은 그것을 넘어서 그 밖으로 나갈 수가 없다고 가정하기 때문이다.

3 장 역사법칙주의는 반자연주의 교설과 친자연주의 교설로 구성된다[1)]

비판적 합리주의는 역사법칙주의가 두 교설을 동시에 갖고 있는 것으로 이해한다. 하나는 자연주의와 정반대의 입장을 취하는 '반자연주의 교설'이고, 다른 하나는 자연주의를 잘못 모방한 '친자연주의 교설'이다. 이 두 교설이 함께 결합되어 있는 것이 역사법칙주의이다. 서로 상반되는 이론을 함께 묶은 것 자체가 잘못이라고 포퍼를 비판하는 사람도 있지만, 이런 비판은 오해에서 비롯된 것이다. 반자연주의와 친자연주의는 용어상으로만 본다면 상충되는 듯이 보이지만, 친자연주의는 자연주의의 잘못된 모방이기 때문에 내용적으로는 모두가 반자연주의이다.

나는 칼 포퍼가 『역사주의의 빈곤』에서 역사법칙주의를 설명한 방식에 따라 논의를 전개한다. 그렇지만 그 교설들을 좀 더 단순한 체계로 한데 묶어 설명한다. 반자연주의 교설로서 포퍼가 제시한 열세 개의 이론을 사회과학의 연구 대상에 관한 이론들과 사회과학의 연구 방법에 관한 이론들로 나누고, 그리고 친자연주의 교설로서 제시한 일곱 개의 이론을 사회과학의 연구 방법에 관한 이론과 미래주의적 도덕이론으로 구분하여 논의를 진행한다.

역사법칙주의의 기원과 전통에서는 역사의 법칙을 어떤 성격으로 규정하느냐에 따라 유신론적, 자연적, 정신적, 경제적인 여러 형태의 역사법칙주의가 가능함을 설명한다. 동시에 먼 옛날로까지 거슬러 올라가는 선민사상이 가장 단순하고 오래된 형태의 역사법칙주의이며, 이런 유신론적 역사법칙주의의 특징은 현대 세계에 절대적 영향을 끼친 두 역사법칙주의, 즉 파시즘의 자연적 역사법칙주의와 마르크시즘의 경제적 역사법칙주의에 의해 전승되었음을 논의한다.

이렇게 하여, 플라톤, 헤겔, 마르크스가 역사법칙주의의 삼인방으로 떠오른다.

1. 반자연주의 교설

포퍼는 물리학의 방법을 사회과학에 적용할 수 없다고 하는 역사법칙주의의 반자연주의 교설을 다음과 같은 열 개의 이론으로 열거한다.[2] (i) 일반화(generalization)의 불가능성, (ii) 실험(experiment)의 불가능성, (iii) 새로운 특성(novelty)의 출현, (iv) 복잡성(complexity), (v) 예측의 부정확성(inexactitude of prediction), (vi) 가치판단(valuation)의 개입, (vii) 전체론(holism), (viii) 직관적 이해(intuitive understanding), (ix) 정성적(定性的) 방법(qualitative methods), (x) 본질주의(essentialism).

나는 이러한 열 개의 반자연주의적 이론들을 편의상 1) 사회과학의 연구 대상에 관한 것과 2) 사회과학의 연구 방법에 관한 것으로 구분하여 논의하고자 한다.[3] 이것은 사회과학의 존재론적 특성과 인식론적 특성에 의한 구분이기도 하다. 이러한 구분에 따르면, 새로운 특성의 출현, 복잡성, 전체론은 사회과학의 연구 대상에 관한 이론이고,

나머지는 사회과학의 방법론에 관한 이론이다. 그리고 사회과학의 방법론적 특성들은 그것이 다루고자 하는 연구 대상의 특성에서 연유된 것이다.

1) 사회과학의 연구 대상에 관한 이론

(1) 사회에는 근본적으로 새로운 특성이 계속해서 나타난다.[4]

우리가 하나의 동일한 유기체에 대해서 어떤 실험을 반복하는 경우에 그 조건들의 총화는 진정한 반복이라고 말하기는 어려울 것이다. 왜냐하면 유기체는 부분적으로 과거의 조건들의 제약을 받고 있으므로, 즉 경험에 의해 계속해서 학습하므로, 동일한 환경적 조건의 엄밀한 반복이라 할지라도, 그 반복은 유기체에서 새로운 내적 조건과 결부될 것이기 때문이다. 똑같은 말을 사회에 대해서도 할 수 있다. 사회도 경험을 하며 자신의 역사를 가지기 때문이다. 예컨대 아무리 똑같은 사회적 상황 t_1과 t_2가 반복된다 해도, 인간이 기억을 가지는 한에서 그것들은 다를 수밖에 없다. 왜냐하면 t_1 상황에 관한 기억이나 견해가 t_2 상황에 참여하는 사람들의 행위에 영향을 미치기 때문이다. 이러한 현상을 포퍼는 오이디푸스 효과(Oedipus effect)라고 명명한다.[5] 따라서 엄밀한 반복이란 사회사에 있어서 불가능하며, 이것은 우리가 본질적으로 새로운 특성의 사건이 계속 출현하리라고 기대할 수밖에 없다는 것을 의미한다.

물리학에 의해서 기술되는 세계에서는 본질적으로 새로운 것이란 아무것도 일어날 수 없다. 새로운 엔진이 발명될 수도 있지만 우리는 그것을 언제나 새로운 것이 아닌, 요소들의 재배열로서 분석할 수 있다. 그러므로 물리학에 있어서의 새로움이란 배열이나 결합의 새로움에 지나지 않는다. 이와는 반대로 사회적 세계에서는 생물학적 새로움과 마찬가지의 본질적인 새로움이 나타난다. 이것은 요소들의 재배열로는 환원할 수 없는 근본적 새로움이다. 이것은 역사의 새로운 단계나 새로운 시대의 발전을 고찰할 때 중요한 의미를 가지는 것이며, 따라서 역사의 각 단계나 각 시대는 본질적으로 서로 다르다는 것을 의미한다.

사회생활에서의 이러한 새로운 특성의 출현은 인간의 창조성과 밀접한 연관을 갖는다. 자연의 제일성(齊一性)과는 달리 하나의 역사적 시대에서 다음의 역사적 시대로 변화하는 사회적 제일성은 자연의 법칙이 아니라 인간이 만드는 것이기 때문이다. 즉 인간의 활동 자체가 바로 사회적 제일성을 변화시키는 힘인 것이다. 따라서 물리학의 보통의 방법들이 사회에 적용될 수 있다고 하더라도 그 방법들은 사회의 가장 중요한 특징들, 즉 사회가 시대별로 구분된다든지 새로운 특성이 출현한다는 특징들에 대해서는 결코 적용될 수가 없는 것이다. 역사주의의 이런 이론을 도나간은 "근본적 새로움의 원리(principle of radical novelty)"[6]라고 부른다.

(2) 사회는 개인들의 단순한 집합이 아니라 하나의 유기적 전체로서 존재한다.[7]

사회적 집단은 그 성원들의 한갓된 총계 이상의 것이며, 또한 어떤 시기에 그 성원들 사이에 성립하는 단지 개인적인 관계의 한갓된 총계 이상의 것이다. 이러한 사실은 세 사람의 성원으로 구성된 단순한 집단에 있어서조차도 쉽게 알 수 있는 것이다. A와 B에 의해서 성립되는 집단은 똑같은 성원으로 구성되지만 B와 C에 의해서 성립되는 집단과는 그 성격이 다를 것이다. 더 나아가 한 집단은 그다지 중요하지 않은 성원 중의 약간을 잃어도 용이하게 그 성격을 보유할 수 있으며, 그 원래의 성원 모두가 다른 성원으로 바뀐다 해도 그 집단

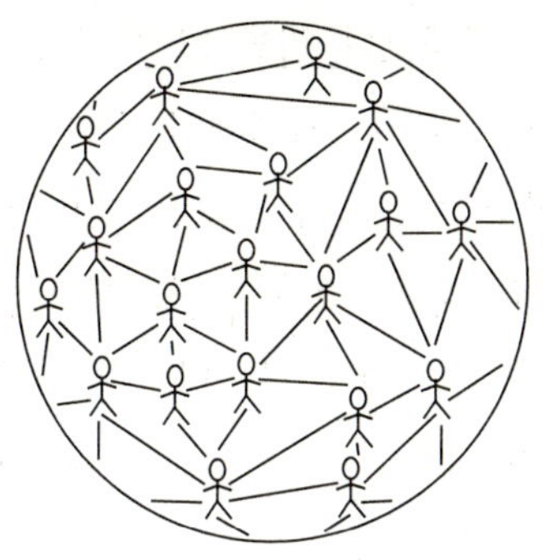

[그림 7] 사회는 유기적 전체다.

자신의 원래의 성격을 대부분 간직해 갈 수도 있다. 집단 구성원들의 인격은 그 집단의 역사와 구조에 대해서 큰 영향을 미칠 수도 있겠지만, 이러한 사실이 집단으로 하여금 그 자신의 구조와 역사를 갖거나 성원들의 인격에 대한 강력한 영향을 행사하지 못하도록 하는 것은 아니기 때문이다. 이와 같이 모든 사회적 집단은 그 자신의 전통이나 제도, 의식을 갖고 있다. 그러므로 우리가 만일 어떤 집단을 이해하고 설명하거나 그 집단의 미래의 발전을 예기하고자 한다면, 그 집단의 역사와 전통 및 제도를 이해하지 않으면 안 된다. 사회적 집단의 이러한 전체론적 성격은 기존 요소들의 새로운 배열인 물리학에서의 배열의 새로움과, 사회생활에서의 근본적 새로움이 구별되어야 한다는 이론에 상응하는 것이기도 하다. 이와 같은 전체론은 사회적 집단을 살아 있는 유기체와의 유비에 의해서 해석하는 생물학적 이론이나 유기적 이론과 연관되며, 집단 전통의 담지자로서의 집단정신(group-spirit)이 존재한다는 이론과도 연결되어 있다. 이것은 간단히 '전체론의 원리(principle of holism)'로서 불릴 수 있는 이론이다.[8)]

(3) 사회는 물리적 세계보다 훨씬 더 복잡한 성격을 가진다.[9)]

물리학과 비교해 볼 때 사회과학에서 우리는 이중의 복잡성에 직면한다. 하나는 물리적 실험에서와 같은 인위적 고립화가 불가능한 데서 오는 복잡성이요, 다른 하나는 사회생활이란 개인의 정신생활을, 다시 말해서 심리학을 전제하는 하나의 자연현상이요, 심리학은 다시 생물학을 전제하고, 생물학은 또 화학과 물리학을 전제한다는 사실에서 기인하는 복잡성이다.[10)]

2) 사회과학의 연구 방법에 관한 이론

(1) 사회과학에서의 일반화는 단일한 역사적 시기 안에서만 가능할 뿐 모든 역사적 시기에 적용될 수는 없다.[11)]

이 이론은 '새로운 특성의 원리'로부터 나오는 논리적 귀결이다.

(2) 사회과학에서 의미 있는 인위적 실험은 불가능하다.[12)]

이 이론은 사회적 변화란 종종 근본적인 새로움을 드러낸다는 '새로운 특성의 원리'와, 한 사회 집단의 인위적으로 고립된 부분에 관한 실험으로는 전체로서의 집단적 변화를 설명하기가 부적절하다는 '전체론의 원리' 때문이다.

(3) 사회과학에서의 예측은 부정확하다.[13)]

이 이론은 사회생활의 복잡성으로부터 나오는 귀결일 뿐만 아니라, 예측이 예측된 사건에 영향을 미치는 오이디푸스 효과 때문이기도 하다.

(4) 사회과학의 이론은 물리학에서와 같은 객관성을 유지하기가 어렵다.[14)]

왜냐하면 사회과학의 이론들은 우리의 가치판단이나 관점에 따라 절대적인 영향을 받기 때문이다. 이것은 사회과학이 진리에 대한 객관적이며 이상적인 탐구를 부정하는 상대주의로 귀결됨을 의미한다. 그러므로 여러 종류의 사회학적 이론들과 학파들 사이의 차이에 대한 분석과 설명은 전통적 역사주의의 접근법이나 지식사회학적 접근법으로써만 가능하다.

(5) 사회과학에서는 인과적 설명 대신에 직관적 이해의 방법이 사용된다.[15)]

물리학은 사건들을 엄밀한 수식의 도움을 받아 인과적, 법칙적으로 설명하고자 한다. 이에 반해 사회과학은 자발적인 인간 행위의 목적과 의미의 이해를 목표로 한다. 여기에 사회과학은 '공감적 상상력'의 도움을 받아야만 비로소 일을 할 수 있는 이유가 있다. 이러한 직관적 이해의 방법은 '전체론의 원리'와 잘 조화될 뿐만 아니라, '새로운 특성의 원리'와도 잘 합치한다. 왜냐하면 새로운 특성이란 인과적으로 설명될 수 있는 것이 아니라 단지 직관적으로만 파악될 수 있는 것이기 때문이다.

(6) 사회과학에는 정량적 방법 대신에 정성적 방법이 사용된다.[16)]

우리가 물질적인 인과법칙들을 양적으로 정식화할 수 있었던 것은 물리적 질을 양적으로 기술할 수 있는 방법 때문이었다. 그러나 사회과학은 수학적으로 정식화된 물리학의 인과법칙에 비길 수 있는 것은 거의 알지 못하고 있다. 그러므로 사회과학의 과제가 되는 국가나 경제 체제나 정부의 형태와 같은 사회적 사건의 변혁들에 대한 설명은 질적일 수밖에 없는 것이다. 새로운 특성의 원리에 기초를 둔 이러한 정성적 방법은 직관적 이해의 방법과도 밀접히 연관되어 있다.

(7) 사회과학은 방법론적 본질주의를 채택하지 않으면 안 된다.[17)]

보편적 대상의 존재를 전제하는 방법론적 본질주의에 의하면 과학의 당면 과제는 사물의 참된 본성, 즉 사물의 숨겨진 실재나 본질을 발견하고 기술하는 일이다. 그러기 위해서 과학은 단칭적 대상들의 우연적 특성이 아니라 대상의 본질로 파고들지 않으면 안 된다. 사회과학의 임무는 국가나 경제생활, 사회 집단과 같은 사회학적 실체를 이해하는 것이며, 이것은 그러한 사회학적 실체의 본질 속에 파고들어가야만 수행될 수 있다. 전체론의 원리에 기초해 있는 이 방법론적 본질주의는 사회적 사상의 질적 성격의 강조나 '직관적 이해'의 이론과도 밀접한 관계를 가진다.

2. 친자연주의 교설

역사주의는, 근본적으로 반자연주의적이지만, 자연과학과 사회과학의 방법 사이에 어떤 공통적 요소가 존재한다는 것을 부정하지는 않는다.[18)] 역사법칙주의에 의하면 다음과 같은 두 개의 자연주의적 이론은 사회과학에 있어서도 여전히 타당한 것으로 평가된다. 즉 하나는 사회과학도 '경험적'이라는 것이며, 다른 하나는 사회과학도 '이론적'이라는 것이다. 사회과학이 경험적이라는 것은 사회과학이 다루는 사상들이 관찰할 수 있는 사실들로서 관찰이 제시된 이론을 받아들이거나 거부하는 근거가 됨을 의미하며, 사회과학이 이론적이라 함은 그 기능이 보편적 법칙의 도움으로 사회적 상황을 설명하고 예측하는 것임을 뜻한다.

이것은 얼핏 보면 자연과학과 사회과학의 완전한 동일성을 전제하는 것 같기도 하다. 그러나 사실에 있어서는 이들 역사법칙주의의 친자연주의적 이론들은 역사법칙주의의 반자연주의적 이론들과 조화를 이루는 한에서만 논의되는 것이므로 — 특히 새로운 특성의 원리나 전체론의 원리를 전제하고 논의되는 것이므로 — 참된 자연주의적 이론과는 거리가 먼 사이비 이론이다. 포퍼는 이러한 역사법칙주의의 친자연주의 교설을 천문학의 이론과 대비시켜 다음과 같은 일곱 이론으로 정리한다.[19] (i) 대규모 예측(large-scale forecasts), (ii) 비실험적 관찰적 기초(observational basis), (iii) 사회적 동력학(social dynamics), (iv) 역사적 법칙(historical laws), (v) 역사적 예언(historical prophecy), (vi) 역사적 발전의 이론(theory of historical development), (vii) 사회적 변화의 해석(interpretation of social change).

나는 이들을 편의상 1) 사회과학이 자연과학과 같이 이론적이며 경험적임을 주장하는 사회과학의 연구 방법에 관한 이론과 2) 미래주의적 도덕이론으로 구분해서 논의하고자 한다.

1) 사회과학의 연구 방법에 관한 이론

(1) 사회학도 천문학과 마찬가지로 대규모의 예측을 노린다.[20]

사회학은 이론적 과학으로서 사회적 사상들을 설명하고 예측하는 것을 그 기능으로 삼지만, 사회적 사상들의 세부적인 측면을 설명하거나 단기 예측을 가능케 하는 정밀한 과학적 달력을 만드는 것은 예측의 부정확성과 오이디푸스 효과에 의해 이론상 불가능하다. 그러므로 사회학이 마땅히 기도하지 않으면 안 되는 것은 예측의 애매함이 크게 문제시되지 않는 장기 예측 내지 대규모의 예보이다. 천문학이 일식과 월식을 예측하는 것이 가능하다면 왜 사회학은 혁명을 예측하는 것이 불가능할 것인가?

(2) 사회학도 천문학과 마찬가지로 비실험적 관찰적 기초에 의존한다.[21)]

이것은 사회생활에는 물리학의 실험적 방법을 적용할 수 없다고 하는 이론과 잘 조화된다. 그러므로 정치적, 사회적 사건들의 연대기만이 사회학의 유일한 경험적 원천이 되며, 사회학의 목표가 예측에 있다면 사회학은 이론적 역사학(theoretical history)이 된다.

(3) 사회학도 동력학에 기초를 두고 있다.[22)]

왜냐하면 여러 가지 힘에 의해서 어떤 일이 어떻게 하여 왜 일어났는가를 다루는 운동의 이론인 동력학과 같은 논리로, 사회학의 과제는 종교적 및 윤리적 관념이나 경제적 이해관계라는 서로 대립되는 경향들과 힘들을 분석함으로써 사회적 변혁의 보편적인 추진력과 법칙으로 파고들어가는 것이기 때문이다.

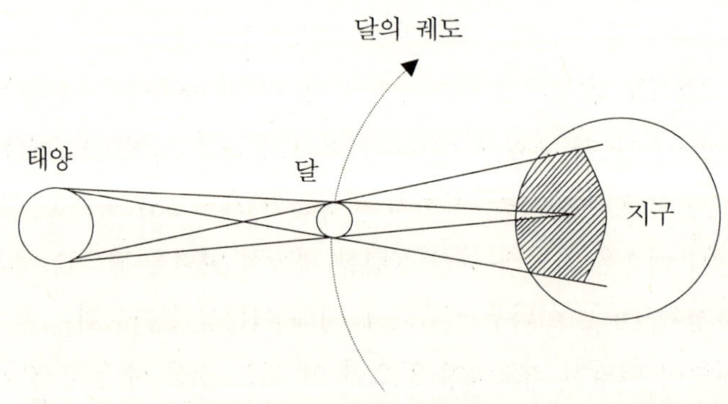

[그림 8] 일식이 예측 가능하다면 혁명의 예측은 왜 불가능한가?

(4) 사회학에서 보편적으로 타당한 유일한 법칙은 계기하는 시기들을 연결하는 역사적 발전의 법칙이다.[23)]

과학적 예측은 법칙에 의존하지 않으면 안 된다. 그러나 사회적 법칙은 '일반화의 불가능성'에 의해서 제일성에 기초를 둔 통상적인 일반화와는 약간 다른 구조를 갖지 않으면 안 된다. 즉 법칙이란 '일반적으로' 타당한 것이 아니면 안 되지만, 사회적 법칙에 관한 한, 그것은 인간 역사의 전 시기를 포괄하는 역사 전체에 적용될 수 있다는 것을 의미할 뿐이다. 그러므로 보편적으로 타당한 유일한 사회적 법칙은 계기하는 시기들을 연결하는 법칙, 즉 한 시기로부터 다른 시기로의 이행을 규정하는 '역사적 발전의 법칙'이 아니면 안 된다.

(5) 사회학의 실제적 목적은 인류의 미래를 예언하는 데 있다.[24)]

왜냐하면 사회학은 앞으로 다가올 발전에 관한 과학이기 때문이다. 이 이론은 '역사적 발전의 법칙'과 연결되어 있다.

2) 미래주의적 도덕이론

(1) 역사적 발전의 법칙을 고려하지 않는 모든 계획은 비현실적이고 유토피아 같은 꿈에 불과하다.[25)]

역사는 발전의 법칙에 의해 필연적으로 전개된다. 한 사회가 자신의 운동을 규정하는 발전 법칙을 발견했을 때에도 그 사회는 자신의 발전 단계를 뛰어넘을 수가 없고 어떤 수단으로도 그것을 제거할 수가 없다. 그러므로 이러한 역사 발전의 법칙을 고려하지 않는 모든 사회공학은 비현실적이고 이론적으로 불건전하다.

(2) 사회적 발전을 해석하고 그 발전에 조력하는 행위만이 정당화될 수 있다.[26)]

사회가 냉혹한 필연성에 따라 바뀔 수 없는 예정된 행로를 따라 변화하는 한에서, 역사의 흐름과 합치하는 계획만이 유효한 것일 수 있다. 그러므로 "철학자들은 세계를 여러 가지로 해석해 왔을 뿐이다. 그러나 문제는 세계를 변혁하는 것이다."라고 하는 능동주의적 권고도 사회적 발전이라는 맥락 속에서 이해되어야 한다. 이것은 도덕적 현재주의(moral modernism) 내지 도덕적 미래주의(moral futurism)라고 불릴 수 있는 도덕이론이다.

역사법칙주의에 대한 이상과 같은 포퍼의 해석을 간추리면 다음과 같은 네 개의 명제로 정리될 수 있다. 즉 역사법칙주의에 의하면,

(1) 새로운 특성이 계속해서 창출되고 개인들의 집합으로는 환원될 수 없는, 발전하는 사회 전체가 존재한다. (사회적 전체론)

(2) 이 사회 전체는 자연과학의 개체주의적 방법으로는 파악될 수 없고, 이해적 방법이나 본질주의적 방법에 의해서만 파악 가능하다. (이해적 방법론과 본질주의적 방법론)

(3) 이 사회 전체의 발전을 규정하는 역사의 발전 법칙이 존재하며, 이 법칙에 의해 인류의 미래에 대한 예측이 가능하다. (역사적 예측주의)

(4) 어떠한 사회도 역사의 발전 법칙을 벗어날 수 없으므로, 이 발전 법칙에 따라 일어나는 변화와 합치하며 그것을 촉진하는 활동만이 합리적이다. (도덕적 미래주의)

3. 역사법칙주의의 기원과 전통

역사적 결정론(historical determinism)이나 운명의 신화로도 규정될 수 있는 역사법칙주의의 기원은 먼 고대의 유신론적 역사법칙주의(theistic historicism)에까지 거슬러 올라가며, 무엇을 역사의 법칙으로 보느냐에 따라 그 종류도 다양하게 나누어진다.[27] 유신론적 역사법칙주의는 역사 발전의 법칙이 하나님의 의지에 의해서 설정되었다는 이론이며, 자연적 역사법칙주의는 역사 발전의 법칙을 자연의 법칙으로서, 정신적 역사법칙주의는 정신의 법칙으로서, 경제적 역사법칙주의는 경제적 발전의 원리로서 취급한다. 역사에 대한 신학적 해석인 유신론적 역사법칙주의는 신을 역사라는 무대에서 공연되는 연극의 연출가로 생각하여 역사를 이해하려는 시도로서, 선민사상(選民思想, the theory of the chosen people)에 의해 가장 분명히 나타난다. "선민사상이란 신이 그의 의지를 실현시킬 수 있는 도구로서의 기능을 할 어떤 민족을 선택하였으며, 이 민족이 지상을 다스려 갈 것으로 가정하는 이론이다."[28]

포퍼는 선민사상에서 역사법칙주의의 원형을 발견한다. 역사법칙주의 중에서 가장 단순하고 가장 오래된 형태의 하나인 이 선민사상은 거의 모든 역사법칙주의에서 공통으로 발견되는 다음의 두 요소를 갖고 있다.[29] 첫째는 부족주의(tribalism)나 집단주의(collectivism)의 요소이고, 둘째는 인간 역사의 궁극적인 결과에 대한 확신이다. 부족주의는 만약 부족이 존재하지 않는다면 개인은 전혀 아무것도 아니라는 부족의 절대적 중요성에 대한 강조라고 할 수 있고, 부족주의에서 발달한 집단주의도 그 구성원인 개인보다는 전체적 집단이나 단체의 중요성을 강조하는 입장이다. 그러므로 부족주의는 역사법칙주의가 주장하는 사회적 전체론(social holism)의 근원적 형태이다.

인간 역사의 궁극적 결과에 대한 확신이란 인간의 역사가 도달하고자 하는 궁극의 목적이 확실히 존재한다는 믿음이다. 그러나 이 목적은 아주 먼 미래에 놓여 있으므로, 우리가 거기에 이르기 위해서는 구부러지고 상하좌우로 왔다 갔다 하는 먼 길을 지나야 한다. 따라서 생각할 수 있는 모든 역사적 사건을 이 도식 안에 집어넣는 주관적 해석이 가능해진다.[30)]

이러한 선민 이론으로 대표되는 유신론적 역사주의의 특징은 근대의 가장 중요한 두 역사법칙주의에 의해서 전승된다. 하나는 우파의 인종주의나 파시즘(fascism)의 역사철학이며, 다른 하나는 좌파인 마르크스의 역사철학이다.[31)] 선민의 자리를 인종주의는 선택된 인종(the chosen race)으로, 마르크스주의는 선택된 계급(the chosen class)으로 대체한다. 인종주의의 경우 역사 발전의 법칙은 자연의 법칙과 같은 것으로 이해된다. 선택된 종족의 생물학적 피의 우수성이 역사 과정의 과거, 현재, 미래를 설명하기 때문이다. 마르크스주의의 경우 역사 발전의 법칙은 경제적 법칙이다. 모든 역사는 경제적 패권을 위한 계급 사이의 투쟁으로 해석되기 때문이다. 그러므로 우파의 역사철학은 자연적 역사법칙주의로, 좌파의 역사철학은 경제적 역사법칙주의로 간단히 규정될 수 있다.

포퍼는 현대 세계에 절대적 영향을 끼친 이 두 역사법칙주의가 모두 헤겔 철학에 근원을 두고 있고, 다시 헤겔의 철학은 주로 헤라클레이토스, 플라톤, 아리스토텔레스 등의 고대 철학에 기초를 두고 있다고 해석한다.[32)] 그러므로 역사법칙주의는 고대 유대 민족의 선민 이론에서 출발해서 헤라클레이토스, 플라톤, 아리스토텔레스, 헤겔 등으로 이어지는 역사적 흐름의 맥락을 갖는다. 물론 헤라클레이토스, 플라톤, 아리스토텔레스 등이 헤겔에 끼친 영향만으로 역사법칙주의의 계보에 소속되는 것은 아니다. 포퍼는 그들을 그 자체로서 모두 훌륭한 역사법칙주의자들로 해석한다.

변화의 이념을 처음 발견한 헤라클레이토스는 안정된 구조를 가진 우주란 존재하지 않는다고 보았다. 그는 세계를 건축물이 아닌 하나의 방대한 과정으로 사물들의 단순한 총계가 아닌 하나의 유기적 전체로서 구상했으며, "모든 것은 유전하며 그대로 머무는 것은 아무것도 없다."는 그의 변화의 사상은 그로 하여금 모든 사물은 불꽃과 같은 것이며 불의 변형이라는 이론을 낳게 했다. 그러나 헤라클레이토스는 이 변화의 과정을 지배하는 하나의 법칙, 하나의 척도, 하나의 이성을 제시한다.[33] 즉 세계는 이 냉혹하고 저항할 수 없는 법칙에 따라 변화한다는 것이다. 역사 세계도 마찬가지다. 그러므로 헤라클레이토스의 변화의 사상은 운명의 법칙과 결합되어 전형적인 역사법칙주의의 형태를 띠게 된다.[34]

그렇지만 포퍼는 그리스 철학자들이 제기한 여러 역사법칙주의 이념들의 절정은 플라톤과 함께 나타나는 것으로 이해하며,[35] 플라톤 철학의 핵심인 형상(形相) 이론은 적어도 다음 세 가지의 기능을 갖는 것으로 해석한다.[36] 첫째로 그것은 방법론적 본질주의(methodological essentialism)라 불리는 매우 중요한 방법론의 고안이며, 둘째로 그것은 변화와 역사의 이론에 하나의 실마리를 마련해 주며, 셋째로 그것은 전체론적 사회공학으로 통하는 길을 마련해 준다. 모든 유전하는 감각 사물의 본질이 완전하고 불변하는 형상이라면, 과학의 과업은 이 숨겨진 실재나 본질인 사물의 진정한 본성을 발견하고 기술하는 것이 아니면 안 된다는 것이 방법론적 유명론에 대립되는 방법론적 본질주의의 핵심이다.[37] 또한 형상 이론은 역사적 변화를 설명하는 기준의 역할을 담당한다. 모든 사물의 본질이 불변의 형상이라면 변화는 악이고 정지된 불변이 신성한 것이기 때문이다. 그리고 형상이 선인 한에서 형상으로부터 점차 멀어져 갈수록 악은 증가한

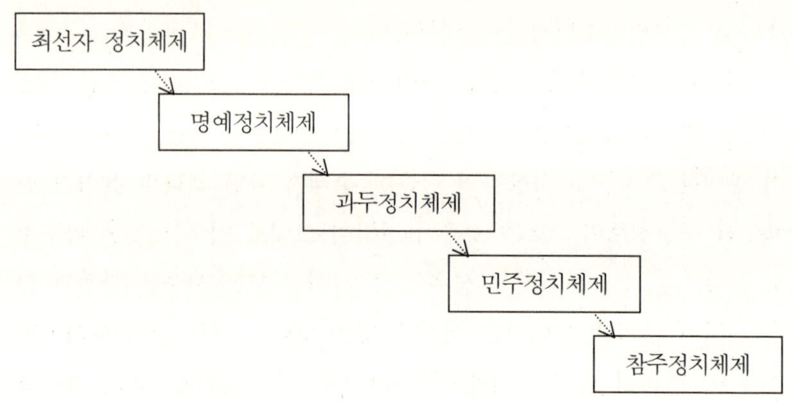

[그림 9] 역사는 타락의 과정이다.

다. 그러므로 변화의 과정인 역사란 타락의 과정이다.[38)]

플라톤은 정치적 퇴화의 시기에서 가장 두드러진 네 시기를 다음의 순서로 구분한다.[39)] (i) 완전한 국가 다음에 명성을 추구하는 자들이 지배하는 명예정치(timocracy), (ii) 부유한 문벌이 지배하는 과두정치(oligarchy), (iii) 방종과 자유가 지배하는 민주정치(democracy), (iv) 도시의 마지막 종말인 참주정치(tyranny)가 그것이다. 변화의 법칙으로 지배되는 역사적 시대의 체계를 세우고자 한 플라톤의 이와 같은 역사법칙주의적 시도는 콩트, 밀(J. S. Mill), 헤겔과 마르크스를 포함한 현대 역사법칙주의자들의 어느 체계에도 뒤지지 않는 것으로 포퍼는 규정한다. 그러나 현대의 역사법칙주의와 플라톤의 역사법칙주의에는 뚜렷한 차이가 있음이 사실이다. 귀족주의자로서 플라톤은 역사의 과정을 타락으로 비난했음에 반하여, 현대의 역사법칙주의자들은 역사의 진보를 믿었으므로 역사의 변화 과정을 찬양한다. 또한 현대의 역사법칙주의자들이 역사적 운명의 법칙을 발견한 후에라도 그것을 바꿀 수 없다고 한 데 반해서, 플라톤은 인간이 운명의 법칙을 깨뜨릴 수 있으며 모든 변화를 억제시킴으로써 부패를 피할 수 있다고 믿었다. 이것은 플라톤의 역사법칙주의적인 경향에 어떤 한계가 있음을 드러낸다. 이러한 차이에도 불구하고 포퍼는 플라톤의 전체주의적 공학은 그를 역사법칙주의자로 규정하기에 충분하다고 해석한다. 이렇게 하여 고대의 선민 이론에서 출발한 역사법칙주의는 헤라클레이토스, 플라톤, 아리스토텔레스를 거쳐 마키아벨리(Machiavelli), 비코, 헤겔, 콩트, 밀, 마르크스, 토인비 등으로 이어지는, 인간의 전체 역사가 냉혹한 법칙에 의해 규정된다는 뿌리 깊은 오류의 사상적 전통을 마련했다는 것이다.

4 장 역사주의의 문제점은 무엇인가?

역사주의를 역사개성주의와 역사법칙주의로 정형화하기로 한 이상 역사주의의 문제점도 세분화시켜 다룰 필요가 있다. 먼저 역사개성주의의 문제점을 논의한 후 역사법칙주의의 문제점을 논의하기로 한다.

역사개성주의의 문제점은 다음과 같이 정리될 수 있다.

(1) 그것은 가치와 인식의 상대주의이다. 그것은 초역사적으로 타당한 보편적 인식이나 가치란 존재할 수 없다고 주장한다. 그러므로 이런 주장은 대립하는 두 이론 중에서 어느 것이 더욱 진리에 가까운지 판별해 주지 못한다.

(2) 그것은 개별 사건이 가진 특성의 고찰에 열중하여 같은 종류의 사물들이 갖는 일반적 구조나 법칙을 간과한다.

(3) 그것은 개체의 발전을 기술할 뿐 설명하지 못한다. 말하자면 역사개성주의는 어떤 개체가 a 상태에서 b 상태로 변화했다는 것을 이야기할 뿐, 왜 그런 변화가 일어났는가를 설명해 주지는 못한다.

(4) 그것은 국가주의를 지향한다. 국가주의에서 개인의 인권과 자유는 보장되지 못한다.

이런 문제점들 중에서도 역사개성주의의 최대의 문제점은 인식의 상대주의이다.

역사법칙주의의 문제점들은 다음과 같이 정리될 수 있다.

(1) 그것은 사회를 유기체로 간주한다. 그 결과 전체론을 주장하며, 정치적 전체주의를 정당화하려고 한다.

(2) 그것은 추세를 법칙으로 이해한다. 그 결과 존재하지 않는 역사의 법칙을 주장하며, 역사의 미래를 예언한다.

(3) 그것은 유토피아주의와 연합하여 전체주의적 사회공학을 주장한다.

이런 문제들 중에서도 가장 치명적인 문제점은 역사법칙에 근거하여 정치적 전체주의를 정당화하려는 것이다.

1. 개성적 발전과 역사적 상대주의

역사개성주의적 세계관은 19세기 말엽부터 회의주의적인 세계관의 성격을 띠게 된다. 이것은 모든 현상을 역사적 변화의 맥락에서 해석하려는 역사개성주의의 인식론적 결과였다.[1] 역사개성주의는 인식론적으로 역사적 상대주의를 함축한다. 역사적 상대주의의 관점에서 보면 우리는 같은 사물이라도 시대에 따라 달리 볼 수밖에 없다. 말하자면, 진리라는 말은 서로 다른 역사적 상황에서는 완전히 다른 것을 의미하며, 보편타당한 진리란 존재할 수 없게 된다. 이러한 주장은 모든 개념과 규범 자체의 타당성을 역사적으로 주어진 어떤 것으로만 파악하고자 하는 역사개성주의의 실증적 태도와도 관련을 갖는다.[2] 모든 개념과 규범이 다만 역사적 사실들이고 역사적 사실성이 모든 개념과 규범들의 기초라면, 초역사적으로 타당한 보편적 인식이나 가치란 존재할 수가 없기 때문이다. 슈네델바흐는 이런 상대주의적 세계관을 역사개성주의의 정신과학적 실증성에 의한 철학적 정당화로서 간주한다.[3] 이리하여 역사개성주의는 상대주의와의 대결이라는 위기의 상태를 맞이한다. 역사개성주의를 긍정하면서도 동시에 그 결과를 극복하고자 했던 트뢸치의 딜레마[4]는 바로 여기서 비롯된 것이었다.

트뢸치는 역사개성주의의 상대주의적 위험을 누구보다 잘 간파하고 있었다. 역사개성주의의 관점에서 보면, 기독교도 유일하게 참된 종교가 아니라 여러 역사적 현상 중의 하나에 불과하며, 기독교의 여러 가르침도 절대적일 수가 없었다. 가치뿐만 아니라 우리의 지식도 마찬가지라고 할 수 있다. 그러나 신학자인 트뢸치에게는 기독교를 비롯한 많은 진리들은 절대적이어야만 했다. 그는 마이네케가 말한 바와 같이, 만물유전 속에서 그가 설 곳을 찾고자 했다. 그는 『역사개성주의와 그 문제들』(1922)과 그의 사후 출간된 『역사개성주의와 그 극복』(1924)에서 이 문제를 '문화의 종합'이라는 프로그램을 통해 해결하려고 했다.

문화의 종합이란 한 문화권 속의 여러 문화를 종합함으로써 더 보편적인 가치와 진리를 발견하려는 시도이다. 그렇지만 이러한 시도가 불완전하다는 것을 트뢸치 자신도 잘 알고 있었다. 이것은 진리의 합의 이론이 개인적 차원을 넘어서서 여러 사람들의 공통분모에 도달했다 해도, 객관적 진리와는 거리가 먼 것과 마찬가지이기 때문이다.

트뢸치의 후계자인 마이네케의 상대주의 극복 전략은 개체의 고유한 발전을 전체의 보편적 발전과 연관시키는 것이었다. 말하자면 개체를 보편의 나타남으로, 어떤 역사적 상황 속의 인식주체를 절대자의 현현으로 보는 것이다. 모든 시대는 신에 직결된다는 랑케의 주장도 같은 논리이다. 이때 개별자들의 배후에 존재하는 형이상학적 실체로서의 보편적 절대자가 반드시 필요하다. 그렇지만 이런 전략 역시 성공하기 어렵다. 왜냐하면 이런 절대자에 대한 믿음 자체도 문제이지만, 이런 구조 아래에서는 존재하는 모든 가치나 주장이 같은 값을 가지며 그 결과 진리와 허위가 구분될 수 없기 때문이다.

헤겔의 역사철학을 추종하는 크로체의 전략은 개체를 보편적 절대자의 나타남으로 보면서도 절대자의 발전 자체를 진보로서 이해하는 것이다. 이것은 진보의 도식 아래서 역사를 보는 것이다. 즉, 역사를 절대자가 낮은 단계로부터 높은 단계로 진보해 가는 과정으로 보는 것이다. 이때 역사란 진보의 과정이 되며, 우리의 인식도 역사의 과정과 더불어 진보해 감으로써 상대주의는 극복된다. 그러나 보편적으로 진보해 가는 절대자의 존재가 의심되는 한 이런 주장은 정당화되기 어렵다. 이런 난점을 피하기 위해 우리의 이성이 진보해 간다고 주장한다면, 이런 주장은 역사개성주의를 넘어서는 것이다.

둘째, 역사개성주의는 개별 사건의 특성을 고찰하는 데 열중하여 같은 종류의 사물들이 갖는 일반적 구조를 간과한다는 비판을 면하기 어렵다. 예컨대, 모든 나무는 개성을 갖고 있다. 그렇지만 참나무와 밤나무가 서로 다른 것은 같은 참나무 종에 속하는 나무들이 서로 다른 것과는 차이가 있다. 개성의 정도가 약하면 일반성의 정도가 커지고, 반면에 개성의 정도가 강하면 일반성의 정도가 약해진다. 우리는 나무와 풀을 그들의 개성에 의해 구별한다. 그러나 식물이라는 관점에서는 이들은 일반적인 특성을 갖는다. 같은 논리를 사회현실의 파악에도 적용할 수 있다. 같은 문명권 안의 사회는 다른 문명권의 사회와 비교하면 공통점이 많다. 그러나 원숭이의 사회와 비교하면 인간의 사회들은 모두 일반적인 공통의 속성을 갖고 있다고 할 수 있다. 사회가 유사하다는 것은 어떤 일반적인 구조나 속성을 갖고 있음을 의미한다. 역사개성주의는 이런 일반적 구조를 제대로 파악하지 못한다는 약점을 갖고 있다.

셋째, 역사개성주의는 발전을 기술할 뿐 설명하지 못한다는 문제점을 갖는다. 발전이란 상태 a에서 상태 b로의 변화이다. 역사개성주의는 a에서 b로의 변화가 일어났다는 것을 이야기할 뿐, 왜 그런 변화가 일어났는가를 설명해 주지 못한다. 이런 변화를 설명하려면 일반적 법칙이 필요하다. 법칙만이 개별 사건들을 연결시킬 수 있다. 그렇지만 역사개성주의는 일반적 법칙을 사용할 수 없다. 만물이 모두 특이한 개체들로 구성된 세계에서 법칙의 존재나 인식은 불가능하기 때문이다.

넷째, 역사개성주의에는 정치적 이념의 좌절과 위기라는 문제도 있었다. 트뢸치, 마이네케 등을 비롯한 대다수의 역사개성주의자들은 대체로 보수주의에 기초하고 있으면서도[5] 온건한 자유주의 이념을 추구하고 있었다. 이들은 역사의 발전에 대해서도 매우 낙관적이었다. 그러므로 이들에 의해 제기된 역사개성주의의 위기는 독일 자유주의 사상의 위기와 밀접하게 연결되는 것이었다.[6]

독일의 자유주의 사상은 자연법 이론에서보다는 역사개성주의에서 자유론을 위한 더욱 좋은 이론적 기초를 발견하고자 했다. 자연법적 사상은 개인의 참다운 자유와 자발성을 제한한다는 것이 독일 자유주의 사상의 기본적인 입장이었다. 개인의 존엄성은 그가 모든 사람과 공유하고 있는 공통적인 인간성에 기초하고 있는 것이 아니라, 그의 특이성에 기초한다고 생각되었기 때문이다.

그런데도 역사개성주의는 처음 역사개성주의자들이 생각했던 것과는 달리 정치적 자유주의를 위한 타당한 이론적 기초가 될 수 없었다. 개성에 대한 강조에도 불구하고, 역사개성주의의 개체는 구체적 욕망을 가진 개인이 아니라, 랑케의 국가관에서 대표적으로 나타난 바와 같이 거의 언제나 집단적 실체였기 때문이다. 마이네케 역시 국가를 역사적 삶의 중심으로 보았다. 그는 문화생활을 비롯한 경제,

사회적 생활에 대해서 가장 강력한 인과적 작용을 하는 것은 실제로 국가 이외에 다른 것이 아니라고 생각했다.[7)]

국가의 권력과 개인의 자유가 조화를 이루는 방향으로 역사가 발전해 갈 것이라는 역사개성주의의 낙관적 견해는 주로 인간의 합리성과 선에 대한 신뢰에 기초를 둔 것이었고, 이런 입장에서 역사개성주의는 존재하는 제도와 정치권력은 합리성과 도덕성을 나타내는 것으로 확신했다. 그러나 이러한 확신은 역사의 발전 과정에서 크게 흔들리기에 이른다. 특히 제1차 세계대전을 겪으면서 이런 확신은 더 이상 유지되기 어렵게 되었다. 이것이 역사개성주의가 당면한 이념적 측면에서의 위기였다.[8)]

이거스(G. G. Iggers)는 독일의 역사개성주의가 국가권력의 신성화에 봉사했다고 주장한다. 그는 역사개성주의가 국가를 자체의 목적을 지닌 형이상학적 실체로 인정하여 국가에 무한정한 권력을 부여하였고 이를 정당화했다고 이해한다. 이런 관점에서 보면 히틀러(A. Hitler)의 출현은 오랜 세월 동안 독일 정신을 지배해 온 역사개성주의의 필연적 귀결이었다.[9)] 역사개성주의는 자유민주주의와 양립 가능할 것인가? 아니면 불가능할 것인가?

2. 역사적 결정론과 정치적 전체주의

포퍼가 규정한 역사법칙주의는 사회과학의 한 방법론이었다. 그러므로 역사법칙주의의 문제들은 주로 사회과학의 방법론을 중심으로 해서 제기된다.

우리는 사회과학의 방법론적 문제에서 자연과학의 방법 — 그 중에서도 특히 물리학의 방법 — 을 그대로 사회과학에 적용할 수 있다고 보는 학파를 '자연주의적 학파'로, 이와 반대되는 입장을 취하는 학파를 '반자연주의적 학파'로 분류할 수 있다. 말하자면 자연주의란 자연과학의 영역뿐만 아니라 사회과학에서도 자연과학적 방법이 그대로 적용될 수 있다고 믿는 방법론적 일원론 이라 할 수 있고, 반자연주의란 자연과학과 사회과학의 방법론의 상이성을 주장하는 방법론적 이원론 내지 방법론적 다원론이라 할 수 있다.

"비판적 합리주의"[10]의 입장에서 포퍼는 자연과학의 방법을 사회과학에 그대로 적용할 수가 있다고 주장한다. 그러므로 과학적 방법의 단일성을 주장하는 포퍼가 자연주의적 학파에 속하는 것은 당연하다.[11] 그렇지만 포퍼가 실증주의자는 아니다.[12] 사회과학의 방법론에 관한 논쟁에서 포퍼는 사회과학의 방법론과 자연과학의 방법론이 구분되어야 한다고 생각하는 사회 철학자들로부터 실증주의자라는 비난을 받았다. 그러나 이러한 비난은 오해 때문이라고 할 수 있다. 왜냐하면 그는 과학적 방법의 단일성을 주장하는 점에서는 실증주의자와 입장을 같이 하지만, 인식 일반의 이론에 있어서 실증주의와는 크게 견해를 달리하기 때문이다. 포퍼의 인식론은 비판적 합리주의(kritischer Rationalismus)라 불린다. 이것은 그의 인식론이 경험주의보다는 합리주의의 전통에 서 있음을 의미한다. 그러나 비판적 합리주의는, 재래의 독단적 합리주의와는 엄격히 구분된다는 의미에서, '비판적'이라는 수식어를 언제나 요구한다.

비판적 합리주의는 참된 경험과학과 사이비 경험과학을 구분하기 위한 반증(反證)의 원리(falsification principle)를 제시했으며 진정한 과학적 방법론으로 '가설-연역적 방법' 내지 '시행착오의 방법'을 제시했다. 가설-연역적 방법에 의하면 모든 과학적 인식은 지각이나 관찰, 혹은 자료의 수집에서 시작되지 않고, 오히려 문제(problem)에서 출발한다. 그러므로 문제가 없는 인식이란 존재할 수 없다고도 할 수 있다. 이것은 우리의 모든 지식체계가 당면한 문제를 해결코자 하는 시도라는 것을 의미한다. 우리는 먼저 문제에 부딪친다. 그리고 잠정적인 해결로서 가설이 제시되고, 이것이 비판된다. 만약 제시된 해결이 비판에 개방되어 있지 않다면 그것은 비과학적인 것으로서 배제된다. 시도된 해결이 관련된 비판에 개방되어 있다면, 우리는 그것에 대한 반박을 시도한다. 왜냐하면 모든 비판은 반박의 시도로서 구성되어 있기 때문이다. 만약 시도된 해결이 우리의 비판에 의해 반박된다면, 우리는 다른 해결을 시도한다. 그렇지 않고 그것이 반박에 견디어낸다면 우리는 그것을 잠정적으로 용인한다. 그러나 우리가 그것을 용인하는 것은 우리가 그것을 최종적인 해결로 생각해서가 아니라 더욱 논의하고 비판할 가치가 있는 것으로 생각하기 때문이다. 그러므로 과학의 방법은 추측으로 우리의 문제를 해결하려는 시도의 하나이다. 이때 우리의 추측은 냉혹한 비판에 의해 통제된다. 이것은 시행착오의 방법의 비판적 연속이라 할 수 있다. 이리하여 과학의 객관성은 비판적 방법의 객관성에 놓여 있게 된다. 이것은 무엇보다 먼저 어떠한 이론도 비판으로부터 자유로울 수 없다는 것을 의미하며, 더 나아가 논리적 비판의 중요 수단 — 논리적 모순 — 은 객관적이라는 것을 의미한다.[13] 이렇게 볼 때 가설-연역적 방법론은 연역적 특성 때문에 경험론과 실증주의의 귀납주의를 거부할 뿐만 아니라 가설적 특성 때문에 전통적 합리주의의 연역주의와도 다른 것이다.

이러한 방법론적 기초 위에서 포퍼는 자연주의적 학파로 간주되어 온 많은 사람들이 올바른 자연과학적 방법론에 기초하지 못했다고 비판하며,[14] 이와 마찬가지로 반자연주의적 학파에 속하는 많은 사람들도 그들이 자연주의적 방법에 반대하게 된 것은 자연주의적 방법론을 제대로 이해하지 못했기 때문이라고 해명한다. 말하자면 한 연구가가 취하는 태도는 대체로 문제되는 과학의 성격에 대한 그의 견해에 따라 좌우되겠지만 물리학의 방법에 대한 그의 견해에 따라서도 좌우된다는 것이다. 이것은 대부분의 방법론적 논의에서 결정적인 과오들이 물리학적 이론의 논리적 형식이나 그 이론을 검증하는 방법, 관찰과 실험의 논리적 기능에 대한 그릇된 해석에서 발생한다는 사실에 의해 확인된다.[15)]

포퍼에 의하면 역사법칙주의도 이러한 오류의 소산이다. 왜냐하면 역사법칙주의 역시 과학적 방법론에 대한 오해에서 나타난 것이기 때문이다. 포퍼가 규정한 역사법칙주의는 자연과학과 사회과학 간의 방법의 상이성을 주장하는 반자연주의적 원리(anti-naturalistic doctrine)와 방법의 단일성을 주장하는 친자연주의적 원리(pro-naturalistic doctrine)가 묘하게 결합되어 있는 특징적인 접근법이다.[16)] 즉 역사법칙주의는 반자연주의적 특징과 아울러 친자연주의적인 특징도 동시에 갖고 있는 이론이다. 그렇지만 이때 역사법칙주의가 갖는 친자연주의적 특징이란 자연주의적 방법을 잘못 이해한 과학주의적(scientistic)[17)] 특징인 한에서, 역사법칙주의는 전체적으로 반자연주의로 규정된다. 그러므로 포퍼가 제기한 역사법칙주의의 여러 문제들이란 결국 자연주의 방법론에 대한 오해에서 비롯되는 문제들이었다. 그것은 다음과 같은 중요 문제들로 정리된다.

첫째, 사회적 전체론은 비판의 대상이 된다. 사회적 전체론이란 개인의 집합으로는 환원될 수 없는 사회 전체가 존재한다는 주장이다. 이것은 더 나아가 사회 전체를 파악하기 위해서는 자연과학의 개체론적 방법이 아닌 본질주의적 방법이나 객관적 이해의 방법이 필요하다고 주장한다. 그러나 이런 주장은 수많은 문제들을 야기한다.

둘째, 역사적 결정론의 문제이다. 이것은 사회 전체의 발전을 지배하는 역사의 발전법칙이 존재하며, 이 법칙에 따라 역사가 진행된다는 주장이다.

포퍼가 『역사주의의 빈곤』의 머리말에서 엄밀한 논리적 이유로 우리가 역사의 미래 과정을 예측하는 것은 불가능하다는 것을 밝힌 다음과 같은 논증이 역사법칙주의의 문제점을 잘 대변해 준다.

(1) 인간의 역사 과정은 인간의 지식의 성장에 크게 영향을 입는다.
(2) 우리는 합리적인 방법이나 과학적 방법에 의해서 우리의 과학적 지식이 미래에 어떻게 성장할 것인가를 예측할 수 없다.
(3) 그러므로 우리는 인간 역사의 미래 과정을 예측할 수 없다.
(4) 이것은 이론 역사학의 가능성, 즉 이론 물리학에 대응하는 역사적 사회과학의 가능성이 부인됨을 의미한다. 역사적 예측의 근거가 될 수 있는 역사 발전에 관한 과학적 이론이란 있을 수 없다.
(5) 그러므로 역사주의적 방법들의 기본적 목표는 오해에서 기인하는 것이며, 역사법칙주의는 붕괴한다.[18)]

셋째, 정치적 전체주의는 가장 격렬한 논쟁의 대상이 된다. 정치적 전체주의는 개인의 자율성과 존엄을 부정한다. 그렇지만 사회적 전체론과 역사의 결정론이 결합했을 때, 이들은 정치적 전체주의를 정당화하는 듯이 보인다. 역사가 지향하는 목표나 방향이 정해져 있다면, 그리고 사회가 하나의 유기적 전체라면, 그런 목표를 향해 전진하도록 사회를 통제하는 것은 합리적일 수 있기 때문이다.

2부 역사주의 비판

앞에서 지적한 역사주의의 문제점들을 구체적으로 분석하고 비판하는 작업이 2부의 과제이다. 역사주의를 두 유형으로 분석한 논리에 따라 비판은 역사개성주의에 대한 비판과 역사법칙주의에 대한 비판으로 나누어진다.

모든 진리를 시대의 딸로 이해하는 역사개성주의에 대한 비판의 기본 방향은 열린 체계의 인식론적 관점에서 닫힌 체계의 인식론을 비판하는 것이다. 이때 나는 닫힌 체계의 인식론을 지탱하는 핵심논제로서 의식의 존재구속성 논제와 언어결정론 논제 및 통약불가능성 논제를 제시하고 이들이 정당화될 수 없다는 논리를 제시하고자 한다.

역사법칙주의에 대한 비판은 반자연주의 교설과 친자연주의 교설 및 실증주의적 도덕론을 중심으로 진행된다. 반자연주의 교설에 대한 비판의 핵심은 전체론에 관한 비판이다. 포퍼는 사회적 전체론을 비판하면서 사회 전체란 과학적 탐구의 대상이 되지 않기 때문에, 이를 탐구의 대상으로 삼는 것 자체가 오류라고 주장한다. 그렇지만 나는 사회유기체주의자들이 주장하는 사회 전체가 과학적 탐구의 대상이 될 수는 있지만 틀린 이론이라고 비판한다.

친자연주의 교설에 대한 비판은 과학에서 말하는 법칙의 성격을 밝히면서 법칙과 추세가 동일하지 않다는 것을 제시하는 것이다. 말하자면 이것은 역사법칙주의자들이 주장하는 소위 계기의 자연법칙이나 진화의 법칙이 엄격한 의미의 법칙일 수 없음을 논증하는 것이다. 이에 추가해서 나는 역사법칙주의자들이 주장하는 역사의 법칙을 최대한 우호적으로 해석하여 그것이 수반법칙일 수 있음을 보여주고자 한다. 동시에 법칙론적 역사 해석의 대표적인 사례들로서, 헤겔과 마르크스 및 슈펭글러의 역사철학을 예시한다.

역사주의의 실증주의적 도덕론에 대한 비판은 이성의 자율성에 근거해서 수행된다. 포퍼의 중심적인 공략 대상은 전체주의적 정의와 유토피아주의이다. 나는 모든 형태의 유토피아주의를 비판으로 삼지 않고 닫힌 유토피아만이 비판의 대상이 됨을 밝힌다.

1장 역사개성주의는 진리의 상대주의이다

이 장의 목적은 역사개성주의의 인식론적 닫힌 체계를 비판하는 것이다. 이런 비판은 의식의 존재구속성 논제와 언어결정론 논제, 통약불가능성 논제에 대한 비판적 검토를 통해 수행된다. 물론 비판의 대상이 된 이 세 논제는 역사개성주의자들이 처음부터 명시적으로 주장한 것은 아니지만, 역사개성주의의 주장을 현대 인식론의 관점에서 재구성하면 이런 논제들로 나타나게 된다.

비판의 초점은 이 세 논제가 부분적인 어떤 특성을 마치 전체적인 특성인 양 과장하면서 우리가 극복할 수 있는 부분을 극복 불가능한 것으로 주장한다는 점에 모아진다. 예컨대, 언어결정론 논제에 대한 비판은 언어가 우리의 인식에 미치는 영향이 전혀 없다는 것을 주장하려는 것이 아니라 상황에 따라 그런 국면이 존재한다는 것을 인정하지만, 그것은 또 많은 부분 극복될 수 있다는 것을 보여주는 것이다. 의식의 존재구속성 논제나 통약불가능성 논제에 대해서도 그렇다. 의식의 존재구속성 논제에 대한 비판은 우리의 존재 상황이 우리의 의식에 어떠한 영향도 미치지 않는다는 것이 아니라, 그런 영향을 극복할 수 있음을 보여주는 것이다. 그리고 통약불가능성 논제에 대한 비판은 이론체계들 간에 번역되지 않는 부분이 일체 존재하지 않기 때문이 아니라, 전체적으로 보았을 때 통약되는 부분이 훨씬 크고 통약되지 않는 부분은 극히 작은 부분에 불과하기 때문에, 이 논제가 정당화될 수 없음을 논증하려는 것이다.

비판적 합리주의가 인식론적 닫힌 체계를 인정할 수 없는 이유는 분명하다. 인간 이성의 비판적 능력은 자기 초월적인 능력을 포함한다고 보기 때문이다. 이성의 가장 중요한 임무 중의 하나는 우리 자신과 우리가 사는 세계를 이해하는 일이다. 이런 작업이나 결과를 과학이라 한다. 과학은 두 개의 중요한 요소로 구성된다. 하나는 이론을 창안해 내는 창조적 요소이며, 다른 하나는 창안된 이론들이 갖는 문제점을 검토하고 더 나은 대안을 선택하는 비판적 논의의 요소이다.[1] 이야기나 신화도 과학적 이론의 원형들이라 할 수 있다. 이들도 세계를 나름대로 이해하고자 하는 노력의 산물이기 때문이다. 창조적 행위일수록 대담함과 독창성이 요구되며, 비판적 논의에서는 논리적 엄격함과 근거가 요구된다. 비판적 합리주의는 특히 비판적 능력에 주목한다. 이런 능력에 기초해서 우리가 인식론적 열린 체계를 만들 수 있기 때문이다.

가장 최근의 논의까지를 포함해서 인식론적 닫힌 체계의 주장들은 앞에서 언급한 세 개의 핵심적인 논제로 압축된다. 첫째로 우리의 존재가 우리의 의식을 결정한다는 의식의 존재구속성 논제와, 둘째로 언어체계가 다르면 세계를 다르게 인식한다는 언어결정론 논제, 그리고 셋째로 패러다임 상호간에는 통약이 불가능하다는 통약불가능성 논제가 그것이다. 비판적 합리주의자로서 나는 이 세 논제가 모두 정당화될 수 없다고 논박한다.

1. 의식의 존재구속성 논제

역사적 상대주의를 뒷받침하는 가장 오래된 논제가 의식의 존재구속성 논제이다. 이것은 마르크스가 과학의 이데올로기를 주장할 때나 만하임이 지식사회학을 주장할 때 그 근거가 되었다. 앞에서 인식론적 닫힌 체계를 논의할 때 거론한 사회구성주의도 이런 논제를 뒷받침한다.

의식의 존재구속성 논제는 우리의 의식이 우리의 존재 상황에 구속될 수밖에 없다는 것이다. 이 논제는 우리의 이성을 일차원적으로만 이해한다. 일차원적이라고 말하는 것은 우리가 우리 눈앞의 대상만 인식할 뿐 대상을 인식하는 주체를 다시 대상으로 삼을 수는 없다는 의미이다. 그러나 우리가 우리 자신을 객관화시켜 대상으로 삼는 일은 얼마든지 가능하다. 이때 우리는 단순히 대상을 인식하는 주체(subject)에서 상위주체(meta-subject)가 된다. 상위주체가 될 때, 비로소 자기비판이 가능해진다.

비판은 일차적으로는 다른 사람에 대해서 행해진다. 그렇지만 고차적인 비판은 자기 자신에 대한 비판이라 할 수 있다. 자기 자신에 대해 비판적이려면 자신을 타자화시킬 수 있어야 한다. 이것은 자기 초월을 의미하며, 이때 자아는 한 단계 높은 상위자아(meta-self)가 된다.

이성의 자기 초월성은 자신의 기반마저도 넘어설 수 있다는 의미에서 닫혀 있는 것이 아니라 열려 있음을 의미한다. 이것은 어떤 테두리 속에 갇혀 있거나 속박되어 있는 것이 아니며, 남의 기반뿐만 아니라 나의 기반까지도 넘어설 수 있으며, 더 나아가 새로운 기반을 창조할 수도 있다는 의미에서 열린 체계이다. 물론 열린 체계가 곧바로 인식의 객관성을 보장하는 것은 아니다. 우리가 이성의 보편성과 자기 초월성을 증명한다 해서, 이성적 판단의 객관성이 곧바로 보장되지는 않기 때문이다. 그렇지만 열린 체계는 지식이 진보해 갈 바탕을 제공한다. 자신의 한계를 넘어 지평을 확장함으로써 우리의 시야는 더욱 넓어지기 때문이다.

의식의 존재구속성 논제는 우리의 지식이 우리가 처한 사회적 상황에 의존해서 성립하기 때문에 상대적일 수밖에 없다고 주장한다. 비판적 합리주의는 이런 상대주의 논제에 대해 다음과 같은 비판을 가한다.

첫째로 지식의 객관성은 탐구자 개인이 갖는 공평한 의식 상태의 결과가 아니라 과학적 방법의 공공성의 산물이다. 의식의 존재구속성 논제는 우리의 의식 상태가 공평하지 못하며 그 결과 우리는 모두 어떤 편견을 갖게 된다고 본다. 우리의 의식이 우리가 처한 상황의 영향 하에 있기 때문이다. 비판적 합리주의의 관점에서 보면 이것은 지식의 사회적 측면을 제대로 이해하지 못하고 있다.

> 지식사회학은 자기 파괴적이고, 사회적 분석의 충분한 대상이 될 뿐만 아니라, 놀랍게도 그것의 주제인 지식이나 과학적 방법의 사회적 측면을 정화하게 이해하지 못했다. 그것은 과학이나 지식을 개별적인 과학자의 정신이나 의식 안에서 일어나는 과정이나 혹은 그러한 과정의 산물로서 간주한다. 이러한 방식으로 이해된다면, 우리가 과학적 객관성이라고 부르는 것은 전혀 이해될 수 없거나 불가능하게 될 것이다. 이러한 사정은 계급적 이해 및 그와 유사한 숨은 동기들이 작용하는 사회과학이나 정치과학에 있어서뿐만 아니라 자연과학에 있어서도 마찬가지다. … 매우 역설적이게도 객관성은 과학적 방법의 사회적 측면, 즉 과학과 과학적 객관성은 '객관적'이고자 하는 개별 과학자의 의도에서 연유되는 것이 아니라, 많은 과학자들의 선의의 경쟁적 협력(friendly-hostile cooperation)에서 연유된다는 사실과 밀접하게 연관되

어 있다. 과학적 객관성은 과학적 방법의 상호 주관성(intersubjectivity)으로서 기술될 수 있다.[2)]

과학적 방법의 공공성을 확보하기 위해서는 다음의 두 요소가 필수적으로 요구된다.[3)] 하나는 모든 것을 비판할 수 있는 자유로운 비판이며, 다른 하나는 공공적 경험을 모든 논쟁의 공평한 조정자로서 인식하는 일이다. 말하자면 과학자는 완전한 확신을 가지고 이야기할 수 있지만, 이것이 동료 과학자를 억압하지는 않으며, 그가 제기한 모든 이론은 비판에 개방되어 있어야 한다. 그리고 과학자는 개인의 심미적이고 종교적인 체험에 대비되는 관찰, 실험과 같은 경험의 공공적 성격을 중시해야 한다. 이런 맥락에서 볼 때, 실험실이나 과학잡지, 세미나, 학술대회 등을 포함한 온갖 사회적 제도들은 과학적 객관성과 비판을 더욱 장려하기 위해서 고안된 장치들이라고 할 수 있다.

이런 맥락에서 포퍼는 과학이 결과보다는 차라리 방법에 의해서 규정되는 한에서, 천리안을 가진 자나 로빈슨 크루소가 이룩한 과학은 그것이 아무리 진리라 할지라도 계시과학(revealed science)에 불과할 뿐 과학적 방법의 산물이 아닌 것으로 이해한다.[4)] 개인의 공평성은 과학적 객관성의 근원이기보다는 차라리 제도적으로 조직화된 객관성의 한 결과이기 때문이다. 예컨대, 로빈슨 크루소가 자기의 섬에 실험실과 천문관측소 등을 건립하고 실험과 관찰을 토대로 하여 수많은 논문을 썼다고 하자. 그리고 오늘날 과학자들이 받아들일 수 있는 결과와 일치하는 과학적 체계를 세워놓았다고 하자. 이것은 계시된 과학인가, 진정한 과학인가. 그가 과학적 방법들, 가설 연역적이고 반증적인 방법들을 사용했다고 할지라도, 그것은 천리안을 가진 사람이 과학적 방법과는 관계없이 직관적으로 확립해 놓은 계시과학이라고 할 수밖에 없다. 왜냐하면 그 결과를 확인할 수 있는 사람이 그 자신 이외에 아무도 없기 때문이다. 말하자면 다른 사람의 비판을 견뎌낸 과학이 아니기 때문이다.

둘째, 우리는 우리 자신의 전제를 비판적으로 검토할 수 있다.[5] 우리가 기초하고 있는 전제나 가정들은 경험적 탐구의 대상이 될 수 없다는 오류는 과학에서의 이론과 경험 사이의 관계를 잘못 이해한 것이며, 이 점에서 칸트와 헤겔은 모두 동일한 실수를 저질렀다고 할 수 있다. 아인슈타인의 시간과 공간에 대한 탐구가 좋은 실례이다. "아인슈타인이 우리의 경험을 규정하는 시간과 공간에 관한 우리의 전제들, 즉 모든 과학의 필수적인 전제이며 모든 과학의 범주적 틀에 속하는 것으로 받아들여져 온 관념들을 수정할 수 있고 그것에 대해 의문을 제기할 수 있다는 것을 보여준 것은 우리 시대 최고의 성취 중의 하나인 것이다."[6]

셋째, '과학적 결과'의 상대성과 '과학적 진리'의 상대성은 다르다. 과학적 결과는 그것이 과학적 발전의 어떤 단계의 결과이고 과학적 발전 과정에서 바뀔 수 있다는 점에서, 상대적이라고 할 수 있다. 그러나 이것은 진리가 상대적이라는 것을 의미하는 것은 아니다. 말하자면 그것은 다만 대부분의 과학적 결과들은 가설 — 증명이 결정적이지 않은 진술 — 로서 어느 땐가는 바뀔 수 있다는 것을 의미할 뿐이다. 과학적 진리는 상대적이 아니라는 논제는 박진(verisimilitude; getting nearer to the truth)의 개념에 의해 잘 설명될 수 있다.[7] 이것은 우리의 지식이 성장함에 따라 점차로 진리에 접근해 간다는 입장이다. 포퍼는 우리가 진리로 점차 접근해 간다는 생각이나 지식이 진보해 간다는 생각에 대해서 조금도 의심할 이유가 없다고 주장한다. 우리는 항상 실수를 할지도 모르지만, 우리는 많은 경우에서 실제로 진리로 더 접근했는지 아닌지에 관해 분명한 관념을 갖고 있기 때문

이다.[8)]

넷째, 사회과학이라 해서 인식론적으로 특별히 불리한 위치에 있지는 않다. 실천적 문제는 사회과학에만 특유한 문제가 아니라, 자연과학에도 그대로 적용되기 때문이다. 의식의 존재구속성 논제는 특히 실천적 문제가 사회나 정치적 지식의 영역에 너무 많이 개입되어 있으며, 이것이 특히 사회과학에서의 인식론적 난점을 산출한다고 주장한다. 즉 사회과학에서는 인식과 의지가 본질적으로 섞여 있음으로써 엄밀한 인식에 대립되는 사회과학적 인식의 특수성이 발생한다는 것이다.

이것은 넓은 의미에서 가치가 우리의 인식과 맺는 연관성과 관련된 문제이다. 가치는 인식과 세 가지 측면에서 관계한다고 할 수 있다. 첫째는 우리가 어떤 주제를 연구 대상으로 삼을 것인가 하는 연구 주제의 선택에 관계한다. 둘째는 우리의 지식을 어떻게 이용하고 활용할 것인가 하는 실용적 관점에 관계한다. 그리고 셋째는 인식의 내용 형성에 관계한다. 지식사회학은 이 세 측면 모두에서의 가치의 역할을 긍정하며, 특히 세 번째의 경우를 강조함으로써 진리의 상대주의를 주장하게 된다. 여기서 첫 번째와 두 번째의 경우, 즉 연구 주제의 선택이나 지식의 활용에서 우리의 가치의식이 개입한다는 사실은 충분히 인정되며, 또 그 개입이 결코 부정적으로 평가되지도 않는다. 그리고 이것은 사회과학이나 자연과학을 막론하고 모든 과학에 공통적인 현상인 것이다. 그러나 세 번째의 경우, 즉 가치가 우리의 인식 내용에 영향을 미치며, 우리는 그 영향력을 배제할 수 없다는 주장은 쉽게 용인되지 않는다. 우리가 설사 특수한 편견이나 전제에서 출발한다고 할지라도, 우리는 자기비판과 반성을 통해 그것들을 넘어설 수 있기 때문이다. "지식과 의지는 어떤 의미에서 항상 불가분의 관계에 있다. 이러한 사실이 어떤 위험한 혼란으로 귀결될 필요는 없다. 어떤 과학자도 노력하지 않고 관심이 없이는 알지 못한다. 그리고 그의 노력 속에는 보통 어느 정도의 자기 이익까지도 포함되어 있다. 기사나 농부는 주로 실천적 관점에서 사물을 연구한다. 실천은 이론적 지식의 적이 아니라, 오히려 이론적 지식에 대한 가장 값진 자극제이다."[9]

2. 언어결정론 논제

언어와 사고의 관계에 관해 두 가지 상반된 이론이 논쟁을 계속해 왔다. 하나는 우리가 사용하려는 언어체계와 우리의 경험과 사고방식은 상호 무관하게 서로 독립적이라는 주장이고, 다른 하나는 언어체계가 우리의 경험과 사고방식에 심대한 영향을 미친다는 주장이다. 이들의 논쟁은 철학, 심리학, 언어학 등의 분야에서 언어와 사고 중 어느 것이 더욱 중요한가 하는 우위 논쟁으로 전개되기도 했다.

철학의 영역에서는 해석학의 전통에서 사고에 미치는 언어의 영향력이 논의되었다. 19세기 독일의 언어철학자 훔볼트가 언어에 주목하면서, 언어는 그 언어를 사용하는 사람의 사고방식이나 정신구조에 영향을 미친다고 주장했다. 이때 훔볼트는 어휘의 풍부함과 빈곤함에 특히 관심을 두었다. 하이데거의 "언어는 존재의 집이다."라는 주장에서 그리고 "나의 언어의 한계는 나의 세계의 한계이다."라는 비트겐슈타인의 주장에서 언어의 영향력은 극대화된다. 언어학의 영역에서는 무질서한 사고가 언어에 의해 질서를 갖게 된다고 주장한 소쉬르(F. de Saussure)가 언어와 사고의 불가분성과 언어우위론을 주장했다. 그 후 이런 주장은 사피어(E. Sapir)와 워프(B. L. Whorf)에서 절정에 달한다. 이들의 주장은 보통 사피어-워프 가설(Sapir-Whorf hypothesis)이라 불리는데, 이것이 바로 언어가 사고를 지배한다는 언어결정론 논제의 원형이다.

이 가설에 따르면 (i) 언어는 우리의 경험과 사고방식을 결정하며, (ii) 언어는 세계관을 규정한다. 그러므로 언어는 경험을 보고하는 단순한 수단이 아니다. 언어가 다르면 우리가 동일한 세계를 본다 할지라도 다른 세계를 보게 된다.

사피어는 우리의 언어 사용을 생물학적으로 유전된 기능이 아니라 문화적으로 형성된 기능으로 규정한다. 그는 다음과 같은 사유실험을 제시한다. "갓 태어난 아이를 그가 태어난 사회적 환경으로부터 격리시켜 완전히 낯선 곳으로 옮긴다고 해보자. 그는 새로운 환경에서 걷는 능력을 이전 환경에서만큼 잘 개발시킬 것이다. 그러나 그의 말하기는 그의 원래 환경에서 말하기와는 완전히 다르게 될 것이다."[10] 말하자면 언어는 생각과 감정과 욕망을 자의적으로 만든 상징의 체계에 의해서 전달하는 비본능적인 방식이라는 것이다. 그렇지만 사피어는 이 방식이 다시 우리의 경험과 사고방식을 규정한다고 본다.

> 사람이 언어를 사용하지 않고 본질적으로 현실에 적응할 수 있고 언어는 의사 전달이나 사고가 현실을 반영하는 데 도움을 주는 우연한 수단이라고 생각하는 것은 환상이다. 사실인즉 현실세계는 상당한 정도로 그 집단의 언어습관의 기반 위에 형성된다. … 우리 공동체의 언어습관이 해석에 대한 어떤 선택의 경향을 주기 때문에 우리는 현재처럼 주로 보고 듣고 아니면 경험을 한다.[11]

사피어의 제자인 워프는 인디언 부족어인 호피(Hopi) 어를 영어, 프랑스어, 독일어 같은 유럽어와 비교하면서 다음과 같은 질문을 던졌다.[12]

(1) '시간'이나 '공간', '물질' 같은 우리의 관념들은 실질적으로 모

든 인간들에게 같은 형태로 주어지는 것인가, 아니면 특수한 언어구조에 의해서 부분적으로 조건지어지는 것인가?

(2) 문화적 규범과 대규모의 언어양식 사이에 추적 가능한 어떤 친화성이 존재하는가?

이런 문제들에 대해 워프는 언어와 사고방식 사이에, 그리고 언어와 문화 사이에 매우 밀접한 연관이 존재한다는 결론을 내린다.

> 우리는 모국어가 설정한 선을 따라서 자연을 분석한다. 범주와 형태들이 너무나 가까이 있기 때문에 우리는 그곳에서는 현상의 세계로부터 우리가 추출해 내는 범주와 형태들을 보지 못한다. 이와는 반대로 세계는 우리의 마음이 조직해야 할 인상들의 만화경 흐름처럼 제시된다. 그리고 이러한 방법은 대체적으로 우리의 마음속에 있는 언어체계에 의해 행해진다. 우리는 자연을 분해해서 개념들 속으로 조직해 넣고 우리가 대체로 자연의 일부이기 때문에 이런 방식으로 자연을 조직하는 협정 — 우리 언어 사회 전역에 걸쳐 유효하며 언어라는 형태로 부호화되는 협의에 중요성을 부여한다. 물론 그 협정은 묵시적이고 말로 언급되지 않는 것이다. 하지만 이 조건들은 절대적으로 강제적인 것이다. 그 협정이 정하는 자료들의 조직과 분류에 동의하지 않고는 우리는 전혀 대화를 할 수가 없다.[13)]

그는 인디언의 호피 어에는 시간을 나타내는 단어가 없다고 주장한다.[14)] 그러므로 우리와 같은 시제로서 생각하거나 세계를 보지 않는다는 것이다. 또한 에스키모 어에는 눈(雪)에 관한 어휘가 대단히 많다는 사실을 지적한다. "미국인들은 내리는 눈, 땅에 쌓인 눈, 얼음처럼 단단하게 뭉쳐진 눈, 찌꺼기 같은 눈, 바람에 날리는 눈 등등 상황이야 어떻든 이런 모든 눈들에 한 단어만 사용한다. 그러나 에스키모 인들은 이처럼 모든 눈을 포괄하는 단어를 생각할 수 없다. 에스키모 인들에게 내리는 눈, 찌꺼기 같은 눈 등등은 서로 함유하고 있는 요소들이 감각적으로 다르고 조작적으로도 다르다. 그래서 에스키모 인들은 각각의 눈들에 서로 다른 단어를 쓴다."[15)]

언어가 우리의 경험이나 사고방식, 나아가 문화에 미치는 영향은 크게 어휘와 문법조직에서 확인할 수 있다. 대다수의 언어학자들이 문화가 발달할수록 (i) 사용하는 어휘의 수가 많고 복잡하며, (ii) 한 어휘가 갖는 의미가 다양하며, (iii) 어휘조직의 조밀도가 높다는 데 의견을 같이한다.[16)]

(i)은 직관적으로도 확실해 보인다. 문화가 발달할수록 사전이 두터워진다. 반면에 원시사회로 갈수록 사용하는 어휘의 수는 적다. 원시사회로 갈수록 큰 수를 나타내는 숫자가 없다. 일정한 수 이상은 모두 하나의 숫자로 표현한다. 만약 10까지만 나타내는 숫자를 갖는 경우와 10만까지 나타내는 숫자를 갖는 경우, 후자가 더욱 풍부하고 복잡하게 생각할 수 있다는 것은 자명해 보인다. 예컨대 인식의 차원에서 보면, 어휘가 없다면 그 어휘에 대응하는 사물은 없는 것과 마찬가지다. 모계사회에서 '아버지'라는 말이 없다면, 적어도 부계사회의 '아버지'에 해당하는 존재는 없는 것이다.

어휘의 수량과는 달리 한 어휘가 어느 정도의 다양한 의미를 갖느냐 하는 것도 경험에 영향을 끼칠 수 있다. 우리가 같은 단어를 사용하여 경험을 표현하더라도 그 단어가 갖는 의미의 다양성에 따라 경험 내용은 달라질 수 있기 때문이다. 예컨대 '다리'라는 말은 처음에는 하천이나 계곡을 건너도록 만든 구축물을 의미했지만, 전의되어 중개나 매개를 의미하기도 하고, 중간에 거쳐야 할 곳을 의미하기도 한다. 따라서 '다리를 건너다'라는 말은 실제로 강을 건넌다는 의미 외에 물건이나 말(言語) 따위가 어떤 사람에게서 다른 사람에게로 넘어간다는 의미로 사용된다. 이때 '다리'를 강을 가로지르는 물리적 교량의 의미로만 사용할 때와 그것에서 전의된 다양한 의미로 사용할 때, 후자의 경우가 우리의 경험세계를 더욱 풍부하게 만들어준다는 것은 분명해 보인다.

어휘조직의 조밀도도 경험의 내용에 영향을 미친다. 조밀도란 대상을 인식하여 어휘화하는 방식의 정밀도를 의미한다. 어휘조직의 조밀도가 높을수록 사고 절차가 복잡하고 정교하다. 그렇지만 어휘의 수량과 한 어휘의 다의성은 문화 일반의 발달과 대체로 비례하지만, 어휘조직의 조밀도는 문화의 특성에 따라 차이가 난다고 할 수 있다. 한국에서의 친족관계를 나타내는 말과 영어권의 친족관계를 나타내는 말의 체계가 다른 것은 한국의 가족주의 문화 때문이라고 할 수 있다. 에스키모 인이 눈을 나타내는 여러 정밀한 낱말을 가진 것은 눈에 대한 정교한 인식이 생존에 필요했기 때문으로 이해된다.

많은 언어학자들은 어떤 언어체계가 어떤 품사를 중심으로 구성되어 있느냐 하는 문제도 우리의 사고방식에 영향을 미칠 수 있다고 본다. 예컨대 동사 중심의 언어를 사용하는 사람들과 명사 중심의 언어를 사용하는 사람들은 세상을 다르게 본다는 것이다. 전자는 세계를 생성의 관점에서 보며, 후자는 존재의 관점에서 본다.

문법구조가 우리의 사유 방식에 미치는 영향을 논의할 때, 우리는 보통 저문맥적 언어와 고문맥적 언어를 구분한다. 저문맥적 언어는 형식성이 강한 문법구조를 가진 언어로, 상황 의존성이 높지 않으며, 분석적인 언어이다. 말하자면 문장을 구성하는 단어 하나하나가 상당 부분 독자적인 의미와 기능을 가진 언어이다. 반면에 고문맥적 언어는 형식성이 높지 않은 문법구조를 가진 언어로, 통합적이며, 상황 의존적이다. 이것은 문장을 구성하는 단어 하나하나가 전체 문장 속에서 의미와 기능을 획득한다. 예컨대 중국어에는 특정 단어가 명사인지 동사인지 아니면 부사인지 문맥에서만 파악된다. '美'는 '아름다운', '아름답다', '아름다움', '아름답게' 등으로 문맥 속에서 판별된다. 대체로 인도유럽어는 저문맥적 언어이며 몇몇 동양의 언어들은 고문맥적 언어이다.

사피어-워프 가설을 지지하는 사람들은 저문맥적 언어는 개인주의적 사고방식을 발전시키고, 고문맥적 언어는 전체주의적 사고방식을 발전시킨다고 주장한다. 또 중국어는 계사가 너무 빈약하며 과학적 논리학을 발달시키지 못했다고 지적한다. 자기 동일성을 유지하며 독립적으로 존재하는 실체라는 관념은 어떤 대상을 가리키는 주어와 그것의 상태를 기술하는 술어의 결합으로 문장을 구성하는 인도유럽어의 문법구조에서 연유한다는 분석도 있다. 근대 시민사회 이후 명사의 범람과 소유욕의 확산을 연관시키기도 한다.

이런 주장들은 설득력이 있는 것 같지만 그 역도 가능하다는 사실을 외면하고 있다. 말하자면 언어가 사고에 영향을 미치는 것과 마찬가지로, 거꾸로 사고가 언어에 영향을 미치기도 한다. 삶의 환경이 복잡해지면서 복잡하게 생각해야 할 필요성이 먼저 제기되고 이에 맞추어 어휘가 발달될 수도 있다. 예컨대 개인주의 사회가 탄생하면서 개인을 가리키는 단어가 나타나고, 소유욕이 팽창하면서 동사의 명사화가 전개된다. 우리가 언어 속에서 자라지만, 동시에 언어의 창조자라는 사실이 이런 주장을 뒷받침한다.

사피어-워프 가설의 기반이 된 호피 어에 대해 점검해 보자.

첫째, 호피 어에서도 시제가 있음이 확인되었다. 그러므로 물질이나 시간 등에 관한 관념이 전적으로 언어 의존적이라고 하기는 어렵다. 둘째, 민족마다 생활방식에 따라 어휘가 발달되는 영역이 있을 수 있지만, 어휘의 풍요와 빈곤이 인식의 상대주의와 연관되는 것은 아니다. 예컨대 한국인은 '눈'이라는 단어 하나를 사용하여 모든 눈을 나타내고 에스키모인은 20여 개의 단어를 사용하여 눈을 세밀하

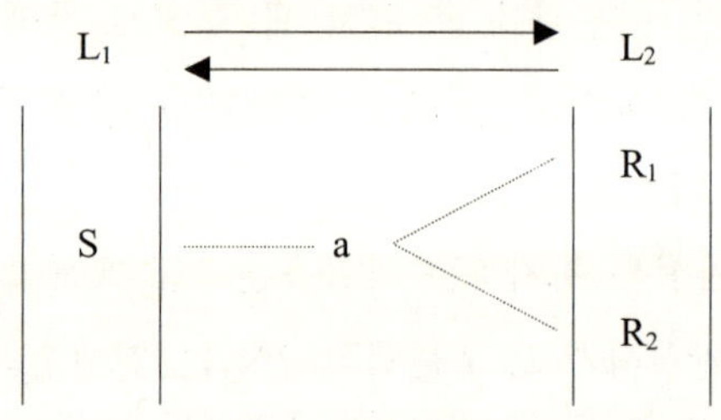

[그림 10] S의 대응은 어느 것인가?

게 분류한다고 해보자. 이때 한국인은 눈을 개괄적으로 보고 있는 것이며 에스키모인은 눈을 자세하게 보고 있는 것일 뿐, 어느 쪽도 눈을 잘못 보고 있는 것이 아니라고 할 수 있다. 이것은 우리가 지도를 그릴 때 나무 한 그루 한 그루를 그릴 수도 있고 수십 그루의 나무를 푸른 점으로 나타낼 수도 있는 것과 같은 논리이다. 말하자면 여기서는 대상을 인식하는 정밀성의 정도가 문제될 뿐 대상을 왜곡시키는 상대주의가 문제되는 것은 아니다.

언어결정론 논제를 정당화시키고자 하는 논증이 번역 불확정성 논제이다. 번역 불확정성 논제는 콰인(W. V. O. Quine)에 의해서 유명하게 되었다.[17] 콰인은 번역의 불확정성을 다음과 같이 표현하고 있다. "한 언어를 다른 언어로 번역하는 경우 관찰할 수 있는 언어 성향의 총화와 일치하는 여러 가지의 다른 번역을 할 수 있는데, 이때 어느 번역이 올바른 번역이냐고 묻는 것은 헛된 일이다."[18]

콰인의 예는 이렇다. 영어를 모국어로 사용하는 어떤 언어학자가 어떤 원주민의 언어를 번역하려고 한다고 하자. 한 주민이 그 언어학자의 언어체계 속에서 '토끼(rabbit)'라 불리는 어떤 동물이 뛰어가는 것을 보고 'Gavagai'라고 발언한다고 하자. 이때 'Gavagai'라는 말은 '토끼(rabbit)', '토끼의 한 사례(rabbithood)', '토끼의 단면들(stages of rabbit)', '토끼의 통합적 부분들(integral parts of rabbit)' 등으로 번역될 수 있다는 것이다. 이들은 모두 경험적 자극 의미에 있어서는 동일하기 때문이다.

L_1의 언어체계에서는 어떤 현상 a에 대해 오직 한 개념 S로 표현하는 데 반해, L_2의 언어체계에서는 R_1, R_2 … R_n 등으로 세분화되어 있다고 할 때, 어떤 경우에 S가 R_1으로 번역되고, 어떤 경우에 S 가 R_2로 번역되어야 할 것인가? 혹은 그 반대의 경우에는 R_1이든 R_2이든 항상 S로 번역되어도 좋을 것인가? 이에 대한 콰인의 대답은 어느 경우든 번역은 불확실할 수밖에 없다는 것이다.[19)]

비판적 합리주의의 관점에서 보면, 콰인의 번역 불확정성 논제는 정당화되기 어렵다. 콰인은 이러한 예를 근거로 하여 존재론적 상대주의(ontological relativity)를 주장하지만, 비판적 합리주의는 이러한 실례들조차도 지나치게 과장되었다고 생각한다. 상황을 바꾸면서 가바가이의 의미를 추적해 갈 수 있기 때문이다. 예를 들어 마야의 상형문자는 특이하다. 그것은 현존하는 어느 문자와도 다르다. 그렇지만 그 문자를 구성하고 사용하는 규칙을 발견함으로써 그 의미를 해독할 수 있게 되었다. 실제로 번역이 불가능한 예도 있을 수 있을 것이다. 그렇지만 이런 경우란 대체로 객관적 사실의 세계에 관한 것이라기보다는 심미적 세계에 관한 경우이다. 예컨대 한용운의 시를 영어로 번역하기는 어렵다. 그렇지만 물리이론을 다른 나라의 언어로 번역하는 것은 크게 어려운 일이 아니다. 번역의 어려움은 오히려 실재 세계에 대한 탐구의 자극제가 될 수도 있으며, 참여자들이 자신의 편견으로부터 해방될 수 있는 기회이며, 그들의 언어에 숨어 있는 왜곡된 틀로부터 해방될 수 있는 기회이다. 여러 다른 문화적 배경을 가진 세계 각국의 사람들이 함께 모여 어떤 주제를 다루는 국제과학회의를 상상해 보라. 개념체계의 충돌은 장애물이 아니라 오히려 더 깊은 탐구를 위한 자극제가 될 수 있다. 이것은 또 우리 자신을 지배하는 무의식적 편견이나 틀을 자각하는 계기를 제공한다.

우리가 다른 개념체계의 언어를 만났다고 가정해 보자. 우리는 새로운 언어를 우리 자신의 언어와 비교하고 대조한다. 이때 우리는 우리 자신의 언어를 대상언어(object language)이면서 동시에 상위언어(metalanguage)로 사용한다. 상위언어는 대상언어와는 다르다. 대상언어들을 비교하고 대조하는 역할을 하기 때문이다. 이때 우리는 우리 자신의 언어를 비판적 안목으로 바라볼 수 있게 된다. 물론 상위언어가 완전히 중립적인 제3의 언어가 아니기 때문에 우리 자신의 언어가 갖는 제한성으로부터 완벽하게 해방되지는 못한다 할지라도, 우리는 적어도 우리 자신의 언어에 대해 반성적 성찰을 할 수 있게 된다. 예컨대, 다른 언어와의 비교 속에서 다른 언어가 존재하는 것으로 가정하고 있는 실재들을 완벽하게 기술하거나 포착할 수 없는 한계를 우리 자신의 언어가 갖고 있다는 사실을 확인할 수도 있다.[20)]

우리가 특정 언어의 구조에 의해 감옥에 갇혀 있다는 주장 역시 지나친 과장이다. 다른 체계들과 비판적으로 논의함으로써 새로운 탈출구를 열 수 있기 때문이다. 과학의 역사가 그것을 보여준다. 설사 감옥이라는 비유를 우리가 받아들인다 할지라도 그 감옥은 우리가 계속해서 넓혀갈 수 있는 특이한 감옥이다.

> 나는 어떤 순간에는 우리가 이론의 틀 속에 — 즉 우리의 기대나 우리의 과거의 경험, 우리의 언어 등 — 갇힌 죄수라는 것을 인정한다. 그러나 우리는 특수한 의미에서 죄수이다. 말하자면 우리가 하려고만 한다면 언제나 우리는 우리의 틀을 깨고 나올 수가 있는 것이다. 물론 우리는 다시 어떤 틀 속에 있는 우리 자신을 발견할 것이지만, 그것은 더 좋고 더 큰 틀일 것이다. 그리고 어느 순간에는 그것을 다시 깰 수 있을 것이다.[21)]

이와 관련하여 논의되는 주제가 관찰의 이론 의존성이다. 중립적 관찰은 없다는 논제를 검토해 보자. 우리의 경험은 모두 이론 함유적이거나 혹은 이론 의존적이라고 할 수 있다. 실제로 우리의 눈은 진화적 적응의 결과이며, 적응이란 환경적 규칙성에 맞추는 것이다. 그런 의미에서 우리의 보는 행위는 규칙성을 포함하는 어떤 이론을 함유하고 있다고 할 수 있다.

그렇지만 이런 사실이 관찰 상호간이나 이론 상호간의 통약불가능성을 의미하지는 않는다. 또 이것은 우리가 더 나은 이론으로 전진하는 것을 방해하지도 않는다. 어떻게 그것이 가능한가? 관찰에 대한 반성이 가능하기 때문이다. 말하자면, 관찰은 의식적으로 재해석될 수 있기 때문이다. 이것은 물론 관찰과 그 관찰에 작동하는 이론을 구별하고, 그것들의 상호 연관을 논의할 수 있기 때문에 가능한 것이다. 예컨대 고대인들이 하늘의 별들이 태양이나 달보다 작은 것으로 관찰했다고 해보자. 이러한 관찰은 지금도 발생할 수 있다. 이를 '관찰 1'이라 하자. 그 후 거리가 멀면 큰 것도 작게 보인다는 사실을 알게 된다. 특히 망원경이라는 기구를 발명하여 이 기구를 통해 관찰하고, 이를 '관찰 2'라 해보자. 우리는 '관찰 2'에서 '관찰 1'을 재해석할 수 있다. 방법은 우리의 신념을 객관적인 비판의 대상으로 만드는 것이다. 이렇게 하려면 우리의 신념을 언어로 표현해야 한다. 이것은 신념의 객관화라고 할 수 있다.[22] 이런 방식에 의해 우리의 신념은 경쟁적인 이론으로 대체될 수 있다.

전체적으로 상대주의자들은 이성의 힘에 대해 실망한 자들이다. 이들의 실망은 대체로 그들이 이성에 대해 처음 지나치게 기대했기 때문이다. 말하자면 그들은 이성의 전지전능을 믿었다가, 이성이 그렇지 못하다는 것을 확인하고 인식론적 닫힌 체계를 주장하게 된 것이다. 그러나 이성의 오류 가능성과 이성의 존재 의존성은 다른 문제이다. 우리가 이성이 오류를 범한다고 할 때, 그것은 이성이 어떤 것에 항상 갇혀 있다는 것을 함축하지는 않기 때문이다.

3. 통약불가능성 논제

패러다임 상호간에는 통약이 불가능하다는 논제를 포퍼는 체계의 신화(the myth of the framework)라 부른다.[23] 체계의 신화는 우리가 원리나 근본적인 어떤 것에 대해서는 합리적으로 논의하거나 비교할 수 없다는 교설이다. 이 교설은 모든 합리적 논의가 어떤 원리로부터 출발하지 않으면 안 된다는 전제에서 출발한다.[24] 이 원리들은 통상 공리체계라고도 불린다. 이 체계들에 대해서 합리적 토론이 불가능한 이유는 이 체계를 논의하려면 다시 어떤 체계를 전제해야 하는 무한퇴행에 빠지기 때문이다. 그러므로 비교는 한 패러다임 안에서만 가능하다. 이런 상황에서 체계론자들은 공리체계의 진리를 독단적으로 주장하거나 아니면 상대주의자가 된다.

엄격히 말해서 인생관을 하나의 잣대로 재기는 어렵다고 할 수 있다. 이것은 어느 종교가 최선인지 비교하는 것이 어려운 것과 마찬가지다. 이들은 대체로 경험을 넘어서는 가치와 의미와 믿음들을 포함하고 있기 때문이다. 그렇지만 과학은 경험에 기초해서 세계를 설명하려고 하는 영역이며, 이론이 문제되는 영역이다. 경쟁하는 두 이론은 같은 문제를 다루며, 어디엔가 공통적인 기초를 갖는다. 뉴턴 역학과 아인슈타인 역학은 공통의 수학을 사용한다. 과학은 종교가 아니다. 과학에서 중요한 것은 그것이 나의 삶에 어떤 의미를 주느냐가 아니라, 객관적인 문제와 그것을 해결하는 이론이다. 이런 공통의 관심과 공통의 기반 위에서 진행되는 두 이론 간에 통약불가능성이 적용될 이유는 없다.

과학의 역사에는 전혀 체계가 다른 이론들이 상호 논쟁을 계속하는 가운데 문제를 해결한 수많은 사례가 있다. 쿤이 패러다임의 변화를 종교적 개종으로 비유한 것은 과학의 합리성을 부정하는 것이다. 물론 과학에도 유행이 있고, 사회적 압력도 있다. 과학자 집단이 무비판적으로 지배적인 독단을 수용하는 날을 상상할 수도 있다. 그러나 이것은 과학의 종말을 의미할 뿐이다.

이런 태도가 잘못인 이유는 분명하다. 합리적 논의란 어떤 이론을 정당화하거나 증명하는 논리적 연역이 아니다. 그 이론의 논리적 귀결이 모두 수용할 수 있는지 없는지를 확인함으로써 그 이론을 시험하는 것이다. 즉 이론들의 귀결들은 무엇이며, 그것들은 수용 가능한가의 여부를 따져보는 것이다. 체계의 신화가 오류라는 것을 포퍼는 다음과 같이 비판한다.[25] 기본 전제들, 즉 체계가 다르면 체계가 같을 때와 비교해서 어떤 주제에 관한 합의를 도출하기가 어렵다는 것은 인정할 수 있다. 그렇지만, 생산성에 있어서는 그 반대 현상이 일어날 수 있다. 말하자면, 체계가 다른 사람과 토론함으로써 우리는 서로의 이해를 증진시키고, 더욱 많은 것을 배울 수 있으며, 더욱 창조적인 암시를 얻을 수도 있다. 예컨대, 공산주의가 정당한 체제라고 믿고 있는 사람과 자유주의가 정당한 제도라고 믿고 있는 사람은 서로의 패러다임이 다르다고 할 수 있다. 이들이 인권에 대해 토론을 벌인다고 해보자. 아마도 자유주의자들끼리, 혹은 공산주의자들끼리 논의할 때보다 합의점을 찾기는 훨씬 어려울 것이다. 그럼에도 불구하고 상호 논의를 통해 유익하고 생산적인 결론을 도출해 내는 것은 얼마든지 가능할 것이다. 아무리 패러다임이 다르다고 할지라도 서로가 무엇을 말하고 있는지 충분히 알 수 있으며, 서로 토론하여 문제의 해답을 함께 추구할 수 있다.

현재 우리의 문명 자체가 서로 상이한 문화들의 충돌과 대결의 결과이다. 작은 문명들이 서로 충돌하고 뒤섞이면서 서로를 이해하고 종합된 것이 우리가 살고 있는 문명들이다. 우리의 예만 보더라도, 처음 유교와 도교가 섞이고, 여기에 다시 불교가 융합되고, 다시 기독교가 추가되었다. 불교는 힌두교를 모태로 하고 있으며, 기독교 문명은 유대교와 그리스 로마 문명을 융합한 것이며, 그리스 문명 자체가 중동의 여러 문명들의 충돌과 융합의 결과이다. 이러한 역사적 사실은 체계의 신화가 얼마나 허구적인가를 단적으로 보여준다.

비판적 합리주의의 관점에서 보면, 쿤이 주장한 통약불가능성하고는 다르게 모든 이론은 비교 가능하다. 예컨대 프톨레마이오스의 천동설은 아리스타쿠스나 코페르니쿠스의 지동설과 통약불가능한 것이 아니다. 실재로 지구 중심적 체계에 적합할 수 있는 모든 천문학적 관찰은, 간단한 번역의 방법에 의해, 항상 태양 중심적 체계에도 적합할 수 있다는 것이 코페르니쿠스의 중요 논증 중 하나였다.[26] 물론 두 체계는 세계를 전혀 다르게 보며, 차이점도 많다. 심리적 상태에서 보면 충격적으로 이질적이며, 그런 점에서 형태 전환이라 할 만하다. 그러나 아무리 이질적으로 보이는 두 체계에도 공통적인 영역이 있다. 이를 기초로 두 체계를 비교할 수 있다. 천동설과 지동설에서는 천체의 움직이는 속도가 공통의 기초를 이룬다. 또 이들은 천체들의 운동을 설명하는 같은 문제를 다룬다.

그리스 철학에서 나타난 파르메니데스(Parmenides)의 존재이론과 헤라클레이토스(Heracleitos)의 생성이론을 보자. 이들은 얼마나 다르게 세계를 바라보는 다른 체계들인가. 이들 이론들은 선행이론들을 혁명적으로 바꾼 것이다. 그렇지만 이들이 선행이론들과 통약불가능하지는 않다. 혁명의 과업이란 옛날의 세계를 좀 더 깊이 있는 새로운 이론으로 설명하는 것이기 때문이다.[27] 그뿐만 아니라 현대의 물리학은 이 두 이론을 종합한 체계라고도 할 수 있다.

2장 역사법칙주의의 반자연주의 교설은 사회유기체론을 기반으로 한다[1]

역사법칙주의의 반자연주의 교설은 "새로운 특성이 계속해서 창출되고 개인들의 활동으로는 환원될 수 없는 발전하는 사회 전체가 존재하며, 이 사회 전체는 자연과학의 개체론적 방법으로는 파악될 수 없고 반자연주의적인 직관적 이해의 방법이나 본질주의적 방법에 의해서만 파악 가능하다."는 것이다. 포퍼는 역사법칙주의가 주장하는 반자연주의 교설의 최후의 근거가 전체론에 있다고 보고 이 전체론이 부정되면 반자연주의 교설 전체가 붕괴될 것으로 판단한다. 즉 전체론이 성립될 수 있는가 없는가 하는 문제는 자연과학과는 다른 사회과학의 독자적인 영역이 존재하는가 아닌가 하는 문제와 직결되어 있다고 본 것이다.

"전체는 그 부분들의 총합 이상이다."라는 명제가 전체론을 둘러싼 논쟁의 중심을 이룬다. 포퍼는 전체론을 비판하면서 전체를 총체적 전체와 구조적 전체로 구분한 후, 구조적 전체는 과학적 탐구의 대상이 되지만, 총체적 전체는 과학적 탐구의 대상이 되지 않는다고 설명하면서, 역사법칙주의자들이 탐구의 대상이 되지 않는 총체적 전체를 주장하기 때문에 그들은 비과학적이라고 비판한다. 나는 전체론에 대한 논의의 핵심이 구조에 대한 분석보다는 내적 관계에 있다고 보고, 사회유기체 이론은 과학적 이론이지만 잘못된 주장이라고 비판한다.

사회과학의 방법론적 특성으로서 제시된 방법론적 본질주의는 아리스토텔레스에 의해 처음으로 확립되었으며, 이것은 주로 정의의 본질주의적 방법을 중심으로 삼았다. 이것은 우리의 모든 지식이 궁극적으로 사물들의 본성에 관한 직관적 파악에 의해서 이루어진다고 보며, 이 본질의 기술이 곧 정의(definition)라는 것이다.

포퍼는 모든 역사법칙주의자들이 정당화되지 않는 방법론적 본질주의에 기초하여 논의를 전개하기 때문에 근본적으로 오류에 빠진다고 비판한다. 이에 대해 나는 이런 비판이 모든 역사법칙주의자들에 무차별적으로 적용될 수는 없고, 일부의 역사법칙주의자들에게만 제한적으로 타당함을 밝힌다.

1. 사회, 역사 세계의 존재론적 특성

1) 전체론의 원리

"전체는 그 부분들의 총합 이상이다."[2]라는 명제가 전체론을 둘러싼 논쟁의 중심을 이룬다. 그것은 전체(the whole)가 단순히 그 구성 부분들(parts)의 산술적 총합으로서 성립되는 것인가, 아니면 그 이상인가 하는 문제이다. 그러나 실제로 이 전체론을 둘러싼 논쟁의 대다수는 '전체'나 '총합(the sum)'이라는 말들의 애매성 때문에 연유되었다고 할 수 있다.[3] 그러므로 포퍼는 전체론의 비판에 있어서 먼저 전체론자들의 '전체'라는 말의 사용에 근본적인 애매성이 있음을 지적하고 이를 검토하는 일부터 시작한다.

최근의 전체론적 문헌에 있어서 전체라는 말의 사용에는 근본적인 애매성이 존재한다. 이 말은 (a) 한 사물의 모든 성질이나 양상의 총체, 특히 그 사물의 구성 부분 사이에 성립하는 모든 관계의 총체(totality)와 (b) 문제되는 사물의 어떤 특정한 성질이나 양상, 즉 그 사물로 하여금 '한갓된 집적'보다는 오히려 하나의 유기적 구조(an organized structure)로 보이게 하는 성질이나 양상을 지시하기 위해서 사용된다.[4)]

여기서 포퍼의 전체론에 관한 견해는 '(b) 의미의 전체', 즉 구조적 전체는 과학적 탐구의 대상이 되지만, '(a) 의미의 전체', 총체적 전체는 결코 어떠한 과학적 탐구의 대상이 될 수 없다는 것으로 요약된다. 그러므로 포퍼가 역사주의의 전체론을 비판하는 이유는 그것이 '(a) 의미의 전체'에 기초하고 있기 때문이다. 이것은 신의 눈으로 보는 사물의 본질과 같은 의미이다. 그러므로 우리는 편의상 '(a) 의미의 전체'를 본질적 전체로, '(b) 의미의 전체'를 구조적 전체로 부를 수도 있다.

총체적 전체와 구조적 전체의 구별은 전체론의 비판에 있어서 결정적인 중요성을 갖는다. 포퍼에 의하면 총체적 전체와는 반대로 구조적 전체는 유기체나 전자장 같은 것들에서 발견되는 "구조의 규칙성"[5)]과 같은 양상으로 나타나며 형태 심리학에서의 '형태'로서 더욱 분명하게 드러난다. 형태 심리학에서 다루는 형태란 사물의 추상적 형태나 구성요소의 한갓된 총화가 아니라 그 자신의 구조나 조직을 갖고 있는 대상이며, 시공적 장(場)에서 개별화되고 한정된 유기적 통일이기 때문이다. 포퍼는 구조적 전체가 총체적 전체와 완전히 구별된다는 것을 밝히기 위하여 단일한 음들의 한갓된 집적이나 연속이 아닌 하나의 유기적 구조로 볼 수 있는 멜로디의 예를 들고 있다.

> 만일 우리가 형태 이론가와 더불어 멜로디를 단일한 음들의 한갓된 모임이나 연속 이상의 것으로 고찰한다면, 우리가 고찰하기 위해서 선택하는 것은 이러한 음들의 연속이 만들어내는 여러 양상 중의 하나인 것이다. 그것은 이러한 음들 중의 제일 첫 번째 음의 절대적 음조나 또는 그 음들의 평균적인 절대적 강도와 같은 다른 양상과는 분명히 구별될 수 있는 양상이다.[6)]

이것은 우리가 멜로디를 일정한 음들의 유기적 구조로서 간주한다고 할지라도, 멜로디는 이런 음들 사이에 성립하는 모든 관계의 총체로서의 전체를 의미하는 것이 아니라, 이런 음들로서 이루어지는 여러 성질이나 양상 중의 하나에 불과하다는 것을 의미한다. 그러므로 멜로디라는 양상보다 한층 더 추상적인 형태 양상도 있을 수 있다. 왜냐하면 리듬을 고찰함으로써 우리는 멜로디의 상대적 음조조차 무시하기 때문이다.[7)] 이와 같이 구조적 전체에 관한 연구는 언제나 선택적 관점이라는 특성을 가짐으로써 총체적 전체에 관한 비선택적 관점에 의한 연구와는 예리하게 구별되는 것이다.

이렇게 하여 과학은 언제나 선택적 관점을 전제하지 않을 수 없다는 주장이 성립된다. "우리가 하나의 사물을 연구하고자 한다면 우리는 그 사물의 어떤 양상을 선택하지 않을 수 없다. 세계의 한 단편 전체나 자연의 전체를 관찰하고 기술하는 것은 우리에게는 불가능한 일이다. … 모든 기술(記述)은 필연적으로 선택적이기 때문이다."[8)] 이것은 과학적 탐구에서뿐 아니라 그 밖의 다른 활동에 있어서도 마찬가지로 타당하다고 할 수 있다. 예컨대 만일 우리가 하나의 유기체를 다른 장소로 옮겨놓는다면, 이때 우리는 그 유기체가 가지는 다른 많은 양상을 무시하고 그것을 하나의 물체로 취급하고 있는 것이며, 만일 우리가 그것을 죽인다면 그 성질 중의 어떤 것을 파괴한 것일 뿐 결코 그 유기체가 갖는 성질의 전체를 파괴한 것은 아니다. 설사 우리가 그것을 부수거나 태운다 할지라도 그 성질의 총체와 그 각 부분의 상호 관계의 총체를 도저히 파괴할 수는 없는 것이다.[9)]

그뿐만 아니라 포퍼가 주장하는 더욱 중요한 사실은 구조적 전체와 단순한 집적의 구별은 하찮은 것에 불과하며, 서로 다른 종류의 사물에 적용될 수 있는 것이 아니라 단지 동일한 사물들의 상이한 양상에만 적용될 수 있다는 점이다. 이것은 원자론적 접근법과 형태에 의한 접근법 사이의 대립을 최소한으로 줄이거나 적어도 두 접근법을 병존시키려는 의도를 반영한 것이다. "원자론적 접근법과 형태에 의한 접근법과의 대립은 많이 알려져 있지만 이 대립은 적어도 원자물리학에 관한 한 전혀 근거가 없는 것이다. 왜냐하면 원자 물리학은 그 소립자들을 합해 놓을 뿐만 아니라 단연 구조적 전체에 관계하는 관점에서 소립자들의 체계를 연구하는 것이기 때문이다."[10)] 따라서 화병에 꽂혀 있는 세 송이의 국화라도 그들 사이에는 반드시 어떤 관계가 있기 마련이므로, "전체는 한갓된 총계 이상이다."라는 주장은 하잘것없는 주장에 불과한 것이다.[11)] 말하자면 이른바 '집적'이라는 것도 일반적으로 형태라는 양상을 갖고 있는 것이다. 이러한 관점에서 보면 형태 이론가들에 의한 집적과 전체의 구별은 단지 집적에 있어서는 질서를 찾아보기가 어렵지만, 전체에 있어서는 좌우 대칭성이나 규칙성, 구도 등의 질서를 발견할 수 있다는 것을 의미할 뿐이다.[12)]

역사주의자들은 흔히 역사적 방법은 총체적 의미의 전체를 다루기에 충분하다고 주장한다. 그러나 포퍼의 주장에 따르면 역사학 역시 다른 종류의 탐구와 마찬가지로 관심을 가지는 대상의 선택된 양상만을 다룰 수 있을 뿐이다. 그러므로 사회적 유기체의 전체나 "한 시대의 모든 사회적 역사적 사건들"[13)]을 나타내는 사회적 상태들의 역사, 즉 총체적 의미에서의 역사가 있을 수 있다고 믿는 것은 하나의 과오에 불과하며, 이러한 관념은 인류의 역사를 하나의 거대하고도 포괄적인 발전의 흐름으로 보는 직관적 견해에서 유래하는 것이다. 그러나 그러한 역사란 존재할 수가 없는 것이다. "인류사라는 것은 존재할 수가 없다. 오직 인간 생활의 온갖 측면에 대한 무수한 역사들이 있을 뿐이다."[14)]

모든 과학이 선택적이라는 사실을 인정하면서도 사회적 전체론을 지지하는 경우가 있을 수 있다. 만하임이 이런 입장을 대표한다. 그의 전략은 구조적 전체와 총체적 전체를 단지 정도의 문제로만 취급하는 것이다. 말하자면 구조적 전체와 총체적 전체는 본질적으로 구별되는 것이 아니라 복잡성의 정도에 불과하다고 보았다.

> 멜로디는 단음(單音)들과 그 안에 포함된 간격들의 단순한 총계로서가 아니라 하나의 전체로서 직접적으로 파악된다. 그러나 … 한 시대의 모든 사회적 역사적 사건들의 구조적 전체는 단번에 파악되기에는 너무도 착잡하여 직접적으로 파악될 수는 없는 것이다. 그것은 모든 요소들을 주의해서 비교하고 결합하는 오랜 사고를 거친 후에라야 점차적으로 파악될 수 있는 것이다.[15)]

포퍼는 이러한 만하임의 주장을 형태의 지각이 '총체적 전체'와는 아무런 관련이 없으며, 직관적이거나 논증적이거나를 막론하고 모든 지식은 추상적 양상을 띠지 않을 수 없다는 사실을 인지하지 못한 데서 발생한 오류로 해석한다.

전체론에 대한 포퍼의 이런 비판에는 상당히 보완되어야 할 부분이 있다고 생각된다. 나는 두 가지 사항을 보완적으로 논의하고자 한다. 첫째로, 포퍼는 핵심적으로 총체적 전체는 과학적 탐구의 대상이 되지 않는다는 근거에서 전체론을 비판한다. 그렇지만 문제는 전체론자들이 과연 이런 총체적 전체론을 주장하느냐는 것이다. 전체론의 문제는 형태적 전체와 총체적 전체를 어떻게 구분할 것인가의 문제라기보다는, 전체를 이루는 부분들의 관계를 어떻게 규정할 것인가에 있다고 할 수 있다. 이런 관점에서 보면 포퍼의 전체에 대한 구분은 다소 초점이 빗나갔다는 느낌이 든다.

전체를 이루는 부분들의 관계에 초점을 맞추면, 전체론은 다음과 같은 네 개의 명제로 정식화된다.[16)]

(1) 전체는 그 부분들의 총계 이상이다.

(2) 전체는 그 부분들의 성격을 규정한다.

(3) 전체 속의 부분들은 전체에서 떨어져서 고찰되면 이해될 수 없다.

(4) 전체 속의 부분들은 내적으로 상호 의존적이고 상호 연관되어 있다.

첫 번째 명제는 단적으로 다음과 같이 설명될 수 있다. 실재 A, B, C가 있다고 할 때, 이들 실재들에 의해서 이루어지는 어떤 전체의 성격은 독립된 A, B, C의 성격의 총계와 같지 않다. 왜냐하면 실재 A, B, C가 상호 밀접한 관계를 맺을 때, 그들은 각각 독립적으로 존재할 때는 갖지 않았던 새로운 특성 X, Y, Z를 얻게 되기 때문이다. 예컨대 물은 산소 원자 하나와 수소 원자가 갖고 있지 않은 반투명적이고, 무색, 무취, 무미의 새로운 특성을 갖게 된다.

전체론의 두 번째 명제는 첫 번째 명제와는 반대 방향에서 고찰된 것이다. 이것은 다음과 같이 설명될 수 있다. 만약 실재 A, B, C가 하나의 전체를 형성하고 있다면, 그들은 부분적으로는 그들이 갖는 관계적 속성에 의해서 결정될 것이다. 그런데 이때 실재 D가 전체의 한 부분으로 첨가되어 전체가 현재와 다르게 된다면, A, B, C 역시 처음과는 달라질 것이다. 왜냐하면 이들 각각은 D와의 관계에서 새로운 관계적 성질을 얻을 것이기 때문이다.

부분들을 전체에서 떼어내어 고찰하면 이해될 수 없다는 세 번째 명제도 결국 같은 논리이다. 실재 A, B, C는 하나의 전체를 구성함으로써 일정한 관계적 성질을 얻는다. 그런데 A를 전체에서 떼어서 고찰한다면, 그것이 전체 속에서 갖는 관계적 성질은 이해될 수 없게 된다. 더 엄격히 말하면 전체 속의 A가 전체에서 떨어졌을 때, 그것은 벌써 A가 아닌 것이다.

이 원리를 다시 반대 방향에서 고찰할 때, 전체 속의 부분들은 상호 연관되어 있고 상호 의존적이라는 네 번째 명제가 설명된다. 즉 A, B, C가 하나의 전체를 이룰 때 B와 C의 본성은 A와의 관계에 의해서 결정될 것이다. 그러므로 A에서 일어나는 변화는 B와 C를 변화시키고 결국 전체가 변화된다는 결론에 이른다.

이렇게 볼 때 전체론은 결국 내적 관계(internal relation)[17]에 바탕을 둔 이론임이 드러난다. 이것이 유기적 전체론이다. 내적 관계는 어떤 관계가 그 관계를 맺는 사물에서 우연적 속성이 아닌 본질적인 속성으로 간주될 때 일컬어지는 관계이다. 즉 어떤 사물 A가 다른 사물 B와 맺는 관계적 속성 a가 있다고 하자. 이때 이 관계적 속성 a를 제외하고는 A를 생각하는 것이 불가능할 때, 이 a가 사물 A에 있어서 내적인 관계인 것이다.[18] 반면에 사물 A가 사물 B와 맺는 관계적 속성 b를 거론하지 않고도 사물 A를 생각할 수 있을 때, 이 b는 외적인 관계(external relation)라 불린다. 모든 관계를 내적인 관계로 볼 때, 극단적인 유기적 전체론이 탄생하며, 유기적 전체론이 사회에 적용되었을 때 사회유기체 이론이나 국가유기체 이론으로 나타난다. 반면에, 모든 관계를 외적인 관계로 볼 때 원자론이나 개체론이 성립한다. 조금 완화된 개체론의 형태로서, 한 생명체 내부의 구성요소들의 관계는 내적인 관계로 보지만, 그 외의 모든 관계는 외적인 관계로 보는 입장도 있을 수 있다.

우리가 이런 이론을 사회에 적용시켜 보면 세포들의 내적 관계에 의해서 유기체가 존재하듯이, 사회유기체 이론은 사회를 구성하는 개인들이 상호 내적 관계를 형성하고 있음을 주장한다. 대다수의 역사주의자들은 내적 관계의 이론을 인정하는 유기적 전체론자들이다. 말하자면 그들은 사회유기체주의자들이다. 사회유기체 이론은 근대사회의 개인들이 실제로 내적 관계 속에 존재하지 않기 때문에 잘못된 이론이라 할 수 있다. 그러나 포퍼가 주장하듯이 그것이 처음부터 과학적 탐구의 대상이 되지 않는 사회 전체를 탐구의 대상으로 했기 때문에 오류라고 말하기는 어려울 것으로 보인다. 그러므로 나는 전체론에 대한 논의를 좀 더 합리적으로 진행하기 위해 전체론에 근거한 역사법칙주의에 대한 비판을 다음과 같이 정식화시키고자 한다.

(i) 역사법칙주의는 유기적 전체론을 주장한다.

(ii) 유기적 전체론은 과학적이지만 잘못된 이론이다.

(iii) 그러므로 역사법칙주의는 과학적이지만 잘못된 이론을 주장한다.

개체론을 주장하는 대다수의 사람들도 "전체는 부분들의 총계 이상이다."라는 명제는 승인한다. 말하자면 여러 요소들이 결합하여 하나의 전체를 이룰 때, 이 요소들의 속성으로는 환원될 수 없는 새로운 속성이 전체 속에서 발생한다는 것을 승인한다. 그렇지만 개체론자들은 이 새로운 속성의 출현이 전체를 이루는 요소들의 내적 관계에 의해서가 아니라, 요소들의 외적 관계에 의한 결합에 의해서 설명되어야 한다고 생각한다.

이러한 개체론이 사회 현상에 적용되면 어떻게 될까? 어느 사회나 개인들을 통제하는 일정한 제도나 구조를 갖고 있다는 것은 사실이다. 그리고 제도나 구조의 변화는 구성원들의 행위에 깊은 영향을 미친다. 그런 점에서 사회는 개인들의 단순한 집합이 아니다. 그렇지만 사회적 제도나 구조라는 것도 결국 개인들이 행위하고, 생각하고, 말하는 방식이나 틀에 불과한 것이다. 개체론에 따르면 사회란 상상할 수 없는 종류의 유기체가 아니라 이해 가능하게 행위하고 직접 혹은 간접으로 서로 영향을 끼치는 개인들로만 구성된다. 웟킨스(J. W. N. Watkins)의 다음과 같은 주장이 이를 잘 설명한다. “사회를 구성하는 궁극적인 요소는 그들의 성향과 상황에 대한 이해에 따라 대체로 적절하게 행위하는 개인들이다. 모든 복잡한 사회적 상황이나 사건은 개인들과 그들의 성향, 상황과 신념 내지는 물질적 자원과 환경이 특수하게 배열된 결과이다.”[19)]

이러한 사회적 개체론은 파동적 세계관이 나올 때까지 17세기부터 물리학적 사고를 지배해 온 기계론의 사회학적 적용이었다고 할 수도 있다. 말하자면 그것은 기계론적 원리의 유추적인 연장이었다. 기계론에 따르면 물리적 세계의 궁극적인 요소는 단순한 기계적 법칙에 따라 움직이는 불가분의 입자들이며, 모든 복잡한 물질적 사물이나 사건은 이 입자들의 특수한 배열의 결과이기 때문이다. 사회적 개체론은 모든 사회적 현상이 개인에 관한 사실들에 의해서 설명되어야 한다는 방법론적 개체론으로 나타난다. 방법론적 개체론의 열렬한 지지자인 웟킨스에 따르면 방법론적 개체론의 원리와 방법론적 전체론의 원리는 다음과 같이 대비된다.

> 방법론적 개체론의 원리는 사회적 과정과 사건들이 (a) 사회 구성원인 개인들의 행동을 지배하는 원리들과 (b) 개인들의 상황에 관한 기술들로부터의 연역에 의해서 설명되지 않으면 안 된다는 것이다. 이와 반대되는 방법론적 전체론의 원리는 개인들의 행위가 (a)' 하나의 전체로서 사회체계에 적용되는 독자적인 거시적 법칙들과 (b)' 전체 안에서의

개인의 (기능이나) 위치에 관한 기술들로부터의 연역에 의해서 설명되어야 한다는 것이다.[20)]

웟킨스는 물론 대규모의 사회 현상을 다른 대규모의 사회 현상에 의해 설명하는 불완전한 설명이 있을 수도 있음을 인정한다. 예컨대 우리는 인플레이션을 완전고용에 의해서 설명할 수도 있다. 그러나 우리가 그 대규모의 사회 현상에 관한 설명을 개인들의 성향, 신념, 방책 및 상호작용에 관한 진술들로부터 연역하기 전에는 완전한 설명에 도달할 수가 없다는 것이다. 포퍼는 방법론적 개체론의 원리를 다음과 같이 지지한다.

모든 사회적 현상과 특히 모든 사회적 제도의 기능은 항상 개인들의 결단과 행위, 태도 등에서 유래하는 것으로 이해되지 않으면 안 된다. … 우리는 소위 '집단'에 의한 설명으로 만족해서는 안 된다.[21)]

하이에크(F. A. von Hayek) 역시 이러한 방법론적 원리를 지지하면서, 다른 사람과의 관계에서 이루어지는 개인의 행위를 이해하지 않고는 사회적 현상을 이해할 수 있는 다른 방법은 없다고 주장한다. 그러므로 방법론적 개체론자들은 일부의 경제학자들이 주장하는 것과 같이 경기의 장기 순환 파동을 인간의 행위로서는 설명할 수 없고 통제할 수 없는 것으로 보지 않는다. 같은 논리로 역사나 사회 전체가 이들 전체를 지배하는 거시적 법칙에 의해서 설명된다는 역사법칙주의나 거시적 사회변동 이론 같은 것도 거부한다. 말하자면 사회 A에서 사회 B로의 이행을 거시적 법칙에 의해서 설명하는 것은 더욱 설명되어야 할 공간이 남아 있음을 보여주는 것으로 이해한다. 하이에크에 의하면, 사회과학은 방법론적 전체론자들이 주장하는 것과 같이 주어진 전체(given wholes)를 다루는 것이 아니다. 사회과학자의 과업은 우리에게 친숙한 요소들을 기초로 모형을 만들어서 이러한 전체를 구성하는 것이다. 그리고 이때 모형은 우리가 실제 생활에서 항상 관찰하는 많은 현상들의 상호 관계의 구조를 재현하는 도구일 뿐이다. 그러므로 사회적 실체는 관찰에 직접 주어지는 것이 아니라 어떤 이론의 작용으로부터 결과된 산물인 것이다. 말하자면 사회과학자들은 사회적 전체를 본다고 생각하겠지만, 실제로는 그들이 관찰한 개인 상호간의 연관을 설명하기 위해 어떤 모형을 구성하는 것에 불과한 것이다. 이리하여 결국 내적 관계에 기초한 유기적 전체론이나 그것의 사회학적 적용인 사회유기체설은 성립될 수 없다는 결론에 이른다.

내가 보완적으로 논의하고자 하는 또 하나의 과제는 사회적 전체론과 역사법칙주의의 연관에 관한 문제이다. 나는 역사주의와 사회적 전체론을 동일시하는 포퍼의 주장은 다음과 같이 수정되어야 한다고 생각한다.

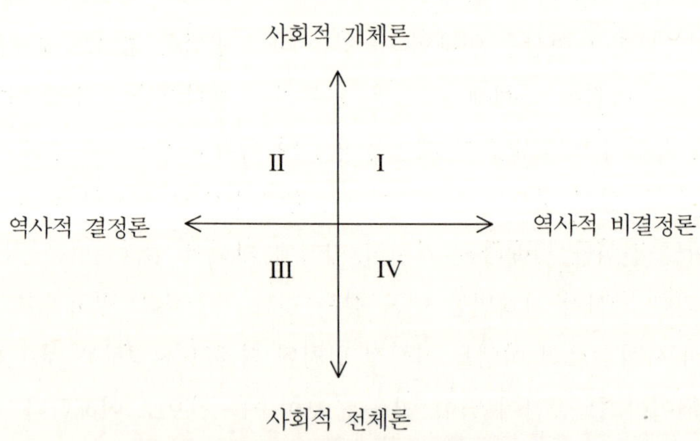

[그림 11] 영역 III만이 역사법칙주의이다.

이 그림에서 사회적 전체론과 사회적 개체론은 서로 대칭적인 위치에 있다. 역사가 정해진 코스에 따라 진행된다는 역사적 결정론과 역사란 그렇지 않고 열려 있을 뿐이라고 주장하는 역사적 비결정론 역시 그렇다. 이 그림에서 보면 영역 III이 역사법칙주의라고 할 수 있다. III은 전체론에 기반해서 역사의 결정론을 주장하고 있기 때문이다. III과 대각선 방향에 있는 I 은 포퍼의 입장을 나타낸다. 그것은 개체론에 입각해 있으면서도 비결정론을 의미하기 때문이다. 영역 II는 사회적 개체론에 기반해 있으면서도 역사적 결정론을 주장하는 영역이다. 즉 이것은 사회가 개인들과 그들의 관계로 구성되어 있다는 것을 인정하면서도 이 개인들의 행위가 여러 종류의 법칙에 의해서 지배된다고 주장한다. 인간과 사회의 기계론적 이론들이 여기에 속한다. 영역 IV는 사회유기체 이론에 기반하면서도 역사의 법칙은 인정하지 않는다. 닫힌 민족주의나 국가주의가 여기에 속한다.

영역 I 에 기초해 있는 포퍼는 영역 III뿐만 아니라, II와 IV에 대해서도 비판을 덧붙인다. 그뿐만 아니라 그는 이들 모두가 역사법칙주의라는 비판을 가한다. 이것은 그의 실수라고 나는 생각한다. 정치적 전체주의는 역사법칙주의에 기반하지 않고도 가능하다. 홉스(Thomas Hobbes)의 리바이어던(Leviathan)은 사회적 개체론에 기반해서도 정치적 전체주의가 가능함을 보여주며, 여러 형태의 집단주의는 정치적 전체주의가 역사적 비결정론에 기초해서도 가능함을 보여준다. 그러므로 영역 II와 영역 IV가 다른 근거에서 비판될 수는 있겠지만, 이들을 모두 역사법칙주의로 싸잡아 비판하는 것은 정당화되지 않는다. 『열린사회와 그 적들』에서 포퍼는 플라톤, 헤겔, 마르크스를 이들이 모두 역사법칙주의자들이기 때문에 열린사회의 적들이라고 비판한다. 이에 대해 플라톤주의자들은 플라톤은 역사의 법칙을 주장하지 않았다고 항변하며, 마르크스주의자들은 마르크스는 유기체적 사회를 주장하지 않았다고 항변한다. 이러한 항변들은 부분적으로는 수용될 수 있을 것으로 판단된다. 플라톤이 역사의 법칙을 언급하고, 마르크스의 사상이 어떤 맥락에서 사회적 전체론에 의해 규정될 수 있는 것은 사실이지만, 이들이 모든 국면에서 포퍼가 규정한 대로 철저한 역사 법칙주의자들이라고 하기에는 무리가 따른다. 앞에서 논의한 나의 도식에서 보면, 플라톤은 상당 부분 영역 IV에 속하며, 마르크스의 사상 중 어떤 부분은 영역 II에 속한다.

2) 새로운 특성의 원리

역사주의가 주장하는 근본적 새로움의 원리(principle of radical novelty)는 창발의 원리라고도 불리는 것으로, 이것은 종종 "낮은 단계에서 발견되는 특성으로는 예측할 수 없는 새로운 특성이 조직체의 높은 단계에서 출현한다."[22]는 주장으로 정식화된다. 그러므로 진화론적 우주 발생론의 한 부분으로서 거론되기도 하는 이 이론에 따르면, 사물들의 현재 상태는 분화되지 않고 고립된 원자들만을 포함하는 우주의 낮은 단계에서 점차로 발전해 온 결과이며, 따라서 미래에도 예측할 수 없는 새로운 특성이 계속해서 출현할 것이라는 것이다. 이런 예측 불가능성에 대해서는 주로 결정론자, 고전적 원자론자, 잠재력의 이론을 지지하는 자들이 비판해 왔다.[23]

결정론자의 가장 유명한 공식은 라플라스(Laplace)에 의해서 다음과 같이 정식화된 것이다. "우리는 우주의 현재 상태를 이전 상태의 결과로서, 그리고 다음에 올 것의 원인으로 보지 않으면 안 된다. 자연을 움직이게 하는 모든 힘을 알 수 있고 자연을 구성하고 있는 모든 대상들의 순간적 상태를 알 수 있는 지성에게는, 어떤 것도 불확실하지 않을 것이다. 과거와 마찬가지로 미래도 그의 눈앞에 나타나게 될 것이다."[24] 또한 고전적 원자론자의 관점에서 볼 때 모든 물체와 모든 유기체는 단지 원자로 이루어져 있을 뿐이다. 그러므로 원자들의 배열의 새로움 이외에 다른 새로움이 있을 수 없다. 이 주장에 따르면 우리는 원자들의 내적 속성에 관한 지식으로부터 새로운 배열의 속성 모두를 예측하고 연역해 낼 수 있다. 잠재력의 이론도 이와 비슷하게 다음과 같이 진행된다. 새로운 어떤 것이 우주의 진화 과정에 나타나는 것같이 보이지만, 물리적 입자나 구조가 적당한 상태 하에서 새로운 속성을 산출할 수 있는 성향이나 잠재 능력을 미리 갖고 있지 않으면 안 된다. 즉, 새로운 결합이나 구조에 나타나는 가능성이 그 사건이 발생하기 전에 이미 존재해 있지 않으면 안 된다. 그러므로 숨겨져 있는 이 가능성이나 잠재력에 대한 지식에 의해 우리는 새로운 진화적 단계를 예측할 수 있게 된다.

이런 세 가지 이론에서는 진화란 전혀 새로운 것도 창조적인 것도 아니다. 단지 우리가 정확한 지식을 갖고 있지 못하기 때문에 미래를 예측할 수 없을 뿐, 세계란 이미 결정되어 있는 셈이다. 포퍼는 이런 결정론적 사고들을 모두 비판한다. 현대 물리학이 가르쳐주는 바와 같이, 세계란 결정되어 있지 않고 열려 있으며 끝없는 창조적 진화의 과정이라고 그는 보기 때문이다.[25]

여기에서 두 개의 중요한 문제가 제기된다. 하나는 새로운 특성의 출현을 인간의 사회나 역사 세계에만 인정할 것인가, 아니면 물리적 세계에까지도 인정할 것인가 하는 문제이고, 다른 하나는 이 새로운 특성이 법칙에 따라 나타나는가, 아니면 새로운 특성의 출현에 따라 법칙도 변화하는가 하는 문제이다.[26]

현대 과학의 관점에서 볼 때, 이 문제에 대한 대답은 분명하다. 새로운 특성은 인간의 사회나 역사 세계뿐만 아니라 물리 세계에도 나타난다. 자연의 현상에서 일어나는 진화 현상은 바로 새로운 특성의 출현이기 때문이다. 그리고 새로운 특성의 출현은 언제나 법칙에 따라서 일어난다고 봐야 한다. 자연의 법칙 자체가 변한다면 우리는 어떠한 변화도 설명할 수 없을 것이기 때문이다.

역사주의자들은 대체로 새로운 특성이 인간의 사회에서만 일어난다고 생각하며, 그것들이 법칙과는 관계없이 창조적으로 이루어진다고 주장한다. 이러한 주장의 근거는 일정한 규칙성이 특정한 시기의 특정한 사회에서만 발견된다는 사실에 기초하고 있다.[27] 그러나 이러한 규칙성은 사회적 규칙들에 국한되는 것은 아니다. 어떤 지질학적 시기나 어떤 지역에서만 타당한 수많은 자연적 규칙들이 존재한다. 그리고 자연적 규칙성에서의 새로운 특성은 자연적 법칙이 어떤 시기나 지역에 국한된다고 가정함으로써 설명되는 것이 아니라 초기 조건에서 새로운 조건을 발견함으로써 설명되는 것이다. 말하자면 어떤 사건 (E)의 인과적 설명이란, (i) 하나 혹은 그 이상의 보편적 법칙 (L)과, (ii) 어떤 단칭적 진술들인 초기 조건 (I)를 전제로 하여, 그 사건 (E)에 관한 진술을 결론으로 도출하는 것이다.[28] 즉 (L) + (I) → (E)와 같은 공식이 성립한다. 이때 우리는 (E)의 변화를 보편적 법칙 (L)의 변화에서 찾을 것이 아니라 초기 조건 (I)의 변화에서 찾아야 한다.[29]

역사주의가 주장하는 새로운 특성의 원리는 초기 조건의 새로움과 법칙의 새로움을 혼동한 결과이다.[30] 예컨대 사회적 변화에 따라 인간성도 변화하며, 전자장(電磁場)의 영향과 같은 물리적 환경의 변화에 따라 원자도 변화하지만, 그 변화는 심리적 법칙이나 물리적 법칙에 맞는 변화를 의미할 뿐 법칙의 변화를 의미하는 것은 아닌 것이다. "만약 우리가 법칙도 변화한다는 것을 용인한다면, 변화는 법칙에 의해서 설명할 수가 결코 없을 것이다. 그것은 변화란 기적적인 것에 지나지 않는다고 하는 것을 용인하는 것이 될 것이다."[31]

기적적인 변화를 승인하는 이러한 주장을 우리는 과학적 진보의 종말이라고 해석할 수 있다. 왜냐하면 만일 예기치 않은 관찰을 하게 되더라도 우리가 가지고 있는 이론은 수정할 필요가 없이 법칙이 변화했다고 하는 특별한 가설(假說)이 무엇이나 다 설명할 것이기 때문이다. 포퍼는 경험주의자들이 주장하는 자연의 제일성의 원리를 선험적 원리로 전제하는 것은 아니지만, 방법론적 규칙으로 받아들인다. 방법론적 규칙의 관점에서는 자연적 법칙의 불변성이라는 공준(公準, postulate)이 자연의 제일성의 원리를 대체한다. 그러므로 자연의 규칙성이 변화했다고 주장하는 것은 탐구의 포기를 의미하는 것이다.[32)]

2. 사회과학의 방법론적 특이성

1) 실험과 일반화

사회과학에 있어서 인위적 실험이 불가능하다고 주장하는 역사주의자들의 근거는 다음 세 가지로 정리될 수 있다.[33)] (i) 한 사회 집단의 인위적으로 고립된 부분에 관한 실험으로는 전체로서의 집단적 변화를 설명하기에 부적절하다. (ii) 사회적 변화에서는 근본적으로 새로운 특성들이 계속해서 출현하므로 실험적 방법을 적용할 수 없다. (iii) 사회생활은 인위적 고립화가 거의 불가능할 정도로 복잡하다.

이 중에서도 (i)이 가장 핵심적인 문제이다. 왜냐하면 대다수의 역사주의자들은 유토피아주의자들과 마찬가지로 사회 실험은 전체론적 규모일 경우에만 가치를 가질 수 있다고 생각하기 때문이다. 예를 들어 하나의 공장이나 마을, 또는 한 지역에서 행한 사회 실험과 같은 소규모의 실험으로는 전연 결론이 나오지 않으며, 그와 같은 고립된 "로빈슨 크루소 식의 실험"[34)]으로는 대단위의 근대적 사회생활에 관하여는 아무것도 알 수가 없다는 것이다. 말하자면 역사주의자들은 모든 이론의 기초를 철저하게 전체론에 두려고 한다. 그러나 사회생활에서 우리가 이와 같은 대규모의 계획된 실험을 수행하기란 쉬운 일이 아니다. 그러므로 그들은 사회생활에서 지금까지 수행된 우연적 실험의 결과를 해명하기 위해서 우리는 역사를 되돌아보지 않으면 안 된다고 주장한다.[35)]

이에 대해 포퍼는 다음과 같은 두 개의 원칙을 제시한다.[36)] (a) 단편적 실험만이 전(前)과학적 지식과 과학적 지식을 막론하고 모든 사회적 지식에 대해서 기본적인 것이다. (b) 우리가 도달한 성과를 기대했던 성과와 비교함으로써 지식을 획득해 가는 수단을 실험이라고 부른다면, 전체론적 실험이란 전혀 실험이라 불릴 수가 없다. 포퍼의 논의에 따르면 우리는 알게 모르게 사회생활에 관한 수많은 실험적 지식을 가지고 있다. "실업가나 조직가, 정치가나 장군은 경험을 쌓은 사람과 경험이 없는 사람과는 차이가 있다. 그것은 그들이 가지고 있는 사회적 경험에서의 차이이며, 단지 관찰을 통해 얻었거나 또는 자기가 관찰한 것을 반성함으로써 얻은 경험이 아니라 어떤 실제적 목적을 달성하려는 노력에 의해 얻은 경험에서의 차이인 것이다."[37)] 물론 이렇게 해서 도달된 지식은 통상 전(前)과학적 성격의 것이며, 치밀하게 계획된 과학적 실험에 의한 지식은 아니다. 그러나 이 지식이 한갓된 관찰보다는 실험에 기초를 두고 있는 것만은 부정할 수가 없다. 왜냐하면 여기에는 어떤 목적을 달성하려는 능동적인 시도가 깊이 개재되어 있기 때문이다.

이러한 사회 실험의 예들은 다양하다. 새로이 개점하는 잡화상인이나 사업자가 자기의 생산품의 가격을 변경하는 결정을 내리는 것이나, 보험회사가 새로운 유형의 보험을 신설하는 것, 금융위기에 대응하기 위한 정책의 도입 등이 모두 사회 실험이다.[38)] 그렇지만 이러한 모든 실험들은 과학적 지식보다는 경제적 이윤을 획득하려는 노력에 의해서 이루어지는 것이 아닌가? 물론 이런 실험들은 경제적 이윤을 목적으로 하고 있다. 그럼에도 불구하고 이러한 실험들과 과학적 실험들은 결국 같은 지평 위에 서 있다고 할 수 있다. 왜냐하면 과학도 생활을 위한 투쟁 속에서 일어나는 실제적 문제들을 해결하기 위한 도구이기 때문이다.[39] 그뿐만 아니라 이러한 점차적 실험의 견해에 의하면 전과학적 실험과 과학적인 실험 사이에 명확한 구획이 그어지는 것이 아니다. 두 접근법은 다 같이 기본적으로 시행착오의 방법을 이용하고 있는 것이다. 말하자면 우리는 단지 어떤 관찰을 기록해 두는 데 그치는 것이 아니라, 다소간에 실제적이며 명확한 어떤 문제들을 해결하고자 능동적인 시도를 하는 것이다. 그리고 자신의 과오로부터 배우려고, 즉 자신의 착오를 인정하고 그것을 독단적으로 고수하는 대신 그것을 비판적으로 이용하려고 각오하고 있을 경우에만 우리는 전진을 보게 되는 것이다.[40]

그러나 실험만이 모든 지식에 대해서 기본적인 것인데도 불구하고 어째서 전체론적 실험은 실험이라 불릴 수 없는 것일까? 포퍼는 전체론적 실험은 논리적으로 불가능하다고 주장한다. 왜냐하면 총체적 전체란 어떠한 경우에도 우리의 인식의 대상이 되지 않는다고 보기 때문이다.[41] 구조적 전체는 개조할 수도 있고 통제할 수도 있고 혹은 창조할 수도 있지만, 총체적 전체는 그렇게 할 수 없다는 것이다. 우리가 전체에 대한 포퍼의 규정을 따르지 않고 전체를 유기적 전체로 이해한다 할지라도 난점은 마찬가지라고 할 수 있다. 유기적 전체는 구성요소들이 모두 내적 관계로 얽혀 있다. 이런 유기적 전체에 대한 실험에서도 많은 일이 한꺼번에 수행되므로 어떤 특정한 조작이 여러 결과 중의 어느 결과와 연결되는지 알 수가 없는 것이다. 만일 우리가 일정한 결과를 일정한 방책에 귀속시킨다 해도 우리는 전에 얻은 어떤 이론적 지식을 근거로 해서만 그렇게 할 수 있을 뿐이요, 전체론적 실험에서 얻은 지식을 근거로 해서 그렇게 할 수는 없는 것이다. 콰인-뒤앙 논제가 이를 대변한다. 그러므로 전체론적 실험은 우리가 특정한 결과를 특정한 방책에 기인하는 것으로 판정하는 데 아무런 도움도 주지 못한다.[42)]

사회과학에는 실험적인 방법을 적용할 수 없다는 역사주의자의 주장 (ii)는, 사회과학에서는 새로운 특성의 계속적인 출현에 의해 유사한 조건의 재현(再現)이 불가능하다는 것이다. 이런 주장은 근본적으로는 물리학의 실험적인 방법에 대한 심한 오해에서 기인한다. 왜냐하면 실험적인 방법은 유사한 조건 아래에서만 적용되는 방법이 아니기 때문이다. "실험을 하는 물리학자는 엄밀하게 유사한 것으로 보이는 조건 아래에서도 아주 다른 일들이 일어날 수 있다는 것을 알고 있다."[43)] 더욱이 실험의 조건들 중에서 유사한 조건이 어느 정도를 말하는 것인지를 규정하기란 참으로 어려운 것이다. 두 가지 실험의 조건 중에서 어떤 종류의 유사성이 적절한 것이며, 어느 정도의 유사성이 충분한 것인지를 알자면 오랫동안의 이론적 연구와 실험적 연구가 필요하다고 할 수 있다. 그러므로 이 모든 과정에서 실험의 방법은 시종 적용되고 있는 것이다. 이렇게 볼 때 사회적 발전에 따르는 사회적 조건의 변화 때문에 실험이 불가능하다는 역사주의자의 주장에는 선결문제 요구의 오류가 간과되어 있다고 할 수 있다. 왜냐하면 '유사한 실험'의 조건을 재현할 수 없으므로 실험적 방법을 적용할 수 없다고 했을 때, 우리는 이미 '유사한 조건'이 무엇임을 알고 있어야 하지만, 우리가 유사한 조건의 의미를 결코 선험적으로 알 수는 없기 때문이다.[44)]

역사주의자의 주장 (iii)은 실험이란 문제를 인위적으로 고립시켜서 그것을 교란하는 외부의 영향을 배제한 후에라야 가능하므로, 인위적 고립화가 거의 불가능할 정도로 복잡한 사회에는 실험적 방법이 적용될 수 없다는 것이다. 이런 주장 역시 정당화되지 않는다. 왜냐하면 우리는 어떤 실험에 있어서나 모든 영향을 배제할 수는 없을 뿐만 아니라, 어떤 영향을 배제하고 아니하고는 결코 선험적으로 알 수는 없을 것이기 때문이다. 그러므로 역사주의자들이 그토록 집착하는 여러 역사적 시기에서 우세한 조건들 사이의 차이가 반드시 사회과학에 특유한 곤란을 일으키는 것은 아니다.[45] 이런 근거에서 포퍼는 사회적 조건의 변화를 강조함으로써 사회 실험의 불가능성을 주장하는 논의는 사회적 변화의 중요성에 사로잡힌 강박관념, 즉 역사주의자의 히스테리[46]가 낳은 부산물에 불과한 것으로 해석한다.

새로운 특성의 계속적인 출현 때문에 사회적 법칙만은 모든 시대를 통틀어 일반화시킬 수 없다는 주장도 마찬가지로 불합리하다. 왜냐하면 자연적 법칙도 완전히 일반화된 것은 아니기 때문이다. 그러므로 일반화의 문제는 사회과학에만 제기되는 문제가 아닌 것이다.

> 오히려 물리적 환경에서 일어나는 변화가 우리의 사회적 내지 역사적 환경의 변화에 기인하는 경험과 아주 유사한 경험을 일으키는 수도 있다는 것은 명백한 일이다. 낮과 밤의 계기보다도 더 명백하고 잘 알려져 있는 규칙성이 있을 수 있겠는가? 그러나 우리가 극권(極圈)을 가로질러 가면 이 규칙성은 와해되고 만다. … 1900년의 크레타 섬과 3천 년 전의 크레타 섬과의 역사적 내지 사회적 환경은 크레타 섬과 그린란드와의 지리적 내지 물리적 환경 이상으로 다르다고 말하기는 어려울 것이다. 한 물리적 환경에서 다른 물리적 환경으로 준비도 없이 갑자기 이동하면 사회적 환경에서 그에 대응하는 변화가 일어날 때보다 더욱 치명적인 결과가 나오리라고 예상되는 것이다.[47]

역사주의자들은 여러 다른 역사적 시기들 사이의 다소 눈에 띄는 차이에 대해서는 과대평가하고, 과학적 창의력의 가능성은 과소평가하는 경향을 갖고 있다. 예컨대 케플러(J. Kepler)가 발견한 법칙들이 유성계에 대해서만 타당한 것이 사실이지만 그 타당성은 케플러가 살면서 관측했던 태양계에만 국한되어 있는 것은 아니며, 뉴턴(I. Newton)은 관성의 법칙에 대한 중요성을 알기 위해서 인력이나 다른 힘의 영향을 받지 않는 우주의 일부분으로 물러설 필요는 없었던 것이다. 이와 마찬가지로 우리가 모든 사회적 시기들에 대해서 중요성을 가지는 사회학적 이론을 구성할 수가 없다고 하는 이유는 없는 것이다.[48] 그렇다고 사회적 차이의 중요성이 전적으로 부정되는 것은 아니다. 포퍼도 만하임을 비롯한 몇몇 사회학자들이 중간 원리(principle media)[49]라고 부른, 일정한 역사적 시기나 일정한 문화권에만 타당한 제한된 규칙성을 인정한다. 그러나 습관이나 예의범절, 의식(儀式) 등은 대체로 피상적인 성격의 것들에 불과할 뿐이다.[50]

사회과학이나 자연과학을 막론하고 모든 법칙은 가설에 불과한 것이다. 그러므로 사회과학적 법칙의 타당성이 일정한 시기를 넘어서 확장되는지 어떤지를 확신할 수 없으므로 우리가 참으로 보편적인 법칙을 발견했다고 생각해서는 안 된다는 원리는 자연과학에도 마찬가지로 적용된다. 자연과학에서도 우리의 법칙이 참으로 보편타당한 것인지, 또는 일정한 시기에만(아마도 우주가 팽창하는 시기에만) 성립하거나 일정한 영역에서만(아마도 비교적 약한 인력장의 영역에서만) 성립하는지 어떤지를 우리는 전연 알 수가 없는 것이다.[51] 그럼에도 불구하고 우리가 자연법칙의 정식화에서 이러한 조건들을 붙이지 않는 것은 타당성의 범위가 무제한한 법칙들을 탐구해야 한다는 것이 과학적 방법의 중요한 공준[52]이기 때문이다.

2) 방법론적 본질주의

멀리 플라톤의 형상 이론에 기초를 두고 있는 본질주의(essentialism)는 아리스토텔레스, 헤겔 등을 일관하여 흐르는 철학의 가장 오래되고 가장 대표적인 형이상학적 이론이다. 이 이론이 보편자 실재론이란 이름으로도 불려 온 것은 일반 명사가 지칭하는 사물의 보편적인 본질이 실제로 존재한다는 데 근거하고 있다. 그러나 실재론이란 말의 뜻은 오늘날 정반대로도 사용되고 있으므로 포퍼는 용어상의 혼동을 피하기 위해 그 이론을 '본질주의'라 부를 것을 제안한다.[53] 보편은 단지 단일한 사물의 집합이나 부류의 구성원에 붙여진 명칭에 불과하다는 유명론을 거부함으로써, 본질론자들은 우리가 단일한 노란 사물들의 한 집단을 모으고 다음에 그것들에 '노랗다'는 명칭을 붙이는 것으로 생각하지는 않는다. 오히려 그들은 우리가 어떤 사물을 '노랗다'고 부르는 것은 그 사물이 다른 노란 사물들과 공유하고 있는 어떤 본질적 성질, 즉 노랑(yellowness) 때문이라고 주장한다.[54] 그리고 이 본질적 성질이 보편적 명사에 의해서 지시되어 개별적 사물들과 꼭 마찬가지로 탐구될 가치가 있는 대상으로 된다는 것이다.

본질주의자들은 그러므로 보편적 대상의 존재를 믿을 뿐만 아니라 과학에서의 보편의 중요성을 강조한다. 왜냐하면 본질주의자들의 관점에서 보면 과학은 단칭적 대상들이 갖는 우연적 특성을 다루는 것이 아니라 대상의 본질로 파고들어가지 않으면 안 되기 때문이다. 포퍼는 이런 이론을 방법론적 유명론과 대립시켜 "방법론적 본질론(methodological essentialism)"[55]이라 부른다. 이런 방법론적 본질론에 의하면 과학적인 문제들은 '물질이란 무엇인가?' '힘이란 무엇인가?'와 같은 형식으로 보통 정식화된다. 그리고 이러한 물음에의 대답은 이러한 명사들의 본질적인 의미를 드러내고, 그렇게 함으로써

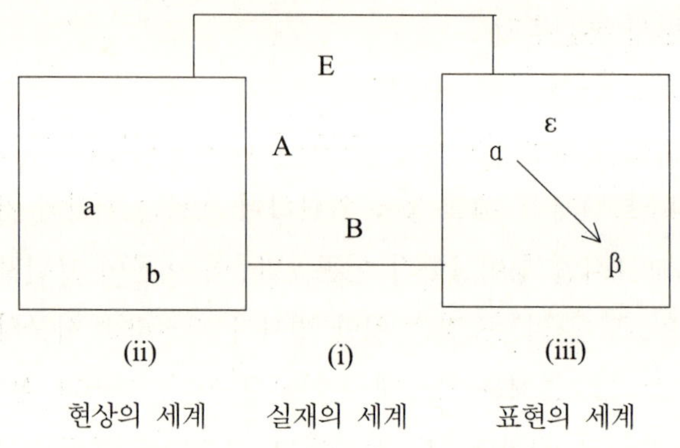

[그림 12] 본질주의는 (i)의 세계를 중심으로 본다.

그 명사들이 지시하는 본질의 참된 본성을 드러내는 것이다. 그러므로 방법론적 본질론에서의 과학의 당면 과제는 사물의 참된 본성, 즉 사물의 숨겨진 실재나 본질을 발견하고 기술하는 일이다.[56]

본질주의에 따르면, 우리는 다음과 같은 세 영역, 즉 (i) 본질적 실재의 세계와, (ii) 관찰 가능한 현상의 세계, (iii) 기술적 언어나 상징적 표현의 세계를 분명히 구별해야 한다.[57] [그림 12]에서 보면 a, b는 관찰 가능한 현상이며, A, B는 이 현상의 배후에 있는 실재이다. 그리고 α, β는 이런 실재들의 기술이고, E는 A, B의 본질적 속성이며, ε는 E를 기술하는 이론이다. 이제 우리가 ε와 α로부터 β를 도출해 낸다면, 이것은 이론의 도움으로 a가 왜 b의 원인이 되는가 하는 것을 설명하는 것이다. 그러므로 본질주의에서는 (i)의 세계가 중심적인 세계인 것이다.

플라톤과 아리스토텔레스가 본질의 존재론적 측면에 있어서는 견해를 달리했다고 할지라도, 모든 본질론자들은 다음과 같은 점에 있어서는 의견의 일치를 보았다고 할 수 있다.[58] (i) 본질들은 지적 직관의 도움으로 발견되고 식별될 수 있다. (ii) 모든 본질은 그 고유한 이름을 갖고 있고, 우리는 그 이름에 따라 본질이 같은 감각적인 사물들을 부른다. (iii) 본질은 단어로 기술될 수 있다. (iv) 이 본질의 기술이 정의(definition)이다. 따라서 방법론적 본질론에 의하면 어떤 사물을 아는 데는 세 갈래의 길이 있을 수 있다. (i) 사물의 불변하는 실재나 본질을 아는 방법, (ii) 그것의 이름을 아는 방법, (iii) 그것의 정의를 아는 방법이 그것이다.

방법론적 본질론은 아리스토텔레스에 의해서 처음으로 확립되었으며, 이것은 주로 정의의 문제, 즉 "정의의 본질주의적 방법"[59]을 중심으로 했다. 플라톤을 따라 우리의 앎을 참된 지식(episteme)과 의견(doxa)으로 구별한 아리스토텔레스는 지식을 다시 두 종류로 나눈다. 하나는 논증적 지식(demonstrative knowledge)이고, 다른 하나는 직관적 지식(intuitive knowledge)이다.[60] 논증적 지식은 삼단논법의 추론에 의한 지식이며, 직관적 지식은 어떤 사물의 본질이나 형상을 파악하는 데서 성립하는 지식이다. 모든 논증에는 전제가 필요하며 전제의 전제를 거슬러 올라가면 결국 더 이상 전제될 수 없는 기본적 전제에 부딪친다. 그러면 이 기본적 전제는 어떻게 가능하겠는가? 여기서 플라톤과 마찬가지로 아리스토텔레스도 우리의 모든 지식은 궁극적으로 사물들의 본성에 관한 직관적 파악에 의해서 이루어진다는 데 동의한다. "어떤 사물의 본질을 알았을 때만 우리는 그 사물을 알 수 있다."[61] 말하자면 우리가 어떤 사물을 안다는 것은 그것의 본질을 아는 것이다. 기본적 전제란 어떤 사물의 본질을 기술한 진술에 불과하며, 이것이 곧 그 사물의 정의인 것이다. 따라서 아리스토텔레스에서 모든 논증의 기본 전제는 정의들이라 할 수 있다.

"강아지는 어린 개다(A puppy is a young dog)."라는 정의의 예를 들어보자. 이때 정의 문장의 주어인 '강아지'는 피정의항이며 '어린 개'는 정의항이 된다. 상례적으로 정의항은 피정의항보다 더 길고 복잡하다. 아리스토텔레스는 피정의 술어를 어떤 사물의 본질에 붙인 이름이라 생각하고, 정의항, 즉 정의하는 술어를 그 본질의 기술로 해석한다.[62] 정의항은 문제되는 사물의 본질을 남김없이 서술하지 않으면 안 된다. 그러므로 "강아지는 네 다리를 가진다."는 진술은 비록 참이라 할지라도 충분한 정의라고 하기는 어렵다. 왜냐하면 그것은 강아지의 본질이라고 할 수 있는 것을 충분히 나타내지 못했기 때문이다.

소크라테스로부터 시작해서 플라톤을 거쳐 아리스토텔레스에서 완성을 본 이런 본질주의적 정의의 문제에 서양 사상사를 오류에 빠뜨린 치명적 결함이 내재되어 있다고 포퍼는 지적한다.[63] 아리스토텔레스 식의 정의에서 우리는 먼저 어떤 사물을 명명함으로써 그 본질을 지적하고, 그 다음에 정의항의 도움으로 그것을 기술한다. 예컨대 "이 강아지는 어린 개다."라는 문장에서 '이 강아지'라는 말로써 어떤 것을 지시하고, '어린 개'로써 그것을 기술한다. 이렇게 함으로써 우리는 본질을 기술하는 명사의 의미를 규정하거나 설명한다. 따라서 아리스토텔레스 식의 정의는 한꺼번에 두 개의 밀접히 관련된 물음에 답하고 있는 셈이다.[64] 하나는 "강아지란 무엇인가?(What is a puppy?)"라는 물음에 대한 답이고, 다른 하나는 " '강아지'란 무엇을 의미하는가?(What does 'puppy' mean?)"라는 물음에 대한 답이다. 말하자면 첫 번째 것은 피정의 단어에 의해서 지시되는 본질이 무엇인가에 대한 물음이고, 둘째 것은 본질을 지시하는 단어의 의미에 대한 물음이다. 이 두 물음의 공통된 특징은 "두 질문들이 모두 정의에서 왼쪽에 있는 명사에 의해서 제기되고 오른쪽에 있는 정의항에 의해서 대답되는 것이다."[65] 즉 '강아지' → '어린 개'의 식으로 진행된다.

포퍼는 바로 여기에 치명적인 문제가 있다고 지적한다. 왜냐하면 현대 과학에서 사용되는 정의는 이것과는 정반대로 '강아지' ← '어린 개'의 식으로 오른쪽에서 왼쪽으로 향하지 않으면 안 되기 때문이다.[66] 이러한 지시적 정의의 관점에서 볼 때 "강아지는 어린 개다."라는 정의는 "강아지란 무엇인가?"에 대한 대답이라기보다는 "우리는 어린 개를 무엇이라 부르는가?"에 대한 대답이 된다. 이러한 정의의 과학적 사용을 본질주의적 해석에 대립되는 유명론적 해석이라 할 수 있다. 현대 과학에서는 유명론적 해석만이 타당하다. 말하자면, 긴 이야기를 짧게 하기 위해서만 짧은 상징이나 부호가 도입되는 것이다. 그러므로 우리의 과학적 지식은 모든 정의를 제거한다 해도 조금도 영향을 받지 않고 그대로 존재하게 된다.[67]

본질주의적 정의는 두 가지 이유에서 불합리하다.[68] 하나는 본질주의자들이 주장하는 지적 직관의 신비적 원리 때문이고, 다른 하나는 우리가 아무리 원한다 해도 우리의 술어들을 엄밀히 정의할 수 없다는 이유 때문이다. 어떤 관념이나 관점, 혹은 산술적 방법을 이해하는 사람은 누구나 그것을 직관적으로 이해한다고 할 수도 있다. 그리고 이런 종류의 지적 경험은 수없이 많다. 그렇지만 이런 경험들은 비록 중요하다 할지라도 어떤 이론의 진리를 보장할 수는 없는 것이다. 언제나 그것과 정반대되는 직관의 가능성을 부정할 수 없기 때문이다. "과학의 길은 한때는 자명한 것으로 선언되었지만 지금은 폐기되어 버린 이론들로써 포장되어 있다."[69] 직관은 과학자에서도 시인의 경우와 마찬가지로 중요한 역할을 수행하는 것이 사실이다. 그러나 그것은 언제나 개인적이고 주관적인 일에 불과한 것이므로 참된 과학적 이론과는 거리가 멀다고 할 수밖에 없다. 과학은 그가 어떻게 해서 그런 생각을 하게 되었는가에 대해서는 묻지 않고, 모든 사람들에 의해서 검토될 수 있는 논증에만 흥미를 가지기 때문이다.

언어적 표현의 문제에서도 본질주의적 정의는 정당화될 수 없는 것으로 판단된다. 왜냐하면 우리가 만약 지적 직관의 원리를 인정하지 않는다면, 증명의 무한 퇴행에 빠지지 않고 모든 진술들을 전부 증명할 수 없는 것과 같은 논리로 "모든 술어의 의미를 정의하려는 시도 역시 정의의 무한 퇴행에 빠지지 않을 수 없게 되기 때문이다."[70]

그런데도 불구하고, 자연과학은 기본적으로 유명론적이라 할지라도 사회과학만은 방법론적 본질주의를 채택하지 않으면 안 된다고 하는 역사주의자들의 주장은 어디에 근거하고 있는 것인가? 포퍼는 여기에 다음과 같은 두 개의 이유가 존재한다고 본다.[71] 첫째로는 역사주의가 사회적 사상의 질적 성격을 강조하기 때문이고, 둘째로는 역사주의가 사회학적 실체를 오해했기 때문이다. 역사주의에 의하면 물리학은 물리적 질을 양적 술어로 번역할 수 있었기 때문에 그 법칙들을 수학적으로 정식화시킬 수 있었는 데 반해, 사회현상에서는 이러한 번역이 불가능하므로 사회과학의 여러 이론이나 법칙은 정량적, 수학적인 것이라기보다는 오히려 질적일 수밖에 없다는 것이다. 예컨대 우리가 제국주의를 산업의 팽창이라는 관점에서 해석하기 위해 "영토의 확장에 대한 경향은 산업화의 정도에 따라 증대한다."는 어떤 정식화를 시도한다고 할 때, 우리는 '확장에 대한 경향'이나 '산업화의 정도'를 측정할 수 있는 어떤 방법을 가지고 있지 못한 것이다. 여기서 포퍼는 사회적 사상의 질적 성격에 대한 강조가 그 질의 실재를 주장하는 본질론으로 흐르게 되었다고 해석한다.[72]

역사주의자들이 사회학적 실체를 오해했다는 것은 무엇을 말하는가? 그것은 이론적 구성물을 구체적 대상으로 오해한 것이다.

> 사회학적 대상은 그 전부는 아니라 할지라도 그 대부분이 추상적인 대상이요, 이론적 구성물(theoretical construction)이다. (어떤 사람에게는 기이하게 들릴지 모르나, '전쟁'이나 '군대'조차도 추상적 개념이다.

구체적인 것은 죽음을 당하는 많은 사람들이요, 또는 제복을 입은 남녀들이다.) 이러한 대상들, 즉 우리의 경험을 해석하는 데서 사용되는 이러한 이론적 구성물은 어떤 경험을 설명하기 위해서 구성된 모형들인 것이다.[73)]

이런 관점에서 보면, 사회과학의 임무는 국가나 사회 집단 등과 같은 사회학적 실체를 이해하고 설명하는 것이며 이것은 그러한 사회학적 실체의 본질 속에 파고들어감으로써만 수행될 수 있다고 하는 주장은, 유감스럽게도 이론적 모형(theoretical model)을 구체적 사물(concrete thing)로 오인한 착각에 지나지 않는다. 이러한 착각이 일어나기 쉬운 것은 모형이 성격상 추상적이거나 이론적이어서, 우리가 자칫하면 그것을 관찰 가능한 사물의 내부나 또는 그 배후에 있는 일종의 영구적인 유령이나 본질로 생각하기 쉽기 때문이다.[74)] 이리하여 우리는 자연과학이나 사회과학을 막론하고 개체의 관점에서 관찰하고 분석하는 "방법론적 개체론"[75)]만이 진정한 과학적 방법이라는 결론에 도달한다.

이때 제기되는 결정적인 물음은 과연 모든 역사법칙주의가 방법론적 본질주의에 기초하고 있다고 할 수 있는가 하는 문제이다. 포퍼는 기본적으로 방법론적 전체론과 방법론적 개체론을 대립시킨다. 방법론적 개체론의 원리는 사회적 과정과 사건들이 사회 구성원인 개인들의 행동을 지배하는 원리들과 개인들의 상황에 관한 기술들로부터 설명되어야 한다는 것이고, 이와 반대로 방법론적 전체론은 사회가 전체로서의 사회체계에 적용되는 독자적인 거시적 법칙들에 의해서 설명되거나 이해적 방법과 같은 특이한 방법에 의해 사회 전체가 한꺼번에 파악되어야 한다는 것이다. 여기서 포퍼는 방법론적 개체론만을 정당화한 후 정당화되지 않는 방법론적 전체론에 기초한 역사법칙주의를 논박한다. 동시에 포퍼는 자신의 방법론적 개체론을 방법론적 본질주의와도 대립시킨다. 방법론적 본질주의는 주로 정의의 본질주의적 방법을 중심으로 확립된 것으로, 사물의 불변하는 실재나 본질을 아는 것이 과학의 목적이라고 보는 입장이다. 이리하여 역사법칙주의는 결국 방법론적 전체론과 방법론적 본질론을 기초로 하여 성립되는 이론이란 결론에 이른다.

이런 결론에 대해 나는 다음과 같이 수정해야 한다고 생각한다. 모든 역사법칙주의가 대체로 방법론적 전체론에 기초하여 성립하는 것은 사실이라 할지라도, 방법론적 본질주의에 기초하는 것은 아니다. 그러므로 방법론적 본질주의는 역사법칙주의의 기본적인 속성이라고 보기는 어렵다. 예컨대 포퍼가 대표적인 역사법칙주의자로 들고 있는 플라톤과 헤겔은 방법론적 전체론자이면서 동시에 방법론적 본질주의자였다고 할 수 있지만, 마르크스는 방법론적 전체주의자였지만 방법론적 본질주의자라고 하기는 어렵다. 그렇다면 방법론적 본질주의는 역사법칙주의와 필연적인 연관을 갖는 것이 아니다. 따라서 방법론적 본질주의의 관점에서 수행하는 역사법칙주의에 대한 비판은 본질주의적 역사법칙주의에 대해서만 적용되는 제한적인 타당성만을 갖는다고 할 수 있다.

3) 직관적 이해의 방법론

직관적 이해의 방법[76]은 기본적으로 개인의 행동을 어떤 목적을 향한 합리적 활동으로 간주하고 그것을 상상적으로 재구성하는 방법이다. 이를 기초로 하여 한 시대의 지배적인 정신, 즉 민족정신이나 시대정신을 파악의 대상으로 삼을 수 있다. 우리는 보통 개인의 행위에 대한 이해를 목적론적 이해라 부르고 민족정신이나 시대정신에 대한 이해를 전체론적 이해라 부른다.[77)]

목적론적 이해에 의하면 사회적 사건이란 그것을 야기한 인간 행위의 목적이나 동기의 관점에서 분석될 때 이해되는 것이며, 이 경우에 개인들의 행동은 그들의 목적과 합치되는 것으로 간주된다.

목적론적 이해는 사람에 따라서는 합리적 설명이라고도 부르는데, 이러한 설명 모형은 앤스컴(G. E. M. Anscombe)이나 폰 라이트(von Wright) 등에 의해 다음과 같은 실천적 삼단논법으로 발전되어 나타났다.

대전제 : A는 P를 야기하려고 의도한다. (행위의 목적이나 의도)
소전제 : A는 a를 하지 않으면, P를 야기할 수 없다고 생각한다.(목적을 실현시키는 수단)
결　론 : 그러므로 A는 a를 수행한다. (목적을 실현시키는 수단을 강구함)[78)]

이러한 설명 모형은 인과적 설명 모형과는 다른 설명 형식이다. 왜냐하면 전체가 결론을 필연적으로 함축하지는 않기 때문이다.[79)]

전통적 이해론의 문제점은 무엇인가? 주관주의를 벗어날 수 없다는 것이 결정적인 난점이다. 말하자면 우리가 어떤 사람의 행위를 보고 그의 의도를 이런 식으로 구성한다 해도 이 자체만으로는 이 구성의 정당성을 검증할 방법이 없는 것이다. 이해가 정당화되려면 이해의 과정이 객관적으로 검증 가능해야 한다.

이런 난점을 벗어나기 위해 포퍼는 먼저 이해의 대상을 구분하고자 한다. 말하자면 포퍼의 이해는 객관적 관념의 세계에 속하는 대상에 관한 파악인 데 반해, 역사주의가 주장하는 이해의 대상은 주로 심리적 세계에 속하는 대상들인 것이다.[80] 그러므로 역사주의가 말하는 이해의 대상들은 심리학적 술어로 설명될 수 있는 것이며 '이해'라는 활동이나 과정은 주관적이거나 개인적인 활동 내지 심리학적 활동인 것이다. 여기서 포퍼는 "공감적 이해(sympathetic understanding)나 감정이입(empathy), 다른 사람의 행위를 재연함(re-enactment)이나, 그의 목적과 문제를 우리 자신의 것으로 삼음으로써 다른 사람의 상황 속에 우리 자신을 전위시키는 시도와 같은 주관적인 과정"[81]으로서의 전통적 해석학에 대해 다음과 같은 명제를 제시한다.

> 이해의 행위는 본질적으로 제3세계의 대상을 다루는 데서 성립한다.[82] 내가 본질적인 것으로 간주하는 것은 재연이 아니라, 상황의 분석(situational analysis)이다.[83]

포퍼의 존재론에 따르면 세 개의 상이한 세계가 존재한다. 첫째는 물리적 세계(the physical word)이고, 둘째는 개인적이고 주관적인 정신세계(the mental world)이고, 셋째는 객관적 의미에서의 관념의 세계(the world of ideas in the objective sense)이다.[84] 이 세 번째 세계는 사고의 대상(intelligibilia)들로 이루어진 세계로서, 이론과 그들의 논리적 관계, 논증과 문제 상황의 세계이다. "이론이나 명제, 진술이 가장 중요한 제3세계의 언어적 실재들이다."[85] 그렇지만 이 제3세계가 객관적 관념의 세계인 한에서 이론들이나 명제들 이외에도 사회적 제도나 예술작품, 인간의 행위 등, 인간의 정신에 의한 창조물은 모두 이 세계에 포함된다. 따라서 우리는 간단히 이 세계를 객관적 정신의 세계라 규정할 수 있다.

이 제3세계, 즉 객관적 관념의 세계는 인간의 활동에 의한 산물이면서 동시에 자율적 위치를 갖는 세계이다.[86] 따라서 제2세계에 속하는 심리적인 과정과, 논리적으로 자율적인 위치에 있는 제3세계의 명제나 이론 등의 객관적인 형태는 서로 구별되어야 한다. 여기서 포퍼는 제3세계에 속하는 대상들에 대한 이해는 '심리적 발생론적 재연'으로는 만족스럽지 못하고 '상황 논리의 분석'을 통해서만 이루어질 수 있다는 결론에 도달하며, 자신의 '상황의 분석'과 전통적 해석학자들의 '주관적 이해'를 대비하기 위해서 자주 인용되는 콜링우드의 이해론을 분석, 검토한다.

> 역사가가 테오도시우스 법전을 연구하고 있고 그 앞에 황제의 어떤 칙령이 놓여 있다고 가정해 보라. 그가 단지 그 말들을 읽고 그것들을 번역할 수 있다고 해서 그것의 역사적 의미를 이해했다고는 할 수 없다. 그것의 역사적 의미를 이해하기 위해서 그는 황제가 해결하고자 했던 상황을 상상하지 않으면 안 되며, 황제가 그 상황에 대해 생각했던 것과 같이 생각하지 않으면 안 된다. 그때 그는 스스로, 황제의 상황이 자신의 상황인 것처럼, 그러한 상황이 어떻게 다루어질 수 있는가를 알지 않으면 안 된다. 즉 그는 가능한 대안들도 알고 있어야 하며, 다른 것보다 이것을 채택하는 이유도 알고 있어야 한다. 그리하여 그는 황제가 이 특수한 경우에 관해서 결단을 내렸던 과정을 경험해야 한다. 이리하여 그는 그 자신의 마음속에 황제의 경험을 재연해야 한다. 이렇게 하는 한에서만 그는 단순히 문헌학적 지식과는 구별되는 그 칙령의 의미에 대한 어떤 역사적 지식을 갖게 된다.[87]

전통적 이해론을 대변하는 콜링우드의 주장과 포퍼의 주장 사이에는 어떤 차이가 존재하는 것인가? 두 사람 모두 상황을 강조하고 있는 점에서는 동일하지 않은가? 포퍼의 이해론과 콜링우드의 이해론 사이에 존재하는 근본적인 차이점은 '상황 자체의 분석'과 '재구성이라는 심리학적 과정' 중에서 어느 것을 더 본질적인 것으로 간주하는가 하는 문제이다. 콜링우드에 있어서 '상황의 분석'은 심리학적 재연을 위한 하나의 도움으로서만 봉사한다. 그러나 포퍼의 견해는 이와 정반대이다. 그는 재연이 역사가에게 그의 상황적 분석의 성공에 대한 일종의 직관적 점검으로서 종종 도움이 된다는 것은 인정하지만, 재연이라는 심리학적 과정은 비본질적인 것으로 규정한다.[88)]

그렇다고 포퍼가 모든 재연 자체를 거부하는 것은 아니다. 왜냐하면 그에서도 역사가의 과제는 행위자의 행위가 그 상황에 타당하게 되게끔 그 문제 상황을 재구성(reconstruction)하는 것이기 때문이다. 말하자면 그가 거부하는 것은 감정이입이나 동일한 경험의 반복을 의미하는 심리적 재연이지, 문제 상황과 문제 해결 시도 사이의 객관적 관계에 대한 제3세계에 기초를 둔 논리적 재구성은 아닌 것이다. 그는 자신의 이러한 논리적 재구성을 "이상화되고 추론된 재구성(an idealized and reasoned reconstruction)"[89)]이라 부르기도 한다. "이것은 콜링우드의 방법과 매우 비슷한 방법이다. 그러나 이것은 이해의 이론과 역사적 방법으로부터 콜링우드와 대부분의 다른 이해 이론가들(해석학자들)에 있어서는 현저한 특징이 되는 주관적 요소나 제2세계의 요소를 철저히 배제한다."[90)]

비판적 합리주의에서 보면, 인간 행위와 연속인 역사는 당시의 주어진 문제를 해결하고자 한 문제 해결의 연속으로 이해될 수 있고, 문제와 문제 해결 사이의 관계는 제3세계에 속하는 논리적이고 객관적인 관계이다. 그러므로 이러한 과정을 이해하고자 하는 방법은 문제 해결의 일반적 도식에 따라 제시될 수 있는 것이다. 문제 해결의 일반적인 도식이란 어떤 것인가? 이것은 다음과 같이 설명될 수 있다. 우리는 먼저 문제에 부딪힌다. 문제가 없는 인식이란 존재하지 않으며, 모든 과학적 설명이나 인식 체계는 문제를 해결하고자 하는 시도이다. 모든 유기체는 항상 문제 해결에 몰두하고 있다. 이러한 문제들은 객관적 의미의 문제이다. 그러므로 그것들은 나중에 가설적으로 재구성될 수 있다. 문제 해결은 언제나 시행착오의 방식에 의해서 진행된다. 새로운 행동 양식이나 새로운 기관, 새로운 가설이 시험적으로 제시되고, 오류 제거에 의해 통제된다. 오류 제거는 성공하지 못한 행동 양식이나 가설을 제거하는 방식으로 진행된다. 따라서 우리가 P_1 으로 처음 시작하는 문제나 문제 상황을 나타내고, TS 로 잠정적 해결이나 가설을, EE 로 오류 제거나 비판적 음미를, P_2 로 이 과정에서 새로이 제기된 문제나 문제 상황을 나타낸다면, 다음과 같은 문제 해결의 일반적인 형식을 정식화시킬 수 있다.[91)]

$$P_1 \rightarrow TS \rightarrow EE \rightarrow P_2$$

이해의 문제는 물론 대상적 차원의 문제가 아니라, P_1 보다는 한 단계 높은 고차적 차원의 문제이다. 간단히 말하면 그것은 상위문제(meta-problem)이다. 따라서 그것은 문제에 관한 문제, 즉 P_1 이나 TS 에 관한 문제이다. 같은 논리로 이해의 문제를 해결하기 위해서 고안된 이론은 상위이론이다.[92)] 이리하여 이해의 과정은 대상적 차원에서의 문제 해결 과정에 대한 추적이며 재구성의 과정이 된다. 우리가 이해의 문제를 P_U 라 한다면 다음과 같은 도식화가 가능해진다.[93)]

$$\frac{P_1 \rightarrow TS \rightarrow EE \rightarrow P_2}{P_{U1} \rightarrow TS_U \rightarrow EE_U \rightarrow P_{U2}}$$

포퍼는 자신의 이해 방법에 따른 객관적인 역사적 이해의 실례로서 갈릴레이의 조수 이론을 들고 있다.[94)] 갈릴레이의 이론에 따르면, 조수는 가속도의 결과이며, 가속도는 다시 지구의 복잡한 운동의 결과이다. 결과적으로 그의 이론은 조수에 대한 달의 영향력을 부정했기 때문에 잘못된 것으로 판명되었다. 자주 잘못 해석되어 왔던 이 이론에 대한 역사적 이해도를 높이기 위해서 우리는 무엇을 해야 할 것인가?

우리가 해야 할 제1단계는 갈릴레이의 해결이 잠정적 해결이 되었던 제3세계의 문제가 무엇이었나를 묻는 일이다. 즉 이 문제가 제기된 상황이 무엇이었나를 묻는 일이다. 갈릴레이의 문제는 조수를 설명하는 것이었다. 그렇지만 그의 문제 상황은 간단하지 않았다. 그는 직접 이 문제에 관심이 있었던 것이 아니고, 코페르니쿠스의 이론, 즉 지구가 움직이고 있다고 하는 이론의 참과 거짓에 관심이 있었다. 여기서 갈릴레이는 코페르니쿠스의 이론을 지지하는 결정적인 논증으로서 조수의 이론을 사용할 수 있다고 생각했다. 그런데 갈릴레이는 왜 이미 잘 알려져 있는 조수에 대한 달의 영향력을 부정했는가? 그것은 다음의 두 이유 때문이었다. 첫째로, 갈릴레이는 유성들을 신들로 생각하는 점성술을 반대했고, 둘째로 그는 회전운동에 대해서 역학적 보존 원리를 가지고 설명했던 것이다. 이것은 유성 상호간의 영향력을 배재하는 것으로 나타났다. 이러한 상황 아래서 그는 나중에 잘못된 것으로 밝혀진 그의 조수 이론을 제시했던 것이다. 그렇지만 그가 처한 상황에서는 그의 이론은 합리적인 방법으로 도출된 것이다. 갈릴레이의 문제 상황에 대한 이러한 분석을 통해 우리는 갈릴레이에 대한 더욱 훌륭한 역사적 이해를 하게 된다. 야망이나 질투, 공격성이나 감동을 야기하고자 하는 원망과 같은 것으로 시도되는 심리학적 설명은 피상적인 것이 된다. 이런 심리학적 설명은 제3세계의 상황적 분석에 의해 대체되지 않으면 안 된다.[95)]

이러한 방법은 과학적 이론의 역사에 대해서뿐만 아니라, 예술작품의 이해에까지도 적용할 수 있다. 우리는 예술가의 문제나 문제 상황이 무엇인가를 추측할 수 있으며, 독립적인 증거들에 의해 이런 추측을 확인할 수 있다. 그리고 이런 분석은 그 예술작품의 이해에 도움을 줄 것이다.[96)]

같은 논리로, 전체론적 이해의 문제에 대해서도 비판을 가할 수 있다. 포퍼는 한 민족의 정신이라든지, 거역할 수 없는 역사적 경향이나, 개인의 마음을 사로잡으며 홍수처럼 밀어닥치는 한 시대의 정신이라고 하는 전체론적 관념들이 모두 허구에 불과하다는 것을 다음과 같이 주장한다.

> 나는 이러한 정신에 대해 — 이러한 정신의 관념론적 원형에도 또 이러한 정신의 변증법적이며 유물론적인 변형에도 — 조금의 공감도 갖고 있지 않다. 나는 그러한 정신을 경멸로써 다루는 사람들에게 전폭적인 공감을 느낀다. 그러나 나는 그러한 정신이라는 것이 적어도 하나의 공백이 존재함을 지시하는 것이요, 이 공백을 전통의 내부에서 일어나는 문제들의 분석과 같은 좀 더 감각적인 것으로 채우는 것이 사회학의 과제라는 느낌이 든다.[97)]

전체론적 이해는 사회적 전체론을 전제한다. 그러므로 사회적 전체론이 성립하지 않는다면 전체론적 이해는 그 기반을 상실한다. 이리하여 역사주의자들이 주장하는 목적론적 이해나 전체론적 이해도 상황의 논리에 의해 대체되지 않으면 안 된다는 결론에 이른다.

3장 역사법칙주의의 친자연주의 교설은 추세를 법칙으로 이해한다

역사법칙주의의 친자연주의 교설은 사회 변화를 지배하는 역사의 발전 법칙이 존재하며 이 법칙에 의해 인류의 미래에 대한 예측이 가능하다는 것이다.

역사의 발전 법칙은 왜 진정한 과학적 법칙일 수 없는가? 이유는 간단하다. 보편적 법칙은 어떤 불변의 질서에 관한 주장을 하는 것이다. 그러므로 그것은 무엇보다 먼저 새로운 사례에 의해서 입증 가능해야 하며 동시에 반증 가능해야 한다. 그렇지만 역사의 발전 법칙은 입증 가능하지도 반증 가능하지도 않다.

역사법칙주의자들은 사회적 추세나 경향을 법칙으로 이해한다. 그러나 법칙과 추세는 근본적으로 다른 것이다. 법칙은 비존재진술로 표현되는 반면 추세는 존재진술로 표현되기 때문이다. 말하자면 추세를 주장하는 진술은 일정한 시간과 장소에서 어떤 것의 존재를 주장하는 존재진술이며 하나의 단칭적, 역사적 진술인 데 반해, 보편적 법칙에 관한 진술은 어떤 것의 존재를 주장하는 것이 아니라 어떤 것의 불가능성을 주장하는 비존재진술이다. 예컨대 "어떤 사람은 개인주의적이다."라는 특징적 주장 A는 존재진술이며, "모든 사람은 개인주의적이다."라는 보편적 주장 B는 비존재진술이다. B가 비존재진술인 이유는 B가 "개인주의적이지 않은 사람은 존재하지 않는다."는 주장과 동치이기 때문이다. 존재진술은 검증 가능하지만 반증은 불가능하며, 반면에 비존재진술은 반증은 가능하지만 검증은 불가능하다. B가 반증 가능한 이유는 개인주의적이지 않은 사람을 발견할 가능성은 항상 열려 있고 우리가 그런 사람을 발견할 때 그것은 반증되기 때문이다.

법칙론적 역사 해석의 대표적 사례로 헤겔과 마르크스 및 슈펭글러의 역사철학이 논의된다.

1. 역사의 법칙과 진화의 법칙

역사법칙주의의 친자연주의 교설은 미래를 예고하기 위해서 "사회진화의 법칙(the law of evolution of society)"[1]을 드러내는 것이 사회과학의 과제라고 하는 신념이다. 그리고 이러한 신념은 역사법칙주의 전체의 중심적인 사상이라 할 수 있는 것이다. 왜냐하면 사회란 연속적인 일련의 시기들을 통하여 움직여 간다고 하는 이 견해야말로 한편으로는 (i) 변화하는 사회적 세계와 변화하지 않는 물리적 세계를 대조시킴으로써 반자연주의적 사고를 낳는 것이며, 다른 한편으로는 (ii) 소위 '계기의 자연법칙'에 대한 과학주의적 신념을 낳은 것이기 때문이다. 포퍼가 잘 지적했듯이 계기의 자연법칙에 대한 이런 신념은 콩트와 밀의 시대에는 천문학의 장기 예측에 의해서 지지되었고, 최근에는 다윈주의(Darwinism)에 의해서 지지되었다: "최근의 역사법칙주의의 유행은 진화론의 유행의 일부분에 지나지 않는다고도 볼 수 있다."[2]

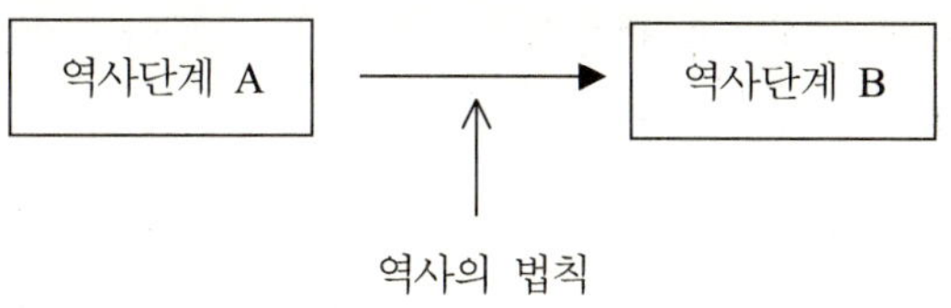

[그림 13] 역사의 법칙은 단계 A와 B를 연결하는 계기의 법칙이다.

고대와 현대의 모든 유기체들을 연결하는 원인과 결과의 거대한 연쇄적 질서인 진화의 법칙이란 존재할 수 있는 것인가? 이것은 과학적 법칙이 될 수 있는가? 결론부터 말한다면 이것은 과학적 법칙일 수 없다. "진화에서의 '불변적 질서'의 법칙에 대한 탐구는 생물학에서나 사회학에서나 도저히 과학적 방법의 범위 안에 들어갈 수 없다."[3] 왜 진화의 법칙이 부정되는가? 이유는 분명하다. 지구상의 생명의 진화나 인간 사회의 진화는 하나의 특이한 역사적 과정인 것이며, 그와 같은 과정은 역학, 화학, 유전과 변이, 자연선택 등의 여러 법칙에 따라 진행되기 때문이다. 그러므로 우리가 현상의 어떠한 자연적 계기도 자연법칙에 따라 일어난다고 가정함은 무방하지만, 실제로는 셋이나 그 이상의 인과적으로 결합된 구체적 사상들의 어떠한 연쇄도 어떤 단일한 자연법칙에 따라 일어나는 것이 아님을 깨닫는 것은 중요한 일이다.[4] 예컨대 바람이 나무를 흔들어서 뉴턴의 사과가 땅에 떨어진다면, 이러한 사상은 당연히 인과법칙에 의해 기술되겠지만, 이것은 결코 인력의 법칙과 같은 단일한 법칙에 의해서 기술될 수는 없는 것이다. 인력 이외에도 우리는 바람의 압력, 나뭇가지의 돌연한 운동, 사과 꼭지의 장력, 충격을 받아서 사과가 입은 상처를 설명하는 법칙들을 함께 고려에 넣지 않으면 안 된다. 그러므로 "계기의 법칙도 진화의 법칙도 존재하지 않는다."[5]

그렇지만 이러한 주장이 진화의 현상까지 부정하는 것은 결코 아니다. 부정하는 것은 이 현상을 하나의 진화 법칙에 의해 지배되는 것처럼 보려는 진화론적 해석이다.

> 우리가 진화론적 가설이라고 부르는 것은 다수의 생물학적 및 고생물학적 관찰 — 예컨대 여러 종(種)과 속(屬)과의 어떤 유사성 — 을 친근 관계가 있는 형태들의 공통의 선조를 가정함으로써 설명하는 것이다. 이러한 설명 가운데는 유전, 분리, 돌연변이의 법칙들과 같은 보편적인 자연법칙이 이 가설들과 함께 들어가 있기는 하지만 이 가설은 보편적 법칙이 아니라 오히려 특칭적(特稱的)인 (단칭적 또는 종별적인) 역사적 언명이라는 성격을 가지는 것이다. (이 가설은 "찰스 다윈과 프랜시스 골턴과는 공통의 조부를 가지고 있었다."고 하는 역사적 언명과 똑같은 자격을 가진 것이다.)[6]

보편적 법칙은 어떤 불변의 질서에 관한 주장을 의미한다. 그러므로 그것은 무엇보다 먼저 새로운 사례에 의해서 입증되지 않으면 안 된다. 그러나 만일 우리가 언제까지나 단 하나의 특이한 과정의 관찰에만 국한되어 있다면, 보편적 가설을 입증하거나 과학이 받아들일 수 있는 자연법칙을 발견할 수는 없을 것이다. "발육해 가는 한 마리의 모충을 아무리 주의 깊게 관찰한다 할지라도 그 관찰은 모충이 나비로 변태한다는 것을 예측하는 데 아무런 도움도 주지 못할 것이다."[7]

진화론을 인간 사회에 적용할 수 있다고 믿는 역사법칙주의자들은 역사에서 하나의 사건의 줄거리, 하나의 율동, 하나의 예정된 범형을 인정한다. 그러므로 그들은 대개 다음과 같은 두 가지 이론 중의 어느 하나를 택한다.[8] (a) 진화의 과정은 특이한 역사적 과정이 아니다. (b) 설사 진화의 과정이 특이한 것이라 할지라도, 우리는 이 과정에서 하나의 추세나 경향이나 방향을 인지할 수 있으며 이러한 추세를 진술하는 가설을 정식화하고 이 가설을 미래의 경험에 의해서 검증할 수가 있다. 첫 번째 이론 (a)는 플라톤, 마키아벨리, 비코, 슈펭글러, 토인비 등이 비슷하게 취한 입장으로서, 탄생, 유년기, 청년기, 성숙기, 노년기, 죽음이라는 생명의 주기가 개개의 동물과 식물에만 적용되는 것이 아니라 사회나 민족, 그리고 어쩌면 세계 전체에까지도 적용될 수 있다고 하는 이론이다. 민족이나 인류의 역사를 반복되는 것으로 보는 이러한 이론은 플라톤이 그리스의 도시국가와 페르시아 제국의 흥망성쇠를 해석할 때나 다닐레프스키나 슈펭글러 같은 문명론자들이 문명의 생명 주기를 연구할 때 사용했던 것이다. 우리는 물론 역사적 사상들 사이에 어떤 종류의 유사성이, 예컨대 고대 그리스와 현대 전제정치의 대두와 같은 유사성이 성립한다는 사실을 인정할 수 있다. 그렇지만 반복의 이런 사례들은 자세히 보면 매우 다른 상황들을 내포하며, 이 상이한 상황은 앞으로의 발전에 중요한 영향을 미칠 수도 있다. 그러므로 역사에서 어떤 원형이 반복된다고 추정할 근거는 없는 것이다. 더 나아가 설사 우리가 반복적인 생명 주기의 법칙을 확증해 준다고 생각되는 사례들을 수없이 발견한다 할지라도 반복되지 않는 사례들이 존재하는 한, 그것은 법칙이 되지 못한다. 왜냐하면 법칙의 지위는 그것을 지지하는 사례들의 발견에서 확립되는 것이 아니라, 오히려 그것을 반박할 수 있는 사례들을 발견할 수 없는 데서 확립되기 때문이다.[9)]

진화의 과정에서 하나의 추세나 경향이나 방향을 인지할 수 있다는 두 번째 이론 (b)에 대해서도 똑같은 비판이 가능하다. 이 이론은 기본적으로 사회적 정태학이 아니라 사회적 동태학에 근거하고 있으며,[10)] 이 사회적 동태학은 천문학이 기초를 두고 있는 물리적 동태학과 대응해서 확립될 수 있다고 생각된 것이다. 그러나 정태학과 동태학이라는 물리학적 개념들을 콩트가 사회과학에 적용하였을 때, 여기에는 심한 오해가 가로놓여 있었다는 사실을 포퍼는 다음과 같이 지적한다. "사회학자가 '정태적'이라고 부르는 사회의 종류는 물리학자가 '동태적'이라고 부르는 물리적 체계와 꼭 유사한 것이다."[11] 예컨대 태양계는 물리학자가 말하는 의미에서의 동태학적 체계의 전형적인 예가 될 것이지만, 태양계는 반복적이며 성장하거나 발전하지도 않고 어떠한 구조적 변화도 보여주지 않으므로 사회학자가 '정태적'이라고 부르는 사회체계에 해당된다. 그러므로 이러한 정상적 체계의 동태적 장기 예측이 비정상적 사회체계의 대규모의 역사적 예언의 가능성을 입증한다고 생각하는 것은 틀림없이 잘못인 것이다.[12]

그뿐만 아니라, 포퍼가 명료하게 분석하였듯이, 물리학에서 빌려온 다른 여러 용어들을 사회학에 사용할 때도 그것들을 비유적 의미에서 사용하지 않고 직설적 의미로 사용한다면 문제가 발생한다. 예컨대 물리학에서 사용되는 '운동'이란 개념은 한 물체나 물체들의 체계가 어떤 내면적 변화나 구조적 변화를 겪는다고 하는 것이 아니라 어떤 좌표계에서 상대적으로 자신의 위치를 바꾼다고 하는 것을 의미하는 데 반해서, 사회학자는 '사회의 운동(movement of society)'이라는 말로써 사회의 어떤 구조적 변화나 내면적 변화를 의미하려고 하기 때문이다. "사회적 운동의 속도나 그 경로, 과정, 방향이라는 개념들도, 그것들이 단지 어떤 인상을 전달하기 위해서 사용되는 한 마찬가지로 무해하다. 그러나 만일 그러한 관념들이 과학적인 주장으로서 사용된다면, 그것은 전적으로 전체론적 횡설수설(holistic jargon)이 되고 만다."[13] 왜냐하면 사회가 하나의 물체와 같이 하나의 전체로서 일정한 경로를 따라 일정한 방향으로 운동할 수 있다는 사회 그 자체의 운동이라는 관념은 단지 전체론적 혼란에 지나지 않기 때문이다. 그러므로 어떠한 의미에서도 물체들의 운동과 유사하거나 유비적인 사회의 운동이란 존재할 수가 없으므로, 사회적 운동의 법칙이란 존

재할 수가 없는 것이다.[14)]

2. 법칙과 추세: 비존재진술과 존재진술

우리가 진화의 법칙을 수립할 수는 없고 그러므로 그것을 사회학에다 적용할 수는 없다고 할지라도, 사회적 변화를 부인할 수는 없지 않겠는가? 그리고 그 변화에 추세나 경향이 있다는 것은 인정해야 하지 않겠는가? 사회적 변화에 추세나 경향이 존재한다는 것은 인정될 수 있다. 그러나 법칙(laws)과 추세(trends)는 근본적으로 다른 것이다.[15)] 왜냐하면 추세를 주장하는 진술은 일정한 시간과 장소에서 어떤 것의 존재를 주장하는 존재진술이며 하나의 단칭적, 역사적 진술인 데 반해서, 보편적 법칙에 관한 진술은 어떤 것의 존재를 주장하는 것이 아니라 어떤 것의 불가능성을 주장하는 진술이기 때문이다. 그러므로 보편진술과 존재진술의 구별은 매우 중요한 의미를 갖는다. 말하자면 반증 가능성이라는 구획의 기준에 입각해서 볼 때, 보편진술은 경험과학의 범위 안에 들어가지만, 존재진술은 이론적 경험과학의 범위 안에 들어갈 수 없는 형이상학적인 진술인 것이다.[16)] 우리는 "모든 까마귀는 검다(All ravens are black)."와 같은 진술을 엄밀한 보편진술이라 할 수 있고, "검은 까마귀들이 존재한다(There are black ravens)."와 같은 것을 엄밀한 존재진술이라 할 수 있다. 이때 우리는 엄밀한 보편진술의 부정은 항상 엄밀한 존재진술과 같으며, 그 역도 마찬가지라는 결론에 도달한다. 예컨대 "모든 까마귀가 검은 것은 아니다."라는 진술은 "검지 않은 까마귀가 적어도 한 마리는 존재한다."라는 진술과 같은 것이다.[17)]

이러한 근거에서 볼 때 자연과학의 이론이나 특히 우리가 자연법칙이라고 부르는 것은 엄격한 보편진술의 형식을 취하므로, 그것들은 결국 비존재진술의 형식으로 표현될 수 있는 것이다.[18] 말하자면 자연법칙은 어떤 금지나 배제에 비유될 수 있는 것으로서, 어떤 것의 존재를 주장하는 것이 아니라 어떤 것이 존재하지 않는다는 것을 주장하는 것이다. 자연법칙들이 반증될 수 있는 것은 바로 이와 같은 성격 때문이다. 즉 어떤 자연법칙이 존재하지 않는다고 주장하는 어떤 사례를 우리가 발견하게 될 때, 그 법칙은 반증되는 것이다.[19]

엄격한 진술은 — 그것이 보편진술이든 존재진술이든 — 시간과 공간에 한정되어 있는 것이 아니다. 즉 그것들은 일정한 시공 속의 개체들을 지시하는 것이 아니다. 이것이 바로 보편진술은 검증될 수 없고, 존재진술은 반증될 수 없는 이유이다. 우리는 이를 비대칭성이라 부른다. 즉 우리는 "모든 까마귀는 검다."는 주장을 검증하기 위해서 전 세계를 조사할 수는 없는 것이며, "검은 까마귀들이 존재한다."는 주장을 반증하기 위해서 — 즉 검은 까마귀가 존재하지 않고 그리고 미래에도 결코 존재하지 않을 것이라는 것을 확인하기 위해서 — 전 세계의 구석구석을 조사할 수는 없는 것이다. 물론 이 진술들은 시간, 공간을 제한함으로써 경험적으로 결정할 수 있는 길은 열려 있다. "현재 서울에는 붉은 개나리가 존재한다."는 존재진술은 반증될 수 있을 것이고, "현재 서울의 모든 개나리는 노랗다."는 진술은 검증될 수 있을 것이다. 그러나 이런 제한된 진술은 진정한 보편진술이 아니다.

법칙은 보편진술로 표현되기 때문에 예측을 가능하게 한다. 반면에 존재진술로 표현되는 추세에 기초해서 과학적 예측을 한다는 것은 불가능한 일이다. 수백 년, 수천 년 동안 계속되어 온 추세라 할지라도 10년 안에 변할 수 있기 때문이다. 포퍼의 분석에 의하면 콩트나 밀이 주장한 '계기의 역사적 법칙'이란 것도 결국은 법칙과 추세의 근본적인 혼동에서 연유한다. 포퍼의 분석은 다음과 같이 진행된다.

(i) 밀은 역사적 계기의 법칙을 엄밀한 법칙으로 간주하지 않았지만 일반성의 정도가 낮은 경험적 일반화, 즉 추세로 인정한다.

(ii) 그는 이런 추세를 엄밀한 법칙으로 환원할 수 있다고 믿었다.

(iii) 그러나 이런 환원은 불가능하다.

이런 분석에서 (i)은 큰 문제가 없다. 문제는 (ii)에 있다. 밀은 (ii)의 문제를 해결하는 방법을 역연역적 방법(method of inverse deduction)[20]이라 부른다. 이것은 일반성의 정도가 낮은 일반화를 더 높은 법칙으로 환원하는 방법이다. 예컨대 밀은 마치 우리가 대수학에 있어서 무한급수의 몇 개 항을 보고 나면 그 구성상의 규칙성의 원리를 간파할 수 있으며, 그 급수의 나머지 항을 우리가 원하는 어떤 수의 항까지라도 예측할 수 있는 것과 같이, 일련의 역사적 사상을 현실적으로 일어나게 하는 계기의 역사적 법칙이 일단 확인되면 우리는 미래의 사상들을 정확히 예측할 수 있다고 보았다.

만일 우리가 밀이 주장했던 대로 하나의 추세를 일군의 법칙으로 환원하는 데 성공한다면, 우리는 이 추세를 하나의 법칙처럼 예측의 근거로서 사용한다 해도 정당한 일일 것이다. 왜냐하면 그와 같은 환원이 가능하다면 그 방법은 법칙과 추세 사이의 간격을 메우는 교량의 역할을 수행할 수 있을 것이기 때문이다. 밀이 말하는 역연역적 방법이 사회과학에서 뿐만 아니라 자연과학에서도 사용되는 매우 중요한 방법임은 분명하다. 그럼에도 불구하고 추세를 법칙으로 환원하는 것이 불가능한 이유는 밀이 설명의 논리를 잘못 이해했기 때문이다.[21]

과학적 문제란 대체로 설명의 필요에서 제기된다. 그리고 설명은 단칭적인 특수한 사상의 설명과 법칙의 설명으로 나누어진다. 어떤 특수한 사상의 인과적 설명은 이 사상을 기술하는 진술을 두 종류의 전제로부터 연역함을 의미한다.[22] 즉 하나는 약간의 보편적 법칙들로부터이고, 다른 하나는 특수한 초기 조건들이라고 부를 수 있는 약간의 단칭적 진술들로부터이다. 예컨대 우리가 어떤 판자가 부러졌다고 말할 수 있는 것은, 그 판자가 10킬로그램의 무게에만 견딜 수 있었다는 것과 15킬로그램의 무게가 그 위에 놓였다는 것을 발견하는 경우의 일인 것이다. 그러므로 우리는 원인과 결과를 결코 무조건적으로 운위할 수는 없고, 한 사상은 반드시 어떤 보편적 법칙과의 관계에서만 다른 사상의 원인이 된다고 말하지 않으면 안 된다.[23] 그리고 어떤 특정한 사상을 검증하기 위해서 어떤 이론을 사용하는 것은 그러한 사상을 설명하기 위해서 그 이론을 사용하는 것의 다른 일면에 지나지 않는다. 즉 우리가 이론을 설명의 목적에 사용할 것인가 또는 검증의 목적에 사용할 것인가 하는 것은 우리의 관심 여하에 달려 있는 것이다.

보편적 법칙에 의해서 서술되는 규칙성에 관한 인과적 설명은 단칭적 사상에 관한 인과적 설명과는 약간 다르다. 이것은 단칭적 사상의 설명에서와 같이 약간의 보편적 법칙과 특수한 초기 조건들로부터 연역하는 것이 아니라, 하나의 법칙을 그와는 독립적으로 검증되고 확증된 일군의 더 일반적인 법칙들로부터 연역하는 데서 성립하는 것이다.[24] 그러므로 여기서는 단칭적 사상들의 설명에서 제기되었던 특수한 초기 조건들이 설명하려고 하는 법칙 속에 모두 포괄되지 않으면 안 된다. 다시 말해서 우리가 설명하려 하는 보편적 법칙의 정식화는 그 법칙의 타당성의 모든 조건을 포괄하지 않으면 안 된다.[25] 만일 그렇지 않으면 우리는 그 법칙을 보편적으로나 무조건적으로 주장할 수가 없기 때문이다.

이러한 두 종류의 설명에서 법칙의 설명은 밀의 역연역적 방법과 동일한 것이다. 그러나 단칭적 사상들의 인과적 설명에 관한 밀의 논술에는 보편적 법칙과 특수한 초기 조건을 분명히 구별하지 못한 심한 오해가 깔려 있다고 포퍼는 지적한다.[26] 이것은 대체로 밀이 '원인'이라는 용어로 때로는 단칭적 사상을 의미하기도 하고, 때로는 보편적 법칙을 의미하기도 한 용어 사용의 애매성에서 기인하는 것이다. 그러므로 "밀과 그의 동료인 역사법칙주의자들은 추세가 초기 조건에 달려 있다는 것을 간과하고 있다. 그들은 추세를 마치 법칙처럼 무조건적으로 다룬다."[27] 포퍼의 분석에서 보면 추세가 존재하는 것은 사실이지만, 그러나 그런 단칭적, 역사적 진술인 추세의 지속 여부는 특수한 초기 조건의 지속 여부에 달려 있는 것이다. 이렇게 볼 때 역사법칙주의가 말하는 '역사적 발전의 법칙'이란 절대적 추세임이 판명되는데, 이러한 추세가 조건부의 과학적 예측과는 대립되는 무조건적 예언의 근거인 것이다.[28]

이것이야말로 역사법칙주의의 치명적인 과오이다. 추세란 법칙과 같이 무조건적으로 타당한 것이 아니라 전적으로 선행 조건에 의존하는 것이므로, 어떤 추세를 설명하기 위해서 우리는 그러한 추세가 지속될 수 있는 조건들을 가능한 한 정확하게 규정하지 않으면 안 된다. 그러므로 우리가 만일 어떤 단칭적 추세 T의 완전한 조건 C를 규정하는 데 성공한다면, 우리는 다음과 같은 보편적 법칙을 정식화할 수는 있다. "C와 같은 종류의 조건이 있을 때에는 언제나 T와 같은 종류의 추세가 있을 것이다."[29] 그러나 이것은 벌써 역사법칙주의자들이 주장하는 절대적 추세와는 근본적으로 다른 것이다. 절대적 추세는 사회생활의 필연적인 현상이며 사회적 조건에 대한 어떠한 간섭에 의해서도 제거될 수 없는 것이기 때문이다. 이리하여 역사법칙주의자들은 자기들이 좋아하는 추세만을 절대적인 것으로 굳게 믿고 이 추세가 사라지게 될 조건에 대해서는 생각지도 않는 맹목적인 독단주의자들이라 할 수 있다.

3. 토대법칙과 수반법칙[30)]

이런 비판에도 불구하고 역사법칙주의자들은 역사법칙을 추세가 아니라 계기의 법칙이라고 강변할지도 모른다. 법칙은 어떤 종류의 사물이 갖는 규칙성을 의미하지만, 경우에 따라서는 한 개체가 시간의 흐름 속에서 겪는 변화에 대해서도 사용할 수가 있기 때문이다. 예컨대 오직 한 그루의 개나리가 존재한다 할지라도 시간 t_1에서의 개나리와 시간 t_2에서의 개나리, 시간 t_n에서의 개나리를 상정할 수 있고, 이때 "개나리는 언제나 노랗다."는 법칙적 주장을 할 수 있다. 이런 경우 역사법칙주의는 정당화되는가?

나는 이제 수반이론에 기초하여 역사주의자들이 주장하는 역사의 계기법칙을 추세가 아니라 법칙으로 수용한다고 할지라도, 그것은 토대법칙이 아닌 수반법칙임을 밝히고자 한다. 수반이론은 기본적으로 두 속성 간의 의존적 관계를 설명하는 이론이다. '수반'이란 술어 자체를 철학적으로 처음 사용한 사람으로 지목되고 있는 헤어(R. M. Hare)도 가치적 속성과 자연적 속성 간의 의존적 관계로서 수반을 사용하고 있다.[31)] 즉 우리가 갑을 '훌륭한' 사람이라고 상정할 때, 을이 갑과 똑같은 상황에서 똑같이 행동한다면 을도 역시 '훌륭한' 사람이라고 하지 않을 수 없다는 것이다. 다시 말해서 우리가 '훌륭한' 덕성의 사람을 용기 있고 자애롭고 정직한 사람으로 규정했다면, 용기 있고 자애롭고 정직한 사람은 누구든지 '훌륭한' 덕성을 갖게 된다는 것이다.

수반이론은 보통 다음과 같이 세 가지 원리로 규정된다.[32)]

(1) 함께 변함(covarience) : 수반된 속성들은 그들의 기반이 되는 속성이나 토대가 되는 속성들과 함께 변화한다. 특히 토대가 되는 속성에

서 구별되지 않는다는 것은 수반된 속성에서 구별되지 않는다는 것을 함축한다.

(2) 의존(dependency) : 수반된 속성들은 그들의 토대가 되는 속성들에 의존하거나, 그것들에 의해서 결정된다.

(3) 환원 불가능성(non-reducibility) : 수반된 속성들은 토대가 되는 속성들로 환원될 수 없다.[33)]

이제 이를 역사법칙의 문제에 적용해 보자. a, b, c 세 사람이 A, B, C의 개인적 속성들을 공통으로 갖고 있다고 하고, 이 개인적 속성들의 집합을 P라 하자. a, b, c가 일정한 관계 속에 돌입하여 하나의 사회 s를 이루었다고 하고 이 s가 Q, R의 사회적 속성을 갖는다고 하자. 그리고 이 사회적 속성들의 집합을 M이라 하자. 이제 우리가 부분전체론적 수반이론을 받아들이면, M은 P에 수반되었다고 할 수 있을 것이다. 똑같은 논리로 모든 속성들에 *를 붙인 다른 세계도 상정할 수 있다. 그러면 역시 수반적 속성 M*는 토대적 속성 P*에 수반되었다고 해야 할 것이다.[34)]

만약 P가 P*로 변화한다면, M도 M*로 변화한다고 해야 할 것이다. 왜냐하면 M은 P에 수반되고 M*는 P*에 수반된 속성이기 때문이다. 그렇다면 M과 M*는 무엇에 의해 연결되는가? 즉 어떤 고리에 의해 M과 M*는 인과적으로 연결되는 것일까? 그것은 P와 P*를 연결시킨 바로 그 행위의 규칙들 (l_1, l_2, l_3)에 의해서인가? 아니면 다른 법칙에 의해서인가? 우리가 부분전체론적 수반론에 기초한다면 다음과 같이 말할 수 있을 것이다. P와 P*를 연결하는 행위의 규칙들 (l_1, l_2, l_3)이 존재한다면, P와 P*에 수반된 사회적 속성 M과 M*를 연결하는 법칙 L이 수반적으로 존재할 수밖에 없다. 법칙 L은 물론 법칙 (l_1, l_2, l_3)에 수반된 법칙이다. 그리고 이 L은 바로 역사적 법칙주의자들이 주장했던 거시적 역사법칙인 것이다.

이를 도식화하면 다음과 같다.

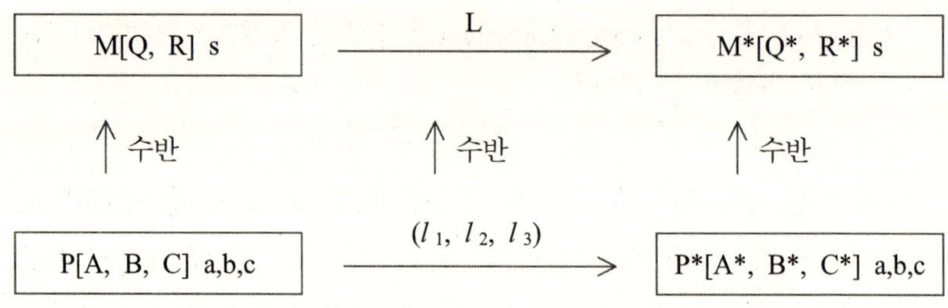

[그림 14] 거시적 법칙은 미시적 법칙에 수반된다.

이것은 수반적 인과관계(supervenient causation)라 할 수 있다. 수반적 인과관계란 수반된 속성 간의 인과관계를 의미한다. 이것은 거시적 인과관계(marco causation)이다. 거시적 인과관계를 수반적 인과관계로서 볼 수 있는 이유는 전체의 속성은 그 부분들의 속성에 수반된다는 부분전체론적 수반에 기초해서이다. 그렇다면 거시적 인과관계란 무엇인가?

거시적 인과관계는 거시적 사건들과 상태들을 포함하는 인과적 관계이다. 거시적 사건이나 상태는 한 대상이 어떤 시간에 거시적 속성을 갖는 것으로 이해된다. 미시-거시의 구별은 물론 상대적이다. 온도는 분자운동에 비해 거시적이고. 분자의 속성은 원자의 더 근본적인 소립자들로 규정되는 속성이나 관계에 대해서는 거시적이다.[35)]

만약 수반적 인과관계로서 거시적 인과관계가 존재한다면, 이 수반적 인과관계를 지배하는 거시적 법칙 역시 존재해야 할 것이다. 우리가 미시와 거시를 상대적 개념으로 파악하는 한 거시적 법칙의 존재는 필연적일 것으로 보인다. 왜냐하면 미시-거시적 개념을 상대적으로 사용하면서 거시적 법칙을 거부한다면 우리는 결국 우리가 현재 사용하고 있는 모든 법칙을 거부할 수도 있을 것이기 때문이다. 실제로 우리의 일상적 경험에 친숙한 모든 인과관계가 거시적 인과관계라면, 우리가 아는 대다수의 법칙은 거시적 법칙이라고도 할 수 있다.[36)]

법칙도 수반될 수 있는가? 수반이론에서 중심적으로 논의되어 온 것은 속성의 수반이었다. 속성의 수반이 모든 수반 중에서 가장 기본적인 것은 사실이다. 그렇지만 속성의 수반만이 수반의 유일한 대상일 필요는 없을 것으로 생각된다. 사건의 수반은 속성의 수반과 더불어 많이 논의되어 왔고, 우리가 만약 수반적 인과관계를 이야기한다면 인과관계도 역시 수반의 대상이 된다고 봐야 한다. 그렇다면 이 인과관계를 지배하는 법칙만은 수반되지 않는다고 해야 할 이유란 없을 것이다.

이런 관점에서 볼 때 헤겔이나 마르크스가 역사세계 전체의 흐름을 설명하기 위해 추구한 역사의 법칙은 수반법칙임이 드러난다. 그렇지만 그들은 이런 법칙이 개인들의 행위의 법칙에 기초해서 나타난 수반법칙임을 철저히 인식하지 못했다. 그렇기 때문에 이들은 역사의 법칙을 그 토대가 되는 행위의 법칙에서 정당화시키려 하지 않고, 형이상학적 전제나 선험적 직관에 의해 정당화시키려고 했던 것이다. 말하자면, 그들의 잘못은 역사법칙 자체의 수립에 있었다기보다는 그것을 정당화시키려 한 방법에 있었던 것이다. 그리고 우리가 이렇게 역사의 법칙을 승인한다고 해서, 역사적 결정론이나 전체주의를 받아들일 이유란 없는 것이다. 그뿐만 아니라 역사적 예언도 불가능하게 된다. 이런 계기의 법칙들은 미시적 인간 행위의 법칙들에 수반된 이차적 법칙일 뿐이며, 그 존재론적 토대는 개개인의 행동들에 관련된 기초법칙들이기 때문이다.

4. 법칙론적 역사 해석의 유형[37)]

역사 발전을 지배하는 법칙에 관한 이론은 이 역사의 법칙을 어떻게 규정하느냐에 따라 여러 종류의 이론으로 분류될 수 있다.[38)] 진보 이론, 몰락 이론, 순환 이론이 그런 예들이다.

진보의 이론은 인류의 역사가 무한히 진보되어 간다는 주장으로서 진보의 법칙을 역사의 보편적 법칙으로 간주하는 헤겔, 마르크스 등에 의해서 대표되는 이론이다. 이와 반대 의견을 취하는 퇴보 내지 몰락 이론은 모든 역사는 타락과 몰락의 역사라고 간주하는 플라톤, 아우구스티누스 등이 지지한 이론이다. 인류의 역사를 끊임없는 순환으로 이해하는 순환 이론은 역사가 일정한 과정을 반복한다고 하는 이론으로서, 비코, 슈펭글러, 토인비 등이 이 이론의 대표자로서 예시될 수 있다.[39)]

이런 역사법칙주의 이론들의 공통적인 오류는 이미 살펴보았듯이 이들이 모두 전체론이라는 허구 위에 기초하고 있으며, 그들이 주장하는 소위 법칙이 진정한 법칙일 수 없다는 점이다. 말하자면 헤겔이 말한 자유의식의 진보 과정으로서의 역사의 3단계 발전 법칙이나, 마르크스가 본 생산력과 생산 관계의 경제적 모순에 의한 역사의 5단계 발전 법칙 등은 모두 진정한 과학적 법칙이 아닌 것이다. 여기서는 근대 역사법칙주의의 전형적인 대표자인 헤겔과 마르크스, 그리고 슈펭글러의 역사철학을 고찰해 보기로 한다.

1) 자유의식의 진보: 헤겔

역사법칙주의의 대표자는 단연 헤겔이다. 헤겔만큼 인간 사회의 역사성과 그 발전 법칙을 강조한 철학자를 찾기란 쉽지 않다. 포퍼가 헤겔을 근대 역사법칙주의의 원천으로서 이해하고, 그를 헤라클레이토스, 플라톤, 아리스토텔레스의 직접적인 계승자로서 평가하는 것도 이런 이유 때문이다.[40)]

플라톤은 이념이나 본질(Ideas or Essences)이 변화하는 사물들에 앞서서 존재하며, 모든 변화의 경향은 완전한 이념으로부터 벗어나는 운동, 즉 몰락으로서 설명될 수 있다고 믿었다. 그러므로 플라톤에서 국가의 역사는 타락의 역사인 것이다. 헤겔은 아리스토텔레스와 마찬가지로 이념이나 본질이 변화하는 사물 속에 존재한다고 믿었다는 점에서는 플라톤과 구별된다. 그렇지만 그도 본질을 전제한 형이상학자였다. 따라서 플라톤, 아리스토텔레스와 마찬가지로 헤겔은 본질을 적어도 유기체의 본질을 (그러므로 국가의 본질을) 영혼이나 정신으로 이해한 철학자라 할 수 있다.[41)]

이들 본질주의자들에서는 사물들의 본질은 아니라 하더라도 적어도 유기체의 본질은 영혼이나 정신인 것이며—아리스토텔레스에서 신체의 형상은 영혼이다—민족이나 국가도 유기체인 한에서, 영혼이나 정신을 갖는 것은 당연한 논리적 귀결인 것이다. 그리고 우주가 하나의 유기체인 한에서 그것은 세계정신이나 세계영혼 혹은 범(梵)이라는 본질을 갖는다. 역사주의자들이 주장하는 민족혼이나 집단정신, 시대정신 등도 이러한 관점에서 이해되어야 한다. 여기서 우리는 본질론과 전체론이 쉽게 결합할 수 있는 연결점을 발견하게 된다.

플라톤과 헤겔은 같은 본질주의자이면서도 다음 몇 가지 점에서 서로 의견을 달리했다고 볼 수 있다.[42)] 첫째로 헤겔은 변화하는 세계의 발전 추세가 이념으로부터 점차 멀어져 가는 몰락의 길이라는 비관적인 플라톤과는 반대로 이념으로 향한 전진의 길이라고 낙관적으로 생각했다. 둘째로, 헤겔은 플라톤과는 반대로 본질까지도 발전한다고 주장했다. 즉 헤겔의 세계는 헤라클레이토스의 세계와 같이 모든 것이 변화하는 세계이므로, 본질도 예외가 될 수 없는 것이다. "헤겔의 역사법칙주의는 낙관적이다. 그의 본질과 정신은 플라톤의 영혼과 같이 스스로 운동한다. 그것들은 스스로 발전한다. 좀 더 유행하는 용어로 표현하자면, 그것들은 출현하면서 스스로를 창조한다. … 그리고 본질이나 정신이 발전해 가는 방향은 아리스토텔레스적 목적인(目的因)의 방향이다."[43] 헤겔은 이 목적인, 즉 본질이 지향하는 목적을 절대 이념(Die absolute Idee)이나 이념이라 불렀다. 여기서 진화의 모든 단계가 그 앞 단계를 포괄하고 극복함으로써 점점 완전함으로 다가가는 한에서, 헤겔의 변화하는 세계는 창조적 진화의 상태에 있다고 할 수 있다. 그러나 이 발전의 법칙은 단순하고 직선적인 성질의 것이 아니라 정반합(正反合)의 과정을 거치는 변증법적 진보의 법칙이다. 헤겔은 이 변증법적 과정을 "삼박자 리듬"[44]으로 표현한다.

이 변증법적 삼화음과 함께 헤겔 철학을 지탱하는 또 하나의 지주는 소위 그의 동일성의 철학이다. 포퍼는 헤겔의 동일성의 철학을 그의 변증법의 적용으로 이해하고, 이를 다음과 같이 설명한다.[45] 플라톤의 형상이나 이념은 우리 마음속의 관념과는 다른 것이었고, 소멸하는 사물들이 비실재적인 데 반해 이 이데아만은 실재적인 것이었다. 그러므로 다음과 같은 등식이 성립될 수 있다: 실재(Real) = 이념(Idea). 헤겔은 이념을 정신적인 어떤 것 내지는 합리적인 어떤 것으로 해석했다. 따라서 자연적으로 다음과 같은 등식이 성립될 수 있었다: 이념(Idea) = 이성(Reason). 그리고 이 두 등식으로부터 다음과 같은 결론이 도출된다.

실재하는 것은 이념이다.
이념은 이성적인 것이다.
∴ 실재하는 것은 이성적인 것이다.[46]

이렇게 하여 "이성적인 것은 현실적이요, 현실적인 것은 이성적이다(Was wernünftig ist, das ist wirklich; und was wirklich ist, das ist wernünftig)."라는 헤겔의 유명한 명제가 등장하게 된다.[47] 헤겔 철학에서 현실적인 세계의 발전은 이성의 발전과 같은 것으로 해석되며, 이성이 세계의 지배자로서 나타나는 것은 이런 논리 때문이다.

> 철학이 역사적 사색에 제공하는 유일한 사상은 이성이 세계를 지배하며, 따라서 세계사도 역시 이성적으로 전진해 왔다고 하는 단순한 이성의 사상이다.[48]

이러한 통찰은 헤겔에 있어서 역사철학을 구성하는 기본적이며 유일한 전제이다. 그러나 이것은 철학 자체에 있어서는 결코 어떠한 전제도 될 수 없다. 왜냐하면 이성은 실체인 동시에 무한한 힘이며, 그 자신 일체의 자연적, 정신적 생명의 무한한 소재인 동시에, 이러한 질료를 움직이게 하는 무한한 형상이라는 것이 사변적 인식을 통해서 증명되기 때문이다. "이성은 실체이다."[49]

실체로서의 이성은 개인적 이성의 원천이지만 이를 포괄하고 넘어서는 신적 이성이다. 그러므로 실체적 이성은 개인의 단순한 추상적 사고 능력이 아니라, 일체의 현실을 창출해 내는 무한한 힘이다. 그러므로 오직 이성 스스로가 그 자신의 전제이고 그의 목적은 절대적인 궁극목적이다.

이것은 어떤 특수한 개인의 이성이 아니라, 신적이며 절대적인 이성이다. 이 이성은 오직 세계사 속에서 입증된다. 세계사란 이와 같은 성질의 이성이 현상화한 것이다. 이성은 자체 안에 안주하면서 그 목적을 자체 내에 지닐 뿐만 아니라, 또한 자기 자신을 현실화하면서 스스로를 관철시킨다. 헤겔은 다음과 같이 말한다.

이제 무엇보다도 세계사 자체의 고찰로부터 비로소 명백해질 수 있는 것은 세계사 속에서는 모든 것이 합리적으로 운행되어 왔고 또 이 세계사는 역사의 실체를 이루는 세계정신의 이성적이며 필연적인 도정이며, 결국 세계정신은 불변의 일원자(一元者)이면서 바로 그 세계 안의 현존재 속에서 그의 본성을 드러낸다고 하는 사실이다.[50]

이성은 더 높은 단계로 상승하기 위해 정태적 상태에 머물지 않고 시간 속에서 자신을 전개한다. 이때 이성은 정신이라 불리며, 세계사와 연관될 때 세계정신이라 불린다. 따라서 "이성이 세계를 지배한다."는 명제는 "세계정신이 자신을 실현한다."는 명제와 같은 의미이다.

헤겔은 "이성이 세계를 지배한다."는 명제에 대한 두 종류의 오해를 피하는 것이 매우 중요하다고 지적한다. 하나는 고대 그리스의 아낙사고라스(Anaxagoras)의 "이성이 세계를 지배한다."는 원리이다. 이것은 과학자가 자연에서 이성을 발견했다고 할 때의 의미로서, 이때의 이성은 자기 스스로를 의식하는 이성으로서의 지성적 존재가 아니며, 정신 자체가 아니다. "태양계의 운행은 불변적 법칙에 따르며, 이 법칙들이 태양계의 이성이다. 그러나 이러한 법칙들에 따라서 움직이는 태양이나 위성들은 이 법칙들에 대한 의식을 갖고 있지 않다."[51] 말하자면 아낙사고라스는 태양계의 운동은 불변의 법칙에 따라 행해진다고 하면서, 이 불변의 법칙을 태양계가 갖고 있는 이성이라 불렀던 것이다. 그렇지만 태양계의 어떤 행성도 이에 대한 의식을 갖고 있지 않다. 이러한 관점에서 보면 이성이 세계를 지배한다는 아낙사고라스의 사상은 불변의 법칙이 세계를 지배한다는 주장과 같은 것이다. 그러므로 자연 속에 이성이 존재하기 때문에 자연은 언제나 보편적 법칙에 따라 합리적으로 지배된다는 아낙사고라스의 이성 개념은 "보편적인 불변의 법칙에 일치한다."는 개념에 불과하다. 헤겔에 의하면 소크라테스가 아낙사고라스의 원리에 관해서 불평한 것은 분명히 원리 그 자체가 아니라, 그것을 구체적 자연에 적용할 수 없는 결함 때문이었다. 자연은 이러한 원리에서 이해되거나 파악될 수 없으며, 자연이 이성의 전개로서 파악되지 않는 한 그러한 이성의 원리는 추상적인 것에 불과하다. 특히 역사는 정신적 존재에 관계되는 것이므로 이러한 개념은 역사에 대한 철학적 해명으로는 적절하지 못하다.

이성이 세계를 지배한다는 또 하나의 사상으로는 세계가 우연이나 외적인 원인에 내맡겨져 있는 것이 아니라, 신의 섭리가 세계를 지배한다는 종교적 사상을 들 수 있다. 신의 섭리란 아낙사고라스의 이성과 같은 단순한 자연적 법칙이 아니다.

이때 역사의 합리성은 단순히 외적 질서 속에서가 아니라, 목적 또는 계획의 실현에서 발견된다. "신의 섭리는 그의 목적, 즉 절대적이고 이성적인 세계의 궁극목적을 실현하는 무한한 힘이 부여된 지혜이다."[52] 그러나 이러한 신앙과 헤겔의 이성의 원리 사이에도 역시 대립이 존재한다. 헤겔에 의하면, 그러한 신앙은 그 내용이 규정되어 있지 않기 때문에 세계사를 구체적이고 포괄적으로 설명하는 데까지는 이르지 못한다. "섭리는 우리의 시야에서 가려져 있고, 그것을 알려고 하는 것은 오히려 주제넘은 행위같이 보인다."[53] 섭리에 대한 일반적인 신앙은 대체로 그 원리의 사용을 거부하며, 섭리의 계획에 대한 인식 가능성을 배제한다. 그러므로 섭리의 자세한 계획은 우리에게는 숨겨져 있으며, 우리는 단지 어떤 섭리가 있다는 정도의 단순한 일반성에 머물 수밖에 없다. 헤겔은 섭리란 더 이상 인간의 인식의 대상이 될 수 없다는 이런 종교적 주장을 거부하면서, 모든 것 안에서 신을 인식하고, 더욱이 세계사의 무대에서 신에게 영광을 돌리는 일이야말로 신에 대한 공경을 나타내는 일로 간주한다. 이런 논리에서 헤겔은 섭리의 방법과 섭리가 나타나는 역사적 현상에 대한 인식으로 향하지 않으면 안 된다고 본다.

여기서 참으로 철학적인 역사 해명은 역사의 과정에서 실제로 작용하고 있는 이성을 밝혀내고 논증하지 않으면 안 된다는 주장이 성립한다. 헤겔은 역사의 참다운 주체는 이성이라고 했다. 이 이성은 이미 밝힌 바와 같이 순수한 사유로서 현실에서 유리된 것이 아니기 때문에, 그 자체의 활동에 의해서 자신을 실현시키며 그 내면적인 것을 외면화시키는 동시에, 외면성을 부정하고 내면화시키는 정신적 활동이다. 그러므로 역사의 추진력, 역사의 주체는 바로 정신이다. 그것은 단지 개인의 주관적 정신이 아니라 보편자로서 실재하는 객관적 정신이다.[54] 그러기에 "우리는 먼저 우리의 대상인 세계사가 정신의 지반 위에서 일어나는 것임을 주목해야 한다."[55] 세계는 물적 자연과 심적 자연을 다 포괄하므로, 물적 자연도 세계사에 관여한다. 그러나 정신과 그 발전 과정이 역사 탐구의 실질적인 대상이 된다. 즉 자연은 그 자체가 독립적으로 고찰되는 것이 아니라, 정신과의 관계에서만 고찰된다. 자연은 그 자체가 이성의 체계로서는 취급되지 아니하고 정신과의 상대적 관계에서만 취급된다. 자연은 이념이 소외되어 나타나는 형태요, 정신은 이념이 자기소외를 거쳐 도달하는 단계이다. 자연은 이념 그 자체의 궁극목표는 아니며, 정신의 출현을 위한 전제로서 나타나서 정신 속에서 지양된다. 세계사에서 문제되는 것은 자연에 대립되는 정신과 이 양자의 통일체로서의 보편적 의식이다.

그러면 역사에 있어서 실현되는 이성, 즉 정신의 내용은 무엇인가? 헤겔은 "정신의 본성은 그와 반대되는 것, 즉 물질과 비교해 봄으로써 이해될 수 있다고 본다. 물질의 본성이 중력이라면 정신의 본성은 자유라고 할 수밖에 없다."[56] 헤겔에 의하면 자유란 정신의 일부분을 나타내는 속성이 아니라, 오히려 정신의 모든 속성이 자유에 의해서만 존립하며, 다른 모든 속성은 자유를 위한 수단에 불과하다. 모든 것은 이 자유만을 추구하고 산출한다. 자유야말로 정신의 유일한 진리이다.

"물질은 중심점을 향하는 그 경향 때문에 중력을 가진다."[57] 이것은 물질이 자신의 밖에 존재하는 중심점을 향해서 운동하며 자기의 밖에서 통일을 추구한다는 것을 의미한다. 그렇지만 정신은 이와 대조적이다.

> 정신은 그 자신 안에 중심점을 가지고 있다. 정신은 그 자신 밖에서 통일을 찾는 것이 아니라, 그 자신 안에 그리고 그 자신과 더불어 존재한다.[58]

물질은 중심점을 향하지만 정신은 자존적 존재(das Bei-Sich-Selbst-Sein)로서 중심점 자체이다. 이것이 바로 자유다. 만약 내가 나 자신이 아닌 다른 것에 관계한다면, 나는 자유가 아닌 의존의 상태에 머물 것이다. 그러나 나는 나 자신에만 의존하고 있으므로 완전히 자유다. 헤겔은 의식에서 두 가지를 구별한다. 하나는 내가 안다는 사실과, 나른 하나는 내가 아는 대상이다. 자의식이란 자기 스스로에 대한 인식이기에 자의식에 있어서는 이 두 가지가 하나로 통합되어 있다. 따라서 정신은 자기 자신의 본성에 관한 평가이며, 동시에 그것의 본질을 실현시키는 활동이다. "자유는 자신까지 의식화하며, 그럼으로써 스스로를 실현하는 것이다."[59] 자유는 그 자체가 정신의 유일한 목적이다. "세계사란 정신이 자신의 본질에 관한 지식을 스스로 획득해 가는 정신의 현현이다."[60] 이런 정신의 관점에서 보면 정신보다 더 높은 것은 세상에 존재하지 않는다. 또한 정신의 대상보다 더 가치 있는 것도 없다. 정신은 자신의 완전한 인식에 도달하기까지는 결코 휴식하지 않으며 자신 외의 어떠한 것과도 관계하지 않는다. 그러므로 정신이 자신의 자유에 관해서 가지는 의식과 잠재적 자유의 완전한 실현이 세계사의 목적이며, 세계 전체의 궁극목적이다. 이 지상의 광대한 제단 위에 장구한 시일에 걸쳐 온갖 희생이 바쳐진 것도 바로 자유의 실현이라는 세계사의 궁극목적 때문이다.

헤겔에서 자유란 정신의 일부분을 나타내는 속성이 아니라, 정신의 유일한 속성을 나타낸다. 정신의 모든 속성은 자유에 의해서만 존립하며, 다른 모든 속성은 자유를 위한 수단에 불과하다. 정신은 이 자유만을 추구하고 산출한다. 그러므로 세계사는 '자유의식의 진보'였던 것이다.[61] 헤겔은 이 자유의식의 진보 과정을 그의 변증법에 따라 3단계로 구분하다. 첫째 단계는 한 사람만이 자유로웠던 동양의 전제정치 단계이며, 둘째 단계는 소수의 사람만이 자유로웠던 그리스의 민주정치와 로마의 귀족정치 단계이며, 세 번째의 마지막 단계는 모든 사람이 자유로운 게르만 사회의 입헌군주정치 단계이다. 따라서 세계사는 중국, 인도, 페르시아의 동양 세계로부터 시작해서 그리스와 로마의 세계로 이어지고, 서유럽의 게르만 민족의 기독교 세계에서 그 절정에 달한다.

> 세계사는 동양에서 서양으로 진행한다. 왜냐하면 아시아가 세계사의 시작인 데 반해서 유럽은 단적으로 세계사의 목적이기 때문이다.[62] 동양에서 물질적 태양이 떠서 서양으로 진다. 그에 반해 서양에서는 더 고상한 빛을 발하는 자기의식의 태양이 뜬다.[63]

헤겔의 설명에 의하면 세계사는 자연적 정신이 주체적 자유로 도야되어 가는 과정이다. 그런데 동양인들은 정신이나 인간 그 자체가 본래 자유로운 존재임을 알지 못했다. "그들은 한 사람만이 자유롭다는 것을 알 뿐이다."[64] 따라서 그러한 자유는 자의, 횡포에 지나지 않는 것이었고, 이 한 사람은 자유인이라기보다는 전제군주에 불과했다. 그리스인에게서 최초로 자유의 의식이 일어났다. 그리고 그들은 자유를 알았기 때문에 자유로웠다. 그러나 그리스인이나 로마인이 누린 자유는 제한된 자유였다. 왜냐하면 "그들은 몇 사람이 자유롭다는 것을 알았을 뿐, 만인이 자유롭다는 것을 알지 못했기 때문이다."[65] 그들의 자유는 노예 제도 위에 구축된 일시적인 꽃이었다. "게르만 민족에 와서 그리스도교의 덕분으로 만인이 인간으로서 자유이며, 정신의 자유가 인간의 가장 고유한 속성을 이룬다는 의식에 도달했다."[66] 그러나 이러한 원리를 세계사적 본질로 형성하는 일은 역사 자체가 창조하는 문화의 긴 과정을 요구하는 문제였다. 즉 자유의식이 가장 내적인 영역인 종교에서 일어나서 세속적인 생활 속까지 파급되는 데는 오랜 동안의 교화가 필요했다. "노예 제도가 폐지되고 자유가 여러 국가를 지배하게 되고, 자유의 원리 위에서 정부와 헌법들이 조직되는 데는 오랜 기간의 과정이 요구되었으며, 이 과정이 바로 역사 자체인 것이다."[67]

헤겔은 세계사의 각 단계들을 다음과 같이 설명한다. 첫 번째 단계인 동양의 세계는 직접적 의식을 기반으로 삼고 있다.

> 동양 세계에서 정신은 아직 주관성을 획득하지 못했기 때문에 일반적으로 여전히 자연적인 정신 형태로 나타날 뿐이다. 외면적인 것과 내면적인 것, 법률과 도덕관념이 아직 구분되지 않고 여전히 미분화 상태에서 통합되어 있기 때문에 종교와 국가 또한 구분되지 않는다.[68]

그러므로 이성적 자유가 정치 생활에서 나타나기는 하나, 주관적 자유에까지 이르지는 못했다. 국가 생활에서 개인은 단순히 우연적 존재에 불과하며, 동양의 영광은 모든 존재가 귀속되는 군주 일개인에게 있다. "개인의 연령과 비교해 본다면 동양은 역사의 소년 시대이다."[69)]

헤겔이 보기에 동양의 중요한 세 민족, 중국, 인도, 페르시아 중에서 중국인과 인도인은 아직 세계사적 민족의 지위에 도달하지 못했다. 중국의 정신은 기껏해야 가족의 정신이었고 그 구성원은 시민이 아니라 자녀의 자격을 갖는 데 불과했다. 자발성과 자기의식의 결여가 중국 문화의 모든 면에 고루 퍼져 있었고, 중국 민족의 경우만큼 연달아 사가를 배출한 민족은 없을 정도지만, 그들의 역사란 반성되지 않은 사실의 집적에 불과하다. 법률 규범은 자유로운 감정, 도덕적 입장 따위와는 무관하게 자연의 법칙처럼 외적인 힘으로 생각되었다. "중국 민족의 특징은 그들이 무릇 정신에 속하는 모든 것, 즉 자유로운 윤리, 도덕, 심성, 내적인 종교, 학문, 또는 정통적인 예술 등에서 결핍되어 있다는 점이다. 황제는 항상 존엄과 어버이와 같은 자애와 온정으로써 인민을 대한다. 그러나 백성은 자기 자신에 대해서는 극히 비굴한 감정을 가질 뿐이고, 단지 황제 폐하의 권력의 수레를 끌어주기 위해서 탄생했다고 믿는다."[70)] 그러므로 전제국가는 이 민족에 적합한 정치체제였다는 것이다.

인도는 중국보다 정신적으로 더 발달했다고 헤겔은 주장한다. 그는 그 근거로 인도의 관념론을 든다. 중국이 모든 점에서 산문적 오성의 성격을 가지고 있는 데 반해, 인도는 공상과 감각의 나라다. "이제 정신의 관심은 외면적으로 세워진 규정이 내면적 규정으로, 자연계와 정신계가 지성에 속하는 내면적인 세계로 규정되는 데 있고, 그것에 의해서 일반적으로 주관과 존재와의 통일이나 존재의 관념론이 세워진다."[71)] 그러나 이런 관념론은 개념 없는 공상에 지나지 않는다. 이것은 출발점과 자료는 존재에서 취하지만 일체를 다만 공상적인 것으로 바꿔버린다. 세계사적 관련에서 볼 때 인도는 중국보다 훨씬 중요하다고 주장된다. 이런 주장은 인도가 중국보다 세계사의 발전에 더욱 크게 기여했다는 데 근거하고 있다. "산스크리트어는 훗날의 유럽어의 전부, 즉 그리스어, 라틴어, 독일어의 기초이며, 인도는 전 서양 세계의 발상지이다."[72]

"페르시아는 최초의 역사적 민족이고 사라져버린 최초의 국가이다."[73] "페르시아에서야 비로소 스스로의 빛으로 남을 비춰주는 광휘가 나타난다."[74] 왜냐하면 조로아스터의 빛이야말로 비로소 의식의 세계에 속하는 것이기 때문이다. 중국과 인도가 정체성을 지속하여 오늘날까지 식물적 생존을 영위해 온 데 반해서, 페르시아는 시종 발전과 변혁을 겪었다. 발전의 원리는 페르시아의 역사와 더불어 시작하며, 페르시아의 역사야말로 세계사의 미래의 시작을 이룬다고 헤겔은 주장한다. 역사에서 정신의 일반적 관심은 자신의 무한한 내면세계에 이르는 데 있으며, 절대적 대립을 거쳐 화해에 도달하는 데 있기 때문이다. 중국에서 윤리적 전체로서의 총체성은 볼 수 있으나 주관성은 없으며, 전체의 질서는 있었지만 개인의 독립성은 없었다. 인도에서 분리가 출현하였지만 그러나 이 분리는 그 자체가 정신적인 것이 아니기에 초보의 내면성에 지나지 않았다. 그러나 페르시아의 정신은 순수한 광명의 정신이고, 윤리에 사는 민족의 이념이었다. 따라서 "중국은 전적으로 본래적 의미에서 동양적이지만, 인도는 그리스에 비유되고 그에 대해 페르시아는 로마에 대비될 수 있다."[75] 그러나 여기서도 아직 인간의 독립성과 자유로운 인간성의 발달에까지는 이르지 못하고 있다.

그리스인과 더불어 진정한 자유의 역사가 시작한다고 헤겔은 말한다. 왜냐하면 여기서 우리는 자기 자신을 형성하는 개성을 보기 때문이다. "역사의 두 번째 단계인 그리스는 인류의 청년 시대이다."[76] 여기서 헤겔이 말하는 청년의 개념은 미완성적이고 미숙한 상태를 의미하는 것이 아니라 오히려 발랄한 정신의 젊음을 의미한다. 그리스에서 정신의 구체적인 발랄함은 감성적인 모습으로 등장하는데, 그것은 육체화된 정신이고 정신화된 감성으로서, 말하자면 정신에서 산출된 통일이라는 모습으로 출현한다. 여기에서 정신은 성숙하게 되고 객관적 윤리와 개인의 자유로운 의지가 완전 통일됨으로써 미적 자유의 왕국을 이루며, 국가, 가족, 법률, 종교가 동시에 개인의 목적이 된다. 헤겔은 그리스 정신의 젊고 신선함과 활기의 상징으로서 아킬레스(Achilles)와 알렉산더 대왕(Alexandros the Great)을 예로 들고 있다. 전자는 시를, 후자는 현실을 상징하는 이상적 젊은이다. "그리스의 생활은 그 자체가 참다운 청년의 사업이었다. 시 속의 청년 아킬레스가 바로 그리스의 생활을 시작하였고, 현실의 청년 알렉산더 대왕이 이것을 결실시켰다."[77] 그러므로 그리스 정신의 특성은 미적 개성의 출현에 있다.

그렇지만 정신은 미적 개성만을 통해서는 완성되지 못한다. 헤겔에 의하면 그리스에서는 개인의 주관적인 의지와 도덕이 통일되어 있다 할지라도, 아직 개인은 정의와 법칙에 의해서 부과된 행위와 습관을 반성 없이 받아들이고 있다. 따라서 개체는 일반적인 목적, 즉 이성과 무의식적인 통일 상태에 머물 뿐, 자유로운 주관성의 단계에까지 순화되지 못하고 있다.

"역사의 세 번째 단계는 추상적 보편성의 영역인 로마 세계이며 인류의 장년 시대다."[78] 그리스의 원리에는 기쁨과 쾌활과 즐거움에 충만한 정신이 있었다. 그 정신은 자연적 요소와 개인의 특수성을 구비하고 있었고, 그 때문에 개인의 덕 자체가 윤리적 예술품으로 되어 있었다. 그러나 추상적인 일반적 인격성은 아직 나타나 있지 않다.

정신은 아직 추상적 보편성의 형식에까지 발전하지 못했기 때문이다. 로마에서 이 자유로운 보편성, 추상적인 자유가 발견된다. 그것은 한편으로는 구체적 개성 위에 추상적 국가, 즉 정치와 권력을 세워서 이 개성을 완전히 억압하는 동시에, 다른 편에서는 국가라는 보편성에 대립하는 것으로서의 인격성, 즉 각자의 자유를 창조한다.[79] 그리스의 자유로운 미적 개성의 발휘는 자연적인 것, 감성적인 것과 밀접한 관계를 가졌기 때문에 결국 오성적이며 추상적인 발달보다도 주관적이며 자의적인 발달로 기울어졌다. 여기서 주관성과 개성의 존중은 오히려 야비한 감성적인 향락과 추락으로 바뀌었고, 그들의 최고의 관심도 국가의 운명보다는 위대한 개성의 창조에 있었다. 이에 반대해서 나타난 로마 정신의 원리는 오직 외적인 힘과 법에 의한 지배였다. "로마의 세계사적 계기는 보편성이라고 하는 추상체이며, 인정도 눈물도 없이 냉혹하게 추구된 목적은 이 추상체를 전파시키기 위한 단순한 지배였다."[80] 국가 건설도 지배와 복종이라는 강제적인 힘의 기반 위에서 이루어졌으며, 도덕은 국가에 대한 희생만을 최고의 목적으로 삼았다. 가족관계도 사랑과 아름다운 감정에 의한 자유로운 것이 아니고 의존관계라고 하는 냉혹한 원리로서 나타났다. 이러한 자유의 조직화로써 로마 문화는 그리스 사회의 약점을 보충했다.

역사의 네 번째 단계는 게르만적 세계[81]이며 인류의 노년기이다. 노년기는 쇠퇴기가 아니다. "자연의 노년기는 허약하지만, 정신의 노년기는 정신으로의 통일로 되돌아가는 완전한 성숙기이다."[82] 이 단계는 기독교의 정신과 더불어 시작된다. 기독교의 정신에서 인간은 비로소 그 자체로서 완전히 자유롭다는 것을 인식했기 때문이다. 그러나 내적 세계의 의식으로서의 정신은 출발점에서는 추상적 형태에 머물고 그 자체만의 완성이었기에, 그 후 정신적이고 종교적인 원리와 현실세계 사이의 거대한 대립이 계속된다.

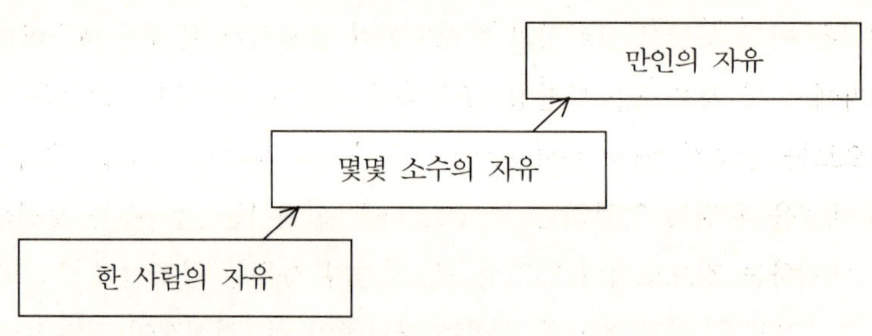

[그림 15] 자유는 3단계를 거치며 진보한다.

헤겔은 다음과 같이 결론짓는다. 그리스도교적 원리의 진리와 현실이 통합됨으로써 새로운 이성적인 자유가 유럽 세계에 전개된 것은 종교개혁 이후였다. 종교개혁에서 지금까지의 오성적인 사고는 자유정신의 구체적인 의식으로 나타났으며, 그 참다운 내용을 가지게 되었다. 정신은 이제 이성적인 단계에 이르렀고, 동시에 국가 생활도 이성에 의해서 통제됨으로써 자유는 주관적일 뿐 아니라, 객관적으로 실재하게 된다.

우리는 이러한 헤겔의 역사철학을 정신적 역사법칙주의(spiritual historicism)라 명명할 수 있다. 왜냐하면 그것은 정신의 발전 법칙에 따라 역사가 전개된다고 주장하기 때문이다. 이때 가장 문제되는 것은 세계정신의 변증법적 발전 법칙이다. 이 법칙은 반증 가능한 과학적 법칙이 아니라, 형이상학적 해석일 뿐이다. 포퍼는 헤겔의 이러한 역사철학을 근대의 새로운 인종주의나 전체주의의 온상이 된 교설로 간주한다.[83)]

2) 생산양식의 발전: 마르크스

역사적 유물론은 생산력과 생산관계, 토대와 상부구조라는 두 쌍의 기본적인 명제들로 구성되어 있다.[84] 그러므로 이들 각각의 범위나 이들의 관계에 대한 해석이 다름에 따라 역사적 유물론은 전혀 다른 모습으로 우리 앞에 나타난다. 대다수의 분석적 마르크스주의자들이 역사적 유물론을 재구성하면서 이들 두 쌍에 대한 의미의 명료화부터 출발하는 것은 이 때문이다. 특히 코헨(G. A. Cohen)의 작업은 이런 방면의 연구에서 하나의 표준이 되고 있다.

(1) 생산력과 생산관계

코헨은 먼저 생산력을 다음과 같이 세분화한다.

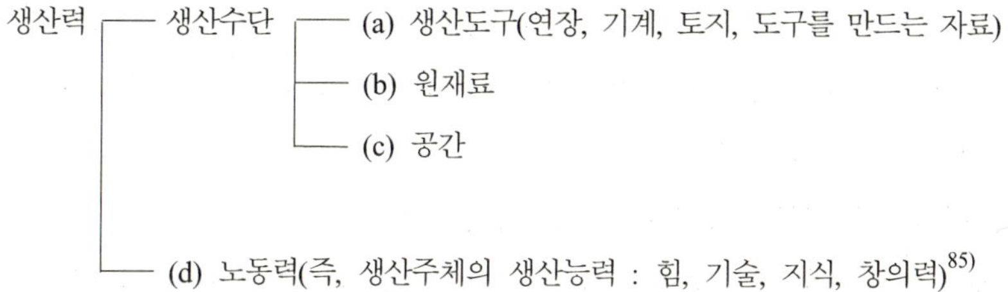

생산력이란 넓은 의미에서 자연을 변형시켜 생활에 필요한 재화를 만들어내는 힘을 의미한다. 마르크스는 '생산력'이란 말 대신에 '물질적 생산력'이란 용어도 자주 사용하는데, 이것은 유물론적인 그의 철학을 강조하기 위해서이다. 인간은 생활필수품이 없으면 존재할 수 없고, 이것을 확보하기 위해 노동하지 않으면 안 된다는 것은 의심할 수 없는 사실이다. 이런 노동의 과정은 대체로 자연의 원재료를 가공하고, 변형시키는 일이 될 것이다. 이때 더욱 효율적으로 일을 추진하기 위해서는 여러 가지 도구가 필요할 것이다. 그렇지만 생산도구가 아무리 훌륭하다 할지라도 효력을 발휘하기 위해서는 사람의 손으로 조작되어 사용되지 않으면 안 될 것이다. 바로 이 때문에 사람들의 경험, 숙련, 지식, 창의력 등은 생산력의 본질적 요소가 된다.[86)]

그렇지만 이런 생산력이 모두 갖추어졌다 할지라도, 어떤 한 사람이 단독으로 물질적 재화를 생산해 내지 못하는 이상, 누가 이 생산력을 얼마만큼 소유하고 있으며, 생산력을 소유한 사람들과 그렇지 못한 사람이 함께 생산에 종사할 때 이들 상호간에 이루어지는 관계란 어떤 것인가를 동시에 고려하지 않을 수 없을 것이다. 생산관계란 바로 이런 측면을 가리킨다고 할 수 있다. 코헨은 이를 다음과 같이 규정한다. "생산관계는 사람들에 의한 생산력의 소유관계이거나, 사람들의 소유관계이다. 혹은 그런 소유관계를 전제하는 관계이다."[87)]

이렇게 해서 생산력과 생산관계라는 역사적 유물론의 핵심적 명제의 한 쌍이 등장한다. 얼핏 보기에 생산력과 생산관계는 잘 어울리는 한 쌍같이 보인다. 그렇지만 자세히 고찰해 보면 여기에는 여러 가지 난점들이 숨겨져 있다.

먼저 생산력부터 검토해 보자. 여기서 우리가 부딪히는 가장 큰 문제는 생산력의 범위를 어디까지로 한정시킬 것인가 하는 것이다. 이런 문제는 우리가 재화를 생산할 때 생산적 활동에 도움을 주지만 그것 자체가 생산력이라고 하기는 매우 어려운 여러 가지 항목들이 존재하기 때문에 발생한다고 할 수 있다. 예컨대 빌트(Andreas Wildt)가 잘 지적하고 있듯이[88)] 마르크스에서는 개인의 완전한 발전을 위한 여가 시간,[89)] 아직 기술적으로 전환되지 않은 과학,[90)] 고대사회의 공동체,[91)] 내부적 교통,[92)] 교통수단,[93)] 근대 초기의 무역,[94)] 세계시장,[95)] 자본주의적 매뉴팩처 노동 조직,[96)] 그리고 공동 경제 형태들[97)]이 모두 분명히 생산력으로 표현되어 있다. 이런 견해를 더욱 극단화시킨 코르쉬(Karl Korsch)는 잠재적 생산력뿐만 아니라 생산에 기여하는 모든 것들을 생산력으로 보고자 한다. "인간의 노동력의 효율(그러므로 자본주의적 생산관계 하에서는 필연적으로 착취자의 이익)을 증대시키는 모든 것은 새로운 사회적 생산력이다."[98]

그렇지만 생산력에 대한 이런 확대된 해석은 필경 생산력과 생산관계의 명확한 구분을 불가능하게 한다. 이런 해석에서는 생산관계 그 자체가 생산력으로 간주되기 때문이다. 이에 따라 생산력과 생산관계의 상호작용은 생산력 내부에서의 작용으로 해석되어 역사적 유물론의 전체 체계가 완전히 다르게 해석되지 않을 수 없게 된다. 생산력에 대한 극단적 확대 해석은 상호작용하는 생산력과 생산관계라는 한 쌍의 명제를 끝내는 불필요한 짝짓기로 만들어버리고 말 것이다.

코헨이 생산력을 엄격하게 규정하지 않으면 안 된다고 강조했던 것은 바로 이런 이유였다고 할 수 있다. 그는 어떤 것이 생산력으로 규정되기 위해 충족시켜야 할 조건을 다음과 같이 제시한다.[99] 첫째로 그것이 생산자에 의해서 사용되어 그 결과 생산이 이루어질 수 있어야 하며, 둘째로 그것이 어떤 사람의 의도에 의해 생산에 기여해야 한다. 그뿐만 아니라 생산력에 대해 다음과 같은 여러 논의들이 진행될 수 있어야 한다.[100] (i) 어떤 것이 생산력이기 위해서는 그것의 소유(혹은 비소유)가 사회의 경제적 구조에서 그 소유자가 확보한 지위를 정의하는 데 도움이 되어야 한다. (ii) 생산력은 역사 속에서 발전한다. (iii) 한 사회의 경제적 구조의 특성은 그 구조에 사용될 수 있는 생산력의 본성에 의하여 설명된다. (iv) 생산관계는 생산력의 발전과 사용을 속박할 수 있다.

이런 기준에서 보면, 생산력을 구성하는 여러 요소들은 정통적 해석과는 매우 다르게 분류된다. 예컨대 노동자들과 협업 양식은 정통적 해석에서는 노동력으로 분류되었지만, 코헨의 기준에서는 생산력이 아닌 것으로 되며, 정통적 해석이 배제한 과학은 생산력의 중심적 요소로 등장한다.[101] 코헨에 의하면 정통적 해석이 구분하지 않은 노동, 노동력, 노동자는 엄격하게 구분되어야 하며,[102] 이때 노동력만이 생산력으로 분류된다. 그리고 과학은 이데올로기도 상부구조도 아니며, 정신적 생산력도 생산력에 포함되기 때문에 과학은 생산력에 포함되지 않을 수 없게 된다.

생산관계에서도 심각한 난점이 있다. 간단히 말해서 생산관계는 생산력의 소유관계이다. 코헨은 대표적인 생산관계를 다음과 같이 분류한다.

(i) X는 Y의 노예이다.
(ii) X는 Y의 주인이다.
(iii) X는 Y의 농노이다.
(iv) X는 Y의 영주이다.
(v) X는 Y에 의해 고용되어 있다.
(vi) X는 Y를 고용한다.
(vii) X는 Z를 소유한다.
(viii) X는 Z를 소유하고 있지 않다.
(ix) X는 Z의 노동력을 Y에게 임대한다.
(x) X는 Y를 위해 노동하지 않으면 안 된다.[103]

생산관계가 결국 생산력의 소유관계로 압축된다면, 소유관계는 법률의 문제(the problem of legality)[104]라 불리는 어려운 문제를 제기한다. 인간의 소유관계는 법률적 관계의 영역에 속한다. 소유는 기본적으로 법률적인 제도에 기초해 있기 때문이다. 그렇지만 이러한 해석은 이데올로기적 상부구조와 경제적 하부구조의 구분을 불가능하게 한다. 왜냐하면 생산관계로 구성된 경제구조는 상부구조와는 다른 하부구조인데, 법률적 소유관계로 해석되는 생산관계는 동시에 상부구조의 한 부분이 되어버리기 때문이다.

코헨은 이러한 난점을 생산관계에 대해 법률적 소유관계가 아니라 사실상의 권력의 관계라는 관점에서 해결하고자 한다. 이러한 전략의 요체는 법률적 권리(right)와 실질적 권력(power)을 구분하여 법률 중립적 생산관계를 정립하는 것이다. 권리란 법률적으로 보장된 권한이며 권력이란 무언가를 수행할 수 있는 힘을 의미한다. 권력과 권리가 항상 일치하는 것은 아니지만, 합법적인 권력의 소유는 그것에 상응하는 권리의 소유를 수반하며, 어떤 효율적 권리의 소유는 그에 상응하는 권력의 소유를 수반한다. "∮를 행할 권력이란 ∮를 행할 당신의 권력이 효율적인 경우에 ∮를 행할 권리에 부과해서 당신이 가지는 것이며, ∮를 행할 권리란 ∮를 행할 당신의 권력이 합법적인 경우에 ∮를 행할 권력에 부과해서 당신이 갖는 것이다."[105] 이렇게 해서 생산수단을 사용할 수 있는 권리는 생산수단을 사용할 수 있는 권력으로 정의되며, 다른 사람으로 하여금 생산수단을 사용하지 못하도록 할 수 있는 권리는 그렇게 할 수 있는 권력으로 정의된다. 그러므로 생산관계는 생산력에 대한 법률적 소유관계가 아니라 실질적인 통제관계로 이해된다.

(2) 토대와 상부구조

역사적 유물론을 구성하는 또 다른 한 쌍의 핵심적 명제는 '토대와 상부구조'이다. 마르크스는 이를 다음과 같이 규정한다.

> 인간 사회는 생산력과 그것과 연관된 생산관계로 구성되는 물질적 토대를 가지는데, 이것이 경제구조이다. 그리고 경제적 토대가 아닌 나머지 모든 것은 상부구조를 이룬다.[106]

이에 근거해서 생산력과 생산관계가 함께 토대를 이루며, 정치, 법률, 과학, 철학, 종교, 예술을 비롯한 온갖 이데올로기와 비경제적 제도들은 상부구조를 형성한다는 정통적 해석이 성립되었다.

그렇지만 코헨은 이런 이분법적인 해석은 적절하지 못하다고 판단한다. 왜냐하면 정통적 해석은 상부구조가 토대의 성격을 반영한다고 보고 사회를 토대와 상부구조로 양분했지만, 토대의 성격을 전혀 반영하지 못하는 상부구조도 존재하기 때문이다. 말하자면 이러한 이분법은 토대와는 상관없이 독립적으로 존재하는 상부구조를 설명할 수가 없는 것이다. 그러므로 코헨은 상부구조의 범위를 축소시키려고 한다. 즉 모든 비경제적인 제도들을 상부구조로 보지 않고, 그 성격이 경제구조의 본성에 의해서 설명되는 비경제적인 제도들만을 상부구조로 보고자 한다. "온갖 비경제적 현상들 모두가 상부구조인 것이 아니라, 그 현상의 기능이 경제와 지배계급에 질서를 부여하거나 안정을 유지시키기 때문에 상부구조인 것이다."[107] 이렇게 되면 정통적 해석에서는 상부구조에 포함되었던 과학은 이제 더 이상 상부구조의 일부분이 아니게 된다.

코헨은 토대의 범위도 제한하려고 한다. 말하자면 그는 생산력과 생산관계가 함께 경제적 구조라는 토대를 구성한다는 정통적 해석과는 달리, 생산관계만이 토대를 구축한다고 해석함으로써 생산력을 토대로부터 배제시킨다. "우리는 생산관계만이 경제적 구조를 구성한다고 암묵적으로 결론짓는다. 이것은 생산력은 경제구조의 부분이 아니라는 것을 의미한다."[108]

토대에 대한 코헨의 이런 축소적 해석은 심각한 논쟁을 야기했다. 특히 역사적 유물론의 정통적 해석을 옹호하는 사람들의 반론은 격렬했다. 코헨의 해석은 "생산력은 모든 사회조직의 물질적 토대이다."[109]라는 마르크스의 주장과 정면으로 배치되기 때문이다. 이에 대해 코헨은 토대의 의미를 두 가지로 분석해서 대응한다.

(1) X는 Y의 토대 1이다. = X는 Y의 부분인데, Y(의 나머지 부분)가 그것에 의존한다.
(2) X는 Y의 토대 2이다. = X는 Y에 외적으로 의존하며, Y(의 전체)가 그것에 의존한다.[110)]

집의 주춧돌과 조각품이나 동상의 받침대는 이들에 대한 적절한 실례가 된다. 집의 주춧돌은 집의 일부분이고, 건물은 주춧돌에 의존한다. 그러므로 주춧돌은 집의 토대라고 했을 때, 그것은 토대 1의 의미라고 할 수 있다. 반면에 동상의 받침대는 엄밀히 말해서 동상의 일부분이 아니다. 그것이 동상의 기초가 되어 있는 것은 사실이지만, 동상과는 별개의 사물로서 동상과 관계를 맺고 있다고 할 수 있다. 그러므로 이 경우는 토대 2의 의미일 수밖에 없다. 같은 논리로 생산력은 사회의 토대이긴 하지만, 토대 2의 의미를 갖기 때문에 엄밀한 의미의 토대는 아닌 것이다.[111)]

(3) 역사의 법칙적 해석

역사적 유물론의 해석에서 우리가 대답해야 하는 마지막 질문은 궁극적으로 역사를 추진시키는 원동력이란 무엇인가 하는 것이다. 어떤 힘이 역사를 이끌어 가는가? 지금까지의 분석이 보여주었듯이 이에 대한 대답도 결국 생산력과 생산관계, 토대와 상부구조라는 틀 속에서 찾을 수밖에 없다.

이에 대한 분석적 마르크스주의자들의 대답은 크게 두 가지로 압축된다. 하나는 역사의 발전을 생산력의 발전과 동일시하는 생산력 우위론이고, 다른 하나는 모든 사회관계 중에서 생산관계를 가장 기본적이고 근원적인 관계로 보면서 계급투쟁을 통한 생산관계의 변혁을 강조하는 계급투쟁 우위론이다. 물론 이러한 두 입장이 분석적 마르크스주의자들에 의해서 처음으로 제시된 것은 아니다. 마르크스, 엥겔스에서부터 시작해서 플레하노프, 카우츠키, 스탈린 등 정통적인 역사적 유물론자들과 쇼, 맥머트리, 코헨 등은 모두 생산력 우위론자들이다. 반면에 레닌, 알튀세르, 발리바르 등은 생산관계 우위론자로서 계급투쟁론자들이라 할 수 있다. 그러므로 분석적 마르크스주의자들이 생산력 우위론이나 계급투쟁 우위론을 주장한다는 사실만으로는 아무런 논의거리가 아닐 수도 있다. 그들의 특성은 생산력과 생산관계 등에 대한 정치한 분석을 수행했다는 점과 아울러, 새로운 현대 사회과학의 방법론을 전통적 해석들과 접목시켰다는 데서 찾아져야 한다. 예컨대 코헨은 기능적 설명 방식을 생산력 우위론과 결합시켰으며, 엘스터와 로머는 방법론적 개체주의에 입각한 합리적 선택 이론을 계급투쟁 우위론과 결합시킨 것이다. 나는 전자를 전통적인 변증법적 생산력 우위론과 구별해서 기능적 생산력주의로, 후자를 변증법적 계급투쟁론과 구별해서 합리적 계급투쟁론으로 부르고자 한다.

생산력과 생산관계 간에 벌어지는 여러 가지 상호작용은 마르크스의 『정치경제학비판』 서문에 가장 잘 나타나 있다. 그러므로 누군가가 생산력과 생산관계 상호간의 관계를 논의하고자 한다면, 아마도 이 서문을 언급하지 않을 수 없을 것이다. 이 서문이 수없이 인용되고 분석되어 온 것은 이 때문이다.

> 그들이 영위하는 사회적 생산관계에서 사람들은 불가피하게 그들 자신의 의지와는 독립된 어떤 관계 속에 편입된다. 즉 그들은 물질적 생산력의 어떤 발전 단계에 상응하는 생산관계 속에 들어간다. 이러한 생

산관계의 총체가 사회의 경제적 구조를 형성하며, 이 실질적 토대 위에 법률적, 정치적 상부구조가 세워지고 그리고 이 토대에 상응하는 일정한 사회의식의 형태가 나타난다.[112)]

정통적 해석은 생산력과 생산관계를 변증법적 상호작용의 관계로서 이해하고자 한다. 토대와 상부구조의 관계에서도 사정은 마찬가지다. 말하자면 작용의 방향은 쌍방 모두에서 진행되고 있는 것이다. 그렇지만 이러한 해석에서는 생산관계에 대한 생산력의 우위나 상부구조에 대한 토대의 우위를 논증하기 어렵다는 난점에 빠진다. 양쪽 모두가 상대방에 상응한다(혹은 영향을 미친다)고 하면서, 어느 한쪽이 다른 쪽보다 더 큰 중요성을 갖고 있다고 하는 것은 유지되기 어려운 주장이기 때문이다. 물론 유물론이란 대전제를 받아들이면 경제적 토대가 일차적이고 이데올로기적 상부구조가 이차적이라는 명제는 쉽게 도출될 수 있겠다. 그렇지만 토대를 구성하는 생산력과 생산관계에서는 생산관계에 대한 생산력의 우위의 도출이 쉽지 않아 보인다.

코헨은 위의 인용문에서 '상응한다'는 동사의 쌍방향적, 대칭적 해석을 잘못된 것으로 본다. 이러한 해석은 두 번째 구절의 '상응한다'는 동사를 제대로 설명할 수가 없기 때문이다. 말하자면 사회적 의식의 형태와 경제적 구조가 서로 대칭적으로 상응한다는 것은 토대가 상부구조를 결정한다는 유물사관의 기본 원리와 전혀 맞지 않기 때문이다. 그러므로 '상응한다'는 동사는 두 경우 모두 일방향적, 비대칭적으로 해석되지 않으면 안 된다. 말하자면 인과적 영향력은 한쪽에서 다른 한쪽으로만, 즉 생산력에서 생산관계로만 흐르는 것으로 이해되어야 한다.

이러한 해석으로부터 진정한 우위논제가 도출된다. 코헨은 이를 다음과 같이 정식화한다.

(a) 진정한 우위논제(the primacy thesis proper) : 한 사회의 생산관계의 본성은 그 사회의 생산력의 수준에 의해서 설명된다.[113)]

물론 이 논제가 위 서문의 해석에만 의존해서 도출된 것은 아니다. 서문 이외에도 생산력 우위를 함축하는 마르크스의 주장들은 수없이 많다. "인간이 획득하는 생산력의 변화는 필연적으로 생산관계의 변화를 초래한다."[114)] "새로운 생산력을 획득함으로써 인간은 그들의 생산양식을 변화시킨다. … 풍력 제분기는 봉건주의 사회를 낳았고, 증기 제분기는 산업자본가의 사회를 낳았다."[115)]

생산력주의는 생산력 우위논제 하나만으로 성립되지 않는다. 생산력의 계속적인 발전이 보장되지 않으면 안 되기 때문이다. 코헨은 이를 발전논제라 부른다.

(b) 발전논제(the development thesis) : 생산력은 역사 전반에서 발전하는 경향을 갖는다.[116)]

진정한 우위논제와 함께 한 쌍이 되어 생산력주의를 형성하는 발전논제는 우위논제와는 별도로 증명하지 않으면 안 된다. 왜 생산력이 계속해서 발전하는 보편적인 성향을 갖는 것일까? 코헨은 인간의 합리적 본성을 기초로 발전논제를 논증하려고 한다.

(1) 인간은 어느 정도 합리적 존재이다.
(2) 인간의 역사적 상황은 희소성의 상태이다.
(3) 인간은 자신이 부딪친 상황을 개선할 수 있는 그런 정도의 지성을 소유하고 있다.

∴(4) 생산력은 역사의 과정을 통해 발전하는 경향이 있다. (발전논제)[117)]

여기서 인간이 지성을 소유하고 있다는 것은 그들이 하는 일에 대해 반성할 수 있으며, 그것을 수행하는 더 우수한 방식을 식별할 수 있다는 것을 의미한다. 합리적이라는 것은 욕구를 만족시킬 수 있는 수단을 강구할 수 있다는 의미이다. 결핍의 상황이란 역사적으로 분명한 생물학적 상황이다. 이런 전제들로부터 이 결핍을 해결할 수 있는 우수한 방식들이 고안될 수 있고, 생산력이 발전한다는 발전논제가 도출되는 것이다.

레빈(Andrew Levine)은 코헨이 주장하는 생산력 우위론을 다음과 같은 여섯 개의 논제로 정식화하고자 한다.

(1) 양립 가능성 논제(the compatibility thesis) : 생산력 발전의 어떤 주어진 수준은 오직 생산관계의 제한된 범위 안에서만 양립할 수 있다.

(2) 발전논제(the development thesis) : 생산력은 역사 전반에서 발전하는 경향이 있다.

(3) 모순논제(the contradiction thesis) : 이제껏 생산관계 안에서 발전해 온 생산력은 그 생산관계와 더 이상 양립할 수 없는 지점까지 발전할 것이다. 즉 생산력과 생산관계는 생산력의 발전과 함께 점차 대립하게 되며, 이런 구조적 불안정성은 마침내 모순이라는 극점에까지 이른다.

(4) 변형논제(the transformation thesis) : 생산력과 생산관계가 양립 불가능하게 될 때, 생산관계는 생산력과 생산관계의 양립 가능성을 회복할 수 있는 방식으로 변화할 것이다.

(5) 최적논제(the optimality thesis) : 주어진 일련의 생산관계가 생산력의 더 나은 발전에 질곡으로 되어 변형될 때, 그것은 생산력의 더 나은 발전에 기능적으로 최적인 생산관계에 의해서 대체될 것이다.

(6) 능력논제(the capacity thesis) : 진보적인 사회변동에 대한 객관적인 관심이 존재하는 곳에는 이런 변화를 가져올 능력이 궁극적으로 생겨나게 될 것이다.[118)]

우리가 이런 논제들을 연결시킨다면, 다음과 같은 도식이 가능하게 된다.[119)]

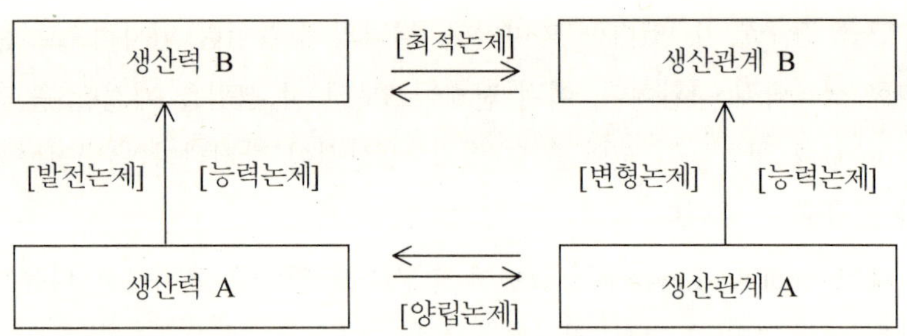

[그림 16] 생산력과 생산관계는 짝을 이룬다.

생산력과 생산관계가 짝을 이루어 하나의 생산양식을 만든다. 마르크스의 유물사관에서 역사가 다섯 단계를 거치면서 발전한다는 주장은 결국 다섯 번에 걸친 생산양식의 변화가 있었다는 이야기가 된다. 이런 과정이 왜 필연적인 과정인가 하는 것은 생산력과 생산관계의 상호작용에 의해 설명되었다. 이것은 전형적인 경제적 역사법칙주의이다.

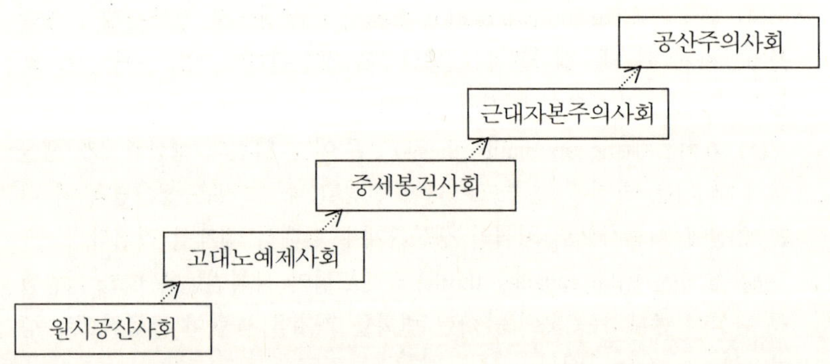

[그림 17] 생산양식은 다섯 단계를 거치며 발달한다.

(4) 법칙적 설명에 대한 반론: 합리적 계급투쟁론[120)]

생산력의 발전이 아니라 생산관계의 변혁에다 초점을 맞추는 사람들은 계급투쟁을 역사 발전의 원동력으로 이해하고자 한다. 일단의 분석적 마르크스주의자들도 이러한 입장을 취한다. 그렇지만 이들은 단순히 전통적인 계급투쟁론자가 아니다. 전통적인 계급투쟁론자들은 생산력과 생산관계라는 기본적인 틀과 생산력과 생산관계의 구조적 모순이라는 변화의 기제는 그대로 둔 채, 다만 변화의 무게중심을 생산관계의 변화에 둠으로써 생산력 우위론자들과 구별된다. 이에 반해 계급투쟁론을 수용하는 분석적 마르크스주의자들은 이러한 구조적 틀을 무시하거나 적어도 여기에 큰 의미를 부여하지 않는다. 이들은 계급투쟁의 본질을 생산력과 생산관계의 모순과 같은 구조적 요인에서가 아니라 개별 행위의 차원에서 찾고자 한다. 엘스터(Jon Elster)에 의하면, 계급투쟁의 성패, 계급투쟁에서 추구되는 전략 등은 모두 게임이론에 의해 설명 가능하다. "게임이론은 착취, 투쟁, 동맹 및 혁명을 중심으로 한 역사적 과정에 대한 어떠한 분석에도 유효하다."[121)] 이러한 사정은 로머(John Roemer)의 경우도 마찬가지다. 로머는 혁명의 게임을 개발했는데, 이 게임은 레닌과 차르로 각각 상징적으로 대변되는 혁명적 전략가와 반혁명적 전략가라는 두 사람의 상호작용을 포함한다.[122)]

게임이론이란 무엇인가? 그것은 각자가 자신의 이익을 추구하는 행위자 간의 합리적 상호작용을 연구하는 수학적 이론이다. 게임이론은 합리적 행위자가 어떤 전략을 사용할 것인지, 그리고 그 게임의 논리적 결과는 어떤 것이 될 것인지를 결정하려고 한다.[123)] 이런 게임이론은 사람들이 합리적 행위자라는 것과 그들은 그들에게 최선인 결과를 선택할 것임을 가정하는 개인적 선택에 관한 이론인 합리적 선택 이론의 한 종류라고 할 수 있다.

왜 계급투쟁은 게임이론과 관련을 맺게 되는가? 왜 게임이론에 의해 계급투쟁을 재구성하고자 하는가? 얼핏 보기에 어떤 형태의 합리적 선택 이론이든 계급투쟁과는 상관이 없어 보인다. 합리적 선택이란 주어진 상황 안에서 최적의 결과를 선택하는 것인 반면, 계급투쟁은 제약을 파괴하는 것으로 특징지어지기 때문이다. 그뿐만 아니라 계급투쟁이나 집합적 행위는 통상 개별적인 행위자의 관점에서 보면 비합리적인 행위로 여겨지기 때문에, 합리적 선택 이론은 계급투쟁과 양립하기 어려울 것으로 보인다. 그렇지만 로머나 엘스터는 게임이론이 계급투쟁을 설명하는 좋은 모형이 될 수 있다고 제안한다. 이유는 간단하다. 계급이란 바로 이해관계가 대립되는 집합적 행위자들이기 때문이다. "계급들은 소유관계의 본성에 대해서뿐만 아니라 소득과 권력의 분배에 대해서도 서로 대결하는 집합적 행위자들로 구체화된다."[124] 엘스터의 게임이론에 대한 강조는 대체로 다음과 같은 사실들에 기초해 있다고 할 수 있다. (i) 사회적 결과는 개인들이 선택한 행위에 의존한다. (ii) 사회적 구조는 개인의 행위를 완전히 결정하지는 못한다. (iii) 개인들은 최선의 결과를 산출할 것이라고 생각하는 행위들을 선택한다. (iv) 개인들은 다른 개인들을 그들 자신과 같은 합리적 행위자로 간주한다. 이런 관점에서 주어진 구조 안에서 행위자가 최적의 행위를 선택하는 행위는 의도성(intentionality)과 합리성(rationality)에 의해 설명될 수 있다. 엘스터에 의하면 의도적 설명은 다음과 같은 명제들로 구성되어 있다.

(1) 인식(혹은 신념)이 이루어졌을 때, 행위는 욕구를 실현하기 위한 최선의 수단이다.
(2) 인식과 욕구는 행위를 유발한다.

(3) 인식과 욕구는 행위의 이유가 된다.[125)]

이러한 의도적 설명으로부터 합리적 설명으로 나아가기 위해서는 다음과 같은 조건들이 추가되어야 한다.

(4) 인식의 집합은 내적으로 일관성이 있다.
(5) 욕망의 집합은 내적으로 일관성이 있다.
(6) 인식, 욕구, 증거 사이의 관계는 다음의 항들을 충족시킨다.
  ① 증거가 주어졌을 때 인식은 최대한의 귀납적 설득력을 갖는다.
  ② 인식은 쓸모 있는 증거에 의해서 생긴다.
  ③ 증거는 인식을 올바른 방향으로 이끈다.
  ④ 수집된 정보의 양은 행위자의 욕망을 포함하는 문제 상황에 의해 정해지는 상한선과 하한선 사이에 놓여 있다.
(7) 인식이 이루어졌을 경우, 비중을 가지고 있는 욕망과 관련해서 볼 때 행위는 최적의 행위이다.

이러한 논의는 결국 다음과 같은 세 가지 요구조건을 충족시켰을 경우에만 합리적 설명이 될 수 있다는 것을 의미한다. 첫째는, 세 가지 최적성 조건들(optimality conditions)이다. 즉 신념이 주어졌을 경우 행위는 자신의 욕망을 충족시키는 최선의 방법이며, 증거가 있을 경우 신념은 그가 가질 수 있는 최선의 것이며, 욕망이 있을 때 수집된 증거의 양은 그 자체로 최적이라는 것이다. 둘째로 신념과 욕망은 모두 내적 모순으로부터 벗어나야만 하는 일관성 조건들(consistency conditions)이다. 셋째로는 행위는 욕망과 신념에 의해 합리화되어야 할 뿐 아니라 그것들에 의해 유발되어야 하는 인과적 조건들(causal conditions)이다.

이러한 교설은 철저히 개체주의적 설명에 기초해 있다고 할 수 있다. 개체주의적 설명이란 개인만이 행위할 수 있으므로 모든 사회적 현상은 개인들이 갖는 동기, 가치, 능력, 지각 및 정보와 같은 개인의 속성에 의해 설명되지 않으면 안 된다는 방법론적 원리이다. 이러한 관점에서 보면, 가장 만족할 만한 설명의 형태는 집합적 실재를 개인에 관한 가정으로부터 연역해 내는 것이다. 그러므로 거시적 수준에서 국가나 계급, 생산력 같은 단체의 논리에 의해 한 사건을 설명하는 것은 충분하다고 할 수 없다. 거시적 현상의 미시적 기초를 밝혀냈을 때만 설명은 완성되기 때문이다.

> 설명한다는 것은 블랙박스를 열어 거시적 결과를 산출하는 박스 안의 나사와 조임쇠, 톱니와 바퀴, 그리고 욕구와 믿음을 통하여 그 결과가 산출되는 기제를 제시하는 것이다.[126]

이제 게임이론을 계급투쟁과 혁명의 과정에 적용시켜 보자.[127] 여기에 레닌이라 불리는 혁명적 전략가가 있고, 차르라 불리는 반혁명적 전략가가 있다고 가정한다. 레닌의 목적은 혁명을 성공시킬 가능성이 가장 큰 연합전선을 구축하는 일이며, 차르는 그런 혁명적 연합전선의 형성을 막고자 한다. 레닌은 사람들에게 소득의 재분배를 제안함으로써 연합전선을 구축하려 하지만, 전체 소득은 항상 일정하다는 제약 하에 있다. 여기서 그의 전략적 문제는 어떤 형태의 재분배가 가장 효과적인 혁명전선을 형성할 것인가를 결정하는 것이다. 반면 차르는 혁명전선의 형성을 제지하기 위해 벌금을 부과하겠다고 위협한다. 어떤 사람에게 부과되는 벌금은 그 사람의 소득보다 클 수는 없을 것이다. 더욱이 무거운 벌금은 혁명이 성공할 가능성을 증가시키는 경향이 있다. 그러므로 반혁명의 전략적 문제는 혁명의 가능성을 가장 잘 억제할 벌금의 정도를 결정하는 일이다. 이때 일반 민중은 두 전략의 포섭 대상으로서만 취급된다. 자신의 현재 소득보다도 더 큰 이익을 얻을 수 있다고 기대하는 사람들은 혁명의 대열에 참가하고자 할 것이고 그렇지 않을 경우라면 누구든 혁명의 구성원이 되고자 하지는 않을 것이다. 로머는 혁명의 가능성에 관한 세 개의 가정들에 근거해서,[128] 다음과 같은 결론을 도출한다. 차르의 선택적 전략은 부유한 사람들보다 가난한 사람들의 처벌에 초점을 맞추게 될 것이며, 레닌의 선택적 전략 역시 소득을 부유한 사람들로부터 가난한 사람들에게로 재분배하고자 할 것이다. 이때 레닌은 더 적은 비용으로 가난한 사람들을 혁명 대열에 동참시킬 수 있을 것이고, 차르 역시 혁명에 동원될 가능성이 가장 높은 사람들에게 그의 보복을 집중시키지 않을 수 없을 것이기 때문이다. 레닌은 가난한 사람들의 혁명전선을 만들어내기 위해, 일정한 소득 이상은 줄이고 일정한 소득 이하는 늘리는 진보적인 소득의 재분배를 제안할 수 있다. 이렇게 하여 계급투쟁은 혁명의 게임이 된다. 게임에서 이기면 혁명은 성공하는 것이고, 게임에서 지면 혁명은 실패하는 것이다. 성공이 처음부터 보장되어 있는 것은 아니다.

로머는 역사의 진보를 해결의 과정(solution process)과 선호 형성의 과정(preference formation process)이라 불리는 두 과정의 결과라고 해석한다.[129] 해결의 과정은 다음과 같이 설명된다. 범수 R_t는 시간 t 에서의 생산력과 생산관계의 통합을 의미하고, 범주 P_t는 시간 t 에서의 모든 사람들과 그들의 선호를 나타낸다고 해보자. 시간 t 에서의 두 범주의 결합인 $\{R_t, P_t\}$는 어떤 해결의 과정을 통해 재화의 생산과 분배 및 새로운 제도를 창안하게 될 것이다. 그러므로 다음 시간(t + 1)에서는 새로운 R이 나타나게 될 것이다. 이것이 바로 해결의 과정이다.

$\{R_t, P_t\} \rightarrow R_{t+1}$

다른 한편으로 사람들의 선호는 그들이 태어난 세계의 상태에 의해 영향을 받는다. 이제 시간 t 에 태어난 세대가 시간 t + 1에서 성인이 되어 활동한다고 해보자. 그러면 그의 선호는 그가 태어난 환경과 그의 부모들의 선호로부터 영향을 받고 이루어졌다고 할 수 있다.

$\{P_t, R_t\} \rightarrow P_{t+1}$

이러한 모형은 다음과 같은 의미를 함축한다. 즉 개인들은 사회에 의해 형성되지만, 이렇게 형성된 개인들은 그들의 환경에 합리적으로 반응하여 내일의 환경을 산출하며, 이 새로운 환경은 다시 예전과는 다소간 다르게 생각할 수 있는 개인들을 만들어낸다는 것이다. 이러한 설명 모형은 한 세대의 선호의 형성이 전적으로 그들의 물질적 조건에 달려 있다는 극단적 유물론자의 설명과는($R_t \rightarrow P_{t+1}$) 완전히 구별되는 것이다. 우리가 이렇게 선호의 역할을 철저하게 배제해 버린다면 역사는 결국 개인의 결단 과정이 배제되어 버린 R의 연속적 계열이($R_0 \rightarrow R_1 \rightarrow R_2 \cdots$) 되고 말 것이다. 역사를 합리적 계급투쟁의 역사로 보는 자가 이러한 극단적 유물론의 역사 해석을 수용할 수 없는 것은 자명하다. 이때 역사법칙은 아무런 의미도 갖지 못한다.

3) 문명의 순환: 슈펭글러

문명사관은 여러 문명들의 병렬적 역사를 인류의 역사로 본다. 각각의 문명들은 독자성과 고유한 발전 과정과 자기 완결적인 체계를 갖는다. 한 문명사회가 다른 문명사회와 구별되는 점은 바로 문명이 지닌 특수성, 즉 개성이라 할 수 있다. 의식주의 생활양식에서, 정치제도, 경제제도, 언어, 종교, 예술, 철학에 이르기까지 한 문명사회는 개성을 갖는 한에서 다른 문명사회와 구별된다.

문명사관의 대표적 세 인물을 든다면, 러시아의 다닐레프스키와 독일의 슈펭글러, 영국의 토인비가 될 것이다. 이 중 다닐레프스키가 단연 문명사관의 선구자이다. 다닐레프스키가 그의 문명론의 주저인 『러시아와 서구』를 쓴 동기는 피터 대제 이후 계속된 러시아의 서구화 정책을 반성하고, 러시아와 유럽의 관계를 재검토하려는 것이었다. 그의 결론은 서구 문명이 인류의 유일 문명이거나 보편적인 문명이 아니라, 여러 문명 중의 하나에 불과하다는 것이었다.

그는 한 문명을 하나의 중심 민족에 의해서 창조되는 것으로 보면서 문명의 발전 법칙을 다음과 같이 제시했다.

(1) 언어의 법칙 : 언어는 문화의 기초이며, 고유한 언어를 가지지 못한 민족은 독자적인 문화를 창조하지 못한다.
(2) 정치적 독립의 법칙 : 정치적 독립이 없이는 문화의 독립이 있을 수 없고, 또한 문화의 독자적인 발전도 불가능하다.
(3) 양도 불가의 법칙 : 한 문명의 요소들은 전파 가능하지만 그 기초는 다른 문명의 민족에게 양도될 수 없다.
(4) 발전의 법칙 : 한 문명은 민속학적 자료가 다양할 때 풍요롭게 발전한다.
(5) 순환의 법칙 : 모든 문명은 탄생과 성장, 성숙, 노화의 과정을 밟는다.[130)]

슈펭글러는 서구의 문명도 몰락의 운명에 있다는 예언을 함으로써 제1차 세계대전 이후 주목의 대상이 된 인물이다. 그는 『서구의 몰락』에서 역사상 존재했던 문명을 모두 여덟 개로 나누고, 그 중 여섯 개

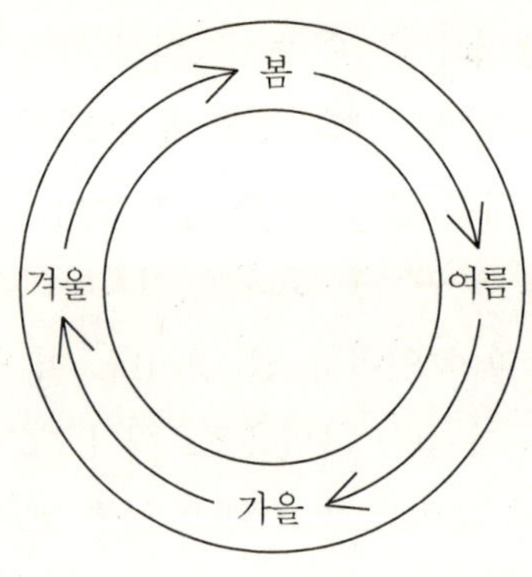

[그림 18] 계절이 순환하듯 문명은 순환한다.

를 비교 연구했다. 그는 바빌로니아 문명과 멕시코 문명은 연구하지 못했다.

모든 문명이 독자적이고 개성적이라면 어떻게 비교 연구가 가능할 것인가. 사실 문명 간에 아무런 공통점도 없다면 비교란 원천적으로 불가능할 것이다. 슈펭글러는 모든 문명은 탄생하여 성장하고, 그 다음 쇠퇴하여 사멸한다고 해석하고, 이런 공통의 발전 단계를 상동성(Homologie)이라 불렀다.

이 과정을 그는 계절의 순환에 비유하여, 봄, 여름, 가을, 겨울로 나누었다.[131] 지성의 측면에서 보면 봄은 전원적, 직관적이고, 눈뜨고 있는 몽환적인 혼의 거대한 창조 시기이다. 여름은 성숙하고 있는 의식의 시기이며, 가장 초기의 도시 시민적인, 비평적인 활동 시기이다. 가을은 대도시적인 지성이며, 엄밀한 지적 형성력의 정점이다. 겨울은 세계 도시적 문명의 출현 시기이며, 혼의 형성력이 쇠멸되고, 생명 자체가 의문시되는 시기이다.

슈펭글러의 문명론에서 특이한 점은(그는 문화(Kultur)라고 부른다) 한 문명이 독자적인 문명으로 형성되려면 독자적인 수학을 가져야만

한다고 본 것이다. 말하자면, 하나의 문명은 독자적인 혼의 표현이며, 그것은 독자적인 수학으로 나타난다. 수학은 하나의 혼이 가장 추상적인 형태에서 수행하는 세계에 대한 이해이며, 세계 감정의 표현이다. 수학은 플라톤이나 라이프니츠의 예로서도 알 수 있듯이 최고의 형이상학이다.

> 수 자체는 존재하지 않고 또 존재할 수 없다. 많은 수 세계는 존재한다. 그것은 많은 문화가 있기 때문이다. 수에 관한 사고에는, 따라서 하나의 수에는 인도형, 아라비아형, 그리스·로마형, 서양형이 있다. 이 유형은 어느 것이나 근본적으로 특유한 것이고, 유일한 것이며, 어느 것이나 세계 감정의 표현이고, 어느 것이나 과학적으로도 정확히 한정된 타당성이 있는 상징이고, 이루어진 것에 질서를 세우는 원리이다.[132)]

이 질서화는 혼의 가장 깊은 본질을 반영하고 있다. 이리하여 한 수학의 양식은 그 수학이 어느 문화에 뿌리를 내리고 있는가, 어떤 인간이 그것을 고찰하고 있는가에 따라 결정된다. 예컨대 기원전 540년경 피타고라스학파에서 모든 사물의 본질은 수라는 견해가 생겨났을 때, 수학의 발달이 일보 전진한 것이 아니라, 훨씬 전부터 형이상학적 의문과 예술적 형식 속에 나타나 있던 전혀 새로운 수학이 자각적인 이론으로서 그리스·로마의 혼의 밑바닥에서 태어난 것이다. 이런 관점에서 슈펭글러는 수학 사상의 발전 과정에도 상동성을 발견할 수 있다고 본다.[133)]

문명사관은 나름대로의 장점들을 갖고 있다. 우선 역사를 보는 시각의 확장을 주장한 것은 장점이라 하겠다. 서구 중심주의에서 벗어난 역사적 관점을 제시한 것도 주목할 만하다. 그리고 역사의 단선적 진보주의를 거부한 점도 문명사관의 장점이라 할 수 있다.

그렇지만 문명사관은 다음과 같은 몇 가지 문제점을 안고 있다. 첫째, 문명의 단위를 정확하게 설정하기 어렵다는 난점을 갖는다. 이 점은 문명사관을 주장하는 사람들마다 상이한 문명들을 열거하는 것에서도 분명히 드러난다.

둘째, 문명사관은 역사의 결정론이라는 비판을 면하기 어렵다. 그것은 기본적으로 문명을 하나의 생명체에 비유하여, 모든 문명이 탄생, 성장, 쇠퇴, 사멸의 과정을 필연적으로 밟아가는 것으로 이해한다. 여기에는 인간의 자유의지가 개입할 여지가 없다. 토인비는 물론 이런 역사의 결정론을 부정하지만, 문명의 율동이나 순환을 인정하는 한 결정론에서 완전히 벗어나기는 어려울 것이다.

셋째, 문명사관은 인류 문명의 보편적 진보와[134] 17세기 근대 이후 형성된 세계 체제와 오늘날 정보화시대에 이루어지고 있는 문명들의 융합을 설명하지 못한다. 오늘날의 세계화는 단순한 서구화가 아니라 지상의 여러 문명들을 하나로 융합하는 과정으로 보인다. 문명사관은 과거의 고립된 상태로 존재했던 문명의 역사에만 부분적으로 적용될 가능성이 있을 뿐, 근대 이후의 역사에 대해서는 설득력을 갖기가 어렵다.[135]

4 장 역사주의는 도덕적 실증주의이다

역사개성주의든 역사법칙주의든 모든 형태의 역사주의는 도덕적 실증주의라고 할 수 있다. 도덕적 실증주의는 현재 실제로 지배적인 도덕이 정당하다는 입장이다. 말하자면 현재의 힘이 정의라는 입장이다.

역사개성주의가 도덕적 실증주의라는 것은 분명하다. 그것은 계몽주의가 주장하는 초시간적 타당성을 지닌 자연법을 부정하고 시간, 공간의 제약을 받는 실정법만을 인정한다. 또한 역사개성주의는 구성원들의 합의를 통한 국가 수립의 계약 이론을 거부하고 국가 수립의 기초로서 국가 권력을 용인하며, 산 실체로서의 국가는 법 위에 있다고 주장한다. 그뿐만 아니라 역사개성주의는 인간 본래의 불평등과 모든 시대의 내재적 가치를 주장하는 보수주의의 입장을 옹호한다.

역사법칙주의의 도덕론은 세 가지 측면에서 비판의 대상이 된다. 도덕적 실증주의, 전체주의적 정의, 유토피아 사회공학이 그것이다. 이런 세 문제 중에서 도덕적 실증주의와 전체주의적 정의는 역사주의 일반에 해당되는 문제이고, 유토피아 사회공학은 역사법칙주의에 연관되는 문제이다.

포퍼는 모든 형태의 유토피아주의를 비타협적인 급진주의로, 그리고 탐미주의로 규정하고, 다음과 같이 비판한다. 유토피아주의적 접근법은 (i) 하나의 절대적이고 불변적인 이상이 존재한다는 플라톤적 믿음과 (ii) 그 이상이 무엇인지 결정적으로 규정할 수 있는 합리적 방법이 존재하고, (iii) 그것을 실현하는 최상의 방법이 무엇인가를 확실하게 규정할 수 있다는 전제들이 성립될 때만 정당화된다. 그러나 이들 중 어떤 전제도 확실하게 성립되지 않는다.

나는 유토피아주의에 대한 포퍼의 비판에 기본적으로 동의하면서도 모든 유토피아주의를 비판의 대상으로 삼지는 않는다. 말하자면 유토피아주의를 닫힌 유토피아주의와 열린 유토피아주의로 구분하고, 역사법칙주의와 연관되는 닫힌 유토피아주의만이 비판의 대상이 됨을 밝힌다. 이러한 관점은 역사법칙주의와 유토피아주의를 전면적으로 결합시키고자 한 포퍼의 입장과는 대립된다.

1. 현실의 정당화

도덕적 실증주의는 어떠한 도덕적 기준도 존재하지 않고, 존재하는 것이 합리적이고 선이라는 이론이다. 그러므로 도덕적 실증주의에서는 "힘이 정의이다(Might is right)." "이성적인 것은 현실적이고, 현실적인 것은 이성적이다."라는 헤겔의 명제는 도덕적 실증주의를 대표하는 명제이다.

우리가 보편적인 자연법을 거부하고 시공간의 제약을 받는 실증법만을 인정할 때, 그리고 모든 시대는 내재적인 가치체계를 가지며 이들은 서로 비교 불가능하다고 주장할 때, 우리는 도덕적 실증주의를 주장하고 있는 것이다.

도덕적 실증주의에서는 존재하는 상태에 대한 도덕적 비판이란 불가능하다. 왜냐하면 이 현재의 상태 자체가 사물에 대한 도덕적 기준을 규정하기 때문이다. 비판적 합리주의는 이런 도덕적 실증주의를 용인할 수 없다. 그것은 이성에 대한 가장 강력한 부정이기 때문이다.

어떠한 사회도 역사의 발전 법칙을 벗어날 수 없으므로 그 발전 법칙에 의해 일어나는 변화와 합치하며 그것을 촉진하는 행동만이 합리적이라는 도덕적 미래주의(moral futurism)의 오류는 무엇인가? 이러한 역사법칙주의의 도덕론은 다음과 같은 두 개의 전제 위에 서 있다.

(a) 도래하는 시대의 사실을 도덕적 기준으로 채택한다.
(b) 더 합리적인 세계가 이성에 의한 계획 없이도 도래할 것이다.[1]

이런 전제들의 오류는 무엇인가?

(a)는 우리의 자율적 결단을 배제하며, 그리고 (b)는 근거 없는 낙관주의이다.

(a)는 어떤 도덕이론은 받아들이거나 배척하는 우리의 근본적 결단 자체가 과학적인 역사적 예측에 기초해야 된다는 주장이다. 그러므로 그것은 더욱 구체적으로 다음과 같은 원리로서 나타난다.

> 미래의 도덕체계를 채택하라. 혹은 그의 행위가 미래를 초래하기에 가장 유용한 자들이 지지하는 도덕체계를 채택하라.[2]

이러한 도덕적 미래주의는 도덕적 실증주의(moral positivism)와 같은 오류의 기반 위에 서 있다.[3] 역사법칙주의의 도덕이론은 이러한 도덕적 실증주의의 다른 형태에 불과한 것으로 판단된다. 왜냐하면 그것은 "도래하는 힘이 정의(coming might is right)"[4]라는 것을 주장하기 때문이다. 도덕적 실증주의와 도덕적 미래주의의 차이는 미래가 현재를 대신하고 있다는 것뿐이다. 도덕적 실증주의와 같은 논리로 도덕적 미래주의에서도 다가오는 상태에 대한 도덕적 비판은 불가능하다. 왜냐하면 이 도래하는 상태가 사물에 대한 도덕적 기준을 결정하기 때문이다. 그러므로 "이론적 구조에서 도덕적 보수주의와 도덕적 현재주의 그리고 도덕적 미래주의 사이에는 어떠한 차이도 존재하지 않는 셈이다."[5]

많은 기회주의자들이 승리자의 편에 서고 싶은 욕구에서 도덕적 미래주의를 채택한다. 이들은 미래가 승리할 것이라고 믿기 때문이다. 물론 오늘날 널리 퍼져 있는 도덕적 미래주의는 기회주의와는 관계없이, 궁극적으로는 선이 악을 누르고 승리할 것이라는 신념이라고 볼 수도 있다. 그러나 "도덕적 미래주의는 우리가 현재 사건들의 궁극적 결과를 확인할 만큼 오래 살 수 없다는 사실을 망각하고 있다."[6] 성공과 미래의 힘에 대한 숭배는 현재의 힘이 정의라는 것을 결코 인정하지 않으려는 많은 사람들의 최고의 기준이 되어 왔지만, 여기서도 현재가 과거의 미래였다는 사실이 완전히 망각되고 있는 것이다. 포퍼의 다음과 같은 지적은 폐부를 찌른다. "현재의 힘도 과거의 정의였던 것이다." 이 모든 것은 도덕적 회의주의와 도덕적 낙관주의의 마음 내키지 않은 타협에 기초하고 있다.[7] 즉 인간의 양심을 믿기는 어려울 것 같고, 승리자의 편에 서고자 하는 충동을 억제하기도 어려운 상태 하에서 도덕적 미래주의는 존재하는 것이다.

그렇다면 정의는 어디에 근거하는 것인가? 정의란 어떠한 형태의 사실에도, 성공적인 힘에도 의존하는 것이 아니다. 그것은 오직 우리의 양심과 이성에 기초해서 성립될 뿐이다. 같은 맥락에서 우리의 이성에 의한 합리적인 계획 없이도 바람직한 세계가 도래할 것이라는 주장 (b) 역시 불합리하다. 이것은 역사가 필연적 법칙에 따라 그러한 방향으로 전진하고, 우리는 이를 정확히 예측할 수 있다는 전제 위에 서 있다. 그러나 우리가 이와 같은 전제를 포기하자마자 이 이론은 그 타당성을 즉시 상실하고 말 것이다.

전체적으로 역사주의의 도덕이론은 사회학적 결정주의(sociological determinism)의 결과라고 할 수 있다. 사회학적 결정주의란 도덕적 기준을 포함한 우리의 모든 견해가 사회에 의존해 있다는 이론으로, 때로는 사회학주의라고도 불리며, 역사적 상태에 대한 의존을 강조할 때는 역사적 상대주의라고도 일컬어진다.[8] 포퍼에 의하면 도덕적 사회학주의의 결정적인 오류는 인간을 지나치게 수동화시킨 데 있다.

인간과 사회적 환경 사이에서 이루어지는 관계의 두 측면 중에서 어느 쪽이 더 중요한가? 어느 쪽이 더 강조되어야 하는가? 사회학주의는 인간과 그의 목적이 유전과 환경의 산물이라는 '소위 자연주의적 견해'와 비교될 때 더욱 잘 이해될 수 있는 이론이다. 그러나 이러한 이론들은 모두 그 역도 진리라는 사실, 즉 우리가 사회의 능동적인 창조자라는 사실을 망각하고 있다. "인간과 그의 목적이 어떤 의미에서 사회의 산물이라는 것은 완전히 진리이지만, 사회가 인간과 그의 목적의 산물이며 점차로 역시 그렇게 될 것이라는 것도 역시 진리인 것이다."[9] 말하자면 우리의 정신과 우리의 견해는 대체로 우리의 부모들과 그들이 우리를 교육시켜 온 방식에 의존하는 것이 사실이지만, 엄격할 정도로 그렇게 되지는 않는다. 만약 우리의 정신과 우리의 견해가 완전히 수동적으로 결정된 것이라면, 우리의 자기비판이란 불가능할 것이며, 과거의 세대에 의해서 우리가 교육받아 온 방식은 우리가 다음 세대를 가르칠 교육 방식까지도 결정할 것이다. 그러나 인간을 한갓 환경의 노예로 규정하는 이러한 사고방식은 자기모순일 뿐 아니라, 가장 위대한 인간의 비판 능력을 부정하는 주장으로 이해된다.[10] 이것은 형이상학적 결정론의 모순을 그대로 유지하고 있다.

2. 전체주의적 정의

전체론이란 한 집단을 그 구성원들의 한갓된 집합이나 총계 이상으로 간주하는 입장이므로, 이것이 정치적 활동의 영역에 적용되었을 때 그 구성원인 개인보다는 사회나 국가 전체를 강조하는 정치적 전체주의와 연결된다는 것은 자연스러운 일이라 할 수 있다. 그러므로 유토피아주의든 역사주의든 그것이 전체론에 근거하고 있는 한 정치적 전체주의의 형태를 띠지 않을 수가 없게 된다.

정치적 전체주의의 본질은 전체주의적 정의(正義)를 통해서 드러나며, 전체주의적 정의는 플라톤에 의해 가장 명백히 규정되었다. 그러므로 플라톤은 전체주의적 정의의 창시자이며 동시에 대변자가 된다. 플라톤의 전체주의적 정의는 그의 전체주의적 정치 강령을 통해서 구체적으로 드러난다. 그리고 그의 정치 강령이 도출되는 플라톤의 기본적인 요구는 다음 두 공식 중의 하나로 표현될 수 있다.[11] 하나는 변화에 관한 이상주의적 공식이고, 다른 하나는 그의 자연주의적 공식이다. 변화에 관한 이상주의적 공식이란 무엇인가? 그것은 '모든 정치적 변화를 억제하라(Arrest all political change)'는 것이다. 모든 변화는 악이며, 안정은 신성하기 때문이다. 그렇지만 이것이 어떻게 가능하겠는가? 이때 '자연으로 돌아가라(Back to nature)'는 자연주의적 공식이 이에 대한 대답으로서 주어진다. 자연으로 돌아간다는 것은 조상들의 원초적인 국가, 인간 본성에 따라서 설립된 원시국가, 따라서 안정된 국가로 돌아가라는 것이며, 또한 그것은 무지한 대중을 소수의 현자가 통치하는 자연적인 계급 지배로 돌아가라는 것이다.

이러한 두 공식으로부터 다음과 같은 플라톤의 전체주의적 정치 강령의 모든 요소가 도출된다.

(a) 지배계급과 피지배계급의 엄격한 구분
(b) 국가의 운명과 지배계급의 운명의 동일시
(c) 군사 훈련, 교육 등에서의 지배계급의 독점권(단, 경제활동에의 참여 배제)
(d) 자기 충족적일 수 있는 국가[12)]

이러한 전체주의적 정치 강령으로부터 전체주의적 정의의 이론이 도출된다. 즉 '정의'는 '국가의 이익'과 동의어인 것이다. 정의의 본질을 규명함에 있어, 플라톤은 국가의 이론에서부터 출발했으며, 다음에 그 결과를 각 개인들에게 적용하고자 했다.

플라톤은 인간의 본성을 욕망과 기개와 이성이라는 세 부분으로 구분하고, 그 각 부분들이 자신의 기능을 완전히 발휘함으로써 절제와 용기와 지혜라는 세 가지 덕을 형성한다고 주장한다. 그리고 이 세 덕이 가장 잘 조화될 때, 정의의 덕이 성립된다. 플라톤에서 국가는 하늘을 배경으로 삼고 확대된 인간에 불과한 것이므로, 여기서도 같은 논리가 그대로 적용된다고 할 수 있다. 즉 국가를 구성하는 세 계급이 자신의 고유한 기능을 다할 때, 말하자면 지배자는 지배하고 군인은 방위하고 노동자는 노동하며 노예가 노예일 수 있다면, 국가는 정의롭다고 할 수 있는 것이다.[13)]

포퍼는 이러한 플라톤의 전체주의적 정의론을 오늘날 열린사회의 본질을 이루는 인도주의적 정의 이론과는 정반대되는 성질로서 평가한다. 왜냐하면 열린사회에서는 정의를 개인주의적 입장에서 이야기하는 반면에 플라톤은 정의를 전체주의적 입장에서 논의하기 때문이다. 말하자면 열린사회에서는 정의로서 개인을 취급할 때 고려해야 할 어떤 종류의 평등을 의미하는 반면, 플라톤은 정의를 개인들 사이의 관계로서가 아니라, 계급 사이의 관계에 근거한 국가 전체의 성질로서 간주한다. 그러므로 만약 국가가 건강하고, 강하고, 통합되고, 안정되어 있다면 그 국가는 정의로운 것이다.

이러한 정의론은 인도주의적 정의론과는 완전히 대립적인 위치에 선다. 인도주의자들은 대체로 다음과 같은 것을 정의라고 보기 때문이다.[14] (a) 사회생활에서 필요한 자유의 제한과 같은 시민으로서의 의무를 균등히 분배함, (b) 법 앞에서의 평등, (c) 법률의 공평성, (d) 법정의 공정성, (e) 국가가 시민에게 제공할 수 있는 이익의 균등한 분배 등.

이리하여 인도주의적 정의의 이론은 다음 세 가지의 중요한 원칙을 제안하거나 요구한다. 즉 (i) 자연적 특권을 배제하고자 하는 평등주의의 고유한 원칙, (ii) 개인주의의 일반적 원칙, (iii) 국가의 과업과 목적은 시민의 자유를 보호하기 위한 것이어야 한다는 보호주의 원칙 등이 그것이다. 이 각각의 정치적 요구나 목적에 대립하는 플라톤적인 전체주의적 정의의 원칙은 (i)' 자연적 특권의 원칙, (ii)' 전체주의나 집단주의의 일반적 원칙, (iii)' 개인의 과업과 목적은 국가의 안정을 유지하고 강화하는 것이어야 한다는 원칙 등이다.[15]

평등주의의 원리란 국가의 시민은 공정한 대접을 받아야 한다는 요구이다. 그것은 출생, 가족관계, 재산 등이 시민에 대해 법을 집행하는 자들에게 영향을 미쳐서는 안 된다는 요구이다. 투키디데스가 우리에게 전해 주는 바에 따르면, 이 평등주의의 원칙은 플라톤이 출생하기 몇 년 전에 페리클레스가 어떤 연설에서 훌륭하게 정식화시켜 놓았다.

우리의 법률은 사적인 분쟁에서 우리 모두에게 평등한 정의를 제공한다. … 어떤 시민이 뛰어났을 때, 그는 특권으로서가 아니라 자질에 대한 보상으로서 공무에 봉사하게 된다. 가난은 아무런 장애도 되지 않는다.[16)]

이에 반해 플라톤은 자연적 특권의 원칙을 다음과 같이 주장한다. "동일하지 않은 자에 대한 평등한 대우는 불공평을 초래한다."[17)] 이것은 아리스토텔레스에 의해서 "동일한 자에게는 평등을, 동일하지 않은 자에게는 불평등"[18)]이라는 공식으로 발전되었다.

우리는 보통 개인주의와 이기주의를 혼동한다. 그러나 개인주의는 집단주의와 서로 반대되는 개념이며, 이기주의는 이타주의와 서로 반대되는 개념이다.

(a) 개인주의(Individualism)	(b) 이기주의(Egoism)
↕	↕
(a)' 집단주의(Collectivism)	(b)' 이타주의(Altruism)

[표 2] 개인주의는 집단주의와 대립하고, 이기주의는 이타주의와 대립한다.

그러므로 다음과 같은 네 종류의 결합이 가능해진다. 즉 개인주의적 이기주의, 개인주의적 이타주의, 집단주의적 이기주의, 집단주의적 이타주의가 그것이다. 정의에 대한 인도주의적 견해는 대체로 개인주의적 이타주의에 기초하고 있다. 이를 포퍼는 다음과 같이 주장한다. "이타주의와 결합된 개인주의는 서구 문화의 근거를 이루었다. 그것은 기독교 정신의 중심 원리이며, 우리의 문화로부터 생겨나서 우리 문화를 활기 띠게 한 모든 윤리적 원리의 핵심이다."[19)] 이에 반해 플라톤과 대부분의 전체주의자들은 단순하게도 모든 개인주의를 이기주의와 동일시하고, 모든 집단주의를 이타주의와 동일시한다. 그리하여 네 형태로 짝지을 수 있는 것을 두 가지밖에 없는 것으로 간주한다. 여기서 정의에 대한 집단주의적 원칙이 도출된다. 이 때문에 전체주의자들은 보통 우리가 정의라 부르는 문제, 즉 개인들의 상호 대립하는 요구들을 공평무사하게 평가하는 문제에는 관심조차 두지 않는다. 또한 개인의 요구와 국가의 요구를 조정하는 데에도 크게 관심을 갖지 않는다. 그들은 단지 집단적 전체에만 관심을 기울인다. 그들에 있어서 정의란 집단 자체의 건강, 통합, 안정 이외에는 아무것도 아니었다.

보호주의라는 말은 종종 자유에 대립되는 경향을 설명하는 데 사용되어 왔다. 그렇지만 인도주의적 정의론과 관련하여 논의되는 보호주의는 국가의 과업과 목적은 시민의 자유를 보호하는 것이어야 한다는 주장을 의미한다. 그러므로 자유주의와 보호주의는 서로 상반되는 것이 아니다. 오히려 어떤 종류의 자유도 국가가 보호해 주지 않으면 분명 불가능하다. 보호주의를 비판하는 전체주의자들에 의하면 보호주의는 국가의 임무를 너무 낮게 평가한다는 것이다. 국가는 완전히 다른 관점에서 고찰되어야 한다고 그들은 주장한다. 왜냐하면 국가는 덧없고 소멸하는 성격을 가진 조잡한 동물적 존재에게나 도움이 되는 협동체가 아니기 때문이다.[20] 즉 국가는 국민의 자유와 권리를 보호하기 위한 공동체라기보다는 더 높고 고상한 숭배의 대상이라는 것이다. 전체주의적 정의에 반대한다고 해서 국가의 기능과 역할에 대해 의견의 일치가 자동적으로 이루어지는 것은 아니다. 자유주의자들 간에도 국가를 개인들의 생존과 안전을 지키는 수단이나 도구적 장치로 보는 입장도 있으며, 단순한 도구가 아니라 그 자체로 가치를 지닌 조직체로 이해하는 입장도 있다. 또한 오늘날 국가주의자들이 플라톤의 전체주의적 정의를 액면 그대로 수용하고 있는가도 쟁점이 될 수 있다. 이런 여러 차이점에도 불구하고 우리는 다음과 같은 결론을 내릴 수 있다. 전체론적 정의는 상황에 따라 다소간의 차이는 나겠지만, 개인을 다른 무엇을 위한 도구로 사용하고자 하는 한에서 정당화되기 어렵다.

3. 유토피아 사회공학

다음 두 가지 중요한 점에 있어서 유토피아주의와 역사법칙주의는 공통의 기초를 갖고 있으며, 따라서 이들은 종종 긴밀한 세속적 동맹을 형성한다. 그러므로 역사법칙주의의 도덕이론에 대한 비판에는 유토피아주의에 대한 비판이 필연적으로 수반되지 않으면 안 된다. 유토피아주의에 대한 포퍼의 비판은 다음과 같이 진행된다.

첫째로 이들은 모두 전체론에 기초를 두고 있다. 역사법칙주의가 사회 전체의 존재와 그 발전을 주장하는 전체론적 접근법인 것과 꼭 마찬가지로, 유토피아주의 역시 사회 전체의 청사진을 확정하고 그것을 실현시키고자 하는 전체론적 접근법에 근거하고 있기 때문이다. 포퍼는 이를 다음과 같이 규정한다.

> 역사법칙주의와 유토피아주의와의 동맹에서 가장 강력한 요소는 틀림없이 양자가 공유하고 있는 전체론적 접근법이다. 역사법칙주의가 관심을 가지는 것은 사회생활의 여러 국면의 발전이 아니라, '전체로서의 사회'의 발전이며 유토피아주의적 기술도 마찬가지로 전체론적이다. … 양쪽은 모두 '단편적 수선(piecemeal tinking)'과 '이럭저럭 미봉해 나가는 것(muddling through)'에는 만족하지 않고, 좀 더 철저한 방법을 취하려고 한다.[21)]

둘째로 역사법칙주의와 유토피아주의와의 또 하나의 연결점은 양자가 모두 그들이 추구하는 목표나 목적이 선택의 문제나 도덕적 결단의 대상이 아니라, 그들의 탐구의 분야 안에서 과학적으로 발견될 수 있을 것으로 믿는 점이다.[22] 그들은 모두 사회의 역사적 경향을 규정함으로써, 또는 그 시대의 필요를 진단함으로써, 사회의 참된 목표나 목적이 무엇인가를 찾아낼 수가 있다고 믿는다.

포퍼는 역사법칙주의와 유토피아주의와의 동맹을 대표하는 특징적인 두 인물로서 플라톤과 마르크스를 예로 든다.[23] 비관주의자인 플라톤에서 모든 변화는 조락이었고, 이것이 그의 역사적 발전 법칙이었다. 따라서 그의 유토피아적 청사진은 일체의 변화를 억제하는 것이었다. 이에 반해 낙관주의자인 마르크스의 청사진은 억제된 사회의 청사진이라기보다는 동적 사회의 청사진이었다. 따라서 그는 유토피아에서 절정에 달하는 역사의 발전을 예측했으며, 그러한 발전을 촉진하려고 적극적으로 노력했다.

유토피아주의적 접근법은 합리적 행위는 어떤 목적을 가져야 한다는 데서부터 출발한다. 유토피아주의에 의하면 "합리적 행위는 그것의 목적을 의식적이고 지속적으로 추구하는 그만큼, 그리고 그 수단을 이 목적에 따라 규정하는 그만큼 합리적이다."[24] 따라서 유토피아주의에서는 목적의 결정과 선택이 가장 중요한 문제로 등장한다. 그리고 우리는 진정한 목적이나 궁극적인 목적을 결정하는 데 신중해야 하며, 이 목적과 실제에서는 단지 궁극적인 목적의 수단이거나 중간 단계일 뿐인 중간 목적 및 부분적인 목적을 분명히 구별해야 한다. 만약 우리가 이러한 구분을 소홀히 한다면 결국 합리적으로 행위하지 못하게 될 것이다.[25]

이 이론을 정치적 활동의 영역에 적용한다면 어떻게 될 것인가? 이 원칙들은 분명히 우리가 어떤 실제적 행동을 취하기 전에 우리의 궁극적인 정치적 목적이나 이상적 국가를 설정해 놓을 것을 요구할 것이다. 즉 그것은 이런 궁극적인 목적이 적어도 대략적 윤곽이라도 잡힌 후에라야, 말하자면 우리가 목적하는 사회의 청사진 같은 것을 손에 넣은 후에라야, 그에 따라 그 실현을 위한 최선의 방법과 수단을 고려해 볼 수 있고 실제 행동의 계획을 세울 수 있다고 주장할 것이다.

포퍼의 논의에 기초해서 보면 유토피아주의는 논리적으로 보이지만 다음의 몇 가지 이유로 건전한 이론이 되지 못한다. 첫째로 전체로서의 사회의 청사진을 이용하여 이상 국가를 실현하고자 하는 유토피아주의적 시도는 소수의 강력한 중앙집권적 지배를 요구하며, 그러므로 그것은 독재체제로 흐르기 쉽다는 점이다.[26] 그리고 아무리 자비로운 독재라 할지라도 독재체제는 근본적인 어려움을 안고 있다. 그것은 독재자가 취한 조치의 결과가 그 자신의 소위 선량한 의도와 일치하는지 어떤지를 알 길이 없다는 점이다. 왜냐하면 모든 권위주의는 비판을 허용하지 않을 것이기 때문이다. 둘째로 유토피아적 공학의 난점은 독재자의 후계자 문제와 관련되어 있다.[27] 유토피아적 과업이란 보통 한 사회공학자나 공학자 집단의 당대에 완수되지 못할 뿐만 아니라, 완수되었다 할지라도 그것을 지속적으로 유지시키기 위해서는 자신들의 이념을 계승할 후계자를 잘 선정해야 할 것이다. 그러나 이것은 실로 어려운 문제이다. 플라톤은 이 문제를 해결하기 위해 지도자의 지혜를 전수하는 특수한 교육을 구상했던 것이다. 그러나 최초의 청사진을 설계한 사람들에게는 이상 상태로 보였던 것이 그들의 후계자에게는 그렇게 보이지 않을 수도 있다. 그렇다면 이런 유토피아주의적 접근법은 부정되고 말 것이다. 즉, 먼저 궁극적인 정치적 목적을 설정하고 다음에 그 목적을 향하여 나아가는 방법은 그 목적이 실현 과정에서 변한다면 무용한 것이 될 것이다. 어떤 경우에는 여태껏 밟아온 과정이 새로운 목적의 실현과는 멀리 빗나가 있을지도 모른다. 여태껏 바쳐온 온갖 노력에도 불구하고 우리는 전혀 아무것도 얻지 못할지도 모른다. 그러므로 유토피아주의적 접근법은 다만 하나의 절대적이고 불변적인 이상에 대한 플라톤적 믿음과 다음 두 개의 전제에 의해서만 정당화될 수 있다.[28] 즉 하나(a)는 이상이 무엇인가를 결정적으로 규정할 수 있는 합리적 방법이 있다는 전제이며, 다른 하나(b)는 그것을 실현하는 최상의 방법이 무엇인가를 확실하게 규정할 수 있는 합리적 방법이 있다는 전제이다. 이 두 전제가 성립할 때만 유토피아주의적 접근법은 타당성을 보장받을 수가 있다. 그렇지만 이 두 전제가 성립할 수 있겠는가? 포퍼는 이 전제들의 오류를 다음과 같이 설명하고 있다. "플라톤 자신과 가장 열렬한 플라톤주의자까지도 (a)는 확실히 진리가 아니라는 것을, 즉 궁극적 목적을 결정하는 합리적 방법이란 존재하지 않고 만약 무엇인가가 있다면 그것은 단지 어떤 종류의 직관이라는 것을 인정할 것이다. 그러므로 유토피아 공학자들 사이의 의견 차이는 합리적 방법이 없으므로, 이성 대신에 권력, 즉 폭력에 의해 해결될 것이다."[29]

포퍼는 유토피아주의가 비타협적인 급진주의로 규정될 수밖에 없다고 규정한다.[30] 이것은 돌멩이 하나라도 그대로 두지 않고 사회 전체를 개혁하고자 하는 완벽한 시도이며, 사회 속에 어떤 질서를 불러일으키고자 한다면 사회악의 뿌리까지 파고들어가야 하며, 이에 위배되는 사회제도를 완전히 근절해야 한다는 확신이다. 더 나아가 이것은 비타협적인 급진주의일 뿐 아니라 현실 속에 완벽한 이상을 실현하고자 하는 완전주의이며, 현실 속에서 미를 추구하는 탐미주의이다. "플라톤적인 접근법(마르크스적 접근법도 마찬가지다)의 이런 위대한 조망, 즉 이런 극단적인 급진주의는 지금보다 좀 더 합리적일 뿐 아니라 더러움이 전혀 없는 세계, 낡은 쪼가리들이 이리저리 붙은 지저분한 옷이 아니라 말짱한 새 옷, 즉 참으로 아름다운 세계를 건설하고자 하는 욕망인 탐미주의와 관련이 있다."[31]

이런 탐미주의는 우리 모두가 어느 정도 갖고 있고 그리고 잘 이해할 수 있는 태도이다. 우리 모두가 이런 완전에 대한 꿈 때문에 고통을 받고 있다는 것도 사실이다. 그렇지만 이런 탐미적 열광은 병적 흥분 상태로 발전하기 쉬운 위험스러운 열광이라 할 수 있다.[32] 그것은 이성과 책임감, 그리고 남을 도와주고 싶은 인도주의적 충동에 의해서 길들여질 때만 의미를 갖는다. 이런 탐미주의는 플라톤에서 가장 강하게 표현되어 있으며, 한 사람의 예술가로서의 플라톤이 변증법적 방법에 의해 기술하고자 한 것은 주로 순수한 미의 세계에 관한 것이었다. 그러므로 플라톤 밑에서 단련된 철학자들은 아름답고, 정의롭고, 선한 것에 관한 진리를 아는 사람들이고 또 그것을 하늘로부터 지상으로 가지고 올 수 있는 사람들이었다. 이런 맥락에서 포퍼는 플라톤의 정치학은 인간을 조종하거나 사물을 처리하는 기술이라는 의미에서의 예술이 아니라, 음악이나 회화, 건축과 같은 문자 그대로의 왕도의 예술이었다고 해석한다. 따라서 "플라톤적 예술가는 미 자체를 위해서 도시를 구상한다."[33]

이러한 탐미주의의 오류는 무엇이며, 그것은 어디에서 기인하는 것인가? 포퍼는 탐미적 급진주의가 갖는 두 근본적인 오류를 지적한다. 하나는 그림과 사회제도를 유사한 것으로 보는 오류이며, 다른 하나는 비합리주의의 오류이다. 기존의 사회제도를 완전히 다른 것으로 대체하고자 하는 사람들은 기존의 사회제도란 새로운 그림을 그릴 수 있기 전에 깨끗이 지워야 하는 화폭 위에 그려져 있는 그림과 비슷하다고 생각한다. 그러나 이들은 그림과 사회제도의 근본적인 차이점을 간과하고 있다. 화폭 위의 그림을 지워버리고 새로운 그림을 그리고자 하는 화가와 마찬가지로 우리가 만약 기존의 온갖 제도를 쓸어버리고 새로운 체제를 갖추고자 한다면, 우리는 우리 자신까지도 파괴하게 될 것이다. 왜냐하면 "화가와 그에 협력하는 자뿐만 아니라 그들의 생활을 가능하게 하는 제도와 더 좋은 세계에 대한 그의 꿈과 계획과 예의와 도덕에 대한 그의 표준 모두가 사회제도, 즉 쓸어버려야 하는 그림의 부분들이기 때문이다."[34] 그러므로 정치 예술가들이 주장하는 아르키메데스의 점과 같은 사회 밖의 어떤 위치란 존재하지 않는다. 이것이 우리가 사회공학에 더 많은 경험을 쌓을 때까지 사회제도를 점차적으로 개량하지 않으면 안 되는 이유인 것이다.

비합리주의의 오류는 우리가 이성이나 경험보다는 영감에 의존하고자 하는 데 있다. 영감 자체를 부정하거나 그 가치를 완전히 거부할 이유란 없다. 그렇지만 영감이 가치 있게 되기 위해서는 우리의 경험과 이성에 의해서 억제되지 않으면 안 된다. 이것은 우리가 결국 시행착오에 의해서만 배울 수 있다는 것을 의미한다. 그러므로 사회에 대한 완전한 재구성이 당장에 실현 가능한 체제로 될 것이라는 가정은 합리적이 아니다. 우리는 차라리 경험의 부족 때문에 많은 잘못을 저지를 것이고, 이러한 잘못은 작은 조정들의 길고 힘든 과정에 의해서만 제거될 수 있다고 기대해야 한다. 이것이 바로 포퍼의 점진적 사회공학(piecemeal social engineering)[35]이다.

포퍼는 탐미주의와 급진주의를 낭만주의(romanticism)와 연결시킨다. 왜냐하면 낭만주의란 아름다운 세계를 꿈꾸는 도취 상태에서 발생하는 비합리적 태도이기 때문이다. 그러므로 이들은 모두 합리적 이성보다는 감정에 호소한다. 예컨대 그들은 '자연으로 돌아가라'고 가르치는가 하면, '사랑과 미의 세계로 나아가라'고 설교한다. 그렇지만 낭만주의란 그것의 비합리적 태도 때문에 실제로 그 명칭만큼 좋은 것이 못 된다. 그것은 인간의 사회를 개선하기는커녕 하나의 지옥을 만들 뿐이다. "지상에 천국을 건설하고자 하는 최선의 의도에도 불구하고 낭만주의는 지상에 하나의 지옥을, 인간만이 그의 동료를 위해서 준비하는 지옥을 만드는 데 성공할 뿐이다."[36]

유토피아주의에 대한 포퍼의 이런 비판에 대해 기본적으로는 동의하면서도, 나는 다소 수정, 보완해야 할 점을 논의하고자 한다. 우선 역사주의와 유토피아주의의 관계를 전체적으로 조망해 보면 다음과 같은 그림을 그릴 수 있을 것이다.

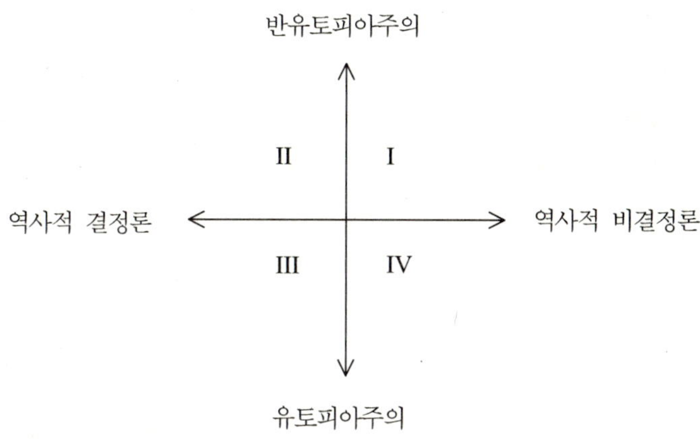

[그림 19] 영역 III만이 닫힌 유토피아주의이다.

이 그림에서 유토피아주의와 반유토피아주의, 역사적 결정론과 역사적 비결정론은 서로 대칭적인 관계에 있다. 영역 I은 포퍼 자신의 입장을 보여주는 영역이고, 영역 II, III, IV는 모두 포퍼가 비판하는 영역이다. III은 I과 모순 관계에 있으며, 유토피아주의와 역사법칙주의가 동맹 관계에 있는 영역이다. 그것은 '닫힌 유토피아주의(closed utopianism)'라고도 할 수 있는 영역으로, 우리가 추구하는 이상이 이미 우리에게 주어져 있거나 혹은 적어도 고정되어 있다고 주장한다. 더 나아가 그것은 그 이상이 시간의 과정 속에서 실현될 것이라고 주장한다. 그러므로 우리가 할 수 있는 일이란 이미 결정되어 있는 역사적 과정을 촉진하고 역사적 단계의 탄생의 고통을 줄이는 일뿐이다. 비록 우리가 역사의 과정을 변경시킬 수는 없다고 할지라도, 탄생의 고통을 줄이는 일은 충분히 의미 있는 일이라고 할 수 있다.

유토피아주의를 역사법칙주의와 연관시켜 비판하면서, 포퍼가 염두에 두고 있는 것은 내가 닫힌 유토피아주의라고 부르는 영역 III이었다. 영역 III에 대한 포퍼의 비판은 정당한 것으로 판단된다. 그러나 영역 IV까지 비판의 대상이 된다고 생각되지는 않는다. 나는 영역 IV를 열린 유토피아주의라고 부르고자 한다. 이런 이름은 이것이 역사적 비결정론에 기초한 유토피아주의이기 때문이다. 이것은 어떤 주어진 이상을 인정하지 않으며, 역사의 과정 자체가 미리 결정되어 있지 않은 것과 같은 논리로, 이상은 우리가 창조하는 것으로 본다. 이런 유형의 유토피아주의는 역사법칙주의와는 아무런 연관이 없으며 역사법칙주의에 대한 비판과 같은 맥락에서 비판될 수 없다.

역사법칙주의와 유토피아주의의 결합은, 포퍼 자신도 수긍하고 있듯이, 사실 좀 기묘한 동맹 관계라고 할 수 있다. 왜냐하면 역사법칙주의적 접근법은 모든 종류의 사회공학과 근본적으로 대립하는 것이기 때문이다.

그렇다면 어떻게 하여 서로 대립되는 두 이론이 동맹 관계에 돌입할 수 있을까? 그 이유는 앞에서 논의했듯이, 하나는 역사법칙주의와 유토피아주의는 전체론적 접근법을 함께 공유하기 때문이며, 다른 하나는 양자가 모두 그들이 추구하는 목표나 목적이 과학적으로 발견될 수 있을 것으로 믿기 때문이다. 포퍼에 의하면, 플라톤과 마르크스가 역사법칙주의와 유토피아주의를 결합시킨 대표적인 예들이다.

이러한 논의는 정당화될 수 있을까? 포퍼는 지나치게 자의적으로 자신의 필요에 따라 대립되는 사조들을 잘못 결합시킨 것으로 생각된다.

공학이란 원래 공업의 생산 기술을 창조·개발하기 위한 학문을 가리키는 말이다. 20세기에 들어와 이 말이 광범위하게 사용되면서 사회과학의 분야에도 사회공학이란 합성어가 유행하게 되었고, 이때 사회공학은 사회를 발전시키고 바람직한 사회를 창조하기 위한 여러 원리와 기술에 관한 학문을 의미하는 것이었다. 이러한 사회공학은 크게 두 종류로 나누어진다. 하나는 과학적 연구로 얻은 지식이나 법칙을 기초로 하여 사회를 점진적으로 재구성하고자 하는 점진적 사회공학이며, 다른 하나는 완벽한 청사진에 기초하여 사회를 한꺼번에 철저히 변혁시키고자 하는 유토피아적 사회공학이다. 이들은 사회공학이라는 같은 범주 속에 속하면서도 내용에 있어서는 서로 양립 불가능할 정도로 대립되는 측면을 갖고 있다. 한편으로 사회공학을 부정하는 반사회공학적 입장도 있다. 즉 사회란 그 자체의 발전 법칙을 갖고 있으므로, 우리는 전혀 사회적 변화를 능동적으로 추구할 수 없다고 주장하는 이론이 그것이다. 역사법칙주의란 바로 이런 이론을 대표하는 입장이라 할 수 있다. 이렇게 하여 사회적 변화에 대한 다음과 같은 세 개의 서로 다른 입장이 도출된다.

<table>
<tr><th>사회공학</th><th>반사회공학</th></tr>
<tr><td>점진주의</td><td rowspan="2">역사법칙주의</td></tr>
<tr><td>유토피아주의</td></tr>
</table>

[표 3] 유토피아주의와 역사법칙주의는 서로 대립한다.

여기까지는 포퍼 자신도 전적으로 동의할 것이다. 문제는 포퍼가 사회공학에 속하는 유토피아주의와 반사회공학에 속하는 역사법칙주의를 전체론에 기초하여 결합시킨 데 있다. 역사법칙주의와 유토피아주의는 다 같이 전체론에 기초할 수 있다. 그렇다 하더라도, 그들은 공통점보다는 차이점이 크다고 할 수 있다. 왜냐하면, 한쪽은 근본적으로 사회적 변화를 우리가 능동적으로 대처할 수 있다고 주장하는 데 반해, 다른 한쪽은 그럴 수 없다고 주장하기 때문이다. 그러므로 포퍼가 역사적 결정론을 주장하는 역사법칙주의를 다루면서 능동주의자인 플라톤을 다룬 것은 어딘가 잘못된 것으로 판단된다.

포퍼가 유토피아주의를 역사법칙주의와 결합시킨 두 번째 이유에도 문제점이 내포되어 있다. 왜냐하면 모든 유토피아주의가 청사진의 발견을 주장하는 것은 아니기 때문이다. 유토피아주의의 핵심은 오히려 청사진의 발견보다는 청사진의 창조와 윤리적 결단을 강조하는 데 있다고도 할 수 있다. 이러한 논의는 물론 역사법칙주의와 유토피아주의가 어떠한 경우에도 결합될 수 없다는 것을 주장하는 것은 아니다. 그들은 아주 드물게 결합될 수도 있다. 마르크스가 그것의 대표적인 예이다. 그렇지만 그들의 결합이 그들 상호간의 어떤 내적인 연관을 함축하는 것은 아니다. 이리하여 결국 쉽게 결합되지 않는 역사적 결정론, 본질주의, 유토피아주의를 포퍼가 무리하게 결합시켰다는 결론에 이른다. 포퍼는 실제로는 여러 괴물들과 동시에 대결하면서, 그것을 역사법칙주의라는 하나의 괴물로 착각하고 있었던 것이다.[37] 말하자면 거짓으로 비판되는 것은 모두 역사법칙주의이거나 역사법칙주의와 긴밀한 연관을 갖는 것이었다. 이러한 논의는 합리적이라 할 수 없다. 그러므로 역사법칙주의에 대한 포퍼의 비판 중 일부는 역사법칙주의 그 자체에 대한 비판으로 간주되어서는 안 된다.

3부 반역사주의

3부의 목적은 비판적 합리주의에 기초해서 역사 세계에 관해 역사주의적 접근법과는 정반대인 반역사주의적 접근법이 가능함을 보여주는 것이다. 비판적 합리주의의 반역사주의적 접근법은 역사주의가 야기한 문제점을 모두 해결하면서 역사인식론의 핵심 주제인 역사적 설명, 역사적 해석, 역사적 해석의 진보 등에 관해 만족할 만한 해명을 제시한다.

역사적 설명은 자연과학적 설명과 다른 특이한 논리적 구조를 갖는다고 할 수 있는가? 비판적 합리주의는 보편적 법칙을 추구하는 이론과학과 특수한 사실을 밝히고자 하는 기술(記述)과학을 구별하면서도 설명의 논리적 구조는 보편적이라고 본다. 설명은 설명되어야 할 대상을 일반 법칙 아래 포섭할 수 있어야 하기 때문에 보통 포괄법칙모형이라 불린다.

역사학은 특정한 사상들의 인과적 설명에 관심을 가질 뿐 아니라 특정한 사상 그 자체의 서술에도 관심을 가진다. 즉 역사학은 인과의 엉킨 실을 푸는 일과 동시에 이 실들이 어떻게 우연적으로 짜여 있는가를 서술하는 과제도 가진다. 서술에는 해석이 필요하다. 해석은 다양한 현상의 이면에 감추어져 있는 본질을 밝혀내는 일이며, 동시에 어떤 특수한 관점에서 대상에 접근하는 방식을 의미하기도 한다.

우리 앞에 역사적 사실 a, b, c가 있고, 이들이 역사 세계를 구성하는 요소들의 모두라고 해보자. 우리는 이 a, b, c 모두에 대해 다음과 같이 물을 수 있다. "왜 a가 일어났는가?" "왜 b는 하필 저런 형태가 아니라 이런 형태로 일어났는가?" "b 다음에 어떤 일이 일어났는가?" 이런 질문들에 답함으로써 우리는 사건들을 서로 연관지을 수 있다. a 때문에 b가 일어나고, b가 원인이 되어 c가 일어났다는 식으로. 그러나 사건들이 서로 연결된다고 해서 우리의 질문이 끝난 것은 아니다. 곧 다음과 같은 의문이 일어난다. "이들 중 중심적인 사건은 무엇인가?" "이 사건들 모두는 결국 무엇을 의미하는가?" "사건들 모두의 핵심적 내용이나 구조는 무엇인가?" 이런 질문들은 전체 사건들의 집합이 가진 구조와 연관된다. 전체의 구조가 드러날 때 우리는 세계의 전모를 알 수 있다. 이런 유형의 질문과 대답을 우리는 보통 해석이라 부른다.

해석은 대상을 보는 관점과 연결된다. 그러므로 해석은 다양할 수 있다. 대상을 바라보는 다양한 관점이 허용될 수 있기 때문이다. 관점에 따라 개별 사건들의 의미도 다르게 규정된다. 그렇지만 모든 해석은 객관성의 준칙을 벗어날 수 없다. 이 준칙을 벗어나는 순간 해석은 주관주의의 나락으로 추락하고 만다.

나는 관점을 조망적 관점과 투사적 관점으로 구분하면서 조망적 관점은 인식의 객관성과 양립 가능하다는 점을 논의했다. 그리고 조망적 관점과 투사적 관점을 구별하는 기준으로 법칙적 설명의 가능성을 제안했다.

포퍼는 해석을 이론과는 완전히 다른 성질로 분류하면서 역사법칙주의자들이 해석과 이론을 착각했다고 비판한다. 반면에 나는 이런 비판의 주관주의적 함축을 지적하면서 해석도 이론적 성격을 갖는다고 제안한다. 그렇지 않으면 모든 해석을 주관적 의미 부여로 이해하게 되며, 그 결과 해석의 정당성과 우열을 가릴 수 없을 것이기 때문이다.

1장 설명의 논리는 보편적이다[1)]

설명의 논리적 구조는 법칙과 초기 조건으로 이루어지는 설명항과 설명되어야 할 대상을 가리키는 피설명항으로 구성된다. '논리적' 구조라고 부르는 이유는 설명항에서 피설명항을 논리적으로 연역하기 때문이다. 설명에서 결정적인 것은 법칙이다. 법칙 진술을 근거로 해서 단칭적인 두 진술을 연결하기 때문이다. 설명은 설명해야 할 대상을 보편적 법칙 밑에 포섭하는 것이기 때문에, '포괄법칙모형'이라고 부르기도 한다.

역사주의자들은 이러한 포괄법칙모형이 역사적 사건의 설명에는 적용될 수 없다고 주장한다. 역사적 사건은 고유하고 일회적인 사건이므로 설명에는 법칙이 필요 없거나, 설명이 추구되더라도 엄격한 논리적 형식이 적용되지 않는다는 것이다. 이런 비판을 대표하는 인물이 윌리엄 드레이(William Dray)이다. 그는 포괄법칙모형의 대안으로 연속계열모형을 제시한다. 이것은 전체적 사건을 우리가 이해할 수 있는 작은 사건들의 어떤 집합에 도달할 때까지 작은 사건들의 계열로 쪼개어 보여주는 것이다. 그는 '설명'이란 말의 일상적인 용법에서는 전혀 일반적인 법칙을 포함하지 않는다고 주장한다. '나의 목적을 설명한다', '나의 관점을 설명한다', '이 말의 의미를 설명한다'는 경우가 그런 실례들이다.

이에 대한 비판적 합리주의의 답은 아무리 고유하고 유일한 역사적 사건이라 해도 일반적 개념으로 서술될 수밖에 없는 한에서 어떤 부류나 종에 속하는 것으로 간주될 수 있으며, 따라서 법칙적으로 설명될 수 있다는 것이다. 그리고 역사적 설명에 사용되는 불완전한 설명은 완전한 설명으로 변형시킬 수가 있는 것이다.

그렇지만 인간이 합리적이고 자율적인 존재인 한에서 인간의 의식적 행위가 자연법칙적으로 설명된다고 할 수는 없다. 이런 의문을 해결하는 것이 합리성의 원리에 입각한 상황의 논리이다.

1. 비판적 합리주의의 기본 원리

비판적 합리주의(kritischer Rationalism)란 비판적 이성에 기초하여 인식과 실천을 설명하려는 교설이다. 비판적 이성은 잘못을 범하면서도 비판적 논의에 의해 진리에 다가갈 수 있는 이성이다. "실수로부터 그리고 실수의 계속적인 교정에 의해 의식적으로 배우고자 하는 것이 내가 비판적 합리주의라 부르는 태도의 원리이다."[2] 비판적 합리주의라는 말은 물론 포퍼에서 연유되었고 그의 수많은 작품 속에서 비판적 합리주의의 이론이 추구되고, 심화되고, 응용되었지만, 포퍼는 그 자신이 완전히 새로운 방법을 발견했다고 주장하지는 않는다. 그는 오래된 탐구의 방식을 정식화했을 뿐이다. 그는 비판적 합리주의의 정초를 소크라테스에게로 돌렸다. 그리고 근대의 칸트에서 그 이념을 재발견한다.

1) 이성의 오류 가능성과 합리적 비판

비판적 합리주의는 이성의 오류 가능성과 합리적 비판을 기본적인 원리로서 채택한다.

(1) 이성은 본래 '오류를 범할 가능성(Fallibismus)'을 갖고 있다. 그러므로 모든 인식은 가설적 성격을 지닌다. 이것이 비판적 합리주의가 주장하는 인식론의 가장 중심적인 명제이며, 이러한 명제에 따라 절대적으로 확실한 인식의 근거는 존재하지 않는다는 주장이 가능해진다. 만약 우리가 절대적으로 확실한 지식을 얻고자 한다면 결국 다음과 같은 세 가지 방식 중 어느 하나를 선택하지 않을 수 없게 된다. 즉 (i) 더욱 확실한 근거를 찾아 끝없이 소급해 올라가는 무한후퇴에 빠지거나, (ii) 증명의 과정에서 또다시 증명이 요구되는 명제로 되돌아감으로써 증명의 논리적 순환에 빠지거나, 혹은 (iii) 어떤 지점에서 인식의 정초 작업을 자의적으로 중지해야 한다.[3] 여기서 우리가 무한 후퇴나 논리적 순환에 빠질 수는 없으므로 (iii)이 관심의 대상이 된다. 그러나 이 방식 역시 항상 독단주의로 귀착하지 않을 수 없게 된다. 왜냐하면 그것은 어떤 단계를 인식의 아르키메데스의 기점으로서 자의적으로 설정하기 때문이다. 이리하여 비판적 합리주의자들은 절대적으로 확실한 인식을 얻고자 하는 생각을 진리의 계시 이론과 밀접하게 연관되어 있다고 생각하며, 신비적 종교적 영역으로 도피하여 인식을 독단화하는 이러한 태도를 인식의 진보를 방해하는 방식이라 주장한다. 이러한 인식 태도는 사회 · 정치적 영역에서 종종 독재적이고 반민주적인 생활양식을 초래한다. 절대적 진리를 주장하는 정치이론이나 이데올로기가 존재할 때는 대체로 소수의 사람에 의한 진리의 독점 현상이 불가피하기 때문이다.

(2) 모든 인식은 '합리적 비판'을 필요로 한다.[4] 이 합리적 비판의

이념은 첫 번째 명제와 관련해서 제시된 것으로서, 말하자면 우리가 독단에 호소해서가 아니라 비판적 시험과 논의에 의해서 우리들의 잘못을 인식하고 그것을 개선시킬 수 있다는 것을 의미한다. 비판적 합리주의의 주장에 따르면, 우리가 진리를 궁극적으로 정초시키려고 하지 않고 합리적 논증의 도움으로 비판적으로 시험하고 비판적으로 논의하고자 한다면, 진리로 가까이 접근해 갈 수는 있다. 그러나 이 때에도 절대적 확실성에 도달할 수는 없다.[5] 그러므로 비판과 자기비판의 준비가 비판적 합리주의에서는 일반적인 삶의 방식으로서 요구된다. 포퍼는 이를 다음과 같이 주장한다. "적시에 오류를 교정하고자 하는 이 방법을 따르는 것은 지식을 획득하기 위한 규칙일 뿐 아니라, 바로 도덕적인 의무이다."[6] 이러한 기초 위에서 다음과 같은 방법론적 및 존재론적 이론들이 주장된다.

2) 가설-연역주의

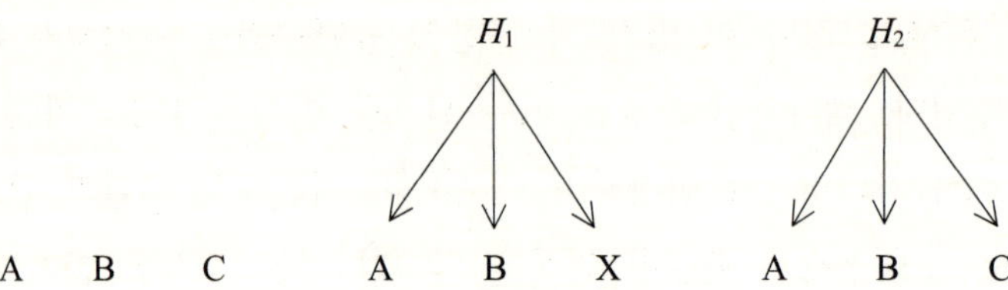

설명해야 할 대상

가설 H_1은 A와 B를 설명하지만 C를 설명하지 못한다. 즉, C에 의해 H_1은 반증된다.

가설 H_2는 모든 현상을 설명한다. 이때 H_2는 일단 만족스러운 가설로 선택된다.

[그림 20] 설명해야 할 대상들의 범위가 넓어지면서 가설에 대한 시험은 계속된다.

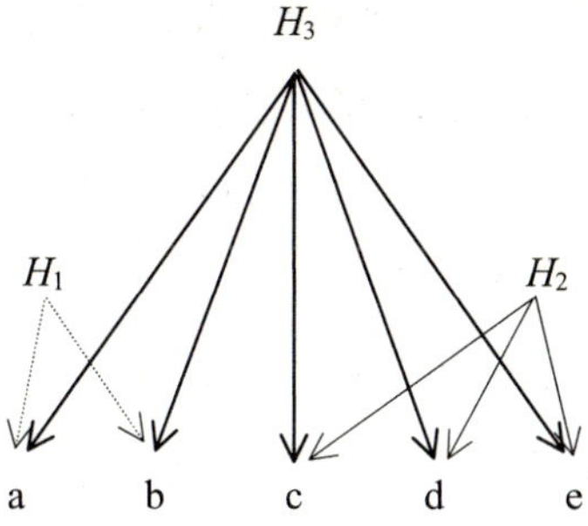

[그림 21] 가설 H_3는 가설 H_1와 가설 H_2보다 설명력에서 우수하다.

비판적 합리주의는 모든 이론적 과학, 즉 일반화를 지향하는 모든 과학은 자연과학과 사회과학을 막론하고 동일한 방법을 사용한다는 방법론적 일원론을 지지한다.[7] 과학적 탐구의 여러 상이한 주제에도 불구하고 하나의 과학적 방법이 적용된다는 신념은 콩트와 밀 이래로 계속 유지되어 온 실증주의의 기본적인 신조라고 할 수 있다. 그리고 이러한 신조는 물리학과 같은 엄밀한 자연과학이 다른 모든 과학에 대한 방법론적 이상을 제공하며, 모든 과학적 설명은 개별적 사상을 보편 법칙 하에 포섭시키는 포괄법칙적 설명이라는 다른 신조와 함께 실증주의의 일반적인 특징을 이룬다.

> 방법의 본질은 언제나 연역적인 인과적 설명을 제공하고, 그 설명을 예측을 통하여 검증하는 데에 있다. 이것은 때로는 가설-연역적 방법(hypothetical-deductive method)이라고 불려 왔고, 더 흔히는 가설의 방법(method of hypothesis)이라고 불려 온 것이다.[8]

포퍼가 제시한 이 가설-연역적 방법은 경험론의 귀납주의뿐만 아니라, 가설적이라는 그 성격 때문에 전통적 합리론의 연역주의와도 다른 것이라 할 수 있다. 말하자면 비판적 합리주의의 입장에서 볼 때, 데카르트(R. Descartes)와 베이컨(F. Bacon)에 의해서 제창된 두 방법적 체계는 모두 참다운 방법이 되지 못한다. 베이컨 이래의 영국의 경험론자들은 모두 과학은 관찰을 통한 귀납에 의해서 일반화에 도달하는 것이라고 생각했으며, 이러한 귀납주의는 논리실증주의자들이 주장하는 검증 가능성의 원리와 밀접한 연관을 맺고 있는 것이었다. 다음과 같은 두 이유 때문에 이 귀납주의는 검증 가능성의 원리와 함께 거부되지 않으면 안 된다.[9] 첫째로 귀납 논리는 정당화될 수 없다. 둘째로 그들은 본질적으로 잘못된 수동주의적 인식론에 기초를 두고 있다. 그러므로 이들은 관찰의 이론 의존성을 설명할 수 없다.

관찰이나 실험의 결과로서 간주되는 단칭 진술에서 가설이나 이론과 같은 보편적 진술로 이행해 가는 추리를 귀납주의라 할 때, 이 귀납주의는 정당화될 수 있을까? 즉, 그것은 경험과학의 가설이나 이론적 체계와 같은 보편적 진술의 진리를 확립할 수 있을까?[10]

귀납의 원리를 정당화할 수 있는 길은 두 가지이다. 하나는 논리에 호소하는 길이고, 다른 하나는 경험에 호소하는 길이다. 논리적으로 타당한 논증은 만일 그 논증의 전제가 참이라고 한다면 그 결론도 참이어야 한다는 사실에 의해 특징지어진다. 그렇지만 귀납의 원리는 논리적 근거에 의해서는 결코 정당화될 수 없다. 크리스마스 전날 저녁에 오랜 습관에 따라 먹이를 기대하던 칠면조의 목이 잘린다는 러셀(B. Russell)의 칠면조 이야기는 이것에 관한 유명한 예가 될 것이다. 다른 한편으로 귀납론자들은 경험적 사실에 기초하여, 즉 귀납이 수많은 다양한 경우에 사용되었고 대다수가 성공적으로 적용되었다는 사실에 기초하여 귀납의 원리를 정당화시키고자 했다. 이 논증은 다음과 같은 방식으로 정식화될 수 있다.

귀납의 원리는 X1의 경우에 성공적으로 작용했다.
귀납의 원리는 X2 등의 경우에 성공적으로 작용했다.
∴ 귀납의 원리는 항상 작용한다.[11]

흄(D. Hume)이 간파했듯이, 이러한 논증은 실패할 수밖에 없다. 이 논증은 순환적이기 때문이다. 이 논증은 귀납의 원리를 정당화하기 위해서 정당화되지 않은 귀납의 원리를 미리 사용하고 있다.

그렇지만, 귀납주의가 부정된다고 해서, 곧바로 연역주의가 옹호되는 것은 아니다. 비판적 합리주의의 관점에서 보면 전통적인 연역주의도 비판의 대상에서 벗어나지 못한다. 모든 과학을 연역적 체계라고 생각한 연역주의자인 데카르트는 연역적 체계의 원리, 즉 기본 전제는 '명석하고 판명한' 것이 아니면 안 되며, 그것은 이성적인 통찰로써 찾아낼 수 있다고 믿었다. 칸트적인 용어로 말한다면 그것은 '선험적 종합 판단'이 아니면 안 된다. 그러나 "선험적 종합 판단이란 존재할 수가 없는 것이다."[12] 모든 과학적 이론은 언제나 시행적 억측, 즉 가설이기 때문이다. 과학을 연역적 체계로 본 점에서 연역주의자들은 옳았다고 할 수 있지만 그것이 절대적 확실성을 가질 수는 없는 시행적 가설의 성격을 보유하고 있다는 사실을 그들은 인식하지 못했던 것이다. 그러므로 대부분의 방법론자들이 가설이 갖는 시행적, 잠정적 성격 때문에 그것을 궁극적으로는 증명된 이론으로 대체하지 않으면 안 된다고 생각한 것은 착오였던 것이다.[13]

3) 반증주의

포퍼의 브랜드[14]로서 널리 알려진 것처럼 포퍼는 진정한 경험과학과 사이비 과학을 구별하는 구획의 기준으로서 '반증 가능성의 원리

(principle of falsifiability)'를 제기한다.[15] 이것은 논리실증주의자들이 의미의 기준으로서 제기한 '검증 가능성의 원리'와는 서로 대칭적인 위치에 서는 것이었다.

포퍼는 두 가지 관점에서 논리실증주의 검증 원리에 대해 비판을 가한다. 하나는 우리가 그 이론을 그대로 받아들인다면, 우리는 형이상학뿐만 아니라 자연과학의 이론까지도 부정하게 된다는 것이며, 다른 하나는 철학과 과학의 한계를 분명히 긋는 것은 불가능하다는 점이다.

포퍼의 반증 가능성의 원리는 결코 한 명제의 의미의 유무를 결정하는 의미의 기준이 아니라, 한 이론의 과학적 성격이나 자격을 결정하는 구획의 기준일 뿐이다. 반증될 수 없는 형이상학적 명제들도 충분한 의미를 갖기 때문이다. 말하자면, 한편으로는 경험과학과 다른 한편으로는 수학과 논리학 및 형이상학적 체계를 구분시켜 주는 기준에 관한 구획의 기준으로서 반증의 원리가 제시된 것이다.[16] 반증 가능성의 원리란 간단히 말해서 "경험과학적 체계는 경험적으로 논박할 수 있지 않으면 안 된다."[17]는 이론으로 규정될 수 있다. 즉 한 이론이 과학적 자격을 얻기 위해서는 그 이론에 모순되는 관찰을 생각할 수 있고, 그것이 경험에 의해서 반증될 수 있도록 제시되어야 한다는 것이다.

이 원리는 다음과 같은 형식으로 표현된다.

전제 : 검지 않은 까마귀 한 마리가 x라는 장소에서 t라는 시간에 관찰되었다.

결론 : 모든 까마귀가 검은 것은 아니다.[18]

우리는 관찰 진술에 근거한 논리적 연역을 통해서 보편 법칙이나 이론을 지지할 수는 없다. 그렇지만 관찰 진술을 근거로 하여 논리적 연역에 의해 보편 법칙과 이론이 거짓임을 밝히는 것은 가능하다. 이러한 추론 형식은 바로 논리학에서의 후건 부정식(modus tollens)의 형식이다.[19)]

$$((h \rightarrow p) \cdot {\sim}p) \rightarrow {\sim}h$$

즉, p가 h로부터 도출될 수 있고 p가 거짓이라면, h 역시 거짓이다.

그러나 반증 가능성의 원리에 있어서도 단칭 진술(singular statement)이 반증 추론의 전제로서 사용되지 않으면 안 되므로, 단칭 진술의 경험적 성격에 관한 규정은 — 경험과학에서의 '경험'에 관한 성격 규정과 함께 — 여전히 문제로 남아 있다. 말하자면 잘못된 관찰이 발생하고 이에 따라 허위적인 단칭 진술이 제기되어 왔는데도 불구하고, 단칭 진술의 경험적 성격에 대해서는 충분한 의문이 제기되지 않았던 것이다. 특히 지각 경험(perceptual experience)과 기초적 진술(basic statement)의 관계 사이에 존재하는 분명하지 못한 점들은 규명되어야 할 과제로서 남아 있는 셈이다.[20)]

기초적 진술은 먼저 다음의 두 형식적 조건을 만족시켜야 한다.[21)] (a) 초기 조건 없이는 보편적 진술로부터 어떠한 기초적 진술도 도출될 수 없다. (b) 하나의 보편적 진술과 하나의 기초적 진술은 서로 모순될 수 있다. 여기서 기초적 진술은 '단칭적 존재 진술(singular existential statement)'의 형식을 갖는 것으로 이해된다. 왜냐하면 단칭적 존재 진술은 엄밀한 보편진술로부터는 도출될 수 없으며, 이론과 모순될 수 있는 엄밀한 존재 진술로 환원될 수 있으므로 (a)와 (b)의 두 조건을 모두 충족시키기 때문이다.[22)]

그러나 기초적 진술에 대한 이러한 형식적 조건 이외에 실질적 조건도 만족되어야 한다. 이 실질적 조건이란 바로 "기초적 진술은 상호 주관적으로 관찰에 의해서 검사될 수 있어야 한다."[23]는 조건이다. 말하자면 '관찰 가능한 사건'은 통상 '육안에 보이는 물체의 위치나 운동을 동반하는 사건'의 의미로 사용되며, 따라서 모든 기초적 진술은 물체의 상대적 위치에 관한 진술이지 않으면 안 된다.[24] 이것이 바로 직접적 관찰 문장의 이론과는 다른 주장이다. 그러나 이 기초적 진술 역시 잠정적인 것이며 더욱더 시험될 수 있는 것이다. 그렇다면 이 시험의 과정도 원칙적으로 무한 퇴행에 빠질 것이 아닌가? 여기서 포퍼는 이 무한 퇴행에서 헤어나기 위해 결단(decision)과 합의(agreement)의 개념을 제시한다. "기초적 진술은 결단이나 합의의 결과로서 받아들여진다. 그리고 이것은 어느 정도 협약인 것이다."[25] 포퍼를 비롯한 비판적 합리주의자들은 이 점을 중시한다. 이들이 정당화주의 인식론을 거부하는 것도 이 때문이라 할 수 있다. 비판적 합리주의의 관점에서 볼 때, 어떤 이론의 테스트는 기초적 진술에 의존해 있고, 기초적 진술의 용인이나 거절은 우리의 결단에 의존한다면, 이론이나 진술의 운명을 결정하는 것은 바로 우리의 결단인 것이다. 얼핏 보기에 이러한 논리는 협약주의자의 주장과 같아 보인다. 그렇지만 이러한 입장과 협약주의자의 주장 사이에는 중요한 상이점이 존재한다.[26] 협약주의자들은 단순성의 원리(principle of simplicity)에 따라 '보편적 진술'을 협약에 의해 승인하려는 데 반해서, 비판적 합리주의는 합의에 의해서 결정되는 진술이 보편적 진술이 아니라 '단칭 진술'임을 주장하기 때문이다.

이런 관점에서 보면 경험은 단순한 감각적 지각이 아니다. 동시에 그것은 완전할 수도 없다. "순수한 경험이란 존재하지 않는다. 경험은 항상 경험을 초월하는 우리의 기대와 이론에 의해서 이미 해석된 것이다."[27] 그 결과 경험적 언어(empirical language)와 이론적 언어

(theoretical language) 사이에 분명한 선을 긋는 것은 불가능하게 된다. 왜냐하면 가장 간단한 진술에서도 우리는 이미 보편적 개념을 사용하며, 경험 역시 이론적 언어 안에서만 가능하기 때문이다.[28] 그리고 모든 보편 개념은 순수 경험이나 관찰로는 환원될 수 없는 성향적 개념인 것이다. 비판적 합리주의는 경험에 대한 이런 규정에 기초해서 역사과학도 경험과학으로 분류한다.

2. 이론과학과 기술(記述)과학

비판적 합리주의는 역사과학을 경험과학으로 규정하면서도 다른 경험과학과 동일하게 취급하지는 않는다. 왜냐하면 여러 과학들은 경험과학이라는 같은 테두리에 속하면서도 서로 다른 탐구의 관심에 의해서 구별될 수가 있기 때문이다. 말하자면 과학적 방법의 단일성을 주장한다고 해서 이론과학과 기술과학의 구별을 철폐할 이유는 없는 것이다. 그리고 상이한 탐구의 관심에 의한 구별은 전통적 역사가들이 그토록 자주 강조해 온 구별, 즉 사회이론이나 경제이론 및 정치이론과 사회사나 경제사 및 정치사와의 구별에 정확히 대응하는 것이기도 하다.

이러한 구별은 보편적 법칙에 대한 관심과 특수적 사실에 대한 관심의 구별인 것이며,[29] 이것은 과학적 분석, 특히 인과적 설명의 분석과 완전히 양립할 수 있는 것이다. 왜냐하면 이론적 과학은 주로 보편적 법칙을 발견하고 검증하려는 데 관심을 갖는 반면, 역사적 과학은 모든 종류의 보편적 법칙을 당연한 것으로 전제하고 주로 단칭적 진술을 발견하고 검증하는 데 관심을 갖기 때문이다. 다음의 두 도식이 이를 잘 설명해 준다.[30]

$U_0\ U_0\ U_0$ …… : 보편적 법칙 내지 보편적 가설

$U_1\ U_2\ U_3$ …… : 상이한 법칙들

$I_1\ I_2\ I_3$ …… : 상이한 초기 조건들

$P_1\ P_2\ P_3$ …… : 상이한 예측들

여기서 이론과학은 보편적 법칙 내지 보편적 가설 U_0를 발견하고 검증하는 데만 관심을 갖는다. 그리고 이 일반 법칙의 검증에서는 관련되는 모든 다른 법칙들(U_1, U_2, U_3, …)과 여러 상이한 초기 조건들(I_1, I_2, I_3, …)이 함께 사용된다.

$U_1\ U_2\ U_3$ …… : 상이한 법칙들

$I_1\ I_2\ I_3$ …… : 상이한 초기 조건들

$I_0\ I_0\ I_0$ …… : 역사적 가설

$P_1\ P_2\ P_3$ …… : 상이한 예측들

반면에 역사과학은 여러 상이한 법칙들(U_1, U_2, U_3, …)과 여러 상이한 초기 조건들(I_1, I_2, I_3, …)의 도움을 얻어서 역사적 가설 I_0를 찾거나 검증하는 데만 관심을 가진다.[31] 그러므로 포퍼는 다음과 같이 주장한다. "단칭적 사상(事象)에 관한 모든 인과적 설명은, 원인이 언제나 단칭적 초기 조건에 의해서 서술되는 한, 역사적인 것이라고 말할 수 있다. 그리고 이러한 주장은 어떤 것을 인과적으로 설명한다는 것은 곧 그것이 어떻게 그리고 왜 일어났는가를 설명하는 것, 말하자면 그 내력을 이야기하는 것이라고 하는 통념과 전적으로 일치한다."[32]

이렇게 볼 때 역사과학을 이론과학으로 개혁하려고 하는 많은 진화론자들과 역사주의자들이 기원의 문제에 대해서 열렬한 관심을 보인다는 것은 약간 잘못되었다고도 할 수 있다. 기원의 문제는 '어떻

게 그리고 왜(how and why)'의 문제인 것이며, 이 문제는 이론적으로는 별로 중요하지 않고 특정한 단칭적 사상을 다루는 역사적 관심에 있어서만 중요하기 때문이다.[33] 그러므로 단칭적 사상의 인과적 설명에 실제로 관심을 가지는 것은 오직 역사에서 뿐이며, 이론적 과학에서는 단칭적 사상의 인과적 설명은 주로 보편적 법칙의 검증을 위한 수단에 불과한 것이다. 물론 단칭적 사상의 인과적 설명에도 보편적 법칙은 시종 적용되고 있다고 봐야 한다. 왜냐하면 하나의 단칭적 사상은 어떤 보편적 법칙과 관계해서만 다른 단칭적 사상의 원인이 되기 때문이다.[34] 그러나 이러한 보편적 법칙은 아주 보잘것없는 것이거나, 상식의 일부에 지나지 않을 수 있으므로, 우리는 그것을 언급할 필요가 없는 경우도 있으며 또 그것에 주의하는 일도 드물다. 예컨대 "브루노(G. Bruno)는 화형을 당해서 죽었다."라고 할 경우 우리는 "모든 생물은 강한 열에 넣으면 죽는다."고 하는 보편적 법칙을 새삼스럽게 언급할 필요가 없는 것이다.[35]

역사학은 특정한 사상들의 인과적 설명에 관심을 가질 뿐 아니라, 특정한 사상 그 자체의 서술에도 관심을 가진다. 즉 역사학은 인과의 엉킨 실을 푸는 것과 아울러, 이 실들이 어떻게 '우연적'으로 짜여 있는가를 서술하는 과제 — 역사학이 인과적으로 설명하려고 시도하지 않는 국면 — 도 가진다.[36] 그러므로 역사학의 두 과제는 모두가 필요한 것이며 상호 보완적인 것이다. 이렇게 볼 때 역사학은 일회적 사상의 기술에만 관심을 가져야 한다고 하는 개성기술적 입장이나, 역사학은 특이한 사상의 인과적 설명에만 관심을 갖는다고 하는 주장은 모두 부분적인 타당성을 가질 뿐이다. 하나의 사상은 어떤 때에는 유형적인 것으로서 고찰될 수도 있고, 즉 인과적 설명의 관점에서 고찰될 수도 있고, 어떤 때에는 특이한 것으로서 고찰될 수도 있기 때문이다.

3. 포괄법칙모형

모든 경험적 탐구에 대한 통일적 방법을 주장하는 입장에서는 자연과학적 설명이건 역사적 설명이건, 설명의 논리란 같은 기반 위에 설 수밖에 없다. 헴펠(C. G. Hempel), 네이글(T. Nagel), 오펜하임(P. Oppenheim), 아벨(N. H. Abel), 포퍼 등도 모두 같은 입장을 취하고 있다. 이들에 의하면 과학적 설명은 크게 두 종류로 나누어진다. 하나는 연역적-법칙론적 설명(deductive-nomological explanation)이고, 다른 하나는 귀납적-통계적 설명(inductive-statistical explanation)이다. 그리고 이들은 이러한 두 가지 설명 이외에 통상 거론되는 목적론적 설명(teleogical explanation)과 발생적 설명(genetic explanation)은 연역적-법칙론적 설명이나 귀납적-통계적 설명으로 쉽게 환원될 수 있다고 생각한다.[37)]

이런 입장에서 볼 때 역사적 설명에 관한 이론은 일반적인 설명 이론의 특수한 적용에 불과한 것이다. 즉 어떤 특수한 사상을 인과적으로 설명한다는 것은 이 사상에 대한 하나의 진술을 두 종류의 전제로부터 연역함을 의미한다. 하나는 약간의 보편적 법칙들로부터이고, 또 하나는 특수한 초기 조건들이라고 부를 수 있는 약간의 단칭적이거나 특수한 진술들로부터이다.[38)] 이러한 설명 논리에 따르면 1파운드의 무게에만 견딜 수 있는 실 위에 2파운드의 무게가 실렸을 때, 그 실이 끊어지는 현상에 대한 인과적 설명은 다음과 같이 진행된다.

(1) **보편적 법칙들 :**

(i) 어떤 주어진 구조 S1(그 재료, 굵기 등에 의해서 결정되는)을 가진 모든 실에는 W를 초과하는 무게가 그 실에 매달리면, 그 실은 끊어지리라는 어떤 특징적인 무게 W가 있다.

(ii) 구조 S1을 가진 모든 실에 있어서 특징적인 무게 W는 1파운드와 같다.

(2) 초기 조건들 :

(i) 이 실은 S1을 가진 실이다.

(ii) 이 실 위에 놓인 무게는 2파운드의 무게였다.

(3) 결론 : 특수한 예측 :

이 실은 끊어질 것이다.[39)]

이때 보통 초기 조건들은 예측되는 특수한 사건의 원인으로 간주되고, 예측되는 사건은 결과로서 해석된다. 근대적 인과의 이론에 가장 큰 공헌을 한 흄은 사건 A와 사건 B 간의 필연적 연결(necessary connection)에 대해서는 우리가 어떤 것도 알 수 없다고 주장했다. 왜냐하면 우리는 언제나 개별적 사건 A나 B만을 관찰할 수 있을 뿐이기 때문이다. 그러므로 흄에 따르면 우리가 알 수 있는 것은 A 종류의 사건 다음에는 지금껏 B 종류의 사건이 발생했다는 것뿐이다. 그러나 포퍼를 비롯한 비판적 합리주의자들의 이론은 다음의 두 가지 점에서 흄과는 다르다. 첫째로 그것은 A 종류의 사건들 다음에는 항상 어디서나 B 종류의 사건들이 발생한다는 보편적 법칙 가설을 명백히 정식화한다. 둘째로 그것은 이 보편적 법칙 가설을 전제로 A는 B의 원인이라는 진술의 진리를 주장한다. 다른 말로 표현하자면, 흄은 오직 사건 A와 B 자체만 보고 이들 사이의 필연적 연결이나 어떤 인과적 고리의 흔적을 발견할 수는 없었다. 그러나 비판적 합리주의는 여기에다 인과적 고리나 필연적 연결이라 불러도 좋은 보편적 법칙 가설을 첨가한다.[40)] 이리하여 다음 두 가지 사실이 역사적 설명 이론에서 분명해진다.[41)] 첫째로 우리는 절대로 원인과 결과를 무조건적으로 운위할 수는 없고, 한 사상(事象)은 반드시 어떤 보편적 법칙과의 관계에 있어서만 다른 사상의 원인이라고 말하지 않으면 안 된다. 둘째로 어떤 특정한 사상을 예측하기 위해서 어떤 이론을 사용하는 것은 그러한 사상을 설명하기 위해서 그 이론을 사용하는 것과 같은 논리적 구조를 갖는다.

역사적 설명에 관한 헴펠의 이론도 처음에는 포퍼의 이론과 같은 것이었다. 헴펠에 의하면 설명항은 일정한 시간과 장소에서 어떤 사건들 C_1, …, C_n의 발생을 주장하는 일련의 진술들과 일련의 보편적 가설로써 구성되어야 하며, 설명항에 포함된 모든 진술은 합리적으로 잘 확정되어야 한다. 그리고 마지막으로 피설명항은 설명항으로부터 이론적으로 연역되지 않으면 안 된다. 이러한 설명의 논리를 헴펠은 다음과 같이 도식화한다.[42)]

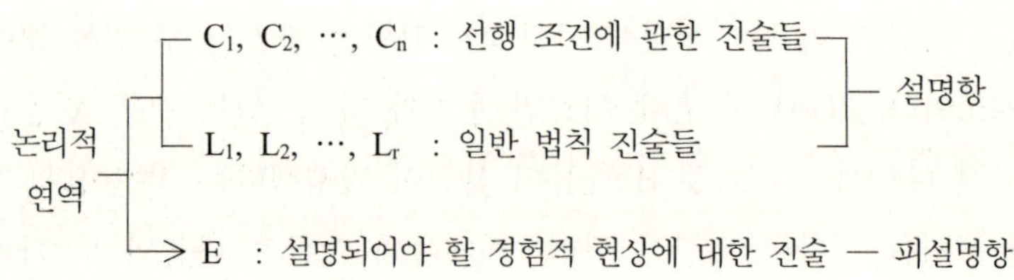

헴펠은 이러한 설명을 '연역적-법칙론적 설명'이라 부르는데, 이것은 이 설명이 일반적 법칙들의 성격을 지닌 여러 원리 하에 피설명항 E를 오로지 연역적으로만 포섭하기 때문이다. 즉 그것은 사건 E가 왜 일어났는가라는 물음에 대해서 그 사건이 L_1, L_2, …, L_r 의 여러 법칙에 따라 C_1, C_2, …, C_n 의 특수한 개별적 상황들로부터 결과된 것임을 보여주고 있기 때문이다. 예컨대 거울에 비친 상(像)이나 무지개, 막대기가 수면으로 나오는 부분에서 굴절하는 모습 등은 반사나 굴절의 여러 법칙 하에 포섭될 수 있고, 자유낙하와 유성들의 운동 등은 갈릴레이나 케플러의 법칙들 하에서 연역되는 것으로 설명될 수 있다. 보통 포퍼-헴펠 이론(Popper-Hempel theory)[43]으로 널리 알려진 이러한 연역적 설명 도식은 역사적 진술의 분석에서 이중의 기능을 수행한다.[44] 하나는 경험적 역사 탐구에 가능한 과학적 설명의 도식으로서 작용하는 것이고, 다른 하나는 과학적임을 주장하는 모든 사이비 설명에 대한 비판의 기준으로서 작용하는 것이다. 드레이는 이러한 설명의 도식을 '포괄법칙모형(the covering law model)'이라 불렀다.[45] 왜냐하면 이러한 설명은 설명되어야 할 대상을 일반적 법칙 아래 포섭함으로써만 달성되기 때문이다. 같은 논리로 가디너(P. Gardiner)는 연역적 설명 도식을 "규칙적 해석(the regularity interpretation)"[46]이라 부른다.

이러한 설명 도식에 대해서 두 개의 반론이 제기될 수 있다. 하나는 역사적 사건은 완전히 일회적이고 고유한 것이므로 이러한 과학적 설명은 타당하지 않다는 주장이고, 다른 하나는 역사적 설명에는 법칙이나 초기 조건의 확인이 어렵기 때문에 이러한 설명 도식을 활용하기가 어려울 것이라는 주장이다. 이런 반론에 대해 다음과 같은 대답이 가능하다. 아무도 역사과학이 개별적 사건에 관심을 갖는다는 것을 부정하지는 않는다. 왜냐하면 여기에는 고유명사가 불가결한 기능을 수행하기 때문이다. 그러나 이런 개별적 사건의 기술 역시 자연현상의 기술에서와 마찬가지로 일반적인 개념에 의해서만 가능하게 된다. 예컨대 우리가 아무리 '프랑스 혁명'이나 '러시아 혁명'을 그 고유성에 기초하여 서술한다 하더라도 '혁명'이란 일반적 개념을 사용하지 않고는 서술할 수가 없는 것이다. 그러므로 이미 이 서술적인 진술은 일반적인 법칙에 관한 진술과의 연관 속에서 분석되어야 한다는 논리적 전제가 주어진다. "이러한 점에서 역사과학과 자연과학의 차이란 존재하지 않는다. 두 과학은 모두 일반적인 개념에 의해서만 그들의 주제에 대한 설명을 할 수 있기 때문이다."[47] 그뿐만 아니라 포퍼나 헴펠은 화이트(M. White)가 주장하는 "특수한 역사적 용어"[48]란 존재하지 않는다고 간주한다. 포퍼와 같은 입장을 취하는 가디너에 의하면 '혁명'이나 '계급투쟁' 같은 개념까지도 역사 탐구에만 나타나는 것은 아니다.[49] 그리고 모든 기술은 일반적인 개념을 가지고 작업을 해야 한다는 사실이 설명 일반을 가능케 하는 중심적 이유의 하나가 된다. 말하자면 일반적 개념이 사용되는 한에서 사건이나 그 속성은 유형적인 것으로서, 즉 어떤 부류나 종에 속하는 것으로서 간주되는 것이다.[50]

연역적-법칙론적 설명에 대한 두 번째의 비판은 역사가들이 사건을 초기 조건과 일반 법칙으로부터의 논리적 연역이라는 엄격한 형식으로 설명하지 않는다는 사실에 근거를 두고 있다. 포퍼나 헴펠도 연역적-법칙론적 설명이 역사적 설명의 이상적인 형식이라고는 생각하지 않는다. 다만 그들이 주장하는 것은 설명이 요구되는 경우에 역사가는 이것을 엄격한 형식으로 제시할 수 있어야 한다는 것을 의미할 뿐이다. 포퍼에 의하면 실제로 역사가들은 이러한 설명의 형식을 암암리에 사용하여 하나의 단일한 사건을 다른 단일한 사건과 결합시키면서도, 설명의 논리를 충분히 인식하지는 못하고 있다. 말하자면 그들은 '왜냐하면', '그 때문에', '따라서' 등의 낱말을 수없이 사용하면서도 그것들이 갖는 논리적 형식에 대해서는 전혀 의식하지 못하는 경우가 많다는 것이다.[51] 포퍼는 이러한 현상을 역사적 설명에 사용되는 법칙의 대부분이 사소한 것이고, 따라서 그것은 자명한 것으로 인식되고 무의식적으로 전제된다는 사실에 근거하여 설명하고자 한다.[52]

이런 논리에 따르면 보편적 법칙에 관심을 가지는 일반화의 과학에서는 '이론'이나 '보편적 법칙'이 관심의 중심으로서뿐만 아니라 탐구의 중심으로서, 그리고 논리적 구성과 제시의 중심으로서 작용하지만, 역사에서는 우리가 그러한 통일적인 이론을 가질 수가 없거나 아니면 차라리 우리가 사용하는 대다수의 사소한 보편적 법칙들이 당연한 것으로 전제되는 것이다.

> 역사에 있어서 보편적 법칙들은 실제로 관심이 없는 것들이며, 전체적으로 주제를 질서지어 줄 수 없는 것들이다. 예컨대 우리가 1772년에 있었던 폴란드의 첫 번째 분할을 폴란드가 러시아, 프러시아, 오스트리아의 연합 세력을 당해 낼 수 없었다는 것을 지적함으로써 설명하고자 한다면, 그때 우리는 다음과 같은 보잘것없는 보편적 법칙을 무언중에 사용하고 있는 것이다; 잘 무장되고 훌륭한 지휘를 받는 두 군대 중에서 한쪽이 수에 있어서 엄청나게 우세할 때 나머지 한쪽은 결코 이길 수 없다. … 이러한 법칙은 병력에 관한 사회학적 법칙으로 기술될 수 있을 것이다. 그러나 그것은 너무도 사소한 것이어서 사회학자들의 관심을 환기시키거나 그들에 대해서 중대한 문제를 제시하지 않는다. 혹은 우리가 루비콘 강을 건너고자 하는 카이사르(Caesar)의 결단을 그의 야망과 에네르기로 설명하려고 할 때도 여태껏 심리학자들의 관심을 거의 불러일으키지 않던 보잘것없는 어떤 심리학적 일반화를 사용하고 있는 것이다.[53)]

역사 서술에서 이런 일반 법칙의 이용은 다른 경험과학이 생산한 일반 법칙의 소비에 불과한 것이며, "역사가는 일반 법칙의 생산자가 아니라 그 소비자인 것이다."[54)] 헴펠에서도 비슷한 이론이 제시된다. 헴펠은 역사가들이 그들의 역사 서술에서 일반 법칙을 거의 인식하지 못하는 이유로서 두 가지를 지적하고 있다.[55)] 첫 번째 이유는 역사에 있어서 문제되는 법칙은 발견되는 것이라기보다는 이미 알려진 것으로서 취급될 뿐만 아니라, 그것들은 너무 잘 알려진 것들이어서 대다수의 경우에 전혀 거론될 필요가 없고 설명에 함축된 것으로서만 간주되기 때문이다.[56)] 이것은 역사에서 사용되는 보편 법칙들이 사소한 것들이라는 포퍼의 이론과 똑같은 것이다. 헴펠이 제시한 두 번째 이유는 문제되는 법칙을 언제나 그들이 관련된 경험적 증거에 일치할 수 있도록 정확하게 정식화할 수 없다는 데 있다.[57] 헴펠은 이러한 불충분한 설명을 가리켜 설명 스케치(explanation sketch)라 불렀다. 스케치는 법칙과 초기 조건들이 다소간 막연하게 제시되어 있는 것이어서 완전한 설명 형식으로 전환시키기 위해서는 더 많은 경험적 탐구를 통해 막연한 여러 가지 점들을 보충하지 않으면 안 되는 것이다. 그러나 설명 스케치는 비록 선택적이고 불완전한 설명이라 할지라도, 우리가 탐구를 계속해 간다면 결국 완전한 형태로 전환시킬 수가 있는 것이다. 그러므로 설명 스케치와 이상적인 과학적 설명 사이의 차이는 정확성의 정도 문제이지, 이론적 형식의 문제가 아니라고 할 수 있다.[58]

헴펠이나 포퍼의 불완전한 언어 형식론에 대해서 언어 분석 철학 계통의 일파에서 반론이 제기되었다. 즉 '왜냐하면(because)'의 분석이 잘못되었거나 아니면 너무 좁게 해석되었다는 반론이 제기된 것이다.[59] 이러한 이론은 포괄법칙모형에 반대하고 역사과학의 독자성을 확립하기 위하여 설명의 연속계열모형(continuos series model of explanation)을 주장하는 드레이에 의해서 가장 대표적으로 제기되었다. 연속계열모형이란 전체적 사건을 우리가 이해할 수 있는 작은 사건들의 어떤 집합에 도달할 때까지 작은 사건들의 계열로 쪼개어 보여주는 것이다. 드레이의 주장에 의하면 역사적 설명에는 어떠한 일반적 진술도 필요하지 않다. 우리가 사건의 경로를 추적할 수만 있다면 그 사건은 설명될 수 있다고 보기 때문이다. 말하자면 설명의 일상적인 사용이란 인과관계적인 의미에서의 사용이 아니라 '나의 목적을 설명한다', '나의 관점을 설명한다', '나의 의미를 설명한다', '이러한 말이나 저런 도구의 사용을 설명한다' 등등에서 보는 바와 같이

전혀 일반적인 법칙을 포함하지 않는 사용이라는 것이다.[60)]

> 설명의 실용적 차원을 고려한다면 그 개념의 분석은 그 말이 일상적 과정에서 사용되는 방법과 좀 더 일치된다. 옥스퍼드 영어사전은 '설명하다(to explain)'의 일반적 의미를 '무엇에 관한 원인이나 기원, 이유를 분명히 하다'라는 것 외에 '장애를 없애다', '드러내다', '상세히 하다', '평이하거나 알기 쉽게 하다', '모호한 점이나 어려운 점을 분명히 하다'라는 뜻으로 나타내고 있다.[61)]

이것은 일반적인 법칙을 사용하지 않고도 설명이란 말을 사용할 수 있다는 것을 뜻하며, 나아가 역사가가 사용하는 설명의 말과 물리학자가 사용하는 설명의 말이 서로 다르다는 것을 의미한다. 드레이에 의하면 우리는 종종 이론의 도움으로 설명하는 것은 사실이지만, 이것은 결코 이론의 도움을 받지 않고는 설명할 수 없다는 것을 의미하는 것은 아니다. 왜냐하면 설명의 일반적인 특징이란 수수께끼인 것을 수수께끼가 아닌 것으로 환원하는 것에 불과한 것이기 때문이다.[62)]

슈프의 분석에 의하면 일상용어의 분석에 근거한 이러한 논증은 브로드벡(M. Brodbeck)이 말한 바와 같이 무엇보다 언어의 서술적 기능보다는 의사 교환의 기능을 강조하는 데서 출발한다.[63)] 그러므로 드레이의 주장이 정당한가 어떤가 하는 문제는 우리가 언어의 기능을 어떻게 규정할 것인가 하는 문제와 연관되어 있다고도 할 수 있다.

널리 알려진 대로 포퍼는 언어의 세 가지 기능을 주장한 뷜러(K. Bühler)의 이론에다 하나의 기능을 더 첨가하여 다음과 같은 네 가지 기능을 주장한다.[64)] 즉 (i) 표현 기능, (ii) 신호 기능, (iii) 서술 기능,

(iv) 논증 기능이 그것이다. (i)은 말하는 사람의 사상이나 감정을 표현하는 기능이고, (ii)는 듣는 사람에게 어떤 반작용을 야기하는 기능이고, (iii)은 사상들의 어떤 상태를 기술하는 기능이다. 뷜러가 언어의 기능을 이 세 기능으로만 분류한 데 반해서, 포퍼는 여기에다 (iv)의 기능, 즉 어떤 문제와 관련해서 설명이나 논증을 제시하고 그것들을 비교할 수 있는 기능을 덧붙인다. 이 네 번째 기능이 바로 우리가 지금껏 논의해 온 '설명'의 문제와 관련된 기능이다.[65)]

일상적인 언어 사용의 영역에서는 (iii)과 (iv)의 기능보다는 (i)과 (ii)의 기능이 중심적인 기능을 차지한다. 그러나 (i)과 (ii)의 상태를 다시 대상으로 삼을 수 있다는 점에서 (iii)과 (iv)의 기능이 인간적 언어의 고유한 기능이 된다.[66)] 즉, 누군가가 자신의 감정을 어떤 언어로 나타냈다고 할 때, 우리는 그러한 상태를 다시 언어로 기술할 수 있고 왜 그런 표현을 하게 되었나를 탐구할 수 있다. 언어의 논증적이고 설명적인 기능은 법칙이 분명하게 표현되지 않는 일상용어의 생략되고 불완전한 사용을 완전하게 하는 데 있다. 그러므로 어떠한 인과적 설명도 아닌, 즉 일반적인 법칙을 전제하지 않는 기술이 존재할 수 있다 하더라도, 그것은 일반적 법칙을 전제하는 기술에 의해서 대체될 수 있는 것이다.[67)]

이렇게 하여 우리가 탐구의 관심에 의해서 인과적 설명의 관점과 개별적 특성의 기술을 구별하고, 설명과 기술을 다 함께 역사과학으로 취급함으로써 비인과적인 개성의 기술도 역사적 탐구에서 배제할 필요는 없지만, 비인과적인 진술은 언제나 관점을 달리함으로써 인과적 진술로 교환될 수 있는 것으로 해석된다. 말하자면 한 현상에 대한 무한히 많은 기술의 가능성이 존재한다 할지라도, 여전히 많은 설명의 가능성이 존재하는 것이다.[68)]

4. 합리성의 원리와 상황의 논리

법칙포섭모형이 타당하기 위해서는 다음 두 조건이 충족되어야만 한다. 첫째로, 이 세계의 모든 사상은 보편적 법칙에 따라서만 발생한다. 둘째로, 우리는 이 법칙을 언제나 정식화할 수 있다. 콩트와 밀 이래로 대다수의 실증주의자들은 이 두 조건을 받아들일 수 있다고 생각했다. 즉 보편적 법칙을 귀납적-통계적 법칙으로 완화시키고, 법칙의 현실적 정식화를 원리적 정식화로 수정한다면, 이 포괄법칙모형은 얼마든지 타당하게 활용할 수 있다는 것이다.

그렇지만 이러한 포괄법칙모형이 비결정론적 세계관과 인간의 자유를 긍정하는 비판적 합리주의의 입장과 양립할 수 있을 것인가? 포괄법칙모형이 인간의 창조적 행위를 포함한 모든 역사적 사건을 설명해 줄 수 있을까? 특히 우리가 물리적 세계만을 인정하는 물리주의자가 아니라, 자율적인 의식의 세계와 그런 의식이 창조한 객관적 관념의 세계를 인정하는 다원론자라면 다른 유형의 설명이 요청될 수밖에 없을 것이다.

포퍼는 이런 다원적 세계를 진화론적 과정으로 나타낸다.[69)]

세계 3 (인간 정신의 산물)	(6) 예술 작품과 과학(기술을 포함한) 작품 (5) 인간의 언어, 자아와 죽음에 관한 이론
세계 2 (주관적 경험의 세계)	(4) 자아와 죽음에 관한 의식 (3) 감각(동물적 의식)
세계 1 (물리적 대상들의 세계)	(2) 살아 있는 유기체 (1) 더 무거운 원소들; 액체와 결정체 (0) 수소와 헬륨

[표 4] 세계 1에서 세계 2로, 여기서 다시 세계 3으로 진화한다.

제1세계와 제2세계는 비교적 우리에게 친숙한 세계인 데 비해, 제3세계는 약간의 주의와 설명을 요하는 세계이다. 이 세계는 사고의 대상들로서 이루어진 세계이고, 그런 한에서 이론 자체와 그것들의 논리적 관계의 세계이며, 논증 자체의 세계 내지 문제 상황 자체의 세계이다. "이론이나 명제, 혹은 진술은 가장 중요한 제3세계의 언어적 실재이다."[70)]

제3세계는 인간 정신의 산물로서 구성된 세계이므로, 그것은 이야기들, 신화들, 도구들, 과학적인 이론들, 과학적인 문제들, 사회제도나 예술 작품을 모두 포괄한다.[71)] 말하자면 그것은 인간이 창조한 세계이다. 대다수의 제3세계 대상들은 물질적인 형태로서 존재한다. 그런 점에서 그것들은 세계 1과 세계 3에 동시에 속한다. 예컨대 책은 물질적 대상으로서 세계 1의 구성원이 된다. 그러나 그 책을 인간 정신의 의미 있는 산물로 만드는 것은 수많은 부수를 찍어내어도 바뀌지 않는 그 책의 내용이며, 이것은 세계 3에 속한다. 물론 세 개의 세계에 동시에 속하는 사물들도 있다.

우리가 다원적인 존재론을 주장할 때 역사 세계나 사회는 어느 세계가 중심이 되는 세계일까? 그것은 세계 3과 세계 2가 중심이 되는 세계임이 분명하다. 물론 세계 1도 탐구의 대상에 포함될 수 있겠지만, 그것은 세계 2와 세계 3과의 관련 하에서만 논의될 가치를 가질 것이다. 그러므로 역사 세계에 대한 이해나 설명은 결국 세계 2와 세계 3의 대상을 어떻게 이해하고 설명할 것인가 하는 문제라고도 할 수 있다.

이러한 문제에 대답하는 것이 포퍼의 상황의 논리이다. 포퍼는 기본적으로 법칙포섭모형을 지지하면서도 상황의 논리(situational logic)에 의해 이를 보완하고자 한다.[72)] 그렇다면 "상황의 분석(situational analysis)"[73)]이라고도 불리는 이 설명 방식의 구성은 어떤 것인가?

> 내가 의미하는 '상황의 분석'이란 행위자가 그 자신을 파악한 상황에 기초하며 수행하는 인간 행위에 대한 어떤 종류의 잠정적이거나 가정적인 가설이다. 그것은 역사적 설명이라 불러도 좋은 것이다. 아마도 우리는 사상의 어떤 구조가 어떻게 그리고 왜 창조되었는가를 설명하려고 할 것이다. 물론 어떠한 창조적 행위도 충분히 설명될 수는 없다. 그런데도 우리는 가정적으로 행위자가 자신을 파악한 문제 상황에 대해서 이상화된 재구성(idealized reconstruction)을 시도할 수 있고, 어느 정도 그 행위를 이해 가능하게 (혹은 합리적으로 이해 가능하게) 만들 수 있다. 즉 그가 파악한 그의 상황에 적합하게 만들 수 있다. 상황의 분석이라는 이러한 방법은 '합리성의 원리(rationality principle)'를 적용한 것으로 기술될 수도 있다.[74)]

행위자가 자신을 파악한 상황이란 행위자가 놓여 있는 객관적 상황과는 구별된다. 우리는 위험한 상황에 있으면서도 그 위험을 감지하지 못할 수 있다. 이때 우리는 마치 위험이 존재하지 않은 듯이 행위한다. 혹은 거꾸로 전혀 위험한 상황이 아니었음에도 불구하고 위험한 상황으로 판단하고 행위를 할 수도 있다. 그러므로 행위자와 연관되는 상황은 객관적 상황이 아니라 행위자가 파악한 주관적인 상황이다. 같은 상황 속에 있으면서도 서로 다르게 행위하는 이유가 바로 여기에 있다. 물론 우리는 대다수의 사람들이 (i) 같은 상황을 비슷하게 파악하며, (ii) 합리적으로 행위한다고 가정한다.

말하자면 상황의 논리란 인간을 합리적 존재로 보고 합리성의 원리를 인간 행위의 상황에 적용하는 방법이라 할 수 있다. 따라서 상황의 논리에 따르면 대부분의 사회적 상황에는 합리성의 요소가 존재한다. "물론 인간은 완전히 합리적으로 행동하는 일은 거의 없지만 그래도 얼마쯤은 합리적으로 행동하는 것이며, 이 때문에 인간들의 행동과 상호작용에 관한 비교적 단순한 모형을 구성하고 이 모형을 근사치(approximation)로서 사용하는 것은 가능한 것이다."[75]

이 방법의 중요한 논점은 경제적 이론, 예컨대 한계 효용 이론(marginal utility theory)의 방법을 다른 이론적 사회과학에도 적용할 수 있도록 일반화하려는 것이었다.[76] 포퍼는 이렇게 사회과학에 합리성의 요소를 활용하는 합리적 구성의 방법을 "영 좌표의 방법(the zero method)"[77]이라고도 불렀다. 영 좌표의 방법이란 관계되는 모든 개인들이 완전한 합리성을 소유하고 있다는 가정 위에서 (그리고 어쩌면 완전한 정보도 소유하고 있다는 가정 위에서) 하나의 모형을 구성하고, 사람들의 현실적 행동이 모형의 행동으로부터 얼마나 벗어났는가를, 모형의 행동을 일종의 영 좌표로서 사용하여 평가하는 방법을 의미한다. 예컨대 우리가 전통적인 편견의 영향 하에 있는 현실적 행동을 선택의 순수 논리에 의한 모형 행동과 비교하여 평가한다면, 우리는 영 좌표의 방법을 사용하고 있는 것이다. 이러한 방법은 포퍼 자신이 직접적으로 언급하지는 않았지만 베버(M. Weber)의 이상형(Ideal Typus)과도 깊은 유사성을 갖는 것으로 판단된다. 왜냐하면 베버의 이상형 역시 합리적으로 구성된 하나의 설명 모형이기 때문이다.[78]

그렇지만 합리적 모형을 구성하는 영 좌표의 방법은 전혀 심리주의적 방법은 아니다. 오히려 상황의 논리는 원래 심리주의적 방법에 대한 하나의 비판으로서 제기했던 것이며, 그러므로 그것은 심리주의에 반대되는 논리주의적 방법이었다. 심리주의란 모든 법칙이 원칙적으로 인간성에 관한 심리학으로부터 연역되지 않으면 안 된다고 보는 입장이다. 즉 사회란 상호작용하는 정신들의 산물이며, 사회적 관습을 포함한 사회생활의 사건들은 개인적 동기의 결과이므로 사회적 법칙은 궁극적으로 심리학적 법칙으로 환원되지 않으면 안 된다고 보는 것이 심리주의이다. 따라서 심리주의에 의하면 심리학이 모든 사회과학의 기초가 되지 않으면 안 된다. 심리주의의 중심인물인 밀은 이런 입장을 다음과 같이 대변한다. "모든 사회 현상은 인간성의 현상이다. 사회 현상의 법칙은 인간존재의 행위와 정열의 법칙, 즉 개별적 인간성의 법칙이다. 인간을 함께 모아놓는다 해도 다른 종류의 실체로 전환되지는 않는다."[79)]

밀이 집단주의나 전체론에 반대하고 방법론적 개체론을 주장한 것은 옳았다고 할 수 있다. 그러나 개체주의적 방법이 심리주의적 방법을 함축한다는 그의 생각은 잘못이었다.[80)] 심리주의의 오류는 다음 두 가지로 요약될 수 있다. 첫째는 그것이 사회에 앞서서 인간성이 존재한다고 주장하기 때문이고, 둘째는 그것이 설명적인 사회과학의 본래적 임무를 이해하지 못했기 때문이다. 인간은 인간이기에 앞서 먼저 사회적인 존재이다.[81)] 인간의 특징을 형성하는 언어는 사회를 전제하지 않고는 존재할 수 없다. 이것은 사회제도와 사회적 법칙성들이 인간성이라 불리는 것보다도, 그리고 심리학보다도 먼저 존재하지 않으면 안 된다는 것을 의미한다. 그러므로 포퍼는 거꾸로 심리학을 사회학에 의해서 설명하고자 하는 마르크스의 입장에 동조한다.

물론 우리의 사회적 환경은 어떤 의미에서는 인간이 만든 것이다. 사회적 제도와 전통은 신이나 자연의 작품이 아니라 인간의 행위와 결단의 산물이기 때문이다. 그러나 사회적 제도나 전통이 모두 의식적으로 설계되었고, 욕구나 동기에 의해서 설명될 수 있는 것은 아니다. 오히려 의식적이고 의도적인 인간 행위의 결과로서 나타난 전통이나 제도까지도 통상 그런 행위의 간접적이고 의도되지 않은 부산물이다. 오직 소수의 사회제도만이 의식적으로 설계된 것이며, 대다수의 사회제도는 바로 인간 행위의 의도되지 않은 결과로서 성장한 것이다.[82)] 그러므로 "사회과학의 중요한 임무는 의도적인 인간 행위가 산출하는 의도되지 않은 사회적 결과를 분석하는 것이다."[83] 예컨대 어떤 사람이 집을 사기를 열망한다면, 우리는 확실히 그가 집값을 올리기를 원하지 않는다고 가정할 수 있다. 그러나 그가 구매자로서 시장에 나타난다는 사실 자체가 값을 올리게 될 것이다. 이것은 행위의 모든 결과가 의도된 결과가 아니라는 것과 동시에 사회적 상황이 인간성에 관한 일반적 법칙으로 환원될 수 없다는 것을 증명해 준다.

이리하여 객관적 이해의 방법이라고도 불리는 상황의 논리는, 처음에는 심리학적인 요소로 보이는 것들, 예컨대 원망, 동기, 기억, 연상 등을 상황의 요인으로 변환하는 데까지 상황을 분석하는 것이다. 그 결과 이러이러한 원망을 가진 사람은 이러이러한 객관적인 목표를 추구하는 상황에 처해 있는 사람으로 되며, 이러이러한 기억이나 연상을 가진 사람은 이러이러한 이론이나 정보가 주어진 상황에 놓인 사람으로 된다.[84] 물론 우리는 서로 다른 상황에 놓여 있지만, 요점은 만일 누구든지 A의 상황에 놓이면, X와 같이 행동할 것이라는 합리적 추론이 가능하다는 점이다. 이것이 바로 합리성의 원리이다.

헴펠은 합리성의 원리를 전적으로 경험적 전제로서 취급한다. 따라서 합리성의 원리는 계량화될 수 있는 명제로 형식화될 수 있고, 설명의 일반적인 법칙으로서 봉사한다. 그러므로 슈프의 분석에 따르면 드레이의 'How Possibly'의 설명 도식은 힘들이지 않고 헴펠의 'Why Necessary' 설명 형식으로 전환될 수 있다.[85] 드레이의 설명 형식에서는 어떤 행위도 일반적인 법칙과 초기 조건에 의해서는 설명될 수 없고, 오히려 행위의 설명에서 문제되는 것은 어떤 방식에서 그것이 타당한가 하는 점이다.

드레이의 설명 도식[86)]

설명항
(1) A는 C 유형의 상황에 있었다.
(2) C 유형의 상황에서 할 수 있는 일은 X였다.

피설명항
(3) 그러므로 A는 X를 수행했다.

헴펠의 설명 도식[87)]

설명항
(1) A는 C 유형의 상황에 있었다.
(2) A는 합리적으로 행위하는 성향을 가졌다.
(3) 합리적 행위의 성향을 가진 모든 사람은 C 유형의 상황이 주어지면 항상 (혹은 높은 개연성으로) X를 행할 것이다.

피설명항
(4) 그러므로 A는 X를 수행했다.

여기서 설명항에 속하는 일반적 진술 (3)은 헴펠 자신이 확인한 바와 같이 통계적 가설로 파악된다. 포퍼에서도 그러한 가설은 전제된다. 그것은 그가 인간의 합리성[88)]을 이야기하고, 이 합리성을 실천적 태도와의 관련을 통해서 설명하고자 하기 때문이다. 그러나 포퍼에서의 합리성은 경험적으로 형성된 전제가 아니라 오히려 탐구의 선험적 가정인 것이다. 이것이 포퍼와 헴펠의 결정적인 차이라 할 수 있다.
상황의 논리는 인간의 행위를 상당한 범위까지 그것이 발생한 상황과 그 상황에 적합한 합리적 원리에 의해서 설명하려는 것이다. 이것이 의미하는 핵심은 방법론적 개체론의 주장이 정당하며, 개인적인 행위는 심리주의적인 방법과는 다르게 설명될 수 있다는 것이었다.[89)]

여기서 나는 포괄법칙모형과 상황의 논리를 전적으로 긍정하면서도, 예측과 설명을 동일시할 수는 없다는 제한성을 덧붙이고자 한다.

전통적인 포괄법칙모형의 해석에서는 설명과 예측은 동일하다. 말하자면 설명되는 것은 예측될 수 있다. 그렇지만 일어난 일을 설명하는 것과 아직 일어나지 않은 미래의 일을 예측하는 것은 동일하지 않을 수 있다. 예컨대 생명의 진화가 어떤 식으로 전개될 것인지 예측할 수는 없다. 그러나 일어난 생명의 진화 과정을 사후적으로 설명할 수는 있다.

이런 현상은 상황의 논리에서 더욱 뚜렷하게 나타난다. 상황의 논리는 주어진 상황 속에서 어떤 행위가 가장 합리적인가를 제시해 준다는 의미에서 규범적(normative)이다. 예컨대 누군가가 결단을 내려야 할 상황에 직면해 있다고 가정해 보자. 이때 상황의 논리는 결단이 이루어지는 상황의 충분한 기술과 합리성의 원리에 의해 그 상황에서 선택할 수 있는 가장 합리적인 행위로서의 규범적 행위를 제공해 줄 것이다. 이런 행위에서 빗나가는 행위들은 이 이론에서는 정보의 결함이나 합리성의 부족으로 해석될 것이다. 이러한 상황의 논리는 고전적 결단 이론(decision theory)이 합리적 행위를 제시하는 것과 같은 방식이라 할 수 있다. 그러므로 상황의 논리를 적용하는 방식은 인간 본성의 합리성에 관한 어떤 심리학적 가정에 근거하고 있는 것이 아니라, 탐구의 논리적 전제인 것이다.[90)]

합리적 결단에 관한 여러 모형들을 고려할 경우, 우리는 서로 환원될 수 없는 여러 종류의 합리적 결단의 원리가 존재함을 쉽게 증명할 수 있다. 루스(R. D. Luce)와 라이파(H. Raiffa)에 따르면 우리는 다음과 같은 세 종류의 결단 영역을 갖는다고 할 수 있다.[91)] (i) 확실한 상황 하에서의 결단, (ii) 위험한 상황 하에서의 결단, (iii) 불확실한 상황 하에서의 결단이 그것이다.

확실한 상황 하에서의 결단에서 우리는 효용 지수(utility index)를 추구할 수 있다. 여기서 합리성은 효용 지수를 최대한으로 만드는 행위를 선택하는 것으로 이해된다. 같은 논리로 우리는 위험부담 하에서의 결단이나 불확실한 상황에서의 결단에 대해서도 효용 지수와 합리성을 추리할 수 있다.[92)]

그러나 불확실성 하에서의 의사 결정에 적용되는 행위 선택의 규범들은 다양하게 전개된다. 즉 그것들은 의사 결정자가 이득을 얻는 데 관심을 두는 안전 위주의 규범들과 그리고 이익과 안전을 절충해서 추구하는 규범들로 분류될 수 있을 것이다. 그러므로 우리는 똑같은 합리성의 근거를 가진 두 개의 결단 기준을 생각해 볼 수 있다. 즉, 통상 행위자의 이익을 극대화하려는 이익 극대의 기준(maximax principle)과 행위자의 손실을 극소화하려는 손실 극소의 기준(minimax principle)이 그것이다. 여기서 우리는 여러 종류의 행위가 똑같은 효용 지수나 합리성을 갖고 있다는 사실에 부딪힌다. 말하자면 한 행위가 어떤 합리적 원리에 따라 일어났는가는 사후적으로만 알 수 있다. 이러한 사실은 합리성에 의한 행위의 설명을 제한적일 수밖에 없도록 만든다. 즉, 상황의 논리는 설명의 논리일 뿐 예측의 논리는 아니다.

만일 가능한 결정의 수가 세 가지이고 가능한 상황의 수도 세 가지라고 한다면, 우리는 다음과 같은 표를 그릴 수 있다.

결정 / 상황	C_1	C_2	C_3
d_1	-6	7	11
d_2	-8	6	15
d_3	4	5	7

[표 5] d_2를 선택하는 것은 최대 극대화 전략이며
d_3를 선택하는 것은 최소 극대화 전략이다.

이때, C_1 이 최악의 상황이고 C_3 가 최선의 상황이다. 어떤 상황이 전개될지 모르는 상황에서 d_3 를 선택하는 것은 최소 극대화의 전략이며, d_2 를 선택하는 것은 최대 극대화 전략이다. 최소 극대화의 전략은 최악의 상황 속에서도 가장 손실이 적은 경우를 선택하는 것이다. 반면에 최대 극대화 전략은 최선의 상황을 가정하고 그 중에서도 최상을 선택하는 것이다. 이익(g)은 개인의 결정(d)과 상황(c)에 달려 있다. 즉 g = f(d, c)가 된다.[93] 존 롤즈(John Rawls)는 원초적 입장에 적용되는 합리성의 원리는 최소 극대의 원리라고 주장했지만, 일반적인 관점에서 보면 최대 극대와 최소 극대는 같은 근거를 갖는다고 할 수 있다.

2장 역사적 해석은 다양할 수 있지만 객관성의 준칙을 벗어날 수 없다[1)]

해석은 설명과는 다르다. 설명은 법칙이나 합리성의 원리를 기반으로 하여 단칭적 사실들을 연결시키는 것인 데 반해, 해석은 어떤 관점에서 사실들을 규정하고 이들을 한데 묶어 범주화하는 것이다.

역사과학에서 해석이 요구되는 것은 두 가지 이유 때문이다. (i) 역사 서술은 수많은 사건들 중 중요한 사건들을 선택해서 기술해야 하기 때문에 선택의 관점, 즉 해석이 요구된다. (ii) 역사 서술은 다양한 역사적 사실들을 하나의 줄거리로 묶어야 하기 때문에 다양한 현상들을 통일적인 구조로 연관짓는 해석의 작업을 필요로 한다. 역사는 일어난 모든 사실을 기록하고자 하지 않고 의미 있는 사실들만을 기록하고자 한다. 그러므로 선택은 필수적이며, 이런 선택을 가능하게 하는 관점이 필요하다. 또한 역사과학은 법칙을 추구하지 않고 사건의 서술을 목표로 한다. 서술은 줄거리 있는 이야기를 만드는 작업이다. 그러므로 서술은 사건들의 다양한 속성과 의미를 어떤 구조 속에 함께 묶지 않으면 안 된다.

가장 엄밀한 의미에서 보면 관점의 구체화가 바로 해석이다. 역사적 해석은 불가피하지만 다양할 수 있다. 역사주의자들은 해석과 이론을 동일시한다. 그 결과 그들은 해석의 결과를 거시적 역사법칙으로 제시한다. 비판적 합리주의는 해석과 이론을 구분한다. 이론은 반증 가능한 데 반해, 해석은 반증 가능하지 않기 때문이다. 포퍼는 이론과 해석을 차원이 완전히 다르다고 본다. 반면에 나는 이론과 해석을 구분하면서도 해석에 대해 준 이론적 성격을 부여할 수 있다고 본다. 해석에 대해서도 비판적 논의를 할 수 있기 때문이다.

1. 역사과학과 형이상학

형이상학은 경험 초월적 대상을 다루는 학문이다. 형이상학은 반증 불가능하며, 진정한 경험과학적 지위를 누릴 수 없다. 그렇지만 이러한 사실은 경험과학과 형이상학이 구별된다는 것을 의미할 뿐, 형이상학과 경험과학이 전혀 어떤 연관을 맺을 수 없다는 것을 뜻하지는 않는다. 그뿐만 아니라 우리가 형이상학을 어떻게 규정하느냐에 따라 경험과학과 형이상학의 관계는 매우 밀접한 관계로서 나타나기도 한다.

반증 가능성의 기준에 따르면 형이상학적 명제는 크게 두 종류로 나누어진다.[2)] 하나는 전통적으로 형이상학적이라고 일컬어져 오던 초경험적 명제들이고, 다른 하나는 단순히 구획의 기준에 근거해서 반증 불가능한 것으로 보이는 존재 명제들이다. 물론 이 두 종류 중에서 우리가 특별한 언급 없이 형이상학적 문제를 다룰 때는 대체로 전자의 명제에 관련된 것이다.

반증 가능성의 기준은 형이상학과 경험과학을 구별하는 구획의 기준일 뿐, 의미 있는 명제와 의미 없는 명제를 가르는 의미의 기준이 아니므로 구획 기준 자체는 형이상학의 가능성과 불가능성에 대한 어떠한 정보도 제시해 주지 않는 셈이다. 그러므로 반증주의의 입장에서 역사과학을 경험과학으로 정의한다 해도, 역사의 형이상학의 가능성 여부에 대해서는 아무것도 언급하지 않는다고 할 수 있다. 포퍼는 형이상학에 대해 우호적이다. 그는 논리실증주의자들의 검증 가능성에 의한 형이상학의 배제를 하나의 "반형이상학적 책략(anti-metaphysical strategy)"[3]으로 간주하며, 과학과 철학의 상호 의존성을 주장하는 연속 이론을 지지한다.

만약 형이상학은 반증 불가능하므로 진정한 과학적 위치를 차지할 수는 없지만 반증 불가능성이 곧 그 이론의 무의미성을 의미하는 것이 아니라면, 우리는 다음과 같은 반문을 제기할 수 있다. 형이상학적 명제들은 모두 같은 가치를 갖는 것인가? 물론 그렇지는 않다. 형이상학적 이론들은 반증 불가능하지만 동시에 합리적 논의가 가능하다고 간주되기 때문이다.[4] 형이상학에 대한 자신의 견해를 더욱 분명히 하기 위해 포퍼는 잘못된 형이상학의 예로써 다음 다섯 개의 철학 이론을 제시하고, 그것들의 허위성을 문제 상황과 관련해서 규명한다. 즉 결정론, 관념론, 비합리주의, 주의주의, 허무주의 등은 잘못된 형이상학적 체계들이고, 이에 반해 비결정론, 실재론, 합리주의 등은 바람직한 형이상학적 체계들인 것이다.[5]

그렇지만 철학적 이론이 모두 반증 불가능한 것이라면, 우리는 어떻게 참된 철학 이론과 거짓된 철학 이론을 구별할 수 있겠는가? 반증 불가능한 철학 이론을 비판적으로 음미하는 것은 가능한가? 한 이론을 반박하고 반증하려는 시도가 아니라면, 그 이론에 관한 비판적 논의는 무엇으로 구성되는가? 이러한 물음들에 대한 비판적 합리주의의 대답은 과학적 이론이건 형이상학적 이론이건, 모두 문제를 해결하려는 시도라는 점에서 그것들을 문제 상황 속에서 합리적으로 검토해 볼 수가 있다고 주장하는 것이다.

만약 어떤 철학적 이론이 단지 세계에 관한 어떤 고립된 주장에 불과하다면, 즉 그것을 선택하거나 포기하라는 의미 이외에 어떤 것과의 연관에 대한 아무런 암시도 없이 우리에게 주어진다면, 그것은 실제로 토론이 불가능할 것이다. 그러나 사정은 경험적 이론에 대해서도 마찬가지다. 만약 어떤 자가 뉴턴의 방정식이나 그의 이론을, 그의 이론이 해결하고자 했던 문제가 무엇인가 하는 것을 먼저 설명하지 않고 우리에게 제시한다면, 우리는 그것의 진리를 계시록에 관한 진리 이상으로 합리적으로 논의할 수가 없을 것이다. … 다른 말로 한다면, 모든 이론은 — 그것이 과학적이든 철학적이든 간에 — 어떠한 문제를 해결하려고 노력하는 것만큼 합리적이다. 그러므로 하나의 이론은 주어진 문제 상황과의 관계 안에서만 이해될 수가 있고, 이러한 관계를 논의함으로써만 합리적으로 논의될 수가 있다.[6)]

이런 관점에서 우리는 형이상학적 이론에 대해서도 다음과 같은 질문을 던질 수 있다. 그것은 문제를 해결했는가? 그것은 그 문제를 다른 이론보다 더욱 잘 해결했는가? 그 해결은 간단하고 유용한가? 그것은 다른 문제를 해결하기 위해서 필요한 다른 철학적 이론과 모순되지는 않는가? 이런 종류의 물음들은 반증 불가능한 이론에 대해서도 비판적 논의가 충분히 가능함을 보여준다. 우리는 이런 관점에서 형이상학적 철학 이론에 대해서도 진위를 가릴 수 있다. 예컨대 버클리(G. Berkeley)나 흄의 관념론을 예로 들어보자. "세계는 나의 꿈이다."라는 이 관념론에 대한 논의의 실마리는 그 이론이 진실로 우리의 건전한 상식과 잘 조화된다고 하는 버클리의 주장에서 찾을 수 있다. 이때 우리가 그들을 이 이론으로 이끈 문제 상황을 이해하려고 노력한다면, 그들이 우리의 모든 지식은 감각 인상과 관념 연합으로 환원될 수 있다고 믿었음을 알 수 있다. 이러한 가정에 의해서 이 철학자들은 관념론을 채택하게 된 것이다. 여기에서 지식에 관한 감각 이론이 어떤 경우에는 타당하지 않다는 것을 지적함으로써 흄의 관념론을 비판하는 것은 매우 합리적이다. 그리고 같은 방식으로 결정론이나 비합리주의, 주의주의 등도 모두 비판 가능하게 된다.[7] 같은 논리로 본질주의적인 입장에 기초한 역사의 형이상학도 잘못된 이론으로 논박할 수 있다.

형이상학적 이론들에 대해 합리적 논의가 가능하다는 것은 역사과학에 개입하는 형이상학적 관점도 필요하면 얼마든지 허용될 수 있다는 것을 의미한다. 예컨대, "역사는 신의 섭리 과정이다."라는 관점은 경험 초월적인 형이상학적 관점이지만, 이런 관점이 원천적으로 배제되지는 않는다.

경험 초월적인 관점뿐만 아니라 경험적인 관점까지도 형이상학적이라고 할 수 있다. 어떤 관점이든 그 결과는 보편진술로 표현되는 어떤 것이 아니라 존재진술로 표현되는 것이기 때문이다. 예를 들어 어떤 사람이 "나는 인류의 역사를 자유를 획득하기 위한 투쟁의 역사로 본다."고 했을 때 그의 관점은 그 자체로 초경험적인 관점이라고 할 이유는 없을 것이다. 그렇지만 이런 관점이나 그 결과는 반증 가능한 보편적인 진술이 아니라, "여기에 이러이러한 관점과 그 해석이 존재한다." "'나는 이런 관점을 갖는다."와 같은 존재진술이기 때문에, 반증 불가능한 형이상학적 성격을 갖는 것이다. 따라서 우리가 아무런 관점 없이 탐구할 수는 없다고 했을 때, 경험과학으로서의 역사과학에는 이미 형이상학이 깊이 개입하여 작용하고 있는 것으로 해석된다.[8]

2. 역사적 해석의 불가피성

설명의 일반적 도식이나 역사적 문제에 적용하는 것에 대해서는 의견을 같이하면서도, 역사 서술의 문제에 대해서는 의견을 달리할 수 있다. 즉 역사 서술은 설명의 논리만을 필요로 한다는 입장과, 설명의 논리 이외의 해석이 함께 필요하다는 입장으로 나누어질 수 있다. 후자의 입장은 관점이 없는 역사란 존재할 수가 없다고 본다. 포퍼가 이런 입장을 대변한다.

> 자연과학과 마찬가지로 역사과학도 빈약하고 지리멸렬한 자료의 홍수에 질식되어서는 안 되므로 반드시 선택적이지 않으면 안 된다. 먼 과거에까지 인과적 연쇄를 추구해 가려는 시도만으로는 조금도 도움이 되지 않을 것이다. 왜냐하면 우리가 출발점으로 삼는 구체적 결과는 어느 것이나 여러 가지의 상이한 부분적 원인을 가지기 때문이다. 다시 말하면 초기 조건은 매우 복잡하고 그 대부분은 우리에게 거의 흥미가 없는 것들이기 때문이다.[9)]

이러한 주장은 바로 역사과학은 모든 이론적 과학이 추구하는 보편적 법칙에 대해서는 무관심하다는 데 그 근원을 두고 있다. 이미 밝힌 바와 같이 이론적 과학에 있어서 법칙은 무엇보다도 특히 관찰이 관계하는 관심의 중심으로서 작용하거나 관찰이 행해지는 관점으로서 작용한다. 이에 반해서 역사과학에서는 보편적 법칙은 그 대부분이 보잘것없거나 당연한 것으로 전제되어 있고 무의식적으로 작용하는 것이어서 관찰이 관계하는 관심의 중심으로서의 기능을 수행할 수가 없는 것이다.[10)] 이리하여 역사과학에서 선택적 관점이란 불가피하다는 결론이 도출된다.

> 역사학이 부딪힌 곤란에서 벗어나는 유일한 방법은 미리 생각해 둔 선택적 관점을 자신의 역사학 속에 의식적으로 도입하는 것, 즉 우리의 관심을 끄는 역사를 쓰는 것이다.[11)]

> 실제로 일어났던 그대로의 과거의 역사란 있을 수가 없고, 다만 역사적 해석만이 존재한다.[12)]

해석이란 무엇인가? 해석은 기본적으로는 기호의 의미를 드러내는 작업이다. 즉 단어나 문장의 의미를 밝히는 것이다. 기호논리학에서는 변항 기호를 구체적인 명사로 바꾸어 대입하는 것이다. 성서 해석이나 법전 해석을 생각해 보자. 해석은 성서나 법전의 구절에 대한 의미뿐만 아니라 이 속에 담긴 정신의 파악을 목표로 한다. 해석이 어려운 것은 우리가 밝히려고 하는 의미가 명백하게 드러나 있지 않고 감추어져 있기 때문이다.

이런 해석은 전용되어 넓은 의미에서 다양한 현상의 이면에 감추어진 본질을 밝혀내는 일로 사용된다. 예를 들어 우리는 기호의 해석뿐만 아니라 실존의 해석을 이야기하기도 한다. 동시에 해석은 좁은 의미로 어떤 특수한 관점에서 대상을 이해하는 방식을 의미하기도 한다. 포퍼가 해석은 관점의 구체화라고 했을 때가 이런 경우이다.

포퍼는 해석을 선택적 관점과 동일시한다. 예컨대 a, b, c 중에서 a만 남기고 b, c에 대해서는 괄호 속에 넣는 것이 선택이다. 말하자면 신경을 쓰지 않는 것이다. 이때 어떤 관점에 근거해서 그렇게 한다면 그것이 바로 선택적 관점이라 할 수 있다. 포퍼는 이를 해석이라 부른다. 우리가 해석을 넓은 의미로 사용하든 좁은 의미로 사용하든, 역사 서술에는 해석이 불가피하다고 할 수 있다. 이것은 다음과 같이 정리된다. (i) 역사 서술은 수많은 사건들 중 중요한 사건들을 선택해서 기술해야 하기 때문에 선택의 관점, 즉 해석이 요구된다. (ii) 역사 서술은 다양한 역사적 사건들을 하나의 줄거리로 묶어야 하기 때문에, 다양한 현상들을 통일적인 구조로 연관시키는 해석의 작업을 필요로 한다.

이때 다음과 같은 문제가 발생한다. 역사과학에서의 선택적 관점과 이론과학에서의 선택적 관점은 어떻게 구별되는가? 넓은 의미에서 보면 모든 기술이 필연적으로 선택적인 한에서, 모든 과학적 탐구는 선택적이지 않으면 안 된다.[13] 즉 우리는 한 그루의 소나무를 수많은 관점에서 관찰하고 기술할 수 있다. 원자나 분자의 관점에서, 혹은 세포나 화학작용의 관점에서, 더 나아가 식물이나 생명체의 관점에서도 이를 고찰할 수 있다. 그리고 이렇게 우리가 취할 수 있는 선택의 관점은 무한하다고도 할 수 있다. 그렇지만 이론과학에서는 이러한 탐구의 관점은 보통 미리 생각된 과학적 이론이나 법칙에 의해서 결정된다.[14]

협약주의자들은 이런 사실에서 과학적 이론은 항상 순환적이라는 결론을 내렸다. 우리가 이론의 형태로 우리 스스로 경험 속에 집어넣은 것만을 사실에 대한 경험에서 얻어낼 수가 있다고 보았기 때문이다.[15] 즉 우리는 우리 자신의 꼬리를 추적하고 있기 때문이다. 그러나 협약주의자들의 이런 순환 논증은 지지될 수 없다. 왜냐하면 우리가 미리 생각한 이론과 관계가 있는 사실만을 선택한다는 것은 명백하게 진리이지만, 그렇다고 우리가 그 이론을 확증하는 사실만을 선택한다는 것은 진리가 아니기 때문이다.[16] 과학의 방법은 주어진 이론을 확증하는 사실이 아니라 오히려 반증할 수 있는 사실들을 찾는 것이다. 포퍼의 반증 원리는 이런 논리에서 제시되었던 것이다. 과학적 방법에 대한 이러한 견해는 과학적 이론들이 종종 실험에 의해서 전복되었고, 이론들의 이런 전복이 참으로 과학적 진보의 원천이었음을 보여주는 과학의 역사가 이를 지지한다.

그런데도 불구하고 사실에 관한 모든 과학적 기술은 매우 선택적이며, 항상 이론에 의존하고 있다는 협약주의자들의 주장은 경청할 만하다.[17] 포퍼가 주장한 과학의 탐조등 이론 역시 과학적 기술의 선택적 접근법과 관련된 것이다.[18] 여기서 사물을 비추는 탐조등은 사물에 대한 우리의 경험을 인도하는 과학적 이론에 비유된다. 탐조등이 사물을 보이게 만드는 것은 탐조등의 위치나 방향, 그것의 강도나 색깔 등에 의존할 것이다. 물론 이때 탐조등에 의해서 드러나는 사물들도 중요한 역할을 하겠지만, 중요한 것은 탐조등인 것이다. 같은 논리가 과학적 기술에도 적용된다. 말하자면 과학적 기술은 기술되는 사실에도 의존하겠지만, 그것은 주로 우리의 관점이나 관심에 의존할 것이며, 우리의 관점이나 관심은 대체로 우리가 검증하려는 이론이나 가설과 연결되어 있는 것이다. 그러므로 이론이나 가설은 "관점의 결정체나 구체화"[19]와도 같은 것이다. 왜냐하면 우리가 우리의 관점을 정식화하고자 한다면, 우리의 이런 정식화는 대체로 작업가설이나 이론이 될 것이기 때문이다.

모든 과학이 선택적이라고 할지라도, 이론과학에서의 선택적 관점과 역사과학에서의 선택적 관점은 명백히 구분되지 않으면 안 된다. 그 구분점은 대체로 관점과 법칙과의 연결 여부에 달려 있다. 이론과학에 있어서는 관점과 법칙이 자연스럽게 연결된다. 예를 들어 우리가 한 그루의 소나무를 원자적 관점에서 고찰한다면 우리는 원자론적 차원의 법칙을 추구하고 있는 것이며, 에네르기의 관점에서 고찰한다면 에네르기의 법칙을 추구하고 있는 것이다. 이에 반해서 역사과학에 있어서의 선택적 관점이라는 것은 설사 그것이 이론과학에서의 이론과 유사한 기능을 수행하는 것이 사실이라 할지라도, 법칙이나 이론으로 나타나지 않는다.[20] 이것이 결정적인 차이점이다.

포퍼는 역사과학에서의 선택적 관점을 두 종류로 구분한다. 하나는 단칭적 가설이나 보편적 가설로 정식화되어 경험적 검증을 받을 수 있는 경우이고, 다른 하나는 검증이 불가능한 경우이다. 따라서 전자는 과학적 가설처럼 다루어도 무방한 경우이고, 후자는 과학적 가설과는 완전히 다른 선택의 관점인 것이다. 그리고 역사과학에서 사용되는 여러 법칙들이 매우 사소한 것들이라는 것을 고려한다면, 역사과학에서 전자는 매우 드문 경우이고 후자가 일반적인 경우라고 할 수 있다. 포퍼는 후자를 전자의 관점과 구별하기 위해서 "일반적 해석(general interpretation)" 내지 "역사적 해석(historical interpretation)"[21]이라 부른다.

역사과학에서 이러한 선택적 관점은 역사를 어떤 특정한 분야의 역사에 제한시키는 것이라고 이해될 수도 있다. 즉 정치권력의 역사나, 경제 현상의 역사, 기술의 역사나 수학의 역사가 그러하다. 그러나 역사에서의 선택적 관점이란 단순한 분야사의 관점을 의미하는 것은 아니다. 우리는 이것보다는 한층 더 선택적인 원리를 필요로 한다. 말하자면 선택의 관점은 무엇보다도 관심의 중심이 되지 않으면 안 된다. 예를 들어 "역사에서 중요한 것은 위인의 성격이나 민족성, 도덕적 관념이나 경제적 조건"[22] 등이라는 주장들에 따라 선택적 관점은 나타난다.

기술(記述)과학이건 이론과학이건 간에 모든 과학의 기술이 선택적이어야만 하는 이유는, 간단히 말해서, 우리가 사는 세계의 사상들이 무한히 풍부하고, 그 사상들의 양상들이 무한히 다양하기 때문이다. 우리는 선택적 관점을 피할 수 없을 뿐만 아니라 그렇게 하기를 바라지도 않는다. "왜냐하면 만약 우리가 선택적 관점을 피할 수 있다면, 우리는 객관적 기술에 도달하기는커녕 전혀 관련이 없는 진술들의 단순한 집적에만 도달할 수 있을 뿐이기 때문이다."[23]

고전적 역사가들은 대체로 사실 그대로의 객관성을 추구하기 위해 모든 선택적 관점을 포기하고자 했다.[24] 선택적 관점은 불가불 우리의 주관적 가치를 포함하고, 이 가치는 결국 객관성을 불가능하게 할 것으로 판단되었기 때문이다. 모든 선택적 관점을 포기하고 사실을 있는 그대로 기술하려는 의미에서 완전한 객관주의를 지향하는 이런 이론은 통상 원자주의 내지 백과전서주의로도 불린다. 이 입장에서 만델바움은 "역사가의 과제는 가능한 한 가까이 인간의 과거에 대한 완전한 진리에 접근하는 것"[25)]이라고 주장했고, 랑케는 역사가의 임무가 과거의 '사건들을 실제로 일어났던 그대로(wie es eigentlich gewesen)' 재현하는 것이라고 믿었다. 그러나 이것은 하나의 소박한 꿈에 불과한 것이다. 즉 선택적 관점을 포기함으로써 객관성을 확보하고, 원자적 사실 하나하나를 백과전서 식으로 축적함으로써 전체적 사태에 도달하고자 하는 모든 시도는 좌절될 수밖에 없는 것이다. 왜냐하면 이것들은 잘못된 실증주의적 원리와 귀납주의의 방법을 역사과학에 적용한 것이기 때문이다. 이런 관점에서 보면 단순한 연대기적 역사에 있어서도 선택적 관점은 불가피하며 선택적 관점을 피하려는 소박한 시도들은 결국 자기 파멸에 이를 뿐이다. 그러므로 객관주의적 역사를 주장하는 자들은 단지 자신들이 선택한 관점을 스스로 의식하지 못하고 있는 것에 불과한 것이다.

3. 역사적 해석의 다양성과 객관성

해석이 역사적 탐구의 필수 불가결한 전제 조건이긴 하지만, 해석은 다양할 수 있다. 왜냐하면 선택의 관점은 다양할 수 있기 때문이다. 이때 다음과 같은 문제가 발생한다.

(1) 역사적 해석이 우리의 기록과 일치한다면, 그 해석은 결정적으로 확증되었다고 할 수 있는가?

(2) 모든 역사적 해석은 같은 값을 갖는가?

첫 번째 문제부터 고찰해 보자. 포퍼는 이 문제에 대해 분명히 '아니오'라고 대답한다. 왜냐하면 동일한 기록과 일치하는 수많은 다른 해석이 언제나 있을 수 있기 때문이다. 그뿐만 아니라 역사적 자료들은 종종 매우 제한되어 있고 우리 마음대로 반복하거나 보충할 수 없으므로, 역사에서는 물리학에서 실험이 수행할 수 있는 바와 같은 결정적 자료를 얻기가 어렵다. 그리고 역사적 사물들이란 미리 상정된 관점에 따라 수집된 것이다. 즉 소위 역사의 자료란 충분히 기록할 가치가 있어 보이는 사실만 기록한 것이므로, 그것은 종종 미리 상정된 이론과 일치하는 자료만을 포함한다.[26] 이렇게 본다면 역사적 해석은 순환적이라고 할 수 있으며, 사실적인 자료에 근거해서는 그들 사이에 어떠한 우열도 가릴 수 없게 된다.

여기서 포퍼는 비록 그 중의 몇몇은 산출력에 있어서 뛰어나다 할지라도, 이러한 해석들은 모두 근본적으로 암시적이고 자의적인 동일한 수준이라는 결론을 내린다.[27] 그는 다음과 같이 설명한다. 우리는 역사적 해석을 반증 가능한 이론의 형태로 정식화하거나 '결정적인 해석'을 내릴 수가 없다. 예를 들어 우리는 노예 제도에 대한 투쟁의 이야기를 쓰면서 인간의 역사를 자유를 향한 진보의 역사라고 볼 수도 있고, 이와 반대로 유색 인종에게 미친 백인종의 충격과 같은 측면에서 억압과 퇴보의 역사라고 볼 수도 있다. 그러나 이 두 관점은 서로 정반대지만, 서로 양립할 수 없는 것이 아니라 오히려 서로 보완적일 수도 있다. 이것은 마치 동일한 풍경을 다른 관점에서 보는 경우, 두 조망이 서로 보완적인 것과 같은 논리이다.

이러한 설명은 오해를 불러일으키기에 충분하다. 우리는 자의성을 어떻게 이해해야 할 것인가? 이 문제에 대해 포퍼는 두 가지 사실을 지적한다. 첫째로는 이것이 객관적 역사과학의 포기를 의미하는 것이 아니라는 것이며,[28] 둘째로는 이것이 모든 해석의 동일가를 주장하는 것이 아니라는 사실이다.[29] 그의 설명에 따르면 역사적 해석의 자의성은 우리가 자유롭게 여러 가지 관점에 서서 역사를 조망할 수 있다는 것을 의미할 뿐, 역사를 임의로 날조할 수 있다는 것은 아니다. 말하자면 그것은 우리가 사실을 왜곡하여 우리가 생각한 이념의 틀에 맞추어도 좋다거나 또는 거기에 맞지 않는 사실들을 무시해도 좋다는 것이 아니다. 사태는 오히려 이와 정반대이다. 우리는 우리의 관점에 관계가 있는 증거는 수집할 대로 수집하여 그것을 엄밀하게 그리고 객관적으로 고찰해야 한다. 이런 태도는 우리의 관점을 의식하고 우리의 관점에 아무런 관계도 없는 사실들, 따라서 우리의 관심이나 흥미를 끌지 못하는 사실들에 대해서는 마음 쓸 필요가 없다는 것을 의미한다.

이제 두 번째 문제를 보자. 모든 해석은 동등한 자격을 갖는가? 포퍼는 역사적 해석의 분야 안에서도 상당한 정도의 진보가 존재할 수 있다고 주장하며, 여러 해석들에 대한 평가의 기준으로 '산출력(fertility)'을 제시한다. 예컨대 사실적인 자료와 모순되는 해석보다는 모순되지 않는 해석이 더 가치 있다고 할 수 있고, 사실적인 자료와 모순되지 않기 위해서 항상 보조 가설을 사용하는 해석은 그러한 것 없는 해석보다 덜 가치 있다고 할 수 있다. 그뿐만 아니라 어떤 해석은 다수의 사실들을 연관짓지 못하지만, 다른 해석은 이것들을 연관짓고 전체적으로 설명할 수 있는 것도 있다.[30)]

그렇지만 해석의 비교 가능성이 해석의 획일성을 의미하는 것이 아님을 포퍼는 강조한다. 그의 주장에 의하면 실제로 일어났던 그대로의 과거의 역사란 존재할 수 없고 다만 역사적 해석만이 있을 수 있으며, 또 어떠한 해석도 최종적인 것일 수는 없는 것이다. 그러므로 "모든 세대는 자신의 해석을 내릴 수 있는 권리를 가진다."[31)] 왜냐하면 각 세대는 그 자신의 곤란과 문제들을 갖고 있으며, 그 자신의 관심과 관점을 갖고 있기 때문이다. 그뿐만 아니라 "모든 세대는 자신의 해석을 내려야 할 일종의 의무도 가진다. 왜냐하면 응답을 강요하는 긴박한 요구가 있기 때문이다."[32] 이렇게 볼 때 어떠한 해석도 배격하고 실제로 일어났던 그대로의 역사를 탐구하려는 역사객관주의와 마찬가지로, 선택의 문제를 넘어서 있는 역사 그 자체가 자신의 고유한 법칙으로 우리의 선택의 관점까지도 규정한다고 보는 역사주의적 해석 역시 잘못된 이론임이 드러난다.

이런 관점에서 보면 역사법칙주의의 비합리적인 물음들, 예컨대 "우리는 어떠한 길을 가고 있는가?" "역사가 우리에게 정해 준 역할은 본질적으로 무엇인가?"와 같은 물음들[33]은 바로 응답을 강요하는 긴박한 요구가 지나치게 강조된 데서 제기된 물음들이다. 말하자면 이러한 물음들은 역사적 사실들을 선택하고 정리하는 자가 곧 우리 자신이라는 것을 깨닫지 못하고, '역사 그 자체(history itself)'나 포괄적 흐름으로서의 '인류의 역사(history of mankind)'라는 것이 그 고유한 법칙으로 우리들 자신과 우리의 문제 및 우리의 장래와 우리의 관점까지도 규정한다고 믿는 데서 연유된 것이다. 그와 같은 비합리적인 물음들은 "우리는 무엇을 우리의 가장 긴급한 문제로서 택해야 하는가?" "그러한 문제들은 어떻게 일어난 것이며, 어떻게 해야만 그러한 문제들이 해결될 수 있을 것인가?"[34]와 같은 합리적인 물음으로 변형되지 않으면 안 된다.

포퍼는 역사법칙주의적 해석은 해석을 이론으로 오인함으로써 오류를 범했다고 주장한다. 그것은 해석이 우리가 직면하고 있는 실제적인 문제를 해결하고자 하는 요구에서 발생했다는 것을 간과하고, 오히려 우리가 역사를 관조함으로써 인간의 운명의 비밀과 본질을 밝혀낼 수 있다고 믿었기 때문이다. 포퍼의 논의에서 보면 우리가 역사를 계급투쟁이나 패권을 노리는 민족의 투쟁의 역사로서, 또는 종교적 이념의 역사로, 혹은 열린사회와 닫힌사회와의 투쟁의 역사나 과학적, 산업적 진보의 역사로서 해석하는 것은 가능한 일이다.[35] 이러한 해석들은 모두가 어느 정도 흥미 있는 관점들이요, 그 자체로서는 전혀 나무랄 데가 없다. 그러나 이러한 관점들을, 관점으로서 제시하지 않고 이론이나 이설(理說)로서 제시하고자 할 때는 문제—바로 역사법칙주의의 문제—가 발생한다. 즉 역사법칙주의자들은 필연적으로 다수의 해석이 있으며, 그것들은 기본적으로 암시성과 자의성이라는 똑같은 수준에 있는 해석들이라는 것을 알지 못하고, "모든 역사는 계급투쟁의 역사다."와 같은 주장을 함으로써 이러한 해석을 이론이나 이설로서 제시한다는 것이다.

이리하여 포퍼는 역사 서술과 관련하여 '관점'에다 두 개의 상이한 의미를 부여한다. 하나(a)는 단일한 사건의 과학적 설명으로 향하는 관점이고, 다른 하나(b)는 일반적인 역사적 해석에서의 관점이다. 과학적 설명은 일반적인 법칙을 통해서만 가능하므로 설명 자신이 이론적이다. 그러므로 여기서의 관점은 말하자면 표준화되어 있는 셈이다. 반면에 일반적인 역사적 해석에서의 관점은 항상 변화하고 적어도 자유로이 선택할 수 있는 것이다.

나는 역사적 해석의 다양성에 대한 포퍼의 논의를 인정하면서도, 해석의 객관성에 관한 논의에서는 문제가 있다고 보며, 특히 객관성을 훨씬 강화시킬 필요가 있다고 본다. 즉 위에서 논의한 관점의 두 의미 (a)와 (b)의 관계에서 (b)가 (a)로부터 도출될 수는 없지만 (b)는 언제나 (a)에 의해서 뒷받침되어야 한다고 생각한다. 그렇지 않으면 해석의 정당성과 우열을 가릴 수 없을 것이기 때문이다. 이것은 역사적 해석도 설명력에서는 이론적 성격을 갖는다는 것을 함축한다. 말하자면 역사적 해석도 설명력의 우열을 가릴 때는 반증 가능한 형태로 변형시켜 다룰 수가 있다.

예를 들면 갑은 역사를 계급투쟁의 관점에서 보고, 을은 민족투쟁의 관점에서 본다고 하자. 어떤 해석이 더욱 그럴듯한가를 판별하기 위해서는 해석을 이론적 형태로 변형하여 반증 가능성의 정도를 시험해 볼 수밖에 없다고 할 수 있다. 이때 반증 가능성이 높은 해석이 더욱 좋은 해석이다. 이것은 반증 불가능한 순수 존재 진술을 시공의 제약을 가한 제한된 존재 진술로 변형시킴으로써 반증 가능하게 만드는 방식과도 유사하다.

포퍼는 해석(interpretation)과 관점(point of view)은 명백하게 구분되지는 않지만, 서로 양립 불가능한 것같이 보이는 해석들도 관점의 표현이나 관점의 결정(結晶)으로 보면 양립 가능하게 된다고 주장한다. "인류는 열린사회를 위해서 부단히 전진해 왔다."는 해석과 "인류는 닫힌사회를 위해서 부단히 전진해 왔다."는 해석은 양립 불가능한 것일 수 있다. 그러나 관점의 수준에서는 이 주장들은 필연적으로 양립 불가능한 것은 아니다. 왜냐하면 우리는 우리의 관심과 가치 여하에 따라 자유로이 우리의 관점을 달리할 수 있고, 이 관점들은 모두 동일한 권리를 가지기 때문이다. 그러므로 포퍼에 의하면 자유를 향한 진보의 역사와, 자유로부터의 퇴보의 역사는 상호 모순될 필요가 없는 것이다. 그것은 오히려 동일한 풍경을 서로 다른 관점에서 보는 것과 같이 상호 보완적이기도 한 것이다.

이러한 논리는 정당화될 수 있는가? 나는 이런 논의에는 주관주의로 빠질 위험이 있다고 본다. 예컨대 A는 자유로 향한 진보의 역사를 주장하고, B는 자유로부터의 퇴보의 역사를 주장한다면, 이들 서로 대립되는 주장이 관점의 차이에서 기인한다는 것을 환기시키는 일만으로 두 입장을 상호 적대적이지 않게 만들 수 있겠는가? 물론 한쪽은 희고 한쪽은 검은 어떤 물체 X의 한쪽씩만을 보고, A는 'X가 희다'고 주장하고, B는 'X가 검다'고 주장할 경우, 우리는 이들이 관점의 차이에 기인한다는 것을 지적함으로써 A와 B의 주장을 양립시킬 수 있다. 그러나 역사적 해석에서의 대립은 쉽게 해소되지 않을 것으로 판단된다. 왜냐하면 '자유의 이야기'로서의 역사를 보는 자의 세계와, '억압의 이야기'로서의 역사를 보는 자의 세계는, 두 개의 상이한 관점에서 보인 동일한 풍경의 두 조망이라기보다는, 우리의 주관에 의해서 심하게 채색된, 전연 다른 세계일 수도 있기 때문이다.

우리가 해석의 다양성을 인정한다 할지라도 그 우열을 가릴 수 있는 논증이 없다면 해석의 객관성을 보장하기는 어려울 것이다. 포퍼의 역사적 해석은 윌킨스(B. T. Wilkins)가 밝힌 바와 같이. 자칫하면 어떤 점에서는 비트겐슈타인의 삶의 양식(forms of life)을 매우 닮은 것으로 해석될 수도 있다.[36] 이들은 모두 우리의 시야를 규정하는 기본적인 틀들이며, 상호 같은 표준으로는 잴 수 없는 비통약성(incommensurability)을 그 특징으로 하고 있다. 이렇게 되면 우리는 관점의 구체화로서 나타난 해석에 대해 객관성을 부여하기가 어렵게 될 것이다. 나는 이 문제를 3장에서 좀 더 자세하게 논의하고자 한다.

4. 열린사회와 닫힌사회의 투쟁의 관점

우리가 아무런 관점 없이 역사를 탐구하는 것이 불가능하며, 그리고 역사에 대한 다양한 해석이 허용된다면, 비판적 합리주의의 역사적 해석은 어떤 것인가? 『열린사회와 그 적들』이 포퍼의 역사관을 단적으로 제시해 주고 있다. 슈프(F. Suppe)는 이러한 역사관을 해방적 관심(Das emanzipatorische Interesse)에서의 역사 해석으로 규정한다.[37] 열린사회는 앎에 의한 자아 해방에 기초해서만 가능하기 때문이다.[38]

앎에 의한 자아 해방이란 과학적 지식은 이론적, 정보적인 의미와 함께 우리를 해방시켜 주는 힘도 갖고 있음을 의미한다. 합리주의적 전통에서 보면 과학은 물론 그 실제적인 성취 때문에 가치 있는 것으로 평가된다. 그러나 과학은 바로 그 정보적 내용 때문에, 그리고 우리의 정신을 낡은 신념이나 편견, 낡은 확신으로부터 자유롭게 해주는 능력 때문에, 그리고 우리에게 새로운 추측과 과감한 가설을 제공해 주는 능력 때문에 더 가치 있는 것으로 평가된다. 그러므로 과학은 인간의 자유에 이바지하는 가장 큰 힘 중의 하나이다.[39] 이런 점에서 볼 때 포퍼는 칸트의 계몽주의의 이념을 그대로 계승한다고도 할 수 있다. 그러나 '앎에 의한 자아 해방'이란 이념은 자연의 지배라는 이념과는 동일하지 않다. 오히려 이것은 합리적 비판을 통해 오류와 미신으로부터 벗어나고자 하는 정신적 자아 해방의 이념이다.[40]

포퍼는 이론적 영역에서의 지적 해방은 사회적인 해방과 함께 진행되며, 이 사회적인 해방 없이는 실제로 불가능하다고 해석한다. 말하자면 자아 해방은 비판과 사상의 자유가 보장된 열린사회 — "내가 틀리고 당신이 옳을지도 모르며, 노력에 의해서 우리는 진리에로 더 가까이 접근해 갈 수 있다."[41]는 비판적 합리주의가 바탕이 된 사회 — 에서만 가능한 것이다. 그러므로 비판적 합리주의와 열린사회를 실현하고자 하는 시도 사이에는 대응 관계가 성립한다.

권위와 편견의 지배로부터 자신과 자신의 정신을 해방시키고자 하는 것이 수많은 사람들의 갈망이었다고 포퍼는 주장한다. 말하자면 자유와 자비심과 합리적 비판이라는 그들의 기준에 맞는 전통은 모두 유지하고 발전시키고자 하면서도 단순한 전통에 불과한 기존의 절대적 권위를 거부하는 열린사회를 만들고자 하는 것이 수많은 사람들의 시도였다고 본다.[42] 그러므로 이런 관점에서는 닫힌사회에서 열린사회로의 이행이야말로 인류가 수행한 가장 위대한 혁명 중의 하나인 것이다. 이 혁명은 고대 아테네의 민주주의에서부터 시작된 것이다. 그곳에서 비로소 열린사회의 기본 신념인 이성과 자유 및 박애의 사상이 싹텄기 때문이다. 이리하여 그리스는 우리를 위해 아직도 시작 단계에 있는 것으로 보이는 위대한 혁명, 즉 닫힌사회에서 열린사회로의 전환을 시작함으로써, 우리로 하여금 지금도 여전히 서구 문화의 기원을 고대 그리스에서 찾도록 만든 것이다.

열린사회와 닫힌사회의 대립은 합리주의와 비합리주의의 대립으로도 표현된다. 합리주의란 매우 포괄적인 개념이다. 합리주의는 넓은 의미로는 지성적 활동뿐만 아니라 관찰과 실험을 중시하는 입장을 가리키며, 좁은 의미로는 경험주의의 반대로서 지성을 관찰과 실험보다 높은 차원으로 간주하는 주지주의를 뜻한다. 포퍼는 합리주의를 경험주의와 주지주의를 포괄하는 넓은 뜻으로 사용한다.[43] 그러므로 그는 가능한 한 많은 문제들을 이성에 호소함으로써, 즉 감정과 정열에 호소하기보다는 분명한 사고와 경험에 호소해서 해결하려고 한다. 또한 합리주의란 논증과 주의 깊은 관찰에 의해 중요한 많은 문제들에 의견의 일치를 볼 수 있다는 희망을 쉽게 포기하지 않는 태도이며, 서로의 주장과 이해관계가 상치할 때에도 여러 주장과 제안에 대한 논증이 가능하며, 대다수가 받아들일 수 있는 어떤 타협에 도달할 수가 있다고 믿는 태도이다. 따라서 이런 합리주의적 태도는 진리의 추구에서 우리가 서로 협력해야 하며 논증의 도움으로 우리가 언젠가는 객관적 진리에 도달할 수 있다고 믿는 과학적 태도와 비슷하다고 할 수 있다.[44]

포퍼는 진정한 합리주의를 사이비 합리주의로부터 구별하고자 한다. 진정한 합리주의란 자신의 한계를 인식하고, 우리가 얼마나 자주 오류를 범하며 우리의 지식이 다른 사람에게 얼마나 많이 의존하고 있는지를 인지하고 있는 지적 겸손의 태도이다. 이것은 소크라테스의 합리주의이다. 이것은 우리가 이성에 너무 많은 것을 기대하지 않는 태도이며, 논증이 배움의 유일한 수단이라는 것은 인정하지만, 논증이 문제를 해결하지 못할 수도 있다는 것을 용인하는 태도이다. 이에 대립되는 사이비 합리주의란 한 민족이나 국가 같은 전체주의적 관점에서 이성을 고찰하려는 헤겔이나 헤겔주의자의 합리주의 및 플라톤의 지적 직관으로 뒷받침되는 합리주의이다. 이것은 사물을 확실히, 그리고 절대적으로 인식할 수 있다고 보는 지적 오만의 태도이며, 권위주의적인 태도이다. 플라톤에서 의견은 모든 사람이 소유하고 있지만, 이성은 신들과 오직 소수의 사람들에 의해서만 소유되는 특성이다. 그러므로 포퍼는 이러한 권위주의적 합리주의를 오히려 합리주의의 탈을 쓴 비합리주의라고 단정한다.[45] 비합리주의자들은 이성보다는 감정과 정열이 인간 행위의 가장 중요한 원천이라고 주장한다. 그러나 감정과 정열에 대한 강조는 우리로 하여금 궁극적으로 논쟁의 조정자로서 폭력과 동물적인 힘에 의존할 수밖에 없게 한다. 왜냐하면 논쟁이 발생하였을 때 감정과 정열은 문제를 해결할 능력이 없기 때문이다.

열린사회의 지주가 되는 비판적 합리주의는 어떠한 사람도 그 자신의 심판자일 수 없다는 공평의 사상에 기초해 있다. 이것은 과학적 객관성의 사상과도 밀접히 연결된다. 이성에 대한 신뢰는 그 자신의 이성에 대한 신뢰만이 아니라 다른 사람의 이성에 대한 신뢰도 포함한다. 그러므로 합리주의는 다른 사람도 말할 권리를 가지고 있고 그의 주장을 변론할 권리를 가진다는 사상이다. 이런 의미에서 포퍼는 황금의 도덕률을 이성의 이념 위에 정초한 칸트를 대표적인 합리주의자로 해석한다.[46]

공평의 이념은 책임과 의무의 관념으로 우리를 인도한다. 우리는 논증에 귀를 기울여야 할 뿐만 아니라, 다른 사람의 질문에 대답해야 할 의무를 가진다. 이리하여 궁극적으로 "합리주의는 비판의 자유, 사상의 자유 및 인간의 자유를 보장한 사회제도의 필요성에 대한 인식과 연결된다."[47] 그리고 이것은 이러한 제도를 지지해야 하는 도덕적 의무와 같은 것을 우리에게 부과한다. 이것이 합리주의가 정치적 사회공학과 같은 정치적 요구와 연결되며, 사회의 합리화를 위한 요구, 즉 자유를 위한 계획과 이성에 의한 사회 지배의 요구와 결합되는 이유이다. 그러므로 열린사회로 향한 역사적 창조는 전적으로 우리가 비판적 합리주의를 얼마나 참된 삶의 안내자로 간주하는가에 달려 있다고 할 수 있다.

물론 이러한 역사 해석은 다양한 역사 해석 중 하나일 뿐이다. 이것이 어느 정도의 설득력과 설명력을 갖는가 하는 문제는 다른 해석과의 비교와 역사적 사실의 입증에서 확인될 문제이다.

3 장 역사적 해석은 설명력에 의해 평가된다

역사를 바라보는 관점의 다양성을 수용한다 해서, 이것이 역사를 제멋대로 해석해도 좋다는 것을 의미하는 것은 아니다. 그렇다면 역사적 지식의 객관성을 확보하기 위해서는 관점에 어떤 제한을 가해야 할 것인가?

앞 장에서 논의했듯이, 역사과학에서는 관점이 중요하다. 관점은 보는 시각이다. 역사주의자들은 관점의 무차별적 다양화를 추구하거나 어느 한 관점의 절대화를 추구한다. 그 결과 역사를 관점에 따라 마음대로 해석할 수 있다고 주장하기도 하고, 어느 하나의 관점을 절대화하여 역사를 법칙적으로 해석하기도 한다. 그렇지만 그 어느 것도 수용하기 어렵다.

나는 관점에 대한 자세한 논의를 전개하면서, 관점을 조망적 관점과 투사적 관점으로 나눈다. 이것은 주관적 관점과 객관적 관점의 구별과도 같은 것이다. 조망적 관점은 어떤 기점을 중심으로 하여 사물을 드러내는 관점이고, 투사적 관점은 어떤 틀을 통해 사물을 보면서 사물을 왜곡하여 드러내는 관점이다. 전자는 사물의 관심 있는 측면을 드러내며, 후자는 사물의 모습을 임의로 변형시킨다. 그러므로 조망적 관점만이 인식의 객관성과 양립 가능하다. 역사주의는 우리의 모든 관점이 투사적 관점과 같다고 말하거나, 관점의 구분 자체를 무시한다. 그렇지만 비판적 합리주의는 투사적 관점과는 다른 조망적 관점과 이에 근거한 인식의 객관성을 주장한다.

조망적 관점과 투사적 관점은 어떻게 구별할 것인가? 이에 대한 나의 대답은 조망적 관점은 사실들을 법칙적으로 연결시키지만, 투사적 관점은 사실들을 연결시키지 못한다는 것이다. 어떤 사실이든 실제적인 사실은 인과력을 갖는다. 자연의 모든 사건은 시간의 계기에서 보면 인과법칙적으로 연관된다. 이것은 어떤 사건도 법칙에 기반하지 않고는 설명할 수 없다는 것을 의미한다. 이것은 동시에 어떠한 조망적 관점도 법칙적 설명과 양립 가능하지 않고는 성립하지 않는다는 것을 함축한다.

1. 조망적 관점과 투사적 관점[1)]

관찰의 이론 의존성과 사실에 대한 선택의 불가피성을 고려한다면, 역사 인식에서 관점의 우선성을 부인할 수는 없을 것으로 보인다. 그렇지만 관점을 모두 동일한 것으로 취급하기는 어려울 것이다. 그러므로 관점에 대한 좀 더 자세한 분석이 필요하다.

동일한 사물이라도 우리가 멀리서 보는가 가까이서 보는가에 따라 사물의 크기가 달리 보인다. 또 보는 각도가 다름에 따라 옆면이나 윗면이 부각되고 다른 부분은 보이지 않게 된다. 북한산의 인수봉을 생각해 보자. 수유리에서 보는 모습과 남산에서 보는 모습은 완전히 다를 수밖에 없다. 이런 현상을 우리는 원근법이라 부른다. 즉 시선의 원근법적 성격이란 (i) 우리가 대상을 멀리서 보거나 가까이서 볼 때, (ii) 우리가 대상의 다른 면은 보지 못하고 바로 그 한 면만을 보게 될 때, (iii) 우리가 대상을 어떤 매개체를 통해서 보게 될 때, 동일한 대상을 다르게 보게 된다는 것이다. 다른 한편으로 우리는 우리가 원하는 대로 사물을 보기도 한다. 사랑을 최고의 가치로서 추구하는 사람은 다른 사람도 자신과 같을 것으로 생각하기 쉽다. 어떤 이데올로기에 경도되어 있는 사람은 사물을 그러한 관점에서 보고자 한다. 예를 들자면 "모든 투쟁은 경제적 이익을 위한 계급투쟁이다."라는 유물사관을 굳게 믿는 사람은 이슬람교와 기독교의 종교적 투쟁까지도 계급투쟁으로 해석한다. 어떤 강박관념에 사로잡힌 정신분열증 환자는 세계를 정상인과는 전혀 다르게 본다. 여러 모습의 그림들을 보여주고, 그 그림을 무엇으로 보느냐에 따라 그의 정신 상태를 이해하려는 심리테스트는 이런 관점을 추적하려는 대표적인 시도이다. 이런 관점의 의미는 단순히 원근법적 시각과는 다르다.

이것은 인식 과정에 주관이 부여하는 모든 사항을 총칭해서 가리킨다. 클라데니우스(J. M. Chladenius)는 다음과 같이 말한다. "우리로 하여금 한 사물을 바로 그렇게 상상하도록 만들고, 또 그렇게 상상하게 하는 원인들이라고 할 수 있는 것들, 즉 우리의 영혼, 육체, 전인격 등의 상태를 우리는 보는 각도라고 부른다."[2] 시각에 대한 이러한 규정은 단순히 시각의 원근법적 성격을 의미하는 것이 아니라, 그 내용을 훨씬 확대한 것이다. 이때의 관점은 (i) 관찰자의 욕구나 원망, (ii) 관찰자의 이데올로기, (iii) 관찰자의 선입견 등을 포함한다. 이들은 대체로 관찰자의 주관적 상태나 성향을 나타낸다. 이렇게 되면 보는 각도란 시각의 원근법적 개념에 그치는 것이 아니라 관찰자의 내적, 외적 상태 모두와 연결된 인식 범주라고 할 수 있다. 여기서 나는 원근법적 의미의 관점을 조망적 관점, 확대된 의미의 관점을 투사적 관점으로 규정하면서 이들을 다음과 같이 설명한다.

첫째, 관점은 크게 두 종류로 나눌 수 있다. 하나는 어떤 기점을 중심으로 하여 사물을 드러내는 관점이고, 다른 하나는 어떤 틀을 통해 사물을 왜곡시키는 관점이다. 전자는 인식에서 사물의 관심 있는 부분을 드러내는 역할을 하기 때문에 '조망적 관점'이라 부를 수 있고, 후자는 사물의 모습을 임의로 변형시키기 때문에 '투사적 관점'이라 부를 수 있다.

둘째, 조망적 관점에 대해서든 투사적 관점에 대해서든 모두 정도의 차이를 논의할 수 있다. 말하자면 a와 b가 모두 조망적 관점들이라 해서 모두 똑같은 값을 갖는 것은 아니다. a는 b보다 사실들을 더욱 폭넓게 그리고 일관되게 드러내 보일 수가 있다. 투사적 관점에 대해서도 상황은 마찬가지다. 어떤 관점은 사실들을 부분적으로 왜곡시키지만, 어떤 관점은 사실을 전체적으로 왜곡시킨다.

셋째, 우리는 관점을 자유로이 변경시키면서 관점들과 결과들을 비교할 수가 있다. 어떤 사람들은 관찰에 앞선 관점의 선행성을 주장하면서 우리가 마치 어떤 관점의 노예인 것처럼 생각한다. 그렇지만 우리가 관점의 불가피성을 용인한다 해도 관점을 반성적으로 검토하고 수정, 변경하는 일까지 불가능한 것으로 판단할 이유는 없다. 이것은 우리가 실험에 앞서 어떤 작업가설을 갖고 있어야 하지만, 작업가설을 바꾸고 변경시키는 것은 우리의 자유로운 선택에 달려 있는 것과 같은 이치이다.

가장 넓은 의미에서 보면 관점은 먼저 무의식적 관점과 의식적 관점으로 분류할 수 있다. 무의식적 관점이란 역사가가 역사적 사실을 일정한 관점에서 탐구하지만, 그 자신은 전혀 의식하지 못하는 관점이다. 이때 그는 자신은 아무런 관점도 없이 대상을 있는 그대로 인식하고 있다고 생각한다. 반면에 의식적 관점이란 역사가가 역사적 사실을 인식하는 과정에서 자신이 견지하고 있음을 알고 있고 작업

가설로 활용하고 있는 관점이다. 이때 그는 보통 자신의 관점을 먼저 표명하고, 이런 관점 아래서 자신의 연구가 진행되고 있음을 밝힌다.[3] 무의식적으로 작용하는 관점이냐, 의식적으로 작용하는 관점이냐 하는 구분은 사실 본질적으로 중요한 것은 아니다. 우리가 관심을 갖고 주목하는 것은 이런 관점이 인식의 과정에 긍정적으로 작용하는가 아니면 부정적으로 작용하는가 하는 점이기 때문이다.

주관을 배제하고 사실 자체를 논의의 중심에 두어야 한다고 생각하는 인식의 수동주의자들은 모든 관점을 부정적으로 보고자 한다. 이들은 관점이 결국은 사실을 있는 그대로 보지 못하게 하는 장애 요인이라고 이해했기 때문이다. 이들의 주장은 이렇다. 오목렌즈를 끼고 세상을 본다든지 볼록렌즈를 끼고 세상을 본다고 가정해 보라. 사물이 어떤 식으로든 일그러져 보이지, 있는 그대로 보이겠는가. 인식의 과정에 개입하는 주관적 관점이란 바로 이 오목렌즈나 볼록렌즈와 같은 것이다.

이에 반해 아무런 관점 없이 사물을 인식하는 것은 불가능하다고 주장하는 인식의 능동주의자들은 인식 과정에 개입하는 관점이 반드시 부정적으로만 작동하는 것은 아니라고 본다. 오히려 그것은 사물을 드러내는 데 기여한다는 것이다. 이것은 다음과 같이 설명할 수 있다. 우리가 어떤 대상 a에 관심을 갖고 이를 부각시키고자 초점을 맞출 때, 무대 위의 어떤 인물에 스포트라이트를 비출 때, 시각 조절은 대상을 왜곡시키는 것이 아니다. 그것은 오히려 관심의 대상을 더욱 잘 드러나게 한다. 어두운 밤에 손전등을 켜서 사물을 비춘다면, 손전등을 비추는 각도에 따라 나타나는 사물들은 달라진다. 그렇지만 손전등의 각도가 사물들을 한꺼번에 드러내지 못한다 해서 사물들을 왜곡시키는 기제라 할 수는 없을 것이다.

그럼에도 불구하고 잘못된 선입견이나 편견 때문에 우리가 사물들을 잘못 보는 경우도 많다는 것 또한 부인할 수 없는 사실이다. 관점이 갖는 이런 양면성을 우리는 어떻게 설명해야 할 것인가? 18세기 독일의 역사 이론가 클라데니우스는 관점을 당파성으로 이해하고 당파성은 선입견이나 편파성으로서 인식을 왜곡시키는 부정적 기능과 아울러, 사물을 인식주체가 처한 환경이나 위치와의 관계 속에서 드러내는 긍정적 기능이라는 이중적 의미를 갖는 것으로 이해한다.[4] 우리가 관점의 이런 이중성을 염두에 둔다면, 관점을 일단 두 종류로 나누는 것은 필요해 보인다. 하나는 인식 과정에서 필요한 주관의 능동적 역할 때문에 발생하는 관점이고, 다른 하나는 이해관계나 편파성 등의 요소가 작용한 결과로서 발생한 관점이다. 우리가 어떤 사물을 바라볼 때 보는 시각을 달리함으로써 사물을 다르게 보는 것과, 학문 외적인 어떤 목적에 봉사할 의도로 사물을 처음부터 왜곡해서 재단하는 것은 분명히 다르다고 해야 한다.

역사가들 간의 견해의 차이를 야기하는 주요한 관점으로 월시(W. Walsh)는 개인적 편견과 집단적 편견 및 역사적 해석에 관한 이론과 세계관 등을 들고 있다.[5] 개인적 편견이란 개인이 갖고 있는 좋고 나쁜 감정을 기초로 한 편향된 견해를 의미한다. 예를 들어 칼라일(T. Carlyle)이 위인들을 특별히 심정적으로 찬탄하면서 당시의 역사를 그 시대의 영웅의 행위와 사상을 중심으로 보고자 한 데 반해, 웰스(H. Wells)는 거꾸로 동일한 영웅의 행위를 특별히 사악하고 위선적인 것으로 평가절하하려고 할 때, 이들은 어떤 개인적 편견을 가졌다고 할 수 있다. 집단적 편견이란 어떤 국가나 민족, 혹은 이런저런 사회적 집단이나 종교적 집단이 갖고 있는 독단적 가정이다. 우리가 다른 민족이나 종교 집단에 대해 아무런 근거 없이 공통적으로 갖고 있는 여러 가지 견해들이 집단적 편견의 예들인 셈이다. 이슬람은 호전적이라는 생각은 서구의 기독교인들이 만들어낸 편견이며, 동양이 서양보다 열등하다는 오리엔탈리즘도 이런 편견의 대표적인 사례이다.

월시가 잘 설명했듯이 우리가 역사적 해석의 이론을 일반적인 설명의 틀이라고 한다면 세계관은 더 넓은 의미의 인식의 틀이라고 할 수 있다. 이 둘은 서로 연관되어 분명히 구별되지 않지만, 포괄성이나 궁극성에서 본다면 세계관이 가장 근본적이라 할 수 있다. 말하자면 세계관은 사물이 어떻게 존재하는가에 대한 우리의 신념과, 사물들이 어떻게 존재해야 하는가에 대한 우리의 신념 모두를 포괄하는 것이다. 그러므로 역사적 사건의 궁극적 원인을 하나의 단일한 요인의 작용에서 찾는 일원론자와, 어떤 단일한 유형의 인과적 요인도 역사에서 결정적이기를 거부하는 다원론자의 대결은 이론적 대결이라 볼 수 있고, 유물사관과 유심사관의 대결은 세계관의 대립으로 간주될 수 있다. 이때 개인적 편견과 집단적 편견은 투사적 관점이고, 해석 이론과 세계관은 조망적 관점으로 분류될 수 있다.

2. 조망적 관점과 객관성의 양립 가능성

우리가 관점을 이와 같이 조망적 관점과 투사적 관점으로 나눌 때, 이들의 인식론적 귀결은 무엇인가? 투사적 관점과 인식 상대주의와의 연결은 자연스러워 보인다. 반면에 조망적 관점은 인식의 객관주의와 양립 가능할 것으로 판단된다. 다음과 같은 이유 때문이다. 첫째, 우리가 사물을 아무리 다양한 관점에서 바라보고 그 결과 서로 다른 판단을 내린다 할지라도, 그것은 자의적 견해의 투사나 허구가 아니라 여전히 어떤 국면에서 본 사물의 모습일 것이기 때문이다. 즉 수유리에서 볼 때와 구파발에서 볼 때에 따라 북한산의 모습이 다르다 해서, 그것들이 북한산의 모습이 아니라고 할 수는 없을 것이다. 둘째, 우리가 사물을 멀리서 볼 때와 가까이서 볼 때 모습이나 크기가 다르다 할지라도, 관점의 조정을 통해 사물의 객관적인 인식에 도달할 수 있기 때문이다. 예컨대 북극성은 태양보다 작아 보인다. 그렇지만 우리는 북극성이 태양보다 훨씬 먼 거리에 있기 때문에 작게 보일 뿐 실제로는 태양보다 몇 십 배나 더 크다는 사실을 잘 알고 있다. 멀리 있는 물체는 가까이 있는 물체보다 작아 보인다는 일반적인 사실을 우리는 알고 있기 때문에, 우리는 사물을 볼 때, 이 점을 감안해서 볼 수 있고, 이런 시각의 교정을 통해 객관적 인식을 확보할 수 있다.

사물을 보는 관점에 초점을 맞추어 관점에 따라 사물이 다르게 보인다는 주장을 우리는 통상 조망주의라고 한다. 사람에 따라 조망주의를 역사상대주의와 연결시키는 경우도 있지만, 조망주의가 결코 객관적 역사학과 양립 불가능한 것은 아니라고 할 수 있다. 조망주의를 상대주의와 동일시하는 것은 조망적 관점과 투사적 관점을 동일시한 오류이다. 관점의 다양성은 우리가 자유롭게 여러 가지 관점에서 역사를 조망할 수 있다는 것을 의미할 뿐, 역사를 임의로 날조할 수 있다는 것을 의미하지는 않기 때문이다. 말하자면 우리가 사실을 왜곡하여 우리가 생각한 이념의 틀에 맞추어도 좋다거나 또는 거기에 맞지 않는 사실들은 무시해도 좋다는 것이 아니다. 사태는 오히려 이와 정반대라고 할 수 있다. 우리는 우리의 관점에 관계가 있는 증거는 모조리 수집하여 그것을 엄밀하게 그리고 객관적으로 고찰해야 한다. 다만 문제는 우리의 관점을 의식하고 우리의 관점에 아무런 관계도 없는 사실들에 대해서는 마음 쓸 필요가 없다는 것뿐이다.

관점의 다양성을 용인하면서도 인식의 객관성을 추구하려고 할 때, 우리는 관점들을 전환시키고 통합시키는 기제들을 잘 활용하는 것이 중요하다. 관점을 바꾸어 봄으로써 우리는 자신의 관점이 갖는 한계와 다른 사람의 관점이 갖는 장점을 이해할 수 있다. 이것은 시각의 환산이라 불리기도 하고, 역지사지(易地思之)라 하기도 한다. 이것은 흡사 우리가 물리학에서 연구 대상과 도구 간의 상호작용을 알게 되면, 연구의 오류를 제거할 수 있거나 최소한으로 줄이는 것이 가능하며, 우리가 기하학의 원근법을 알게 되면 어떤 상(像)을 언제든지 다른 시각으로 관찰할 수 있으며, 또한 어떤 대상을 언제든지 다른 관점에서 바라볼 수 있게 되는 것과 같은 논리이다.[6]

하나의 관점에만 고착되어 있는 경우와 자신의 관점에 대한 시각의 교정을 자유롭게 할 수 있는 경우는 완전히 다르다고 해야 할 것이다. 전자는 우리가 자신의 시각을 벗어나기가 어렵지만, 후자는 시각의 전환을 통해 다른 관점에서 사물을 볼 수도 있고 여러 관점들을 결합시킴으로써 대상의 좀 더 전체적인 상을 파악할 수도 있다. 이때 우리는 대상의 한 가지 국면만을 볼 수 있는 관점에서 대상의 또 다른 국면을 볼 수 있는 다른 관점으로 이행하는 방법에 관한 지식을 갖추고 있어야만 한다.

그뿐만 아니라 우리는 우리의 출발점이 되는 자신의 개념적 틀에 대해서도 반성과 비판을 가할 수 있다. 이성이란 바로 이런 자기비판의 능력을 가리키는 말이다. 칼 포퍼의 지적대로 이것은 우리가 개념적 틀에 갇힌 죄수일 필요는 없다는 것을 의미한다. 물론 우리가 개념적 틀에 의존하지 않고는 아무 일도 할 수 없다는 의미에서 우리는 죄수일 수도 있다. 그렇지만 우리는 특수한 의미에서의 죄수라고 할 수 있다. 왜냐하면 우리가 하려고만 한다면 우리는 언제나 우리의 틀을 깨고 나올 수가 있기 때문이다.

이와 아울러 인식의 '객관성'이라는 문제는 인식의 '완전성'이라든지 인식의 '전체성'이라는 문제와 다르다는 것을 이해할 필요가 있다. 왜냐하면 부분적 진리는 탐구의 종국에 가서야 도달하게 될 절대적 진리는 아니지만 객관적 진리일 수 있기 때문이다. 그러므로 우리가 지금 현재 절대적 진리에 도달하지 못했다 해서 좌절하거나 객관적 진리의 이념을 포기할 이유란 없다. 우리가 획득한 역사적 지식이 비록 완전하지 못하다 해도 그것을 전적으로 허구라 할 이유는 없으며, 또 탐구가 계속됨에 따라 우리는 점차 완전한 진리로 가까이 갈 수 있기 때문이다.

문제는 투사적 관점에 있다. 그것은 우리의 정신 상태를 사실의 인식에 투사함으로써 사실을 왜곡시킨다. 정신분열증 환자의 경우를 보자. 그는 모든 것을 자기중심으로 바라본다. 그 결과 현실적으로 아무런 연관이 없는 사실들을 엮어 허구적으로 해석한다. 이것은 현실에 대한 객관적 인식이 아니다.

역사의 현재주의자들이나 실용주의자들 및 인문주의자들은 이런저런 이유들을 제시하며, 우리의 관점은 우리 자신도 모르는 사이에 규정되며, 우리는 이렇게 형성된 관점으로부터 벗어날 수가 없다고 주장한다. 현재주의나 실용주의에서는 우리의 관점이 현재의 필요성이나 실용성과 연관되어 있으며, 특히 언어편재주의를 지지하는 자들은 언어의 편재성 때문에 우리가 사용하는 언어체계가 우리의 관점을 규정한다고 주장한다.

그렇지만 이런 주장들은 전체적으로 우리의 이성에 대한 지나친 평가절하에 기초하고 있다. 이성은 기본적으로 자신을 대상화시키고 보편화시키는 힘이다. 이것은 자신을 초월할 수 있음을 뜻한다. 비근한 예로서 관점이 고정되어 있거나 우리가 스스로를 대상화시킬 수 없다면, 한 번도 지구를 벗어난 적이 없는 상태에서 지구의 크기를 측정하거나, 우리가 우주 속에 있으면서 우주 전체의 변화를 이야기하는 것이 어떻게 가능하겠는가?

현재의 관점에서 사물을 판단하는 경우들은 실제로 많이 있다. 심리학자들도 이런 경우들에 대한 재미있는 실험 결과들을 제시하고 있다.[7)]

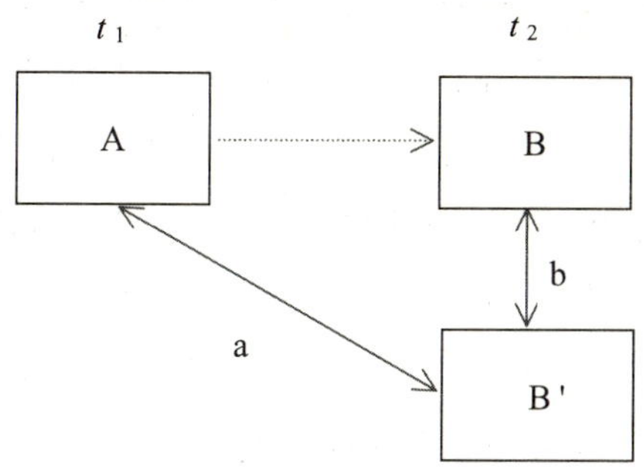

[그림 22] b가 a보다 상관관계가 높다.

위의 그림이 보여주는 것은 t_2의 사람이 그의 과거 t_1를 회상할 때 사실 그대로의 A로 기억하지 않고 현재의 상태 B와 유사하게 B'로 기억한다는 것이다. 말하자면 b가 a보다 상관관계가 더욱 높은 것으로 나타난다. 예컨대 개구리와 올챙이는 전혀 다르지만, 현재의 개구리는 옛날의 올챙이 시절을 지금과 비슷하게 기억한다는 것이다. 우리는 이런 실험을 기초로 기억뿐만 아니라 자료에 대해서도 현재를 기준으로 해석하는 강한 경향이 있음을 유추해 볼 수 있다.

그렇지만 이것이 전부라고 생각하면 착각일 것이다. 우리의 이성은 그것을 넘어설 수 있기 때문이다. 실험 자체가 현재의 기억과는 다른 과거의 존재를 전제하고 있다. 그뿐만 아니라 우리가 이런 실험의 결과를 알고 나면, 과거를 제대로 파악하기 위해서는 우리가 어떤 비판적 자세를 취할 필요가 있는가에 대해서도 규명할 수 있을 것이다. 별이 달보다 작아 보이지만, 별이 달보다 멀리 있기 때문에 작아 보일 뿐, 실제로는 몇 백 배나 크다는 것을 우리는 알 수 있다.

인식의 문제에 있어서도 사정은 마찬가지다. 온갖 종류의 지식사회학들, 패러다임 이론들, 언어공동체 이론들, 이데올로기 과학이론들, 존재론적 상대주의들, 현재주의 이론들, 포스트모더니즘들, 이들은 모두 근원을 따져보면 역사적 상대주의의 후예들이며, 변형들이다. 이들은 지나치게 자신의 특수성에 집착하며, 자신에게 친숙한 어떤 틀 속에 자신을 억지로 가두려고 하면서, 이성의 오류 가능성과 이성의 존재구속성을 동일시하고 있다. 그러나 틀릴 수 있다는 오류 가능성과 현재 상태에 구속당하여 스스로를 비판적으로 성찰할 수 없다는 존재구속성은 전혀 다른 것이다. 오류를 저지르며 이리저리 흔들리면서도, 동시에 스스로를 비판하면서 진리로 점차 가까이 다가갈 수 있는 능력이 다름 아닌 우리의 이성인 것이다.

3. 사건의 법칙적 연결

우리가 조망적 관점과 투사적 관점을 나누고 투사적 관점은 배제하면서 조망적 관점을 객관적 지식과 양립시킨다면, 끝내는 다음과 같은 질문에 부딪힌다. 어떤 관점이 조망적 관점인지 아니면 투사적 관점인지 어떻게 판별할 것인가?

이에 대한 나의 답은 조망적 관점은 사실들을 법칙적으로 연결시키지만, 투사적 관점은 사실들을 연결시키지 못한다는 것이다. 어떤 사실이든 실제적인 사실은 인과력을 갖는다. 인과력은 다른 사실을 초래할 수 있는 힘이다. 자연의 모든 사건은 시간의 계기에서 보면 인과법칙적으로 연결된다. 그러므로 사건 a가 사건 b를 인과적으로 초래할 때 그것은 인과법칙적인 연관을 갖는다. 예를 들어 자폐증 정신이상자가 모든 사람들이 자신을 해치려고 한다는 생각으로 세상을 바라볼 때, 그것은 사람들의 행위들을 인과법칙적으로 연결시키지 못한다. 설사 그가 행위들 간의 어떤 인과법칙적인 연관을 주장하더라도 그것은 입증 가능하거나 반증 가능한 법칙이 아니다.

그렇지만, 법칙의 존재뿐만 아니라 사건을 규정하는 것도 쉬운 일은 아니다. 일반적으로 사건은 어떤 대상이 어떤 시간에 어떤 속성을 갖는 것이다. 우리가 대상을 a라 하고, 속성을 F라 할 때, 시간 t_1에서 사건 E는 E = [F(a), t_1]라 할 수 있다.

t_1의 시간 단면에서 우리가 대상을 크거나 작게 범주화할 수 있듯이, 사건들도 무수히 다양하게 나뉠 수 있다. 우리가 4 · 19 혁명을 연구한다고 해보자. 그것은 전체로 하나의 사건으로 취급할 수도 있고, 4 · 19 혁명에 참가한 시민들, 학생들 하나하나의 행위를 하나의 사건으로 보아 수많은 사건들의 집합으로 규정할 수도 있다. 더 나아가 한 사람의 행위도 수많은 사건들의 집합으로 분석할 수 있다. 이것은 수학에서의 미분과 같이 진행될 수 있다.

그뿐만 아니라 관점이 다름에 따라 사건을 범주화하는 방식도 다를 수 있다. 사건들의 집합 {a, b, c}가 존재한다고 할 때, 관점 A에서는 a와 b를 같은 범주의 사건으로 묶을 수 있다고 보는 반면에 관점 B에서는 b와 c를 같은 범주의 사건으로 묶을 수도 있다.

시간의 계기 속에서 사건들을 인과적으로 연관시킬 때도 비슷한 문제가 발생한다. 예컨대 우리가 사건 a 다음에 사건 b가 일어났다는 식으로는, 즉 단순히 시간의 계기만을 이야기해서는 두 사건을 연결시키지 못한다. 시간 t_1에서 수많은 사건이 발생했고, 시간 t_2에서 또 수많은 사건이 발생하였다고 해보자.

(i) 시간 t_1에서 일어난 사건들 = $\{a_1, a_2, \cdots a_n\}$
(ii) 시간 t_2에서 일어난 사건들 = $\{b_1, b_2, \cdots b_n\}$

단순히 시간의 계기만을 보면 a_1 다음에 $b_1, b_2, \cdots b_n$ 어느 것이든 일어났다고 할 수 있다. 즉 $a_1 \rightarrow b_1$, $a_2 \rightarrow b_2$, $a_1 \rightarrow b_n$ 등으로. 그러나 이것은 사건의 인과관계가 아니다. 그뿐만 아니라 우리가 만

약 시간 t_1 에서 일어난 사건들의 크기는 원자 수준에서 말하고, 시간 t_2 에서 일어난 사건들의 크기는 분자 수준에서 말한다면, 이들을 연관시키기는 더욱 어려워진다. 즉, b → c에서 c를 수준을 달리하여 $\{c_1, c_2, \cdots c_n\}$의 계열로 이야기할 때, b 다음에 어떤 것이 연속되는지 결정하는 것은 불가능하다.

이런 상황에서 우리가 사건의 세계를 객관적으로 반영한다는 것은 무엇을 말하는가? 그것은 어떻게 가능한가?

이런 난점들을 해결해 주는 것이 바로 법칙이다. 법칙은 우리가 어떤 동일한 수준에서 사건들을 함께 묶고, 연관짓도록 해주며, 우리가 자의적으로 사건들을 범주화시키지 못하게 어떤 제한을 가한다. 우리는 수많은 일반 법칙들을 알고 있다. 이런 법칙 중에는 자연과학의 법칙뿐만 아니라 인문사회과학의 법칙들도 포함된다.

교통사고가 나서 김 씨가 죽는 사건이 발생했을 때, 우리는 김 씨의 죽음(사건 b)이 그의 질병 때문이 아니라 바로 교통사고(사건 a)가 원인이 되어 일어났음을 확인하고, 물리적 법칙 내지 생물학적 법칙들에 의해 a와 b를 연관시킨다. 지진이 나서 수만 명의 사람이 목숨을 잃었다는 사건도 같은 논리로 설명될 수 있다. 지진의 발생은 지질학적 법칙에 의해 설명 가능하며, 그 때문에 집이 무너지고 사람이 흙더미에 깔려 질식한 사건들을 우리가 아는 여러 법칙들로 연관지을 수 있다.

결국 이것은 우리가 어떤 사건도 법칙에 기반하지 않고는 설명할 수 없다는 것을 의미한다. 이것은 동시에 어떠한 조망적 관점도 법칙적 설명과 양립 가능하지 않고는 성립되지 않는다는 것을 함축한다. 말하자면 일반적 법칙과 모순되는 어떤 관점도 주관적, 투사적 관점에 불과한 것이다.

4. 진화론적 인식론과 인식론적 열린 체계

열린 체계의 인식론을 대표하는 것이 진화론적 인식론이다. 우리가 진화론적 인식론을 인식론적 열린 체계로 규정할 수 있는 근거는 그것이 문제 상황을 해결하기 위해 제안되는 잠정적 가설에 어떠한 제한도 두지 않기 때문이며, 문제를 해결하는 가설만이 살아남는다는 생존의 기제를 철저히 고수하기 때문이다. 넓은 의미에서 진화론적 인식론은 두 종류로 나눌 수 있다. 하나는 우리의 인식기관이 어떻게 진화해 왔는가를 논의하는 것이고, 다른 하나는 우리의 생각이나 이론이 어떻게 진화해 왔는가를 다루는 것이다. 여기서 우리의 주된 관심사는 후자에 국한된다.

진화론적 인식론은 우리의 지식을 적응적인 진화 과정의 한 부분으로 이해한다. 설사 추상적인 지식이라 해도 마찬가지다. 진화론적 인식론은 인식적 적응의 과정을 표상주의자들(representationalist)이 주장하듯 외부에서 우리의 감각에 주어진 표상을 통해 외부 세계를 인식하는 것으로 보지 않는다. 그것은 오히려 우리의 마음이 가설적 정보를 먼저 창출하고, 이런 정보 중에서 최선의 정보를 세계가 선택하는 것으로 이해한다. 이러한 과정은 유전자 변이에 의해 다양한 개체가 발생하지만 환경에 가장 적합한 개체가 살아남아 자손을 퍼트리는 진화의 자연선택 과정과 같다고 할 수 있다.

우리는 설명해야 할 어떤 문제 상황에 부딪힌다. 이를 해결하기 위해 여러 가설들이 창안되고, 오류를 제거하는 과정을 통해 최선의 가설이 선택된다. 이것은 다음 [그림 23]과 같이 비교될 수 있다.

인식의 이런 생물학적 모형은 전통적 경험주의자의 물리적 모형을 대체한 것이다. 물리적 모형은 지식을 에너지의 이동으로 이해한다. 예를 들어 어떤 물체가 빛을 발사한다. 그 빛이 나의 망막을 때린다.

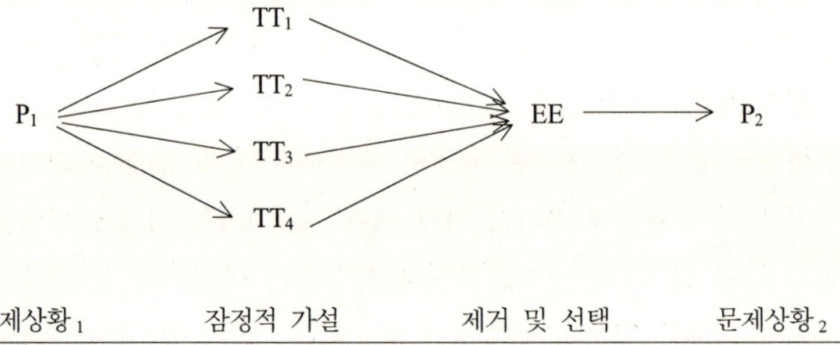

환경이 던진 문제 → 맹목적 변이들 → 선택적 보존

[그림 23] 지식은 진화론적 기제에 따라 성장한다.

망막은 메시지를 뇌에 보낸다. 뇌는 메시지를 해석한다. 그 결과 나는 빛을 발사한 물체에 관한 지식을 갖는다. 그러므로 대상이 지식을 유발한다.

오늘날의 관점에서 보면 이런 물리적 모형은 부분적으로만 타당하다. 에너지의 이동이 있는 것은 사실이지만, 에너지가 망막에 도달한 후 진행되는 과정은 단순하지 않기 때문이다. "눈은 카메라가 아니다."라는 명제는 우리의 최종적인 지식이 대상을 있는 그대로 반영하지 않을 수도 있음을 의미한다. 만약 우리의 마음이 백지와 같지 않고 이미 어떤 틀을 갖고 있다면, 메시지를 다르게 해석할 것이다. 틀 A는 a로, 틀 B는 b로 하는 식으로 말이다. 지식사회학을 비롯한 닫힌 체계의 인식론은 모두 이와 같은 논리에 기초해 있으면서, 우리는 이런저런 이유로 갖게 된 인식의 틀 속에 갇혀 있다고 주장하는 것이다. 이런 관점을 극단화시켜 보면, 우리가 갖는 지식은 인식자와 인식 대상 간의 관계가 아니라 우리가 속한 공동체나 집단과 공유해야 할 어떤 마음의 상태이다. 말하자면 우리의 지식은 세계에 관한 정보라기보다는 우리 자신이 구성한 이데올로기와 같은 것이다.

인식의 생물학적 모형은 이와는 전혀 다른 것이다. 이것은 우리가 세계에 관한 지식을 가질 수 있다고 본다. 물론 이때의 지식은 전통적 경험주의가 주장하는 것 같은 정당화된 지식은 아니다. 말하자면 이것은 지식을 인식 주관과 대상의 관계에서 발생하는 신념으로 여전히 주장하면서도 주관과 대상의 동일성의 관계라고 주장하지는 않는다. 또 인식의 생물학적 모형은 우리가 갖는 지식이 세계로부터 세계에 의해 유도되거나 결정된다고 보지 않는다. 그뿐만 아니라 지식을 얻기 위해 사용하는 방법에 의해서 정당화되지도 않는다고 주장한다. 그 방법이 직접적 관찰이든 귀납적 방법이든 혹은 다른 방법이든 마찬가지다.

인식의 생물학적 모형에서는 지식 창출의 주도권이 인식주체에 있다. 우리가 환경에 대해 온갖 형태의 가설을 먼저 제시하고 환경이 이런 가설 중에서 적합한 것을 선택하는 것이기 때문이다. 이런 진화론적 인식론은 지식의 진보를 합리적으로 설명해 준다. 합리성이란 좋은 이론과 그렇지 못한 이론을 구별하는 객관적 기준이 존재한다는 것이며, 우리의 지식이 시간의 흐름과 더불어 계속 진보할 수 있음을 의미하는 것이다. 이런 관점과 지식의 역사성은 양립 가능하다. 왜냐하면 세계에 대해 우리는 설명의 여러 대안들을 가지며, 참된 지식은 이런 대안들의 집합 속에서 선택되며, 이런 선택된 견해들의 연속이 지식의 역사성을 구성하기 때문이다. 말하자면 어떤 것은 다른 것보다 앞서고 어떤 것은 다른 것을 전제한다. 이런 합리적 역사성은 진보적이다. 어느 단계까지 도달한 지식은 억압에 의해 파괴되지 않는 한, 정지하거나 후퇴하지 않는다. 만약 일시적인 후퇴나 정지가 발생한다 할지라도 그것은 얼마든지 회복 가능하다. 우리가 과학기술을 발전시킴으로써 지금과 같은 현대 문명을 건설했다는 것은 우리의 과학기술이 계속해서 발전해 왔음을 의미한다. 이것이 지식의 비합리성을 주장하는 패러다임 이론과 결정적으로 다른 점이다.

생명체의 관점에서 볼 때 인식이란 환경에 대한 정확한 정보나 지식을 획득하는 일이다. 잘못된 정보와 지식을 가진 생명체 a와 정확한 정보와 지식을 가진 생명체 b가 경쟁할 때, 다른 조건이 같다면, 정확한 정보나 지식을 가진 생명체가 분명 경쟁력을 가질 것이다. 진화의 관점에서 보면 더욱 정확하고 고차적인 정보나 지식을 가진 생명체만이 경쟁에서 살아남을 수 있을 것이다. 이것은 역으로 보면 현재 생존하고 있는 생명체는 환경에 대한 완전한 지식은 아니라 할지라도 어지간히 근접한 지식을 소유하고 있다고 추정할 수 있다. 경쟁에서 살아남았다는 사실 자체가 환경에 대한 터무니없는 지식을 갖고 있다는 생각을 하지 못하게 한다. 이것은 과학적 탐구에서도 마찬가지라고 할 수 있다. 문제를 설명해 주는 이론은 유지되고 그렇지 못한 이론은 제거된다. 또한 살아남은 이론이라 할지라도 새로운 문제를 설명해 주지 못한다면 끝내는 폐기될 수밖에 없다.

지식의 진보는 단지 이론이 갖는 확실성의 증가나 서술상의 정확성의 증가가 아니다. 진보는 기본적으로 이론이 주장하는 보편성(universality)의 증가다. 이것은 이론의 설명력이 증가함을 의미하기도 한다. 예를 들어 "모든 사람은 죽는다."는 이론과 "모든 생명체는 죽는다."는 이론은 설명력에서 차이가 난다. "원자로 구성된 모든 물체는 흩어진다."는 이론은 이들보다 더욱 보편적이다. 지식은 언제나 사물들의 규칙성에 관한 지식이기 때문에, 보편적 법칙이나 이론으로 표현된다. 그러므로 지식의 성장은 자세한 관찰의 축적이 아니라 일반적인 법칙의 보편성이 증가하는 것이다.

이런 지식의 진보는 어떻게 가능한가? 귀납주의자 베이컨은 우리가 실수를 피할 수 있기 때문에 가능하다고 보았다. 반면에 비판적 합리주의자는 우리가 실수를 만들고, 실수를 비교하고, 더욱 작은 실수를 선택할 수 있기 때문이라고 본다.

이런 진화론적 인식론은 역사적 지식의 진보에도 그대로 적용될 수 있다.[8] 역사적 해석에 있어서도 우열을 가리는 기준이 존재할 수 있기 때문이다. 우리는 설명력의 우열에 의해 과학적 진보를 주장한다. 같은 논리로 '설명력'에 의해 역사적 해석의 진보를 주장할 수 있다. 말하자면 사실적인 자료와 모순되는 해석보다는 모순되지 않는 해석이 우수한 해석이며, 사실적인 자료와 모순되지 않기 위해서 항상 보조적인 가설을 사용하는 해석은 그러한 보조 가설 없이 수행하는 해석보다 가치가 덜하다고 할 수 있다. 어떤 해석 a는 다수의 사실들을 연관짓지 못하지만, 다른 해석 b는 이것들을 연관짓고 설명할 수 있다면, b는 a보다 진보된 해석으로 이해된다. b가 더욱 큰 설명력을 갖고 있기 때문이다.

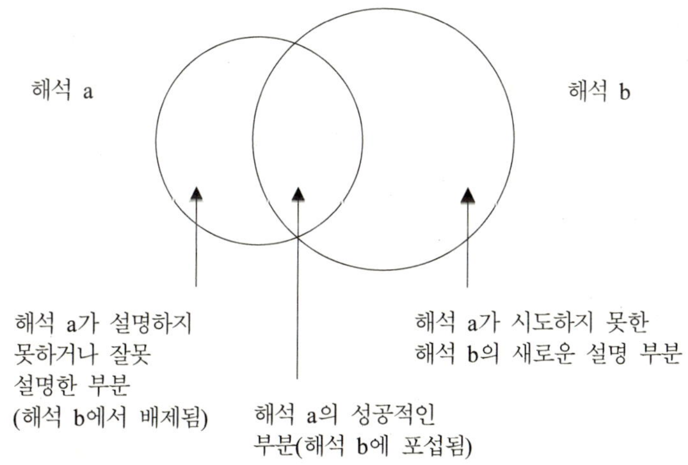

[그림 24] 해석 a에서 해석 b로의 진보는 가능하다.

4 장 역사는 주체적 개인에 의해 창조된다[1)]

역사가 역사법칙에 의해 결정되어 있지 않다면, 역사는 어떻게, 어떤 방향으로 진행될 것인가? 이에 대한 비판적 합리주의의 대답은 주체적 개인에 의한 역사창조론이다.

역사창조론은 사회공학적 접근법이라고 할 수도 있다. 사회를 우리가 바라는 대로 만들어갈 수 있다는 것이 사회공학이기 때문이다. 사회공학은 다시 유토피아적 사회공학과 점진적 사회공학으로 나누어진다. 유토피아적 사회공학은 하나의 완벽한 청사진에 기초해서 사회를 근본적으로 한꺼번에 재구성하려는 시도인 데 반해, 점진적 사회공학은 사회의 여러 측면들을 하나씩 점진적으로 변화시키려는 시도이다.

점진적 사회공학의 특징은 (i) 수많은 사회학적 법칙들에 기초해서 사회를 우리가 원하는 방향으로 변경시킬 수 있으며, (ii) 목적은 우리의 선택의 대상일 뿐 공학의 범위 안에 들어올 수 없다고 보는 것이다.

이때 제기되는 또 하나의 물음은 우리가 어떤 사회를 만들고자 하는가 하는 물음이다. 이에 대한 비판적 합리주의의 대답은 열린사회이다. 포퍼는 열린사회를 자유사회이며 부정적 공리주의의 사회로 규정한다.

자유사회는 특히 사상의 자유를 존중하며 통치자를 비판할 수 있는 사회이다. 부정적 공리주의의 사회는 사회 전체의 공리라는 이름 아래 누구든 희생될 수 없는 개인의 존엄이 보장되는 사회이다.

나는 포퍼의 열린사회에 진리를 함께 추구하는 공동체의 속성을 덧붙이고자 한다. 말하자면 열린사회는 진리의 공동체이다. 이것은 새로운 적에 맞서 열린사회를 지키기 위한 전략적인 의미의 변화이다.

1. 사실과 결단의 이원론

"사실 그 자체는 아무런 의미도 가지지 않는다. 사실은 결단에 의해서만 의미를 획득할 수 있다."[2] 사실의 차원과 결단의 차원을 엄격히 구분해서 보려고 하는 이러한 입장을 우리는 비판적 이원론(critical dualism)[3]이라 부를 수 있다. '소박한 일원론(naive monism)'은 자연적 법칙과 규범적 법칙이 구별되지 않는 단계이다. 자연의 질서로서 주어져 있는 자연의 법칙으로는 중력의 법칙이나 열역학의 법칙 등을 들 수 있고, 어떤 행위 양식을 요구하거나 금지하는 규범적 법칙으로는 '모세의 십계명'이나 국회의원 선거 절차를 규제하는 법률 등을 들 수 있다. 자연의 법칙은 인간이 만든 것이 아니고, 규범적 법칙만이 인간이 제정한 것이다. 그렇기 때문에 자연의 법칙은 인간이 조절할 수 있는 한계를 넘어서 있는 데 반해서, 규범적 법칙만이 인간에 의해서 변경될 수 있고 수정될 수 있다. 따라서 자연의 법칙과 규범적 법칙과의 구별은 근본적인 것으로서, 두 종류의 법칙은 이름만 같은 법칙일 뿐이지 공통적인 것은 거의 없다고 할 수 있다.

사실과 규범의 이원론을 이해하기 위해서는 우리의 판단들이 비록 사실의 세계에 관계하기는 하나 결코 사실로부터 연역될 수 없다는 것을 인식하는 것이 중요하다. 포퍼가 잘 예시하였듯이, 노예 제도를 반대하는 우리의 결단은 모든 인간은 자유롭고 평등하게 태어났으며 쇠사슬에 묶여 태어난 자는 아무도 없다는 사실에 의거하는 것이 아니다. 왜냐하면 우리 모두가 자유롭게 태어났다고 할지라도 어떤 사람들은 다른 사람들을 쇠사슬에 묶으려 할 수도 있을 것이고, 그와 반대로 인간이 비록 쇠사슬에 묶여 태어났다고 할지라도, 우리들 대다수는 그 쇠사슬을 풀어달라고 요구할 수도 있을 것이기 때문이다. 간단히 말해서 우리는 동일한 하나의 사실에 대해 그 사실을 변경해 보려는 결심을 할 수도 있고, 또는 변경하려는 시도에 저항하겠다는 결심을 할 수도 있고, 전혀 아무런 태도를 취하지 않겠다고 결심할 수도 있는 것이다. 그러므로 모든 도덕적 결단은 이런 식으로 어떤 사실, 특히 사회생활의 어떤 사실에 관계하며, 사회생활의 모든 변경 가능한 사실들은 무수히 서로 다른 결단들을 유발할 수 있다. 그러나 어느 것이든 이런 사실이나 사실에 관한 진술들로부터 결코 결단이 연역될 수 없음을 보여준다.[4)]

물론 우리의 결단이 자연적 법칙에 어긋날 때는 실현될 수 없다는 것은 명백하다. 즉 우리가 먹지 않고 살겠다고 아무리 결단해 본들 그것은 실현될 수 없을 것이다. 그러나 이런 사실이 사실과 결단의 동일 차원을 보증해 주는 것은 아니다. 그것은 차라리 결단의 합리성 여부에 속하는 문제일 뿐이다. 따라서 비판적 이원론은 결단이나 규범을 사실에 귀속시키는 것은 불가능함을 강조한다. 포퍼는 이런 비판적 이원론을 "사실과 기준의 이원론(dualism of facts and standards)"[5)]이라고도 부른다.

이러한 이원론에 대해 '결단 자체'가 사실이라는 비판이 가해질 수 있다. 즉 우리가 어떤 규범을 택한다고 결단을 내린다면, 이렇게 결단을 내리는 것 자체가 심리학적 내지 사회학적 사실이라는 것이다. 이렇게 되면 규범에 관한 우리의 결단, 즉 우리가 채택하는 규범은 분명히 교육의 영향력과 같은 어떤 심리학적 사실에 의존하게 되므로 사실과 결단의 이원론은 모순되는 것처럼 보인다. 그러나 이러한 반론은 결단의 서로 다른 두 의미를 구분하지 못한 데서 연유한다. 즉, 우리는 제시되었거나 고려되었거나 결론에 도달되었거나 결심이 선 어떤 결단 내용을 이야기할 수도 있고, 이와는 달리 결단하는 행위에 대해서도 이야기할 수 있으며 이것을 결단이라 부를 수 있다. 오직 이 후자의 의미에서만 우리는 결단을 사실로서 기술할 수 있다.[6] 말하자면 우리가 어떤 결단에 관해서 이야기할 때, 한 의미로는 어떤 이사회에 제시된 결의안을 가리킬 수도 있고 다른 의미로는 그 결의안을 채택하는 그 이사회의 행위를 가리킬 수도 있다. 이때 후자만이 심리학적 사실 내지 사회학적 사실이 된다. 그러므로 우리는 결단을 내리고 규범을 채택하는 행위를 사실이라고 말할 수는 있지만, 채택된 규범이나 결단의 내용은 사실이 아닌 것이다. 그러므로 대부분의 사람들이 "너는 도둑질해서는 안 된다."는 규범에 동의하는 행위는 사회학적 사실이지만, "너는 도둑질해서는 안 된다."는 규범 자체는 사실이 아니며, 사실을 기술하는 문장에서 결코 추론될 수 없는 것이다.[7]

이러한 주장에 대해 우리는 다음과 같은 반문을 제기할 수 있다. 포퍼가 사실과 결단(혹은 기준)의 이원론을 주장하고, 따라서 사실을 진술하는 명제와 정책의 원리나 기준을 제시하는 제안을 엄격히 구분하려고 하지만, 그에게는 명제 자체가 어느 정도 협약적이고 결단적인 의미를 함축하고 있는 것이라면, 결국 두 차원은 동일한 것이 아닌가? 포퍼도 물론 명제와 제안이 갖는 유사성을 인정한다.[8] 말하자면 명제나 제안은 모두 합리적 비판에 개방되어 있고, 잠정적이다. 그뿐만 아니라 명제나 제안 모두에 관한 어떤 종류의 규제적 이념(regulative idea)이 존재한다.[9] 즉 사실의 영역에서의 그것은 명제와 사실 사이의 대응의 이념으로서 존재하며, 규범이나 제안의 영역에서의 규제적 이념은 '옳음'이나 '선'이라는 용어에 의해서 기술될 수 있는 것이다. 그렇지만 명제와 제안 사이에는 결정적인 차이점이 존재한다. "어떤 정책이나 기준을 채택하고, 그것에 관해 토론하고 그것을 채택하려는 결단을 내리는 것은 이러한 정책이나 기준을 창조하는 것이라고 할 수 있다. 이와 반대로 어떤 가설의 제안이나 그것에 대한 논의, 그리고 그것을 채택하고자 하는 결단은 — 혹은 어떤 명제를 승인하려는 결단은 — 같은 의미에서 사실을 창조하는 것이 아니다."[10] 그러므로 결단이라 할지라도 정책이나 기준을 받아들이는 결단과 사실을 받아들이는 결단 사이에는 엄연한 차이가 존재한다고 말할 수 있다. 그리고 이러한 기준이나 사실의 창조 여부와는 별도로, 기준은 항상 사실에 관계하며 사실은 기준에 의해서 평가되지만, 그 역은 성립되지 않는다는 것도 유의해야 될 점이다.

소박한 일원론에서 비판적 이원론으로의 이행은 최초의 비판적 이원론자였던 프로타고라스(Protagoras)가 생각한 것과 같이 인류의 가장 큰 성취라고 할 수 있다. 그리고 소박한 일원론에서 비판적 이원론까지의 발전에는 수많은 중간 단계들이 존재하며, 대부분의 이들 중간 단계는 일원론의 굴레를 완전히 벗어나지 못한 데서 발생한 것이다. 포퍼는 이런 중간 단계 중에서 가장 중요한 다음 세 종류의 이론을 제시한다.[11] 즉 그들은 (i) 생물학적 자연주의(biological naturalism), (ii) 윤리학적 혹은 법률적 실증주의(ethical or juridical positivism), (iii) 심리학적 혹은 정신적 자연주의(psychological or spiritual naturalism)이다.

생물학적 자연주의, 좀 더 정확하게 말하면, 윤리적 자연주의의 생물학적 형태는 도덕법칙과 국가의 법률은 자의적이지만, 우리가 그런 규범들을 이끌어낼 수 있는 영원불변의 어떤 자연법칙들이 존재한다고 보는 입장이다. 즉 존재하는 자연적 사실이나 법칙을 기초로 우리의 윤리적 규범들은 도출된 것이다.[12] 포퍼는 생물학적 자연주의에 대해 두 가지 비판을 제시한다.[13] 첫째로 우리가 자연과의 합치만을 최고의 기준으로 생각한다면, 문화적 생활보다는 금수의 생활로 돌아가게 될 것이다. 왜냐하면 우리가 창조한 문화의 세계, 역사의 세계란 자연의 세계를 변형시킨 것이기 때문이다. 둘째로 생물학적 자연주의는 자연의 법칙으로부터 규범을 도출할 수 있다는 그의 주장이 이미 하나의 결단이고 선택이라는 사실을 간과하고 있다. 실제로 많은 사람들은 자연적 법칙에서 연역된 규범에 따라서 행위하지는 않는다.

윤리학적 실증주의는 우리가 규범을 사실로 환원시킬 수 있다고 믿는 점에서는 생물학적 자연주의와 견해를 같이한다. 그러나 이때 사실은 사회학적 사실, 말하자면 실제로 존재하는 규범이다. 그러므로 윤리적 실증주의에 의하면 실제로 현존하는 규범 이외에 다른 규범이란 비실제적인 사상으로 간주되며, "존재하는 규범이 유일하게 가능한 선의 기준"[14]이 된다. 포퍼가 정확하게 지적하였듯이 우리가 발견할 수 있는 더 나은 규범이란 존재하지 않으므로 존재하는 규범을 믿어야 한다고 주장하는 윤리적 실증주의는 이미 그의 주장 속에 자기모순을 내포하고 있다. 왜냐하면 "우리는 현존하는 규범을 믿어야 한다."는 이 규범 자체가 이미 현존하는 규범이 아니기 때문이다. 즉 만약 이 규범이 단순히 현존하는 규범에 불과하다면 윤리적 실증주의를 옹호하는 논증으로는 가치가 없는 것이며, 그렇지 않고 그것이 우리의 통찰에 대한 호소라면 그것은 이미 우리 스스로가 규범들을 발견할 수 있다는 것을 인정하는 것이다.

심리학적 내지 정신적 자연주의는 앞의 두 입장, 즉 생물학적 자연주의와 윤리적 실증주의를 결합한 것이다. 심리학적 자연주의는 모든 규범이 협약적이고 인간과 인간 사회의 산물이라는 윤리적 실증주의의 입장을 받아들이지만, 윤리적 실증주의가 모든 규범들이 인간의 심리학적 내지 정신적 본성의 표현이라는 사실을 간과했다고 비판한다. 또한 심리학적 자연주의는 우리가 자연적 규범들을 도출할 수 있는 어떤 자연적 목적이나 목표가 존재한다는 견해에서는 생물학적 자연주의와 입장을 같이하지만, 생물학적 자연주의가 우리의 자연적 목적을 더 고차적인 심리학적 내지 정신적 목적으로 보지 않고 건강이나 쾌락 같은 생물학적 목적으로 본 것을 비난한다. 그러므로 결국 심리학적 자연주의란 우리 스스로가 만든 규범이 존재하지만, 그것은 우리의 심리적 내지 정신적 본성을 기초로 해서 도출되었다는 견해이다. 포퍼의 설명에 의하면 이 그럴듯한 심리학적 내지 정신적 자연주의의 견해는 정신은 육체보다 더욱 중요하다는 소크라테스의 가르침을 받은 플라톤에 의해서 최초로 공식화된 것이다.[15] 그러나 이 이론 역시 앞의 두 입장이 갖는 모순점을 그대로 간직한다. 그뿐만 아니라 이들은 모두 자율적 윤리가 될 수 없는 것이다. 왜냐하면 규범을 사실에 일치시키려는 모든 일원론적 경향의 배후에는 윤리적 결단에 대한 우리 자신의 책임을 다른 것, 즉 신이나 자연이나 사회나 역사에 전가시키려는 의도가 숨어 있기 때문이다.

이렇게 볼 때 윤리적 자연주의의 이론은 주어진 어떤 목적을 향하여 역사가 전진한다는 역사법칙주의와 공통의 기반 위에 존립하는 것이 된다. 두 이론 모두 인간의 결단이나 선택의 문제를 떠나서 우리가 추구해야 할 어떤 목적이나 목표가 그 자체로서 주어져 있다고 믿기 때문이다. 그러므로 이들은 모두 '역사에서의 목적'이 아니라 '역사의 목적'을 찾으려는 헛된 시도를 계속하는 것이다. 헤겔, 마르크스 등은 모두 윤리적 자연주의와 역사법칙주의를 전형적으로 결합시킨 자들이다.

2. 역사의 초월적 의미와 내재적 의미

우리는 삶의 의미와 삶에서의 의미를 구별해서 사용할 수 있다. '삶의 의미'란 인간이 원래 추구하도록 주어져 있는 의미라는 뜻이며, '삶에서의 의미'란 수없는 욕망을 가진 인간이 살아가면서 그 욕망들을 달성시키기 위해서 스스로 설정하는 각양각색의 의미를 가리킨다. 그러므로 '삶의 의미'라는 문제는 우여곡절을 겪으며 살아가는 삶 전체를 하나로 봤을 때의 삶이란 것이 어떤 정당성을 갖고 있는가를 알아보려는 문제라고 할 수 있다. 이렇게 볼 때 우리의 삶이 정당화되려면 우리의 삶 밖의 어떤 존재나 구조에 의해서 확고부동한 목적이 주어져 있어야 한다.

같은 논리로 '역사의 의미(meaning of history)'와 '역사에서의 의미(meaning in history)'를 구별할 수 있다.[16)] 이때 의미를 목적이나 목표라는 말로 바꾸어도 무방하다면, 역사의 의미란 역사의 전 과정을 통해서 실현되는 초월적인 목적을 의미하며, 역사에서의 의미란 역사 속에 사는 인간들이 역사에 부여하는 여러 가지의 목적을 뜻한다고 할 수 있다. 우리는 이 두 가지의 의미를 분명히 구별하지 않으면 안 된다. 왜냐하면 이 두 '의미'는 얼핏 보기에는 비슷하지만, 전자는 초월적으로 역사에 부여된 것이고, 후자는 반대로 인간들 스스로에 의해서 설정된 것이기 때문이다.

포퍼는 우리에게 초월적으로 부과된 인생의 목적이나 역사의 목적이란 존재하지 않는다고 말한다. "역사에는 아무런 의미도 없다."[17] 그러나 이것은 역사에서의 의미까지도 부인하는 것은 아니다. 비록 역사는 의미는 갖고 있지 않지만, 우리는 역사에 대해서 의미를 부여할 수가 있기 때문이다. 같은 논리를 삶에 대해서도 적용할 수 있다. 말하자면 삶의 의미란 주어져 있지 않지만, 우리는 삶에 대해 의미를 부여할 수가 있다. 그리고 "우리가 무엇을 삶의 의미로 삼을 것인가 하는 것은, 즉 우리의 목적을 확정하는 것은, 우리 자신이 해야 할 일이다."[18]

또한 포퍼는 우리가 전체론의 오류와 과학에서의 선택의 원리를 고려한다면[19] 대부분의 사람들이 단순하게 이야기하는 의미로서의 '인류의 역사'란 존재하지 않고, 오직 인간 생활의 온갖 측면에 관한 무수한 역사들이 있을 뿐이라고 주장한다. 그러므로 대부분의 사람들이 '세계사'나 '인류사'를 운위하지만, 그들이 생각하고 있는 것이나 학교에서 배운 것은 다만 인간 역사의 한 측면인 정치권력의 역사에 불과한 것이다. 즉 정치권력의 역사가 세계사의 위치로 승격된 것이다.[20]

우리는 이미 사실의 영역은 무한히 풍부하며, 따라서 선택이 반드시 필요하다는 것을 보아왔다. 우리는 관심 여하에 따라 예술의 역사나 언어의 역사를 쓸 수 있는가 하면, 성윤리의 역사나 전쟁의 역사를 쓸 수도 있다. 그러나 그 어느 것도 혹은 이 모든 것을 합쳐도 인류사가 형성되는 것은 아니다.[21] 왜냐하면 구체적인 인류사라는 것이 있다고 한다면, 그것은 모든 사람들의 역사가 아니면 안 될 것이기 때문이다. 즉 어떤 사람도 다른 사람보다 더 중요한 존재라고 할 수 없으므로, 인류사는 모든 인간의 희망과 투쟁과 고난의 역사가 아니면 안 된다. 그러나 우리는 분명히 이와 같은 구체적 역사는 쓸 수가 없으며, 생략하고 추상할 수밖에 없을 것이다. 여러 종류의 생략과 추상을 통하여, 즉 온갖 종류의 관점을 통하여 우리는 여러 가지의 역사에 도달하는 것이며, 그 중의 하나가 종래 인류사로 착각되어 온 정치권력의 역사인 것이다. 포퍼는 정치권력의 역사를 세계사 내지 인류사와 동일시하는 것은 인류라는 고상한 개념을 모독하는 행위라고 주장한다. 정치권력의 역사란 국제적 범죄와 집단 살육의 역사에 불과한 것이기 때문이다.

그러나 어찌하여 종교와 시의 역사보다도 권력의 역사가 중요시되어 인류사로까지 승격되었는가? 이러한 물음에 대해 포퍼는 다음 세 가지의 이유를 들고 있다.[22] 첫째로 권력은 우리들 전부에게 영향을 미치지만, 시는 소수에게만 영향을 미치기 때문이며, 둘째로는 사람들이 대체로 권력을 숭배하는 경향이 있기 때문이다. 그리고 세 번째 이유는 권좌에 있는 자들이 숭배받기를 원했으며, 그들의 소망을 권력으로써 강요할 수가 있었다고 하는 데에 있다. 그러므로 우상 숭배 가운데서도 가장 나쁜 권력의 숭배 아래에서 쓰인 역사 속에서, 혹은 황제나 장군, 독재자들의 감독 하에 쓰인 역사 속에서 어떤 의미를 찾으려는 것은 하나의 희극에 지나지 않는다고 포퍼는 주장한다.

> 존재하는 일체의 역사, 위인과 권력가들에 관한 우리의 역사는 기껏해야 천박한 하나의 희극에 지나지 않는다. 즉 그것은 권력가들이 현실의 배후에 숨어서 상연하는 희가극(opera buffa)이다.[23]

이러한 역사관은 기독교를 비롯한 온갖 역사법칙주의적 역사 해석과는 완전히 대립적인 위치에 선다. 예컨대 기독교적인 유신론적 역사법칙주의는 신이 역사 가운데서 자신을 계시하며, 따라서 신의 목적이 곧 역사의 의미라고 하는 사실을 믿기 때문이다. 이 유신론적 역사법칙주의는 역사를 하나의 무대나 기나긴 셰익스피어의 희곡과 같은 것으로 이해한다. 이때 위대한 '역사적 인물들'이나 '추상적 인류'가 이 희곡의 주인공으로 취급되며, 이 희곡의 저자는 신으로 간주된다. 그러나 이러한 역사 해석은 완전한 독신(瀆神)에 불과하다고 포퍼는 주장한다. 왜냐하면 국제적 범죄와 집단 살육의 역사 가운데서 신이 자신을 계시한다고 주장함은 엄청난 독신일 뿐 아니라, 그 희곡은 실제로는 신이 쓴 것이 아니라 장군들과 독재자들의 감독 하에서 역사 전문가들이 쓴 것이기 때문이다. 그러므로 "신이 역사에서 자기 자신과 자기의 심판을 계시한다고 하는 이론은 세속적 성공이 우리 행위의 최후의 심판자요 정당화라는 이론과 하등 다를 것이 없는 것이다."[24]

그렇지만 역사란 아무런 목적도 가지지 않는다는 주장이 역사 허무주의나 수동주의와 동일시되어서는 안 된다. 즉 이 주장은 우리가 역사에 관해서 할 수 있는 일이란 고작 정치권력의 역사를 아연히 바라보는 것이라든지, 또는 우리가 역사를 잔학한 연극으로 보지 않으면 안 된다는 것을 의미하지는 않는다. 사실은 오히려 그 반대라고 포퍼는 주장한다. 비록 역사는 목적을 가지지 않았지만 우리는 우리의 목적들을 역사 위에 부과할 수가 있기 때문이다. 말하자면 "우리는 권력 정치의 역사를 열린사회와 이성의 지배 및 정의, 자유, 평등을 쟁취하고 국제적 범죄를 억제하려는 투쟁이라는 관점에서 해석할 수가 있는 것이다."[25]

이것은 사실의 문제가 아니라 순전히 우리의 결단의 문제이다. 사실들은—그것이 역사적 사실이든, 자연적 사실이든—우리를 대신해서 결단을 내려주지 못하며, 우리가 선택하려는 목적을 결정해 주지도 못한다. 따라서 자연과 역사 속에 목적과 의미를 집어넣는 것은 바로 우리들 자신인 것이다.[26] 이런 관점에서 보면 인간은 실제로는 평등한 것이 아니지만, 우리는 평등한 권리를 위하여 싸우기로 결단을 내릴 수가 있다. 국가와 같은 인간의 제도는 합리적인 것이 아니지만, 우리는 그것을 더 합리적인 것으로 만들기 위한 투쟁을 결의할 수가 있다. 같은 논리로 역사는 목적이나 의미를 갖고 있지 않지만 우리는 거기에 목적과 의미를 부여하기로 결단을 내릴 수가 있는 것이다. 이것은 칸트의 입장과도 비슷하다. 칸트에서도 역사의 목적이라는 개념은 역사적 실재의 본성을 구성하는 것은 아니지만, 그것은 역사적 발전 과정에 대한 우리의 도덕적 관심을 반영하는 규제적 이념으로, 그리고 과거의 사건에 대한 구성적 원리로 작용하기 때문이다.[27)]

3. 창조적 역사관과 열린사회

역사란 우리가 거역할 수 없는 어떤 필연적인 역사법칙에 따라 전개되어야 한다고 주장하는 역사법칙주의를 택할 때, 우리는 어떤 사회를 추구해야 하며, 또 추구할 수 있을까? 그것은 틀림없이 닫힌사회가 될 것이다. 어찌하여 역사법칙주의는 닫힌사회를 수반하는 것일까? 이유는 간단하다. 역사주의는 유기체적 전체론에 기초하여 개인을 도구화하고, 거역할 수 없는 역사의 법칙이라는 것을 인간에게 덮어씌움으로써 인간의 이성을 무력화하고 인간을 운명의 노예로 만들어버리기 때문이다.

이와 반대로 우리가 현실의 역사를 자유로운 창조의 관점에서 바라볼 때, 즉 우리 스스로가 역사의 능동적인 창조자가 될 때, 우리가 추구하는 사회는 분명 열린사회일 것이다. 여기서 포퍼는 열린사회야말로 인류가 살아남을 수 있는 유일한 사회로 규정한다. "우리는 금수로 돌아갈 수 있다. 그러나 만약 인간으로 남기를 원한다면 오직 하나의 길이 있을 뿐이다. 이것은 열린사회로의 길이다."[28)]

그렇지만 더 구체적으로, 열린사회와 닫힌사회란 어떻게 규정되는 것인가? 열린사회(open society)와 닫힌사회(closed society)라는 대립되는 사회의 유형을 체계적으로 이론화시킨 최초의 사람은 베르그송이다. 베르그송은 『도덕과 종교의 두 원천』에서 열린사회란 열린도덕과 동적 종교를 기초로 하는 사회이고, 닫힌사회란 닫힌도덕과 정적 종교를 기초로 하는 사회라고 규정했다. 이때 닫힌도덕은 조화롭고 통일적인 하나의 집단을 만들기 위해 사회 성원들에게 부과하는 의무와 억압의 도덕이다. 사회적 관습과 전통적 규범이 모두 이런 것들이다. 그것은 지성 이하에 기초를 둔 것으로서, 불변적인 것으로 간주되는 규범들에 대한 맹목적 복종만을 요구한다. 반면에 열린도덕은 탁월한 인격들에 의해서 창출된 열망과 동경의 도덕이다. 그것은 지성 이상의 직관적인 것에 근거하는 도덕이다. 기독교 복음서의 도덕은 본질적으로 열린 영혼의 열린도덕이다. 이런 새로운 도덕은 고정된 형식이나 독단적인 교조적 틀에 담길 수가 없다. 그러므로 여기에는 모순적인 듯이 보이는 여러 가르침들이 섞여 있다. 이것이 겨냥하는 목표는 사랑이 충만한 영혼의 상태로 우리를 인도하는 것이다.

열린도덕은 특정 사회의 한계를 넘어서 모든 인류를 포용하는 도덕이다. 이것은 본능적인 것이라기보다는 학습된 것이며, 억압의 도덕이 아니라 사랑의 도덕이다. 베르그송은 열린도덕을 창출한 여러 도덕적 영웅들을 거론한다. "기독교의 성자들 이전에 인류는 그리스의 현인과 이스라엘의 예언자와 불교의 아라한들과 그 이외에도 다른 사람들에 관해 알고 있었다. 최선의 절대적 도덕이라고 부른 완전한 도덕의 창출을 사람들은 언제나 그들에게 돌렸다."[29]

닫힌도덕과 열린도덕에 대응하는 것이 정적 종교와 동적 종교이다. 정적 종교는 영혼의 구제를 약속하는 종교이며, 사회 전체의 통합을 최고 목표로 삼는 독단적 종교인 데 반해, 동적 종교는 생명의 창조적 열망에서 발생하는 열린 영혼의 종교이며, 신을 직접 체험하는 위대한 신비가의 종교이다. 이리하여 결국 베르그송의 닫힌사회는 변화를 거부하는 보수적이고 권위주의적 사회인 데 반해, 열린사회는 독단적이거나 배타적이지 않고 모든 인류를 포괄하는 사회이다.[30)]

현실적인 정치적 측면에서 보면, 베르그송의 열린사회는 민주주의 사회로 나타난다. 그는 다음과 같이 말한다. "모든 정치적 체제 중에서 실제로 민주주의가 자연으로부터 가장 동떨어진 것이며, '닫힌사회'의 조건들을 적어도 의도적으로 초월한 단 하나의 제도이다."[31)] 베르그송이 의미하는 열린사회의 정부는 관용적이며 투명하다. 국가는 공적인 의미에서 어떠한 비밀도 가질 수 없다. 열린사회는 모두가 신뢰를 받는 비권위주의적 민주사회이다. 정치적 자유(political freedom)와 인권(human rights)은 열린사회의 기초가 된다. 이때 베르그송이 주장하는 민주주의는, 포퍼의 민주주의가 자유를 바탕으로 하는 데 반해, 자유와 평등을 매개하는 박애를 강조하는 민주주의이다.

상당히 많은 유사성에도 불구하고 포퍼의 열린사회는 몇 가지 점에서 베르그송의 열린사회와 성격을 달리한다. 기본적인 차이점은 베르그송의 열린사회가 신비적 정신을 기초로 하는 사회인 데 반해, 포퍼의 열린사회는 합리적 정신을 기초로 하는 사회라는 데에 있다. 오히려 포퍼에서 신비주의는 열린사회의 합리주의에 저항하는 반동으로서 해석될 수도 있다.[32)] 그는 다음과 같이 주장한다.

> 마술적 사회나 부족 사회, 혹은 집단적 사회는 닫힌사회라 부르고, 개인들이 개인적 결단을 내릴 수 있는 사회를 열린사회라 부르고자 한다.[33)]

완전히 닫힌사회는 하나의 유기체에 그대로 비유될 수 있다. 소위 국

가 유기체 이론이나 생물학적 이론은 상당한 정도로 닫힌사회에 적용될 수 있다.[34)]

윤리적 측면에서 보았을 때도, 닫힌사회와 열린사회는 날카롭게 대립된다.

사람들의 쾌락이나 행복을 극대화하고자 하는 시도는 불가능할 뿐만 아니라, 대단히 위험한 것으로 생각된다. 그러한 시도는 불가피하게 전체주의로 귀착하지 않을 수 없기 때문이다.[35)]

우리는 공리주의자들의 최대 행복의 원리를 더 신중하고 더 실제적인 원리, 즉 행복의 증가는 대체로 개인의 주도 하에 이루어지도록 하는 반면, 피할 수 있는 고통을 없애고자 하는 투쟁이 공공 정책의 확인된 목적이어야 한다는 원리로 대체해야만 한다.[36)]

닫힌사회는 전체주의의 사회이며, 공리주의의 사회이다. 이 사회는 소박한 일원론의 사회라고도 할 수 있다.[37)] 전체주의나 집단주의 사회는 전체나 집단이 존재하지 않는다면 개인이란 전혀 존재할 수 없다고 하는 이론이 지배하는 사회이다. 말하자면 이 이론은 전체란 이런저런 개체들의 산술적 집합으로는 환원될 수 없는 하나의 불가분적인 유기체이며, 이런 유기체의 각 부분인 개체들은 유기체 속에서만 존재할 수 있을 뿐 유기체를 떠나서는 존립할 수 없다는 것이다. 그러므로 개체는 항상 전체를 위해서만 존재하게 된다. "부분은 전체를 위해 존재하지만, 전체는 부분을 위해 존재하는 것이 아니다. 너는 모든 사람을 위해 창조되었지만, 모든 사람이 너를 위해 창조된 것은 아니다."[38)]

이러한 전체주의의 사회는 전체, 즉 국가가 크든 작든 시민 생활의 모든 측면을 규제하려는 특성을 갖는다. 정치적 전체주의자들은 국가란 국민의 자유를 보호하기보다는 국민의 도덕 생활을 통제하기 위해 권력을 사용해야 한다고 주장한다. 그것은 고유한 도덕의 영역을 희생하고서 국가에 의해 부과된 법의 영역이 증가해야 한다는 요구이며, 개인의 책임을 부족주의적 금기와 개인에 대한 전체의 무책임으로 대체시키고자 하는 요구이다.[39] 그러므로 정치적 전체주의를 특성으로 하는 닫힌사회에서는 개인은 무엇이 옳고 그른지에 관해 전혀 독자적 판단을 내릴 수 없는 반면, 국가만이 개인들의 판단에 대해 대답할 권리를 갖는다.

공리주의란 최대 다수의 최대 행복을 선으로 추구하는 윤리 이론으로서, 근대사회를 가능케 한 기본적인 여러 이념들 중의 하나이다. 그렇지만 우리가 행복을 극대화하고자 하는 이 이론을 받아들일 때, 우리는 결국 사회의 불평등이나 전체주의를 정당시하지 않을 수 없게 된다. 따라서 공리주의를 이념으로 하는 사회는 닫힌사회를 지향하는 사회라는 결론이 가능해진다.

열린사회는 자유사회이다. 자유사회는 개인의 독자성과 자율성을 인정하는 사회이다. 동시에 통치자를 비판할 수 있는 사회이다. 그렇지만 비판적인 자유사회가 자유방임(laisser-faire)이나 최소국가의 사회로 해석되어서는 안 된다. 자유방임의 사회는 "자유의 역설(paradox of freedom)"[40]에 의해 유지되기 어렵다. 말하자면 자유가 제한되지 않을 때, 그 자유는 자멸한다. 무제한한 자유는 강자가 약자를 위협하여 그의 자유를 강탈할 자유까지도 함축하기 때문이다. 여기서 자유의 제한과 국가보호주의가 불가피하게 요구된다. 자유는 국가에 의하여 보호되지 않는 한 유지될 수가 없다. 그리고 국가에 의해서 보호되는 그 정도만큼 그것은 동시에 제한된다.

포퍼가 논증하였듯이 우리는 국가보호주의를 경제적 영역에도 적용해야 한다고 주장할 수 있다. 국가가 국민을 물리적 폭력으로부터 보호한다 할지라도, 경제적 힘의 오용으로부터 국민을 보호하지 못한다면, 국가는 국민의 자유를 실질적으로 보호할 수 없기 때문이다. "경제적 강자가 경제적 약자를 괴롭히고, 약자로부터 그의 자유를 마음대로 강탈해 갈 수 있는 상황 아래서는, 경제적 자유는 물리적 폭력과 마찬가지로 위험한 것이 될 수 있다. 잉여 식품을 소유한 사람은 폭력을 사용하지 않고 자유롭게 받아들인 노예 상태로 몰고 갈 수 있기 때문이다. 국가가 그 활동을 폭력의 억압과 재산의 보호에만 제한할 때, 경제적 강자인 소수가 이런 방식으로 경제적 약자인 다수를 착취할 수 있다."[41] 그러므로 우리는 경제적 약자를 경제적 강자로부터 보호하기 위한 사회적 장치를 국가의 힘에 의해 수립하지 않으면 안 된다. 어느 누구도 굶어죽는 공포나 경제적 파멸의 두려움으로 인하여 불평등한 관계 속에 빠져들어 갈 필요가 없도록 국가는 보살펴야 한다.

이러한 주장은 무제한한 경제적 자유주의가 경제적 간섭주의에 의해 대체되어야 한다는 것을 의미한다. 그러나 간섭주의 역시 위험한 것이라 할 수 있다. 우리가 계획을 너무 많이 하면, 즉 우리가 국가에 너무 많은 권력을 부여하면, 자유가 상실된다. 이것은 계획의 종말을 의미한다. 따라서 우리는 자유의 역설만이 아니라 "국가 계획의 역설(paradox of state planning)"[42]도 고려하지 않으면 안 된다.

이런 근거에서 열린사회를 추구하는 자유주의는 국가를 필요악으로 간주한다.[43] 우리가 국가의 필요성을 보여주기 위해서 '만인의 만인에 대한 이리(homo homini lupus)'라는 홉스 식의 인간관에 호소할 필요는 없다. '만인의 만인에 대한 친구(homo homini felis)' 상태나 '만인의 만인에 대한 천사(homo homini angelus)'[44] 상태를 가정하더라도, 우리는 국가의 필요성을 논증할 수 있다. 왜냐하면 그런 세계에도 더 약한 사람이 있을 수 있을 것이며, 약한 사람들이 강한 사람들의 자비심에만 의지하려고 하지 않고, 강한 사람들에게 관대한 대접을 받을 합법적 권리를 요구한다면, 모든 사람의 권리를 보호해 줄 국가가 필요하기 때문이다. 그렇지만 이렇게 필요한 국가가 왜 악으로 규정되어야 하는가? 악이란 바로 힘의 남용이며, 국가는 그 힘을 남용할 위험을 항상 동반하고 있기 때문이다. 국가가 그 기능을 수행하자면 그것은 개인이나 법인체보다는 더 많은 권력을 갖지 않으면 안 되며, 몇몇 강자들이 결탁하여 부정을 저지르고자 할 때, 그것을 제재할 수 있는 정도의 힘까지도 갖지 않으면 안 된다. 만약 국가의 힘이 개인들의 힘보다 약하다면, 국가는 그 본래의 기능인 보호의 기능을 수행할 수 없게 될 것이고, 종국에는 강자에 의해 조종되는 착취의 도구에 불과하게 될 것이다. 그러나 국가의 힘이 커지는 바로 그때 국가는 무서운 괴물로 변할 수 있다. 우리가 그 권력 남용의 위험을 최소로 줄일 수 있게끔 제도적 장치들을 교묘하게 고안한다 할지라도 결코 그 위험을 완전히 제거할 수는 없을 것이기 때문이다. 그런 한에서 국가는 악으로 규정되지 않을 수 없다.

열린사회는 또한 전통적 공리주의를 거부하는 사회이다. 최대 다수의 최대 행복을 추구하는 공리주의의 원리는 전체주의적 독재를 위한 구실이 될 수도 있으며, 다수의 행복을 위해서 소수가 희생되지 않으면 안 되는 것으로 생각될 수도 있기 때문이다. 열린사회는 그러한 원리를 허용할 수 없다. 열린사회는 다수의 행복을 위하여 소수의 고통을 요구하지 않으며, 소수의 행복을 위하여 다수의 고통을 요구하지 않는 사회이다. 누구든지 사회적으로 희생되어야 한다고 전제하는 것은 열린사회의 기본 원리인 개인의 불가침성을 부정하는 것이다.

포퍼는 우리가 도덕적으로 해결해야 될 가장 긴급한 문제는 행복의 증대가 아니라 고통을 줄이는 일이라고 주장한다. 그러므로 '최대 다수의 최대 행복(the greatest amount of happiness for the greatest number)'을 추구하는 공리주의의 원리는 '모두의 최소 고통(the least amount of avoidable suffering of all)'을 추구하는 부정적 공리주의의 원리로 바꾸어지지 않으면 안 된다.[45] 말하자면 이것은 행복의 극대화 원칙(maximize happiness)을 고통의 극소화 원칙(minimize suffering)으로 수정하는 것이다. 이때 피할 수 없는 고통은 가능한 한 균등하게 감수하지 않으면 안 된다. 예컨대 흉년이 들어 식량이 부족하다면, 우리는 배고픔을 함께 나누지 않으면 안 된다.

이러한 관점에서 볼 때 행복과 고통은 대칭적으로 취급될 수 있는 도덕적 문제가 아니다. 행복의 증진은 취미의 문제와 매우 관련이 깊지만, 고통의 감소는 취미의 문제와는 거의 관련이 없는 것이다. 그러므로 인간의 고통은 직접적으로 도덕적인 호소력을 가질 수 있다. 그러나 어떻게든 잘살아가는 사람의 행복의 증진은 급박한 도덕적 호소력을 갖지 못한다. 그러므로 우리는 고통의 정도를 쾌락의 정도와 반비례 관계로 취급할 수가 없다. 특히 갑의 고통은 을의 쾌락에 의해서 계산될 수가 없다.[46] 행복과 고통을 상호 반비례 관계에 있다고 본 것은 공리주의의 치명적인 실수라고 할 수 있다.

공리주의는 우리의 도덕적 의무에 대한 완전한 오해 위에 토대를 두고 있다. "우리의 도움이 필요한 사람을 돕는 것은 우리의 의무이다. 그러나 타인을 행복하게 만드는 것은 우리의 의무가 될 수 없다."[47] 왜냐하면 다른 사람의 행복은 우리가 마음대로 할 수 있는 일이 아닐 뿐 아니라 많은 경우에 우리의 선의가 오히려 해를 끼치는 것으로 끝나기 때문이다. 타인의 행복을 보살피고자 하는 것은 의무가 아니라 오히려 하나의 특권이다. 더 정확히 말하면 그것은 우리의 가까운 친구에게만 한정된 하나의 특권이다. 왜 행복을 보살펴주는 행위가 가까운 친구에게만 한정되어야 하는 특권인가? 우리의 선의가 부담스러울 때는 언제나 거부될 수 있기 때문이다. 말하자면 이러한 우리의 특권은 우리의 우정이 불필요할 때는 언제나 종말을 고할 수 있기 때문에 존재하는 것이다. 그러나 행복의 증진을 위해 정치적 수단을 사용하는 것은 매우 다른 문제이다. 이것은 주로 고차적인 가치를 강요하려는 시도로 나타나며, 자기와 다른 것을 용납하지 못하는 종교 전쟁과 종교 재판을 통한 영혼의 구제 사업으로 귀결된다. 여기서 우리는 고통과 재난, 부정의 등을 방지하는 문제는 사회 정책의 중요한 목적이 되지만, 행복과 관련된 고차적 가치들은 대체로 자유방임의 영역에 내버려두어야 한다고 말할 수 있다.[48)]

이렇게 하여 결국 열린사회는 개인의 자유와 권리가 확보된 사회이며, 개인이 그의 이성에 따라 스스로 판단을 내리고 자신의 행위에 대해 책임을 지는 사회라는 결론에 이른다. 이때 자유란 다수와 의견을 달리하고 자기 자신의 길을 갈 수 있는 자유이며, 권리란 자신의 지배자를 비판할 수 있는 권리로서 규정된다.[49)] "오직 소수의 사람만이 정치를 이끌어 갈 수 있다 해도 우리들 모두는 그것을 비판할 수 있다."[50)] 따라서 열린사회는 자유와 이성 및 형제애 속에 살 것을 동의할 때에만 존재하는 사회이다.

포퍼가 제안한 열린사회의 개념은 정치적이라기보다는 오히려 인식론적(epistemological)이다. 『열린사회와 그 적들』을 썼을 때, 포퍼는 사회과학이 파시즘(fascism)과 공산주의(communism)의 본성과 의미를 파악하지 못했다고 생각했다. 그는 이런 학문들이 잘못된 인식론에 기초하고 있다고 보았다.

지식은 잠정적이고 틀릴 수 있다는 포퍼의 이론은 사회란 다른 관점에 열려 있어야 한다는 주장을 함축한다. 그러므로 열린사회는 문화적, 종교적 다원주의와 연결된다. 열린사회는 비판에 항상 열려 있다. 왜냐하면 지식은 결코 완성될 수 없고 항상 진행형이기 때문이다. 확실한 지식과 궁극적 진리에 대한 요구는 실재에 대한 하나의 해석을 의도적으로 강요하는 것이다. 그런 사회는 사상의 자유를 제한한다. 반면에 열린사회에서는 비판적 사고를 허용하며 사상과 표현의 자유와 그것을 보장하는 문화적, 법적 제도를 장려한다.

열린사회의 이론들에 대해 다음과 같은 비판들이 제기되고 있다. 하나는 열린사회는 전체주의라는 그 적이 사라졌기 때문에 더 이상 유용한 개념이 아니라는 것이며, 다른 하나는 열린사회라 해도 이제는 개인의 자유로운 결단을 보장하지 못한다는 것이다. 조지 소로스(George Soros)는 열린사회에서 자행되는 대중매체의 교묘한 선전과 여론 조작을 지적한다. 현실에 대한 지각은 전자공학과 인지과학에 의해 쉽게 조작될 수 있고, 민주적인 정치적 토론도 포퓰리즘의 작용에 의해 반드시 더 나은 이해로 이끌지는 않는 것이 현실이기 때문이다.

이런 비판들에 대해 나는 열린사회의 이념이 여전히 유효하다고 생각하며 열린사회에 대한 재구성이 필요하다고 주장한다. 파시즘이나 공산주의 같은 전체주의 정치체제가 퇴조했다고 해서 열린사회의 적이 완전히 사라졌다고 하는 것은 합리적이 아니다. 또 열린사회가 완전히 실현되었다고 할 수도 없다. 우리가 열린사회의 구체적 내용을 시대적 상황에 따라 여러 부분을 다르게 규정할 수 있듯이, 열린사회의 적은 언제나 그 모습을 달리하여 새롭게 등장할 수 있다. 열린사회는 그리스 시대부터 지금까지 인류가 추구해 온 이상사회였으며 그것이 완전히 실현되지 않은 이상, 앞으로도 상당 기간 그것은 우리의 행위를 규제하는 중요한 사회철학적 개념이 될 수 있다.

20세기 열린사회에 대한 적이 정치적 전체주의였다면, 21세기의 열린사회의 적은 집단광신주의라는 것이 나의 논제이다. 광신주의는 어떤 구체적 사상이나 내용을 갖는 것이 아니라, 자신이 선호하는 신앙이나 사상에 대해서 이성을 잃을 만큼 맹목적으로 믿고 열광하는 태도이다. 16세기 이후의 영어에서 광신자는 종교적 미치광이나, 몽상적이고 불합리한 열광자를 의미했다. 같은 시기의 독일이나 프랑스에서 그 말은 종교적이고 정신적인 일탈자를 의미했으며, 공격적인 종교적 열광자로 사용되었다.

광신주의의 특징으로는 다음과 같은 것을 들 수 있다.

첫째로, 그것은 어떤 교설을 갖는 것으로부터 출발한다. 광신주의 그 자체는 어떤 내용을 가진 특정한 교설이 아니다. 그것이 종교적 교설이든, 인종적 내지는 민족적 교설이든, 정치적 교설이든 상관이 없다.

둘째로, 그것은 자신이 선호하는 교설을 무조건적이고 맹목적으로 믿고, 그것을 실천하고자 한다. 광신주의는 비판적 태도와 양립할 수 없다.

셋째로, 그것은 다른 교설을 일체 인정하지 않는다. 그것은 이분법적으로 세상을 보면서 자신이 믿는 교설만이 선이며, 이 이외의 모든 교설은 악이라고 본다.

왜 광신주의는 열린사회의 적일 수밖에 없는가? 그것은 헤어(R. M. Hare)가 갈파한 것과 같이, 어떤 주장에 대한 비판적 논의를 인정하지 않으며, 상호 이해와 타협을 일체 거부하기 때문이다. 광신주의는 닫힌 독단의 전형적인 유형이며, 특히 이것이 집단화되어 집단광신주의로 표출될 때 이성을 완전히 상실한 광적 사회를 초래한다. 히틀러의 나치가 지배하던 독일이 바로 이런 사회였다.

나는 포퍼의 열린사회에 전적으로 공감하면서도 오늘날의 열린사회는 좀 더 새롭게 재구성될 필요가 있다고 본다. 무엇보다 먼저 나는 열린사회의 적이 정치적 전체주의에서 집단적 광신주의로 바뀌고 있다고 진단한다. 이 때문에 나는 열린사회가 자유의 왕국만이 아니라 진리와 정의의 왕국이 되어야 한다고 주장한다.[51]

4. 점진적 사회공학

사회공학과 관련해 볼 때 우리는 양극단에서 역사법칙주의라는 반사회공학과 유토피아주의라는 전체론적 사회공학을 만난다. 역사법칙주의에서는 우리가 사회나 역사에 대해 어떤 결정적인 힘도 행사하지 못한다. 역사가 전진하는 방향과 노선은 이미 정해져 있기 때문이다. 반면에 유토피아 사회공학은 사회의 완벽한 청사진에 따라 사회를 근본적으로 재건축하려고 한다. 두 입장은 극과 극이다.

이 중간에 점진적 사회공학[52]이 있다. 이것은 우리가 한꺼번에 사회를 재건축할 수 있다고 주장하지도 않지만, 반면에 우리가 사회나 역사에 어떠한 영향력도 행사할 수 없다고 생각하지도 않는다. 점진적 사회공학은 우리의 현실적 한계를 인정하면서도 점진적으로 역사를 새롭게 창조할 수 있다고 본다.

포퍼가 논의한 것과 같이 점진적 사회공학은 다음과 같은 특성을 갖는다. 첫째로, 이것은 자연과학의 법칙이나 가설과 유사한 사회학적 법칙이나 가설이 존재한다는 것을 전제하고, 이 법칙이나 가설들은 "공학기술적 형식(technological form)"[53]으로 표현될 수 있다고 생각한다.

둘째로 점진적 사회공학은 우리가 추구하는 목적들을 공학기술의 범위를 넘어선 것으로 본다는 점에서 물리적 기술과 흡사하다.[54] 목적에 관해서 공학이 할 수 있는 바는 그러한 목적들이 상호 양립할 수 있는가 없는가, 혹은 실현될 수 있는가 없는가를 판단하는 것뿐이다. 점진적 사회공학과 역사법칙주의(그리고 유토피아적 사회공학)와의 근본적인 차이점은 바로 여기에 있다. 역사법칙주의는 우리의 목적을 역사적인 힘에 의해 결정되는 것으로 이해함으로써 공학의 범위 안에 있다고 보기 때문이다. 물리적 기술자의 주요한 직무가 기계를 설계하고 또 개조하며 손질하는 것과 꼭 마찬가지로, 점진적 사회기술자의 직무는 사회제도를 설계하며 기존 제도를 개조하고 운영하는 일이다. 그러므로 점진적 사회공학자나 기술자는 도구적 관점에서 사회제도를 어떤 목적에 대한 수단으로 간주하며, 유기체로 보기보다는 기계로 평가한다. 그러나 그들은 사회 전체를 설계해야 하는 어떤 목적이나 방법이 있다고는 믿지 않는다. 그의 목적이 무엇이든 그는 계속해서 개선해 갈 수 있는 소규모의 조정과 재조정에 의해서 그 목적을 달성하려고 한다.[55]

이런 근거에서 점진적 사회공학자는 역사적 경향이나 인간의 운명에 관해서는 어떤 질문도 하지 않는다. 그 대신 그는 인간은 자기 운명의 주인이며, 우리가 지구의 표면을 변화시킬 수 있는 것과 똑같이, 우리는 우리의 목적에 따라서 역사의 방향을 바꾸거나 역사에 영향을 미칠 수 있다고 믿는다.[56] 또는 그는 이런 목적이 역사적 배경이나 역사의 추세에 의해 우리에게 부과되는 것이 아니라, 새로운 기계나 새로운 집을 만들어내는 것과 똑같이 우리 자신이 선택하고 만들어가는 것이라고 믿는다. 그러므로 점진적 사회공학자는 정치의 과학적 기초를 역사적 추세에 두지 않고, 우리의 소망과 목적에 맞는 사회제도의 구성과 변화에 필요한 사실적 정보에 둔다.

점진적 사회 기술자는 제도의 기원이나 그것을 만든 자들의 최초의 의도 따위에는 거의 관심을 두지 않는다. 차라리 그는 우리의 목적이 A라고 한다면 이 제도는 이 A에 알맞게 설계되고 조직된 것인가 아닌가 하는 점에만 초점을 맞춘다.[57] 예컨대 사회제도의 한 예로서 경찰 제도를 생각해 보자. 어떤 자들은 경찰을 자유와 안전을 보호하는 기구라고 생각할 수도 있을 것이며, 어떤 자들은 계급지배의 억압의 도구라고 생각할 수도 있을 것이다. 그렇지만 점진적 사회 기술자나 공학자가 관심을 갖는 측면은, 경찰을 자유와 안전을 보호하는 데 알맞은 도구로 만드는 수단이나 방법에 관한 것이다. 물론 그는 경찰이 지배계급의 강력한 무기가 될 수 있는 수단도 창안해 낼 수 있다. 그러나 목적의 선택은 그의 영역이 아닌 것이다.

이런 점차적 수선은 전체주의적 기술이나 유토피아적 기술을 주장하는 능동주의자의 정치적 기질과는 조화되지 않는다. 전체주의적 기술이나 유토피아적 기술은 명확한 청사진에 따른 사회 전체의 개조가 그 목표이기 때문이다. 말하자면 "그것은 '중심부를 점거하는' 것이 목표이며, 국가와 사회가 거의 동일하게 될 때까지 국가의 권력을 확장하는 것이 목표이다."[58] 이것은 더 나아가 발전하는 사회의 미래를 형성하는 역사적 힘을 이런 중앙집권적인 중심부에서 통제하여, 이러한 발전을 저지하거나 사회를 그 발전 과정에 조정시키고자 한다.

그렇지만 점차적 개선도 분명 어떤 개선을 목표로 하는 이상, 사회에 대해 능동적인 개혁을 계속할 것이 아닌가? 이렇게 되면 점진적 공학과 전체주의적 공학 사이의 차이점은 다만 개혁 범위의 대소 문제에 국한되는 것이 아닌가? 물론 그렇지는 않다. 전체주의적 사회공학과 점진적 사회공학의 근본적인 차이점은 사회적 개혁을 바라보는 관점의 차이에 있다. 후자는 존재하는 가능한 관점이지만, 전자는 전연 존재할 수 없는 불가능한 관점이다. 포퍼는 이를 다른 말로 다음과 같이 표현한다.

> 단편적 기술자는 개혁의 범위에 관하여 허심탄회하게 자신의 문제와 대결할 수 있는 데 반해서, 전체주의자는 그럴 수가 없다. 왜냐하면 전체주의자는 완전한 개조가 가능하며 필요하다고 미리 결정하고 있기

때문이다.[59)]

이렇게 해서 유토피아 기술자는 제도의 통제에는 한계가 있다고 하는 사회학적 가설을 선천적으로 거부함으로써 과학적 방법의 원리를 위반하게 된다. 포퍼가 날카롭게 지적하였듯이 유토피아 기술자는 제도적 수단에 의해 불확실한 인간적 요인을 통제하려고 하며, 계획에 따른 사회의 변화뿐만 아니라 인간의 변화까지도 자신의 프로그램 속에 포함하려고 노력한다. 이리하여 결국 이 전체주의적 프로그램은 사람들이 살기에 알맞은 새로운 사회의 건설에 대한 요구를, 거꾸로 새로운 사회에 알맞도록 사람들을 길들여야 한다는 요구로 바꾸어놓는다. 이것은 이 새로운 사회가 성공이냐 실패냐를 검증할 수 있는 어떠한 가능성도 배제하는 것이다. 왜냐하면 이 사회를 좋아하지 않는 사람들은 아직도 자신이 그 사회에 알맞지 않으며, 그러기에 자신의 인간적 충동을 더욱 조정할 필요가 있다는 것을 시인하는 데 불과하기 때문이다.[60)] 그러나 이처럼 검증의 가능성이 배제된다면 과학적 방법이 사용되고 있다는 주장은 설득력을 잃게 될 것이다.

역사법칙주의에 대한 비판을 기초로 하여 제시된 포퍼의 열린사회에서 가장 강렬하게 눈에 띄는 것은 인본주의적 색조이다. 포퍼는 인본주의보다 더 높은 위치를 차지하는 것은 아무것도 없다고 본다. 이런 점에서 그의 사회철학은 밀이나 러셀의 인본주의적 전통에 기초하고 있다고 할 수 있다.[61)] 그의 열린사회의 이념은 인간에 대한 사랑과 합리성을 바탕으로 자유의 가치와 인간의 이성이 지닌 비판적 힘의 가치를 제시해 준다. 말하자면 그의 열린사회는 과학의 비판적이고 합리적인 방법을 사회문제에 어떻게 적용해야 할 것인가 하는 문제를 우리에게 가르쳐주며, 민주적인 사회 발전의 건전한 원리들을 어떻게 수립할 것인가 하는 문제들에 관한 해답을 제시해 준다.

이러한 포퍼의 열린사회의 이념에 대해 다음과 같은 비판이 제기될 수 있다. 즉 포퍼는 과학이론에서는 급진적이면서 사회이론에서는 보수적인 입장을 취함으로써 논리의 일관성을 상실했다는 것이다.[62] 이것은 그의 반증의 원리를 둘러싸고 일어난 논쟁이다. 그의 반증의 원리는 한 이론에 모순되는 사례가 발견될 때, 그 이론은 폐기되어야 한다는 원리이다. 그러므로 이 원리가 그대로 사회이론에 적용된다면, 이것은 점진적 사회공학이라기보다는 급진적이고 혁명적인 사회공학이 된다는 것이다.

왜 포퍼는 과학이론에서는 급진적이면서 사회체제의 문제에서는 보수적이었는가? 이러한 비판에 대해 포퍼는 그의 '비판적 원리'로써 대답한다. 그의 이론에서 보면, 유기체의 지상명령은 당면한 문제를 해결하라는 것이며, 이것은 시행착오의 방법으로 실행된다. 인간 이외의 다른 유기체가 저지르는 잘못된 시도는 보통 그런 잘못을 범한 유기체 자체의 소멸에 의해서 제거된다. 그러나 인간의 경우에는 기술적(記述的)이고 논증적인 언어의 진화에 의해 사정은 완전히 달라진다. 즉 인간은 시행착오의 과정을 이론의 세계 속에서 진행시킴으로써 자신을 제거의 위험으로부터 안전하게 보호할 수 있게 된 것이다. 왜냐하면 이론은 그의 유기체나 그의 유전적 체계 속에 포함되어 있지 않기 때문이다. 말하자면 이론들은 단행본이나 잡지 속에서 형식화되며, 그들은 비판적으로 논의될 수 있고, 잘못된 것으로 나타나 폐기될 수 있다. 그러나 이때 우리는 잘못된 이론을 주장하는 사람을 죽일 필요는 없는 것이다. "과학자들은 그들의 잘못된 이론을 제거하려고 노력하며, 잘못된 이론을 그들 대신에 죽게 한다."[63] 이것이 합리적인 비판적 논의(rational critical discussion)의 진정한 목적인 것이다. 이러한 합리적인 비판적 논의의 방법이 확립된다면, 이것은 폭력의 사용을 쓸모없게 만들 것이다. 그러므로 비판적 이성은 폭력의 유일한 대안이 되며, 따라서 합리적 비판의 제거적 기능으로 폭력의 제거적 기능을 대신하는 것이 모든 지식인의 명백한 임무가 된다.[64)]

이리하여 비판적 이성은 폭력으로 현상세계가 변화해서는 안 된다고 주장한다. 물론 우리는 많은 어려운 문제들에 부딪힐 것이며, 이러한 문제들에 대해서 합의를 보기가 쉽지 않을지도 모른다. 그러나 우리는 계속적인 비판적 논의를 통해 대체의 경우 합의에 도달하리라 기대할 수 있다. 그리고 쉽게 합의에 도달하는 문제부터 해결하도록 노력해야 한다. '추상적 선'의 실현보다는 '구체적 악'의 제거를 위해서 노력하라는 포퍼의 부정적 공리주의(negative utilitarianism)[65)]가 지닌 의미도 이러한 맥락에서 파악될 수 있다.

부정적 공리주의에 의하면 우리는 정치적 수단으로 행복을 증진하려고 노력해서는 안 되고, 차라리 구체적인 불행을 제거하려고 노력해야 한다. 예컨대 우리는 정치적 수단을 사용하여 모든 사람들이 최소한의 소득을 획득하게 하여 빈곤을 퇴치하도록 노력해야 하며, 필요한 시설들을 확충하여 질병과 문맹, 범죄 등을 퇴치하도록 노력해야 한다. 이것은 간단히 다음과 같이 정식화될 수 있다. "당신이 살고 있는 사회의 대다수의 사람들이 쉽게 동의하는 가장 참을 수 없는 악이 무엇인가를 생각해 보라. 그리고 그것부터 제거하도록 노력하라." 그렇지만 포퍼는 완전한 이상사회를 설계해서 이러한 목적들을 직접적으로 달성하려고 시도해서는 안 된다고 주장한다. 왜냐하면 완전한 이상사회란 우리가 쉽게 합의를 보기가 어려우며, 그러므로 이것을 단숨에 실행하는 데는 필연적으로 폭력이 요청되고, 폭력은 문제를 해결하기보다는 오히려 새로운 인간의 불행을 만들어낼 것이기 때문이다.

일반적으로 사회란 문제를 해결하는 조직체(problem-solving organization)로서 볼 수 있다. 그러므로 사회에서나 과학에서나 전체주의적 형태는 배격될 수밖에 없다. 최상의 문제 해결을 내포하는 추측이나 억측들은 누구로부터든지 어디에서든지 제시될 수 있고, 이러한 추측의 전 범위를 엄밀히 조사하기 위해서는 자유로운 토론이 필수적으로 요청되기 때문이다. 과학자 사회(the community of scientists)가 자유로운 토론을 가장 이상적으로 실천하고 있는 열린사회의 모형으로 생각되는 것은 이런 이유 때문이다.[66)]

그렇지만 나는 사회공학에서는 상황에 따라서는 유토피아적 사회공학도 허용되어야 한다고 생각한다. 말하자면 극심한 혼란의 시기에는 유토피아적 사회공학이 더욱 효과적일 수도 있을 것이기 때문이다. 그뿐만 아니라 위로부터의 근대화를 추진할 수밖에 없는 상황에서는 유토피아적 사회공학이 필수적이라고 할 수 있다. 혼란과 미개발의 사회에서는 전체적인 비전과 추진해 갈 방향이 먼저 주어져야 하기 때문이다.

물론 이때에도 유토피아적 사회공학은 열린 유토피아에 기초해야 할 것이다. 열린 유토피아는 비판을 허용하는 유토피아이며, 부분적 수정을 계속해서 허용하는 유토피아이다. 이런 예외적 상황이 허용되어야만 열린사회와 점진적 사회공학이 갖는 순환논리를 깰 수 있다. 즉 열린사회는 점진적 사회공학에 기초해서 성립하며, 반대로 점진적 사회공학은 열린사회를 전제해서만 의미를 가질 수 있다. 전체론적 사회공학에 기초한 사회는 열린사회일 수 없다. 그러므로 우리는 일단 점진적 사회공학에서 출발할 수밖에 없다. 점진적 사회공학은 건전한 골격을 갖춘 열린사회에서는 그 사회를 유지하고 심화시키는 유일한 방법이 된다. 그렇지만 열린사회로의 변화를 시작하는 전통사회나 닫힌사회에서는 점진적 사회공학은 사회를 운영하는 유일한 방법일 수 없다. 예컨대 언론 탄압과 검열과 철저한 권위주의적 정치

문화가 지배하는 닫힌사회에서 점진적 사회공학은 어떤 의미를 가질 수 없다. 이때 유토피아적 사회공학은 닫힌사회를 열린사회로 변형시키는 하나의 대안일 수 있다. 이것은 자유주의가 혁명권을 허용하는 것과 같은 논리이다.

결론 역사주의의 새로운 변형은 가능할 것인가?

1.

'역사주의'라는 중요하지만 혼란스러운 개념을 명료화하기 위해 나는 먼저 '역사성'이라는 개념을 중심으로 역사주의를 새롭게 정의했다. 역사성은 만물이 시간의 흐름 속에서 변화한다는 것이며, 자연의 반복적 변화와는 다른 일회적이면서도 발전적인 변화였다.

동시에 이런 역사성의 성격에 따라 나는 역사주의를 역사개성주의와 역사법칙주의로 유형화했다. 전자는 랑케나 마이네케 등이 주장한 전통적 역사주의이고, 후자는 포퍼에 의해서 새롭게 논의의 대상이 된 역사주의이다. 간단히 말해 역사개성주의는 역사의 개성적 발전을 강조하는 이론이며, 역사법칙주의는 역사가 거시적인 역사법칙에 의해 지배된다는 이론이다. 역사개성주의의 삼인방은 랑케, 만하임, 마이네케이다. 역사개성주의에 대한 논의들은 이들을 중심으로 전개되었다. 반면에 포퍼가 지목한 역사법칙주의의 삼인방은 플라톤, 헤겔, 마르크스이다. 역사법칙주의에 대한 논의들은 주로 이 세 사람을 중심으로 이루어졌다.

2.

역사개성주의는 독일의 특수한 세계관이면서 사유 방식이기도 하다. 이것은 영국과 프랑스가 성취한 계몽사상의 도전에 대한 독일의 응전이라는 성격을 띤다. 물론 역사법칙주의의 대표자들인 헤겔과 마르크스도 독일 관념론 철학의 영향 아래 있었다는 주장도 가능하겠지만, 역사법칙주의는 역사개성주의와 비교해서 훨씬 보편적인 인류의 사상이라 할 수 있다.

역사개성주의의 기본 원리는 개성과 발전이다. 개성의 원리는 역사 속의 개별적 사실이나 사건들은 그 자체로서 독자적인 개성과 가치를 가진다는 것이다. 발전의 원리는 역사의 현실 전체가 개성의 다양한 발전 과정이고 역사 속에 존재하는 모든 것의 본질이 이 발전하는 역사 과정 속에서 전개된다는 주장이다. 이것은 사물을 보는 새로운 관점을 제공한 것은 사실이지만 동시에 문제점도 초래했다.

역사개성주의가 초래한 위기는 세 가지 측면에서 논의될 수 있다. 첫째는 진리의 상대주의라는 인식론적 위기이며, 둘째는 지나친 개성화, 특수화로 인해 보편적 속성이나 구조를 파악할 수 없다는 방법론적 위기이며, 셋째는 개인의 자유와 권리보다는 권력 정치와 국가주의를 강조하는 정치사관의 위기이다.

(1) 인식론적 상대주의 : 역사개성주의는 진리와 가치를 상대화한다. 이것이 역사개성주의의 치명적인 문제점이었다. 역사개성주의는 인간의 이성마저도 역사화한다. 말하자면 이성은 초시간적인 것이 아니고, 역사 속에서 변화를 겪는 것으로 본다. 그 결과 보편적 규범과 객관적 진리는 부정된다. 어떠한 주장도 그 주장이 제기된 시대에 대

한 언급 없이는 그 진위를 고려할 수 없다. 모든 것은 역사적 맥락 속에서 이해되어야 한다. 그렇다면 무엇을 행위와 판단의 기준으로 받아들일 것인가? 역사가 순조롭게 진행되고 심각한 사회적 갈등과 분열이 없을 때는 현재의 가치와 현재의 인식을 기준으로 삼는다 해도 이것이 큰 문제를 야기하지 않을 수 있다. 그러나 계층간, 세대간의 갈등이 심각해지면, 상대주의는 우리를 혼란으로 몰고 간다.

역사개성주의는 인식론적 닫힌 체계를 주장한다. 나는 이런 닫힌 체계가 왜 정당화되지 못하는가를 논의하면서 그 대안으로 열린 체계를 제시했다.

(2) 개성기술적 방법론 : 역사개성주의는 개성기술적 방법론과 연결된다. 개성기술적 방법론은 법칙정립적 방법론에 대립되는 방법론이다. 법칙정립적 방법이 여러 사물들을 같은 범주로 묶어 사물들의 공통적 속성과 규칙성을 탐구하는 방법인 데 반해, 개성기술적 방법은 하나하나의 대상이 가진 특수한 속성을 밝히려는 것이다. 베르그송이 법칙정립적 방법을 많은 사람들을 대상으로 하는 기성복에 비유하고, 개성기술적 방법을 한 사람 한 사람의 맞춤복에 비유한 것은 탁월한 통찰이라 하겠다.

역사개성주의자들이 개성에 초점을 맞춘 것은 현실세계를 넘어선 형이상학적 실체에 대한 신념 때문이었다. 이들은 이 세상의 다양한 문화들은 모두 독일 관념론이 주장하는 절대자의 다양한 표현이며, 이 다양성이 그 자체로 의미를 함축하고 있다고 생각했다. 말하자면 낙관적인 개성주의자들이었다. 그렇지만, 이들은 과학기술의 발전과 현대 대중사회의 복잡한 과정을 설명할 수 없었다.

(3) 국가주의적 정치사관 : 역사개성주의는 국가주의적 정치사관을 수반한다. 역사개성주의의 관점에서 보면 국가마저도 개성을 지닌 하나의 특수한 개체이다. 국가주의적 정치사관은 세계대전이라는 파국

의 시기를 거치면서 자유주의자들로부터 비난의 대상이 되었다. 그것은 개인의 자유와 인권보다는 국가 이성을 강조하기 때문이다. 특히 국가주의적 정치사관은 역사에서 작용하는 사회, 경제, 문화적 요소들을 액면 그대로 파악하지 못하게 하였다.

3.

역사개성주의의 문제점들을 극복하기 위해 여러 역사주의자들이 나름대로 노력을 기울였다. 트뢸치, 만하임, 마이네케, 푸코 등이 모두 이런 문제에 대해 고민한 사람들이다.

에른스트 트뢸치는 1922년에 출간된 『역사개성주의와 그 문제』에서, 끊임없이 변화하는 역사적 상황 속에 살고 있는 우리가 어떻게 우리의 위치를 확인할 수 있는가 하는 역사주의의 근원적인 물음을 던진다. 그는 구조의 파악이나 전체에 대한 아무런 전망도 없이 지엽적인 것만을 추구하는 역사개성주의의 지나치게 파편화된 전문화를 극복하기 위해 새로운 문화 종합을 시도하였다.

만하임은 이런 트뢸치의 유산을 계승하면서, 역사적 현실을 사회학적으로 새롭게 해석하려 한다. 그는 현실의 전체를 파악하기 위해 역사의 수직적 방법과 수평적 방법을 제안한다. 수직적 방법은 예술양식, 정치사상, 사회제도 등에서 후기의 양식이 이전의 양식에서 어떻게 유기적으로 발전되었는가를 밝히는 것이며, 수평적 방법은 어떤 시점에서 이런 발전들이 어떻게 연관되어 있는가를 밝히는 방법이다. 만하임은 이전의 역사개성주의는 역사의 수직적 발전에만 치중하고 수평적 구조의 분석은 등한시했기 때문에 현실의 전체상을 제시하지 못한다는 비판을 받았다고 주장하면서, 자신의 이런 방법은 역사개성주의의 문제점을 보완할 수 있다고 강조한다. 동시에 사물은 주어진 역사적 상황 속에서만 파악된다는 자신의 태도를 상관주의(Relationismus)라고 부른다.

마이네케는 역사개성주의의 긍정적 측면을 부각시킴으로써 그 부정적 측면을 의도적으로 무시한다. 신역사주의자 푸코는 인식의 상대주의를 오히려 당연하다고 주장하면서, 한 걸음 더 나아가 역사개성주의자들이 주장하는 역사적 사실의 실증성마저 파괴해 버린다.

지금까지의 논쟁에서 보면 트뢸치의 문화 종합이나, 만하임의 상관주의나, 마이네케의 개성주의는 비판적 합리주의의 여러 비판에 대해 뚜렷한 대답을 하지 못했다.

4.

역사법칙주의는 반자연주의적 원리와 친자연주의적 원리를 동시에 포괄한다. 역사법칙주의의 반자연주의적 원리는 자연의 세계와는 구별되는 역사 세계의 존재론적 특성과 자연과학과는 구별되는 사회과학의 방법론적 특이성을 주장하는 이론이며, 역사법칙주의의 친자연주의적 원리는 사회과학이 자연과학의 방법을 그대로 모방해야 한다는 이론이다. 상호 대립되는 것같이 보이는 두 원리가 동시에 역사법칙주의를 구성하고 있는 것은 두 원리가 모두 사회적 전체론(social holism)에 기초하기 때문이다. 자연주의는 전체론을 특징으로 하지 않는다. 그러므로 역사법칙주의의 친자연주의적 원리는 자연주의를 잘못 모방한 것이며, 따라서 역사법칙주의는 전체적으로 반자연주의로 규정된다.

이렇게 반자연주의적인 역사법칙주의는 무엇을 주장하려는 것인가? 역사는 거시적인 역사법칙에 따라서 필연적으로 전개되며, 우리가 이 법칙을 발견하기만 한다면 미래의 역사를 예측할 수 있다는 것이 핵심적인 내용이다. 이것은 역사적 결정론이라고도 할 수 있다. 그러므로 역사법칙주의에 대한 비판은 결국 역사적 결정론에 대한 비판으로 귀결된다.

역사법칙주의에 대한 비판을 체계적으로 논의하기 위해, 나는 역사법칙주의를 다음과 같은 네 개의 명제로 정식화했다.

(1) 새로운 특성이 계속해서 창출되고 개인들의 집합으로는 환원될 수 없는 발전하는 사회 전체가 존재한다.

(2) 사회 전체는 자연과학의 개체론적 방법으로는 파악할 수 없고, 직관적 이해의 방법이나 본질주의적 방법에 의해서만 파악 가능하다.

(3) 이 사회 전체의 발전을 지배하는 역사의 발전 법칙이 존재하며, 이 법칙에 의해 인류의 미래에 대한 예측이 가능하다.

(4) 어떠한 사회도 역사의 발전 법칙을 벗어날 수 없으므로 이 발전 법칙에 따라 일어나는 변화와 합치하여 변화를 촉진하는 활동만이 합리적이다.

이런 이론들에 대한 비판적 합리주의의 논박은 철저한 과학적 논의 위에서 전개되었다. 비판적 합리주의는 인간 이성의 오류 가능성과 합리적 비판을 기본 원리로서 인정하는 입장이며, 가설-연역주의, 방법론적 개체론, 반증주의 및 존재론적 다원론 등은 모두 이런 기본 원리에서 도출되는 방법론적 및 존재론적 이론들이다.

먼저, 전체론에 대한 비판은 개체론의 입장에서 진행된다. 이에 따라 전체론적 설명의 논리 대신에 '포괄법칙모형'과 '상황의 논리'가 제시되었다. 포괄법칙모형의 이름 아래에 제시된 과학적 설명 방식은 문제되는 사건을 두 종류의 전제로부터, 즉 하나는 약간의 보편적 법칙들과, 다른 하나는 특수한 초기 조건들이라고 부를 수 있는 약간의 단칭적이거나 특수한 진술들로부터 논리적으로 연역하는 것이다.

상황의 논리란 인간을 합리적인 존재로 보고 합리성의 원리를 인간 행위의 설명에 적용하는 방법이다. 상황의 논리에 기초해서 인간 행위에 대한 정당한 설명이 가능하며, 심리주의적 방법과는 다른 차원에서 이루어진다는 것이 논증되었다.

방법론적 본질주의에 대한 비판은 방법론적 유명론의 입장에서 진행된다. 여기에서 아리스토텔레스가 처음으로 확립한 방법론적 본질주의는 정의의 본질주의적 방법에 근거한 것이었고, 이 방법은 서양 사상사를 오류에 빠뜨린 치명적 결함을 내포한다는 사실이 밝혀진다. 직관적 이해의 방법 역시 가설-연역적 방법론 위에서 재구성되며, 제2세계를 중심으로 삼는 전통적인 주관적 이해론은 제3세계를 대상으로 삼는 객관적 이해론으로 전환된다.

역사법칙론에 대한 비판은 해석과 이론, 법칙과 추세의 엄격한 구분을 통해서 이루어진다. 법칙은 추세와 다른 것이다. 추세는 법칙처럼 일정하지 않다. 수십 년, 수백 년 계속된 추세도 하루아침에 바뀔 수 있다. 역사법칙주의자들이 주장하는 역사법칙은 사실은 법칙이 아니라 추세임이 밝혀진다. 동시에 역사법칙이 과학적 법칙과 같이 취급될 수 있는 경우에도, 그것은 토대법칙이 아닌 수반법칙이라는 것이 논증된다.

도덕적 미래주의는 도덕적 실증주의와 마찬가지로 사실과 가치를 구분하지 못했다는 관점에서 비판된다. 이때, 역사의 전 과정을 통해서 실현되는 초월적 목적으로서의 역사의 의미와 역사 속에 사는 인간들이 역사에 부여하는 여러 가지 내재적인 목적으로서의 역사에서의 의미가 구분되며, 도덕적 미래주의의 비도덕성, 유토피아주의의 비합리성, 전체주의적 정의의 반인도주의적 성격 등이 드러난다. 이리하여 결국 역사법칙주의가 닫힌사회와 연결되는 반면, 우리가 추구하는 열린사회는 반역사주의적 성격을 띨 수밖에 없다는 결론에 이르렀다.

5.

나는 이런 논의의 과정에서 포퍼가 규정한 역사법칙주의에는 중요한 여러 문제들이 내재해 있음을 밝히고, 그것들을 새롭게 해결하려고 했다. 이 중에서 특히 중요한 점은 플라톤을 역사법칙주의에서 제외시키고, 동시에 유토피아주의를 닫힌 유토피아주의와 열린 유토피아주의로 나눈 후 닫힌 유토피아주의만 열린사회의 적으로 규정하고자 한 것이다.

플라톤은 전체주의자이며 유토피아주의자이지만 역사주의자는 아니라는 것이 나의 견해이다. 플라톤이 말한 정치체제의 변화 단계들은 엄격한 의미에서 법칙적으로 전개된다고 하기보다는 어떤 추세적 변화라고 보는 것이 정당하다. 그는 탁월한 철인정치가가 나타나면 언제든지 변화의 추세를 되돌릴 수 있다고 보았다. 그런데도 불구하고 포퍼가 플라톤을 헤겔, 마르크스와 함께 역사법칙주의자로 지목한 것은 자신이 대결하고 있는 전체주의의 원조가 플라톤이라고 보고 이런 차이점을 과소평가했기 때문으로 판단된다. 그렇지만 전체주의나 유토피아주의가 역사법칙주의의 기저를 이루고 있다고 할지라도 역사의 필연적 법칙을 주장하지 않는 한에서 역사법칙주의와 동일시될 수는 없다. 같은 논리로 나는 플라톤과 함께 포퍼가 역사주의자들로 분류한 몇몇 계몽주의자들도 역사법칙주의로부터 해방시켰다. 이들도 단지 역사의 단계적 발전을 말했을 뿐 이런 단계들을 연결하는 역사의 필연적 법칙을 주장하지는 않았기 때문이다.

6.

그렇지만 역사주의가 결정적으로 패퇴했다고 보기에는 아직 이른

감이 있다. 역사주의를 변형시킬 가능성은 여전히 남아 있기 때문이다.

우선 역사개성주의는 앎의 원리와 존재의 원리를 분리하여 존재의 원리에 대해서만 역사주의를 주장할 수 있다. 말하자면, 인식론적 측면에서는 후퇴하는 반면, 존재론적 측면에서는 자연주의와 결합하여 개성과 발전을 주장하는 것이다. 혹은, 인식론의 측면에서도 역사적이면서 발전적인 모형으로 변형시키는 것이다. 이것은 아마도 각 시대는 독특한 인식의 단계를 갖지만, 역사의 과정 전체에서는 발전적으로 진보한다는 식이 될 것이다.

역사법칙주의도 법칙을 좀 더 유연하게 해석할 수 있는 길은 열려 있다. 거시적 법칙을 미시적 법칙에 수반된 이차적 수반의 법칙으로 보는 것이다.

역사주의가 이런 식으로 새로운 변형을 모색한다면, 그리고 합리주의와 대립관계가 아니라 보완관계로 설정된다면, 역사주의와 합리주의의 관계는 새롭게 설정될 수도 있을 것이다. 그렇지만 적어도 현재까지의 역사주의는 정당화될 수 없으며, 제기된 여러 문제에 대해 만족할 만한 대답을 제시하지 못했다는 것이 나의 결론이다.

[주(註)]

[서론]

1) E. Cassirer, *Die Philosophie der Aufklärung*(Tübingen: J. C. B. Mohr, 1932). 박완규 옮김, 『계몽주의 철학』(민음사, 1995), p.29.
2) 같은 책, p.22.
3) 같은 책, p.293.

[1부 1장]

1) 이 장의 설명은 이한구, 『역사주의와 역사철학』(문학과지성사, 1986)을 부분적으로 활용했다.
2) 참조. 김현식, 「역사주의」, 김영한 · 임지현 편, 『서양의 지적 운동』(지식산업사, 1994), p.505.
3) Walter Hofer, *Geschichtschreibung und Weltanschauung*(München: R. Oldenbourg, 1950), p.322.
4) Welsley Morris, *Toward a New Historicism*(Princeton: Princeton University Press, 1972), p.4.
5) Dagobert D. Runes, ed., *Dictionary of Philosophy*(New York: Philosophical Library, 1960), p.127.
6) M. Mandelbaum, "Historicism", P. Edwards, ed., *The Encyclopedia of Philosophy*(New York: Macmillan Publishing Co. & Free Press, 1967), Vol. 4, p.25.
7) Friedrich Engel-Janosi, *The Growth of German Historicism*(Baltimore: Johns Hopkins Press, 1945), p.13.
8) Dwight E. Lee and Robert N. Beck, "The Meaning of 'Historicism' ", *American Historical Review*, Vol. 59, No. 3, 1954, p.573.
9) Karl Mannheim, *Ideology and Utopia*(New York: Harcourt, Brace & World, Inc., 1936), p.79.
10) Ernst Troeltsch, "Die Krisis des Historismus", *Die Neue Rundschau*, Vol. 33,

1922, p.573.

11) Friedrich Meinecke, *Die Entstehung des Historismus*(München: R. Oldenbourg Verlag, 1965), p.595.

12) Hans Meyerhoff, *The Philosophy of History in Our Time*(New York: Doubleday & Company, 1959), p.10.

13) Karl R. Popper, *The Poverty of Historicism*(New York: Harper & Row Publishers, 1964), p.3. (다음부터 이 책은 *PH*로 표기한다.)

14) 역사주의의 다양한 여러 정의들에 대해서는 다음의 책을 참조. Karl Heussi, *Die Krisis des Historismus*(Tübingen: J. C. B. Mohr, 1932), pp.1-22; George G. Iggers, *The German Conception of History: The National Tradition of Historical Thought from Herder to the Present*(Middletown, Connecticut: Wesleyan University Press, 1968); Erich Rothacker, "Das Wort 'Historismus' ", *Zeitschrift für deutsche Wortforschung*, 16, 1960.

15) Dwight E. Lee and Robert N. Beck, "The Meaning of 'Historicism' ", *American Historical Review*, Vol. 59, No. 3, 1954. 역사주의의 의미를 정리하면서 나는 이 논문에서 많은 시사와 도움을 받았다.

16) Wesley Morris, *Toward a New Historicism*(Princeton, New Jersey: Princeton University Press, 1972), pp.9-12. 모리스는 역사주의의 이런 유형화를 화이트(Hayden White)의 역사주의에 관한 논의에서 도움을 받았다고 밝히고 있다.

17) 같은 책, p.12.

18) H. Schnädelbach, *Geschichts Philosophie nach Hegel: Die Probleme des Historismus*(Freiburg & München: Karl Alber, 1974), p.21.

19) 참조. Walter Hofer, *Geschichtschreibung und Weltanschauung*(München: R. Oldenbourg, 1950), pp.328-332; Karl Heussi, *Die Krisis des Historismus*, pp.18-21.

20) Calvin R. Rand, "Two Meanings of Historicism in the Writings of Dilthey, Troeltsch, and Meinecke", *Journal of History of Ideas*, Vol. 25, No. 4, 1964, p.506. 역사주의를 방법론과 세계관으로 규정하는 문제에서, 나는 랜드의 이 논문에 크게 힘입었다. 그러나 구체적인 내용의 논의 과정과 논의의 결과에 있어서는 나는 그와 견해를 달리했다.

21) E. Troeltsch, *Der Historismus und seine Probleme, Gesammelte Schriften* 3 (Tübingen, 1923), p.102.

22) K. Mannheim, "Historicism", G. W. Remmling, ed., *The Sociology of Knowledge*(London: Routledge & Kegan Paul, 1973), p.103.

23) 같은 책 p.102.

24) F. Meinecke, *Die Entstehung des Historismus*, p.2.

25) 물론 이렇게 역사주의를 두 종류로 유형화시켰을 때, 크로체의 역사주의를 어

디에 귀속시킬 것인가 하는 문제가 제기될 수 있다. 크로체의 역사주의는 그 자체가 특이한 한 유형이기 때문이다. 그렇지만 나는 지나치게 복잡한 분류나 유형화를 피하기 위해, 크로체의 역사주의를 헤겔 역사주의의 변형으로 해석한다.

26) J. Ritter, hrsg., *Historisches Wörterbuch der Philosophie*, Band 3(Basel: Schwabe & Co., 1974), pp.1142-1147.

27) 같은 책, 'Historismus' 항목 참조.

28) F. Meinecke, *Die Entstehung des Historismus*, p.1.

29) E. Husserl, *Philosophie als strenge Wissenschaft*(Frankfurt am Main: Vittorio Klostermann, 1965), p.49.

30) J. Ritter, hrsg., *Historisches Wörterbuch der Philosophie*, Band 3, 'Historismus' 항목 참조.

31) Dwight E. Lee and Robert N. Beck, "The Meaning of 'Historicism' ", *American Historical Review*, Vol. 59, No. 3, 1954, p.568. 예컨대 볼드윈(J. M. Baldwin)의 *Dictionary of Philosophy and Psychology*(2nd. ed., New York: 1918)에는 'historism'은 나타나 있지만, 'historicism'은 나타나지 않았다. 그런데 런즈(D. D. Runes)가 편집한 *Dictionary of Philosophy*(New York: 1942)에는 반대로 'historicism'은 나타나 있지만 'historism'은 나타나지 않았다.

32) 역사주의와 관련된 크로체의 저서는 『사고와 행동으로서의 역사(*La storia come Pensiero e come azione*)』(1938)인데, 이 책은 1941년 『자유의 이야기로서의 역사』라는 제목으로 영역되어 널리 읽혀졌다. 참조. B. Croce, *History as the Story of Liberty*, trans., Sylvia Sprigg(London: George Allen & Unwin, 1941).

33) Hayden White, *Metahistory: The Historical Imagination in Nineteenth Century Europe*(Baltimore, Maryland: The Johns Hopkins University Press, 1973), p.20 참조.

34) J. Passmore, "The Poverty of Historicism Revisited", *History and Theory: Essays on Historicism*(Middletown, Connecticut: Wesleyan University Press, 1975), p.37.

35) Calvin R. Rand, "Two Meanings of Historicism in the Writings of Dilthey, Troeltsch, and Meinecke", p.507. 발전과 개성 및 연관의 세 개념을 방법론적 원리로서 논의하는 것은 딜타이, 트뢸치, 마이네케뿐만 아니라, 거의 대다수의 역사주의들에 공통되는 현상이다. 나는 여기에 이해의 방법을 추가하여 네 가지 원리를 논의했다. 이 부분에 관한 논의에서 나는 인용한 랜드의 논문과, 차하순 교수의 「역사주의의 본질과 한계」(『사회연구』 1집, 1978, 한국사회과학연구소)를 특히 많이 참조했다.

36) H. Meyerhoff, ed., *The Philosophy of History in Our Time*(New York: Doubleday & Company, Inc., 1959), p.10.

37) Wilhelm Dilthey, *Studien zur Geschichte des deutschen Geistes, Gesammelte Schriften* III(Stuttgart: B .G. Teubner, 1957), p.247. (딜타이의 전집은 다음부터 *G. S.*로 표기한다.)

38) E. Troeltsch, "Die Krisis des Historismus", *Die Neue Rundschau*, Vol. 33, 1922, p.573; Carlo Antoni, *Dallo storicismo alla sociologia*, Walter Goetz, trans., *Vom Historismus zur Soziologie*(Stuttgart: K. F. Koehler, 1945), p.105.

39) F. Meinecke, *Die Entstehung des Historismus*(München: R. Oldenbourg, 1965), p.2.

40) 같은 책, p.xix; 참조. H. A. Hodges, *Wilhelm Dilthey*(New York: Howard Fertig, 1969), pp.144-145.

41) F. Meinecke, *Die Entstehung des Historismus*, p.2: "Der Kern des Historismus besteht in der Ersetzung einer genenralisierenden Betrachtung geschichtlich-menschlich Kräfte durch eine individualisierende Betrachtung."

42) Leonard Krieger, *Ranke: The Meaning of History*(Chicago: University of Chicago Press, 1977), p.6.

43) H. Schnädelbach, *Geschichtsphilosophie nach Hegel*(München: Alber, 1974), p.23.

44) C. A. Beard and A. Vagts, "Current of Thought in Historiography", *American Historical Review*, Vol. 42, No. 3, 1937, p.468.

45) F. Meinecke, *Zur Theorie und Philosophie der Geschichte*(Stuttgart: K. F. Koehler, 1965), p.78.

46) E. Cassirer, *The Problem of Knowledge*(New Haven & London: Yale University Press, 1974), p.226; 참조. 차하순, 「역사주의의 본질과 한계」, p.4.

47) 차하순, 「역사주의의 본질과 한계」, p.21.

48) W. Dilthey, *Die geistige Welt: Einleitung in die Philosophie des Lebens*, *G. S.* V(Stuttgart: B. G. Teubner, 1957), p.211.

49) W. Dilthey, *Der Aufbau der geschichtlichen Welt in den Geisteswissenschaften*, *G. S.* VII(Stuttgart: B. G. Teubner, 1958), p.185.

50) George G. Iggers, *The German Conception of History*, p.79.

51) Leonard Kreiger, *Ranke: The Meaning of History*(Chicago: University of Chicago Press, 1977), p.7.

52) K. Mannheim, "Historicism", pp.104ff.

53) G. Vico, "The New Science", P. Gardiner, ed., *Theories of History*(New York: Free Press, 1959), p.10.

54) W. Dilthey, *Der Aufbau der geschichtlichen Welt in den Geisteswissenschaf-*

ten, *G. S.* VII, p.82.

55) 같은 책, p.83.

56) W. Dilthey, *Die geistige Welt: Einleitung in die Philosophie des Lebens*, *G. S.* V(Stuttgart: B. G. Teubner, 1957), p.144; "Die Natur erklären wir, das Seelenleben verstehen wir", 19세기 이해론에 관한 이론에 관해서는 다음 책을 참조할 것. J. Wach, *Das Verstehen*(Tübingen: J. C. B. Mohr, 1926).

57) W. Dilthey, *Das Wesen der Philosophie*, *G. S.* V, p.363.

58) *PH*, p.3

59) K. Popper, *The Open Society and Its Enemies*, Vol. I(Princeton: Princeton University Press, 1971), p.8. (다음부터 이 책은 *OS* I로 표기한다.)

60) *OS* I, p.9.

61) H. Meyerhoff, *The Philosophy of History in our Time*(New York: Doubleday & Company, 1959), p.299.

62) 참조. Dwight E. Lee and Robert N. Beck, "The Meaning of 'Historicism' ", *American Historical Review*, Vol. 59, No. 3, 1959, p.577.

63) *PH*, p.17.

64) A. Donagan, "Popper's Examination of Historicism", P. A. Schilpp, ed., *The Philosophy of Karl Popper*(La Salle: Open Court Publishing, 1974), p.908; 참조. K. Popper, "Replies to My Critics", P. A. Schilpp, ed., *The Philosophy of Karl Popper*, p.1173.

[1부 2장]

1) 하인리히 리케르트, 윤명노 옮김, 『문화과학과 자연과학』(삼성문화문고 26, 1963), 6장.

2) W. Dilthey, *Die Entstehung der Hermeneutik*, *G. S.* V, p.332.

3) W. Dilthey, *Anhang*, *G. S.* VII, p.309; 참조. E. Coreth, *Grundfragen der Hermeneutik*(Freiburg: Herder, 1969), pp.55ff.

4) 하인리히 리케르트, 『문화과학과 자연과학』, 6장.

5) M. Schulick, "Meaning and Verification", W. Barrett and H. D. Aiken, ed., *Philosophy in the Twentieth Century*, Vol. 3(New York: Random House, 1962), p.28.

6) André Kukla, *Social Constructivism and the Philosophy of Science*(London: Routledge, 2000), p.4.

7) I. Hacking, *The Social Construction of What?*(Cambridge MA: Harvard University, 1999), p.5.

8) A. Nelson, "How could facts be socially constructed?", *Studies in History*

and Philosophy of Science, 25, pp.535-547.

9) K. Marx, *Zur Kritik der Politischen Ökonomie: Vorwort, Institute für Marxismus-Leninismus, Marx and Engels Werke*, 13, p.9. (이 전집은 다음부터 *MEW*로 표기한다.) 참조. 고창택, 「마르크스 역사적 유물론의 분석 철학적 재구성에 관한 논문」(동국대학교 대학원 박사학위 논문, 1993), pp.99ff.

10) K. Popper, *The Open Society and Its Enemies*, Vol. II(Princeton: Princeton University Press, 1971), p.213. (다음부터 이 책은 *OS* II로 표기한다.)

11) *OS* II, p.214.

12) K. Popper, *Conjectures and Refutations: The Growth of Scientific Knowledge* (London: Routledge and Kegan Paul, 1972), pp.127ff. (다음부터 이 책은 *CR* 로 표기한다.); K. Popper, *Objective Knowledge*(Oxford: Oxford University Press, 1972), p.346. (다음부터 이 책은 *OK*로 표기한다.)

13) Karl Mannheim, trans., Louis Wirth and Edward Shils, *Ideology and Utopia* (New York: Harcourt, Brace & World, 1936), pp.56-57.

14) 같은 책, p.57.

15) 같은 책, p.77.

16) 같은 책, pp.77-78. 만하임에 있어서는 전체적-일반적 이데올로기는 다시 평가적(evaluative) 이데올로기와 몰평가적(non-evaluative) 이데올로기로 나누어진다. 참조. 송호근, 『칼 만하임의 지식 사회학 연구』(홍성사, 1983), p.192.

17) Peter Munz, *Our Knowledge of the Growth of Knowledge: Popper or Wittgenstein?*(London: Routledge & Kegan Paul, 1985), p.6.

18) 같은 책, p.6.

19) Thomas S. Kuhn, *The Structure of Scientific Revolutions*(Chicago: University of Chicago Press, 1970), p.8.

20) James Ladyman, *Understanding Philosophy of Science*(Routledge, 2002). 박영태 옮김, 『과학철학의 이해』(이학사, 2003), p.191.

21) Thomas S. Kuhn, *The Structure of Scientific Revolutions*, pp.19-24.

22) 같은 책, p.100.

[1부 3장]

1) 이 장의 설명은 이한구, 『역사주의와 역사철학』을 기반으로 한 것이다.

2) *PH*, pp.5-34.

3) A. Donagan, "Popper's Examination of Historicism", P. A. Schilpp, ed., *The Philosophy of Karl Popper*(La Salle: The Open Court Publishing, 1974), p.909.

4) *PH*, pp.9-11.

5) *PH*, p.13.
6) A. Donagan, "Popper's Examination of Historicism", p.909.
7) *PH*, pp.17-19.
8) A. Donagan, "Popper's Examination of Historicism", p.910.
9) *PH*, p.12.
10) 근본적 새로움과 전체성의 원리가 원리적으로 반자연주의인 데 반해서, 이 복잡성의 원리는 원리적인 반자연주의를 반드시 의미하는 것은 아니다. 말하자면 이것은 자연주의가 원칙적으로 정당하다고 하더라도 그것이 탐구의 계획으로는 실행 불가능하다는 것을 의미할 뿐이다. 참조. A. Donagan, "Popper's Examination of Historicism", p.910.
11) *PH*, pp.6-8.
12) *PH*, pp.8-9.
13) *PH*, pp.12-14.
14) *PH*, pp.14-17.
15) *PH*, pp.19-24.
16) *PH*, pp.24-26.
17) *PH*, pp.26-34.
18) *PH*, p.35.
19) *PH*, p.35.
20) *PH*, p.36.
21) *PH*, p.38.
22) *PH*, p.39.
23) *PH*, p.41.
24) *PH*, p.42.
25) *PH*, p.45.
26) *PH*, p.49
27) *OS* I, p.8.
28) *OS* I, p.8.
29) *OS* I, p.9.
30) *OS* I, p.9
31) *OS* I, p.9.
32) *OS* I, p.10.
33) *OS* I, p.14. 헤라클레이토스 이전에는 유대교의 선민 이론에 비교될 만한 역사주의의 원리가 그리스 학문에는 없었다는 것이 포퍼의 견해이다.
34) *OS* I, p.13. 포퍼에 의하면 헤라클레이토스의 변화와 운명의 철학에는 '법칙'이라는 측면에서 뿐만 아니라, 거의 모든 역사주의에 공통적인 반이성주의와 신비주의를 발견할 수가 있다는 것이다. 왜냐하면 경험적인 과학자들을 경멸

하고 전체 세계의 통찰을 강조하는 그의 이성은 참된 이성이 아니라 신비적인 직관일 뿐이기 때문이다.

35) *OS* I, p.11.

36) *OS* I, p.30.

37) *OS* I, p.31.

38) Platon, *Republic*, p.545d.

39) *OS* I, p.40.

[1부 4장]

1) Karl Heussi, *Die Krisis des Historismus*(Tübingen: J. C. B. Mohr, 1932), p.22.

2) H. Schnädelbach, *Geschichtsphilosophie nach Hegel*(München: Alber, 1974), p.21.

3) 같은 책, p.22.

4) 역사주의의 위기에 관한 더욱 자세한 논의에 대해서는 다음 책들을 참조할 것. Ernst Troeltsch, *Der Historismus und seine Überwindung*(Aalen: Scientia Verlag, 1966); Karl Heussi, *Die Krisis Des Historismus*(Tübingen: J. C. B. Mohr, 1932); Erich Rothacker, *Die dogmatische Denkform in den Geisteswissenschaften und das Problem des Historismus*(Mainz: Akademie der Wissesnschaften und der Literatur, 1954); George G. Iggers, *The German Conception of History*(Middletown, Connecticut: Wesleyan University Press, 1968).

5) Pietro Rossi, "The Ideological Valences of Twentieth Century Historicism", *History and Theory: Essays on Historicism*(Middletown, Connecticut: Wesleyan University Press, 1975), p.27.

6) George G. Iggers, *The German Conception of History*, p.271.

7) Friedrich Meinecke, *Machiavellism: The Doctrine of Raison d'Etat and its Place in Modern History*(Die Idee der Staatsräson in der neueren Geschichte), trans., Douglas Scott(London: Routledge & Kegan Paul, 1957), p.6.

8) 참조. Gustav Schmidt, *Deutscher Historismus und der Übergang zur parlamentarischen Demokratie: Untersuchungen zu den politischen Gedanken von Meinecke, Troeltsch, Max Weber*(Lübeck und Hamburg: Mattiesen, 1964).

9) George G. Iggers, *The German Conception of History*, p.14.

10) 비판적 합리주의에 대해서는 이 책 3부 1장 1절을 참조할 것.

11) 우리가 자연주의를 기준으로 해서 방법론을 분류하는 이유는 자연주의가 현대 자연과학의 화려한 발달을 가져왔고, 자연과학을 대변하는 물리학의 방법이

오늘날 과학적 방법론의 한 이정표로서 제시되어 있기 때문이다. 그러나 여기서 말하는 자연주의가 윤리적 분야까지를 포괄하는 것은 아니다. 포퍼는 자연주의 학파에 속하면서도 윤리적 자연주의와는 견해를 달리한다.

12) 참조. Th. W. Adorno, et al., *The Positivist Dispute in German Sociology*, trans., G. Adey and D. Frisby(New York: Harper & Row Publishers, 1976), pp.298ff.

13) K. Popper, "Die Logik der Sozialwissenschaften", Th. W. Adorno, et al., *Der Positivismusstreit in der deutschen Soziologie*(Darmstadt und Neuwied: Hermann Luchterhand, 1969), p.105.

14) 포퍼에 따르면 자연주의적 학파의 중심인물로 평가되는 J. S. 밀이나 콩트까지도 자연주의적 방법론을 충분히 이해하지 못한 자들이다. 참조. *PH*, p.120.

15) *PH*, p.131.

16) *PH*, p.3.

17) *PH*, p.105. 여기서 '과학주의적'이란 말은 과학적 방법에 대한 잘못된 모방을 의미한다.

18) *PH*, p.vii.

[2부 1장]

1) K. Popper, *The Myth of Framework*, M. A. Notturno, ed.(London & New York: Roiledge. 1994), p.40.

2) *OS* II, p.217.

3) *OS* II, p.218.

4) *OS* II, p.219.

5) *OS* II, p.220.

6) *OS* II, p.220.

7) *CR*, p.215; *OS* II, p.376.

8) *OS* II, pp.376ff.

9) *OS* II, p.222; 참조. Hans Albert, "Social Science and Moral Philosophy", M. Bunge, ed., *The Critical Approach to Science and Philosophy in Honor of K. R. Popper*(New York: Free Press of Glencoe, 1964), pp.385-409.

10) E. Sapir, *Language*(New York: Harcourt, Brace & World, Inc., 1949), p.4.

11) Ronald Wardhaugh, *An Introduction to Sociolinguistics*(3rd)(Oxford: Blackwell Publishes Inc., 1998). 박의재 외 옮김, 『현대사회 언어학』(한신문화사, 1999) p.325.

12) N. P. Hickson, *Linguistic Anthropology*(New York: Holt, Rinehart and Winston, 1980), p.109.

13) J. B. Carroll, ed., *Language, Thought, and Reality: Selected Writings of Benjamin Lee Whorf*(The MIT Press, 1956), pp.212-214.

14) 같은 책, p.216.

15) 같은 책, p.216.

16) Ronald Wardhaugh, *An Introduction to Sociolinguistics*. 박의재 외 옮김, 『현대사회 언어학』 참조.

17) 참조. 이한구, 『역사학의 철학』(민음사, 2007).

18) Willard Quine, *Word & Object*(New York: Wiley & Sons., 1960), p.27.

19) 콰인은 불확실성을 단어 차원에서의 불확실성, 문장 차원에서의 불확실성, 과학적 이론의 미결정성 등으로 나누어 설명한다.

20) K. Popper, *The Myth of Framework*, p.52.

21) K. Popper, "Normal Science and Its Dangers", I. Lakatos and A. Musgrave, ed., *Criticism and the Growth of Knowledge*(London: Oxford University Press, 1970), p.56.

22) K. Popper, *The Myth of Framework*, p.53.

23) 같은 책, p.33.

24) 같은 책, p.59.

25) 같은 책, p.35.

26) 같은 책, p.54.

27) 같은 책, p.59.

[2부 2장]

1) 이 장의 설명은 이한구, 『역사주의와 역사철학』을 기반으로 한 것이다.

2) E. Nagel, *The Structure of Science*(New York & Chicago: Harcourt, Brace & World, Inc., 1961), p.380; "Das Ganze ist mehr als die Summe Seiner Teil"; 참조. E. Topitsch, hrsg., *Logik der Sozialwissenschaften*(Köln: Kiepenheuer & Witsch, 1976), p.225.

3) E. Nagel, *The Structure of Science*, p.381. 여기서 네이글은 전체(whole)와 총계(sum)의 여러 의미들을 상세히 분석하고 있다.

4) *PH*, p.76: (a) the totality of all the properties or aspects of a thing, and especially of all the relations holding between its constituent parts (b) certain special properties or aspects of the thing in question, namely those which make it appear an organized structure rather than a 'mere heap'.

5) *PH*, p.76. 구조적 규칙성의 대표적인 예로는 좌우 대칭성(symmetry) 같은 것을 들 수 있다.

6) *PH*, p.77.

7) *PH*, p.77; 참조. *CR*, p.341.

8) *PH*, p.77; 참조. H. Gomperz, *Weltanschauungslehre*, II/I(1908), p.63. 곰퍼츠는 신경질적으로 날개치고 있는 한 마리의 참새와 같은 세계의 한 단편도 다음과 같은 대단히 상이한 명제들에 의해서 기술될 수 있으며, 이러한 명제들은 각각 그 단편의 상이한 양상에 대응한다는 것을 지적하고 있다. "이 새는 날고 있다." "한 마리의 참새가 간다." "저것 봐라, 동물이 있다." "무엇인가가 여기에서 움직이고 있다." "에네르기가 여기에서 전환되고 있다." "이것은 영구 운동의 사례가 아니다." "불쌍한 것이 놀랐구나." …. 이러한 일람표란 필연적으로 무한한 것이며, 그러므로 이것을 완성하려고 시도하는 것이 결코 과학의 직무일 수는 없다는 것이다(*PH*, p.77, 각주).

9) *PH*, p.75; 참조. M. Schlick, "Über den Begriff der Ganzheit", *Logik der Sozialwissenschaften*, hrsg., E. Topitsh(Köln: Kiepenheuer & Witsch, 1976), p.213.

10) *PH*, p.82; 참조. E. Nagel, *The Structure of Science*, p.384.

11) *PH*, p.83.

12) 참조, E. Nagel, *The Structure of Science*, p.393.

13) *PH*, p.80.

14) *OS* II, p.270.

15) K. Mannheim, *Man and Society in an Age of Reconstruction*(New York: Harcourt, Brace & World, Inc., 1940), p.184.

16) D. C. Phillips, *Holistic Thought in Social Science*(California: Stanford University Press, 1976), pp.6ff. 전체론을 이렇게 네 개의 명제로 정식화하는 방식과 그 명제들 각각에 대한 설명은 필립스의 이 책에서 크게 도움을 받았다.

17) D. C. Phillips, *Holistic Thought in Social Science*, p.19.

18) L. Wittgenstein, *Tractatus Logico-philosophicus*(London: Routledge & Kegan Paul, 1974) 4. 123.

19) J. W. N. Watkins, "Historical Explanation in the Social Sciences", P. Gardiner, ed., *Theories of History*(New York: The Free Press, 1959), p.505.

20) J. W. N. Watkins, "Ideal Typus and Historical Explanation", A. Ryan, ed., *The Philosophy of Social Explanation*(London: Oxford University Press, 1973), p.88.

21) *OS* II, p.98.

22) E. Nagel, *The Structure of Science*, p.367.

23) K. Popper, *The Self and Its Brain*(London: Springer International, 1977), p.22.

24) P. S. Laplace, *A Philosophical Essay on Probabilities*(New York: Dorer, 1951), pp.4-5.

25) 참조. K. Popper und K. Lorenz, *Die Zukunft ist offen*(München: Piper, 1985).

26) E. Nagel, *The Structure of Science*, p.377.

27) *PH*, p.99.

28) K. Popper, *The Logic of Scientific Discovery*(New York & Evanston: Harper & Row Publishers, 1968), p.59. (다음부터 이 책은 *LD*로 표기한다.)

29) 참조. 3부 1장 3절의 도식.

30) A. Donagan, "Popper's Examination of Historicism", p.918.

31) *PH*, p.103; 참조. E. Nagel, *The Structure of Science*, p.379.

32) *LD*, p.253.

33) *PH*, p.83. 실험과 일반화 및 이해의 논의에서는 역사개성주의와 역사법칙주의가 구별되지 않는다. 나는 여기서 역사주의 일반을 다루고 있다.

34) *PH*, p.84.

35) *PH*, p.85; 참조. J. S. Mill, "In The Social Science experiments are impossible", *Logic*, Book VI, Ch. VII, section 2.

36) *PH*, p.85.

37) *PH*, p.85.

38) *PH*, p.86.

39) *PH*, p.87.

40) *PH*, p.87.

41) *PH*, p.77.

42) *PH*, p.89.

43) *PH*, p.93.

44) *PH*, p.94.

45) *PH*, p.95.

46) *PH*, p.96.

47) *PH*, p.100.

48) *PH*, p.100.

49) K. Mannheim, *Man and Society in an Age of Reconstruction*(New York: Harcourt, Brace & World, Inc., 1940), p.177.

50) *PH*, p.101.

51) *PH*, p.103.

52) 참조. *LD*, pp.252-253.

53) *PH*, p.27.

54) *PH*, p.27; 참조. 박종현, 『희랍사상의 이해』(종로서적, 1982).

55) *OS* I, p.31; *PH*, p.29.

56) *CR*, p.104

57) *CR*, p.108.

58) *OS* I, p.31.

59) *OS* II, p.9.

60) *OS* II, pp.9-10.

61) Aristoteles, *Metaphysics*, 1031 b7, 1031 b20.

62) 같은 책, 1030 b24, 1030 a14.

63) *OS* II, p.13.

64) *OS* II, p.13; 참조. Peter Paul Müller-Schmidt, *Die philosophischen Grundlagen der Theorie der "Offenen Gesellschaft"*(Heidelberg: F. H. Kerle, 1970), p.12.

65) *OS* II, pp.13ff.

66) *OS* II, p.14.

67) *OS* II, p.15. 물론 우리가 어떤 과학을 배울 때, 이 과학에서 사용되는 전문적 술어의 의미를 이해해야 하며 이때 이해는 실제로 본질주의적 정의에서와 마찬가지로 왼편에서 오른편으로 이행된다. 그러나 이것은 심리학적 우연성에 불과한 것이다.

68) *OS* II, p.15.

69) *OS* II, p.16. 진(眞)인 문장은 종종 자명한 것으로 나타난다. '2 + 2 = 4'라든지 '태양은 빛과 열을 복사한다'는 문장에서와 같이. 그러나 그 역은 성립되지 않는다. 즉 어떤 문장이 몇몇 사람이나 우리 모두에게 자명하게 보인다 해도 그것이 진리를 보장해 주지는 못한다. 여태까지의 철학, 특히 관념론이 자명을 진리의 기준으로 삼은 점은 가장 중대한 오류 중의 하나라고 포퍼는 지적한다. 그의 논의에서 보면 논리(logic)의 원리까지도 자명의 이론에 근거해 있는 것은 아니다. 따라서 본질의 지적 직관이란 오류는 아리스토텔레스의 원리에도 헤겔이나 후설에 의해서 지지된 원리에도 그대로 적용될 수 있다.

70) *OS* II, p.16. 이러한 포퍼의 주장은 말의 의미를 엄밀하게 정의하지 않고 사용함으로써 무익한 논쟁이 계속된다는 비트겐슈타인을 포함한 언어 분석 철학자들의 견해와는 대립된다.

71) *PH*, p.31.

72) *PH*, p.26.

73) *PH*, p.135.

74) *PH*, p.137.

75) *PH*, p.136.

76) *PH*, p.20.

77) *PH*, p.21.

78) G. H. von Wright, *Explanation and Understanding*(Ithaca, New York: Cornell University Press, 1971), p.96.

79) 참조. 이명현, 「사회과학의 방법론」, 김태길 외, 『현대사회와 철학』(문학과지성사, 1981), p.74. 특히 The Logical Connection Argument에 대해서는 다음 책

을 참조할 것. 소흥렬, *Causal Explanation of Human Action*(탑출판사, 1976).

80) *OK*, p.162.

81) *OK*, p.164.

82) *OK*, p.164.

83) *OK*, p.188.

84) *OK*, p.154. 포퍼의 존재론에 대해서는 이 책 3부 1장 4절을 참조할 것.

85) *OK*, p.157.

86) *OK*, p.159.

87) R. G. Collingwood, *The Idea of History*(Oxford: Clarendon Press, 1946), p.283.

88) *OK*, p.188.

89) *OK*, p.188.

90) *OK*, p.189.

91) *OK*, p.243.

92) *OK*, p.177.

93) F. Schupp, *Poppers Methodologie der Geschichtswissenschaft*(Bonn: Bouvier, 1975), p.136.

94) *OK*, p.170.

95) *OK*, p.174.

96) *OK*, p.180; 참조. Gombrich, "The Logic of Vanity Fair", P. A. Schilpp, ed., *The Philosophy of Karl Popper*(La Salle, Illinois: Open Court, 1974).

97) *PH*, p.149.

[2부 3장]

1) *PH*, p.106.

2) *PH*, p.106.

3) *PH*, p.108.

4) *PH*, p.117.

5) *PH*, p.117.

6) *PH*, pp.106ff.

7) *PH*, p.109.

8) *PH*, p.109.

9) *LD*, p.40.

10) 예컨대, 토인비는 그의 『역사의 연구』에서 "문명이란 사회의 정적 상태가 아니라 진화의 성격을 가지는 동적 운동이다. 문명은 정지해 있을 수가 없을 뿐만 아니라, 그 자신의 운동 법칙을 파괴하지 않고서는 그 방향을 역전시킬 수

도 없다."고 주장한다. 참조. *PH*, p.112.

11) *PH*, p.112.

12) *PH*, p.113.

13) *PH*, p.114; 비교. Josef Schleifstein, "Karl R. Poppers Gesellschaftsauffasung und Politik", K. Bayertz und Josef Schleifstein, *Mythologie der "Kritischen Vernunft"*(Köln: Pahl-Rugenstein, 1977), p.194.

14) *PH*, p.115.

15) *PH*, p.115.

16) *LD*, p.68. 포퍼는 반증 가능성을 기준으로 하여 전통적인 형이상학뿐 아니라 존재 언명까지도 형이상학적인 진술로 규정한다. 그러나 포퍼에 있어서 형이상학과 무의미성과는 동일하지 않다.

17) *LD*, p.68. 말하자면 (X)(Rx → Bx)는 ~(∃x)(Rx · ~Bx)와 논리적 동치이며, ~(X)(Rx → Bx)는 (∃x)(Rx · ~Bx)와 논리적 동치이다.

18) *LD*, p.69.

19) *LD*, p.70.

20) Ernst Nagel, ed., *John Stuart Mill's Philosophy of Scientific Methods*(New York: Hafner Press, 1950), p.346.

21) *PH*, p.121.

22) *PH*, p.122; 참조. Ernst Nagel, *The Structure of Science*(New York: Harcourt, Brace & World, 1961), p.20.

23) *LD*, p.60.

24) *PH*, p.124.

25) *PH*, p.125. 예컨대 우리가 뉴턴 이론의 도움을 받아서 모든 유성은 타원운동을 한다고 하는 법칙을 설명하고자 한다면, 우리는 먼저 이 법칙의 정식화 속에 우리가 이 법칙의 타당성을 주장할 수 있는 조건을 다음과 같이 분명히 진술해 두지 않으면 안 된다: 만일 충분한 거리를 두고 있어서 상호 인력이 매우 작은 많은 유성들이 그보다 훨씬 더 무거운 태양의 주위를 운동한다면, 그러면 각 유성은 태양을 하나의 초점으로 하는 근사적 타원운동을 하게 된다.

26) *PH*, p.125.

27) *PH*, p.128.

28) *CR*, p.333.

29) *PH*, p.129, 각주.

30) 수반법칙에 대한 자세한 논의는 이한구, 『역사학의 철학』을 참조할 것.

31) Richard M. Hare, "Superveinience", *The Aristotelian Society Suplementary*, Vol. 58, 1984, p.1.

32) Jaegwon Kim, "Supervenience as a Philosophical Concept", *Supervenience and Mind*(Cambridge University Press, 1993), p.140.

33) 수반의 세 원리 중 함께 변함과 의존은 모든 수반에 공통적이지만, 환원 불가능성은 경우에 따라서는 문제가 될 수 있는 원리이다. 즉, 환원 불가능성의 원리는 유기적 부분전체론에서는 필수적이지만, 기계적 부분전체론에서는 그렇지 않다. 그리고 수반은 좀 더 자세히, 약수반, 강수반, 총체적 수반 등으로 나뉘기도 한다. 보통의 논의는 약수반을 중심으로 한다.

34) 여기서 토대적 속성 P가 P*로 변화하는 과정을 살펴보자. 그것은 단순화시키면 결국 A가 A*로, B가 B*로, C가 C*로 되는 과정일 것이고, 더욱 자세히는 [(Aa→A*a) & (Ab→A*b) & (Ac→A*c)]와 [(Ba→B*a) & (Bb→B*b) & (Bc→B*c)] 및 [(Ca→C*a) & (Cb→C*b) & (Cc→C*c)]의 과정이 될 것이다. 여기서 우리는 이러한 변화과정을 지배하는 개인의 행위에 관한 어떤 규칙들을 발견할 수 있다. 우리는 그러한 행위의 규칙들을 다음과 같이 표현할 수 있을 것이다. 규칙 l_1=(x)(Ax→A*x), 규칙 l_2 = (x)(Bx→B*x), 규칙 l_3 = (x)(Cx→C*x), 결론적으로 우리는 l_1, l_2, l_3의 세 행위의 규칙에 의해 P가 P*로 변화한다고 주장할 수 있다.

35) Jaegwon Kim, *Supervenience and Mind*, p.95.

36) 이때 이러한 주장은 결국 다음과 같은 이야기가 된다.

거시법칙
수반적 속성 M ⟷ 수반적 속성 M*
수반적 인과관계

미시법칙
토대적 속성 P ⟷ 토대적 속성 P*
토대적 인과관계

37) 헤겔, 마르크스, 토인비에 관한 논의는 이한구, 『역사학의 철학』을 상당 부분 활용했다.

38) L. Reinisch, hrsg., *Der sinn der Geschichte*(München: C. H. Beck, 1961), p.104.; F. Schupp, *Poppers Methodologie des Geschichtswissenschaft*, p.95.

39) 순환 이론은 보는 관점에 따라서는 진보 이론 내지 몰락 이론과 상호 유사성을 갖고 있다고 할 수 있다 왜냐하면 순환 이론은 통상 역사가 탄생과 성장, 쇠퇴와 사멸이라는 과정을 반복한다고 해석하는 이론인데, 그 속에는 이미 탄생과 성장이라는 진보의 과정과 쇠퇴와 사멸이라는 몰락의 과정이 동시에 포함되어 있기 때문이다.

40) *OS* II, p.27.

41) *OS* II, p.36.

42) *OS* II, p.36.

43) *OS* II, p.36.

44) *OS* II, p.39. 포퍼가 3박자 리듬으로 표현한 헤겔의 변증법은 주지하는 바와 같이 대립과 모순을 통한 발전의 법칙을 가리킨다. 처음에 어떤 명제(these)가 제안된다. 그러나 그것은 곧 비판에 부딪히고 그 반대를 주장하는 자들에 의해서 부정된다. 여기서 반명제(antithese)가 나타난다. 이러한 상충되는 견해의 갈등 속에서 종합이 이루어진다. 이 종합(synthese)은 한 단계 높은 차원에서 대립을 조화하고 통일한 것이다. 그리고 일단 종합이 이루어지면 전체적인 3박자 리듬의 과정은 지금 도달한 높은 차원에서 다시금 반복한다.

45) *OS* I, p.40; 참조. *CR*, pp.325-330.

46) *OS* II, p.41.

47) G. W. F. Hegel, *Philosophie der Rechts*, p.14. 헤겔 철학의 핵심을 이루는 이 명제는 그 해석을 둘러싸고 수많은 논쟁을 불러일으켰다. 최재희 교수는 이 명제에 대한 지금까지의 해석을 크게 네 가지로 분류하고, 즉 현실주의적 해석, 신비주의적 해석, 진보주의적 해석, 보수주의와 혁신주의를 결합시킨 해석으로 분류하고, 각 해석들이 갖는 한계를 지적한다. 참조. 최재희, 『헤겔의 철학 사상』(정음사, 1966), pp.123-165; 최재희, 『사회철학』(법문사, 1963), pp. 269-276.

48) G. W. F. Hegel, *Vorlesungen über die Philosophie der Geschichte*(Von F. Brunstäd)(Stuttgart : Philipp Reclam Jun, 1961), p.49. (앞으로 이 책은 *PG* 로 표기하기로 한다.)

49) *PG*, p.49.

50) 헤겔, 임석진 옮김, 『역사 속의 이성』(지식산업사, 1992), p.52.

51) *PG*, p.51.

52) *PG*, p.53.

53) *PG*, p.54.

54) 헤겔은 이성이 역사적으로 전개될 때 이를 정신이라 부르며, 다시 이 정신을 개인의 단계에 머무는 주관적 정신(Subjektiver Geist), 사회적, 역사적으로 전개되는 초개인적인 객관적 정신(Objektiver Geist), 정신의 완전한 발전 단계인 절대적 정신(Absoluter Geist)으로 구분한다. 그러므로 역사는 이 객관적 정신의 발전 과정을 다룬다. 또한 이 객관적 정신은 여러 시대를 거쳐 발전하므로, 그것이 한 시대를 대표하는 정신이 될 때는 시대정신으로 불리며, 어떤 특수한 민족을 통해서 나타날 때는 민족정신으로 불린다.

55) *PG*, p.57.

56) *PG*, p.58.

57) *PG*, p.59.

58) *PG*, p.59.

59) *PG*, p.61.

60) *PG*, p.59.

61) 참조. 최재희, 『역사철학』(청림사, 1971), p.84.

62) *PG*, p.168.

63) *PG*, p.168.

64) *PG*, p.60.

65) *PG*, p.60.

66) *PG*, p.60.

67) *PG*, p.60.

68) G. W. F. Hegel, *The Philosophy of History*(New York: Dover, 1956), p.79.

69) G. W. F. Hegel, *Vorlesungen über die Philosophie der Geschichte*, p.172.

70) *PG*, p.211.

71) *PG*, p.212. 헤겔은 불교도 이러한 공상적 관념론에 기초하여 설명했다.

72) *PG*, p.215.

73) *PG*, p.255.

74) *PG*, p.256.

75) *PG*, p.180.

76) *PG*, p.172.

77) *PG*, p.32.

78) *PG*, p.173. 헤겔은 기본적으로 역사를 세 단계로 구분했지만 경우에 따라서는 네 단계로 구분하기도 했다. 네 단계로 구분할 경우 자유의식의 관점에서 보면 두 번째 단계와 세 번째 단계는 하나의 단계로 묶을 수 있다.

79) 헤겔은 인격성(Persönlichkeit)과 개성(Individualität)을 구별한다. 인격성은 법의 원리를 이루는 소유 관계의 주체이지만, 개성은 구체화된 정신의 발랄함을 의미한다.

80) *PG*, p.390.

81) 게르만적 세계란 게르만 민족이 세운 국가들로 이루어진 세계란 뜻이다. 게르만 민족이란 좁은 의미로는 독일 민족을 지칭하지만 여기서 사용한 넓은 의미로는 4세기에서 6세기에 걸친 민족 대이동으로 로마 세계를 파괴한 서고트족, 동고트족, 반달족, 앵글로색슨족, 프랑크족들을 통칭하여 쓰는 말이다. 이들 종족들이 세운 나라들은 흥망성쇠를 거쳐 결국 현대 유럽의 기원을 이룬다.

82) *PG*, p.175.

83) *OS* II, p.60.

84) 이 부분들에 대한 설명은 이한구, 『역사학의 철학』에서 가져왔다.

85) G. A. Cohen, *Karl Marx's Theory of History: A Defence*(Princeton: Princeton University Press, 1978), p.55. (앞으로 이 책은 *KMTH*로 표기하기로 한다.)

86) 이안 헌트는 이런 생산력의 수준을 고려해서 다음과 같은 위계적 분류를 제시한다. 참조. Ian Hunt, *Analytical and Dialectical Marxism*(England Aldershot: Avebury, 1993), p.104.

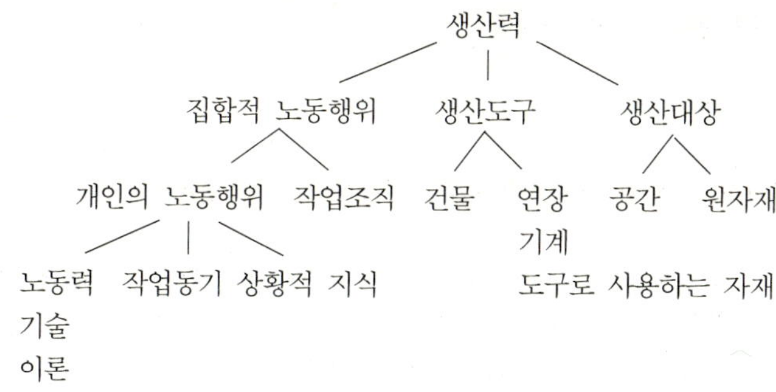

87) *KMTH*, pp.34ff.

88) Andreas Wildt, "Produktivkraefte und sociale Umwaelzung. Ein Versuch zur Transformation des Historischen Materialismus", Urs Jaeggi und Axel Honneth, *Theorien des Historischen Materialismus*, p.221.

89) K. Marx, *Grundrisse der Kritik der Politischen Ökonomie*(1857/8)(Berlin: Dietz Verlag, 1953) p.599.

90) 같은 책, p.188, 587,

91) 같은 책, p.395.

92) Institute für Marxismus-Leninismus, ed., *MEW* 3(Berlin: Dietz Verlag, 1959) p.21.

93) *MEW* 3, p.69.

94) K. Marx, *Grundrisse der Kritik der Politischen Ökonomie*(1857/8), p.188.

95) 같은 책, p.215.

96) K. Marx, *Das Kapital* I, p.383.

97) *MEW* 3, p.29, 주석.

98) Karl Korsch, *Karl Marx*(Frankfurt am Main, 1967), pp.167ff; 참조. Urs Jaeggi und Axel Honneth, *Theorien des Historischen Materialismus*(Frankfurt am Main: Suhrkamp Verlag, 1977), p.222.

99) *KMTH*, p.32.

100) *KMTH*, p.41.

101) *KMTH*, p.45.

102) *KMTH*, p.43.

103) *KMTH*, p.35.

104) *KMTH*, pp.217ff.

105) *KMTH*, p.220.

106) *MEW* 13, p.9.

107) G. A. Cohen, "Review of Melvin Rader: Marx's Interpretation of History",

Clio, Vol. 10, No. 2, 1981, p.222.

108) *KMTH*, p.28.

109) *MEW*, 23, p.329.

110) *KMTH*, p.30.

111) 유물사관에 대한 자세한 내용은 이한구, 『역사학의 철학』, p.435 이하를 참조할 것.

112) K. Marx, *Zur Kritik der Politischen Ökonomie: Vorwort*, *MEW* 13, p.9; 참조. 고창택, 「마르크스 역사적 유물론의 분석 철학적 재구성에 관한 논문」(동국대학교 대학원 박사학위 논문, 1993), pp.99ff.

113) *KMTH*, p.134.

114) K. Marx, *Poverty of Philosophy*(Moscow: Progress), p.137.

115) 같은 책, p.122.

116) *KMTH*, p.134.

117) *KMTH*, p.152.

118) Andrew Levine, *Arguing for Socialism: Theoretical Considerations*(London: Verso, 1988), pp.160ff; 참조. S. H. Rigby, *Marxism and History: A Critical Introduction*(Manchester: Manchester University Press, 1987), pp.28-48.

119) 참조. Erik O. Wright, *Reconstructing Marxism: Essays on Explanation and the Theory of History*(London: Verso, 1992), p.25.
이 책에서는 다음과 같이 도식화되어 있다.

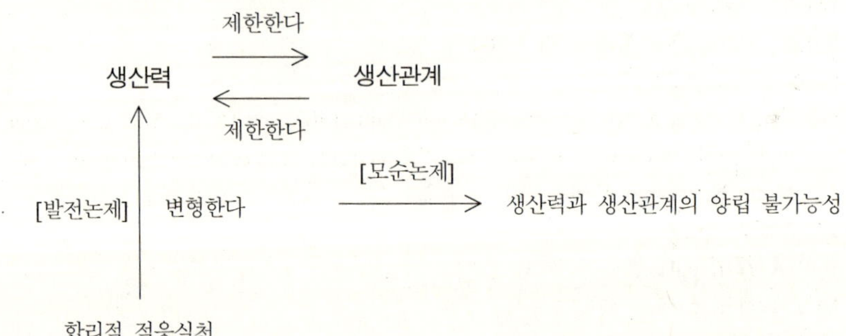

120) 이 절의 내용은 두 가지로 해석할 수 있다. 하나는 마르크스주의를 역사주의로 해석해서는 안 된다는 주장의 근거로, 다른 하나는 전통적인 해석인 역사주의적 마르크스주의는 틀렸다는 주장의 근거로 해석할 수 있다. 나는 두 번째의 경우로 이 절을 다루고 있다.

121) Jon Elster, "Marxism, Functionalism, and Game Theory: The Case for Methodological Individualism", *Theory and Society*, Vol. 11, 1982, p.453.

122) John Roemer, "Rationalizing Revolutionary Ideology: A Tale of Lenin and the Tsar", *Rationality and Revolution*, ed., Michael Tayler(Cambridge, UK: Cambridge University Press, 1988), p.299.

123) 게임이론으로는 영합게임과 비영합게임(zero-sum and nonzero-sum games), 협동적 게임과 비협동적 게임, 정태적 게임과 동태적 게임, 완전한 정보하의 게임과 불완전한 정보하의 게임 등 많은 유형의 게임들이 연구되어 왔다.

124) Jon Elster, "Marxism, Functionalism, and Game Theory: The Case for Methodological Individualism", p.464.

125) Jon Elster, "Introduction", Jon Elster, ed., *Rational Choice*(Oxford: Basil Blackwell, 1986).

126) Jon Elster, *Making Sense of Marx*(Cambridge University Press, 1985), p.5.

127) 참조. John Roemer, "Rationalizing Revolutionary Ideology", Tom Mayer, ed., *Analytical Marxism*, p.214.

128) 세 개의 가정들이란, 연합(Coalition monotonicity), 처벌(Penalty monotonicity), 빈곤(Lean and Hungry)이다.

129) John Roemer, *Analytical Marxism*, p.196.

130) N. Y. Danilevsky, "Russia and Europe", *Zaria*, No. 3, pp.1-2.

131) 슈펭글러, 박광순 옮김, 『서구의 몰락』(범우사, 1995), pp.117-118.

<table>
<tr><td>인도 문화
B.C. 1500년 이후</td><td>그리스 · 로마 문화
B.C. 1100년 이후</td><td>아라비아 문화
0년 이후</td><td>서양 문화
900년 이후</td></tr>
<tr><td colspan="4">[봄] 전원적, 직관적. 눈뜨고 있는 몽환적인 혼의 거대한 창조.
초인적 통일과 충실.
1. 새로운 신(神)의 감정 표현으로서의 대양식의 신화 출생. 세계의 공포와 세계의 동경.
2. 새로운 세계관의 가장 초기의 신비적, 형이상학적 형성. 스콜라 학파의 정점.

[여름] 성숙하고 있는 의식. 가장 초기의 도시 시민적인, 또 비평적인 활동.
3. 종교개혁, 즉 초기 대형식에 대한 종교 내부에 있어서의 민중의 반항.
4. 세계감정의 순수 철학적 형태의 시작. 관념론적 체계와 현실론적 체계의 대립.
5. 새로운 수학의 형성. 세계 형식의 모사(模寫)와 총화로서의 수의 구상.
6. 청교도주의, 즉 여러 종교의 합리주의적, 신비적 비약화.</td></tr>
</table>

[가을] 대도시적인 지성. 엄밀한 지적 형성력의 정점.
7. '계몽', 즉 오성의 만능력에 대한 신앙. '자연' 숭배. '이성적 종교'.
8. 수학사상의 정점. 수의 형식계의 순화(純化).
9. 커다란 종말적 체계.

[겨울] 세계도시적 문명의 출현. 혼의 형성력의 소멸. 생명 자체가 의문시된다. 비종교적인, 또 비형이상학적인 세계도시의 윤리적, 실용적인 경향.
10. 윤리적, 사회적인 생활 이상, 즉 '수학 없는 철학' 시대. 회의(懷疑).
11. 수학적 형식계의 내적 완성. 완결적 사상.
12. 추상적 사색의 전문적 강단 철학으로의 침강(沈降). 적요적(摘要的)인 문헌.
13. 최후적인 세계 기분의 전파.

132) 같은 책, p.124.
133) 그는 그리스 · 로마와 서양 수학사를 다음과 같이 비교한다.

그리스 · 로마	서양
1. 새로운 수의 관념	
기원전 540년경 크기로서의 수 피타고라스 학파 (기원전 470년경의 벽화에 대한 조소(彫塑)의 승리)	1630년 관계로서의 수 데카르트, 페르마, 파스칼, 뉴턴, 라이프니츠(1670년) (1670년경의 유화에 대한 음악의 승리)
2. 체계적 발전의 정점	
기원전 450-350년 플라톤, 아르키타스, 에우독소스 (페이디아스, 프락시텔레스)	1750-1800년 오일러, 라그랑즈, 라플라스 (글루크, 하이든, 모차르트)
3. 수 세계의 내적 종결	
기원전 300-250년 에우클레이데스, 아폴로니오스, 아르키메데스 (리시포스, 레오카레스)	1800년 이후 가우스, 코시, 리만 (베토벤)

134) Karl Jaspers, *Vom Ursprung und Ziel der Geschichte*(München : R. Piper & Co., 1949), p.48. 백승균 옮김, 『역사의 기원과 목표』(이화여자대학교 출판부,

1987), p.59.
135) 참조. 이한구, 『역사학의 철학』, pp.469ff.

[2부 4장]

1) *OS* II, p.204.
2) *OS* II, p.205.
3) *OS* II, p.206.
4) *OS* II, p.206.
5) *OS* II, p.206.
6) *OS* II, p.208.
7) *OS* II, p.208.
8) *PH*, p.17; *OS* II, p.208.
9) *OS* II, p.208.
10) *OS* II, p.209.
11) *OS* I, p.86.
12) *OS* I, p.86. 크로스먼과 조드 등은 플라톤의 정치 원리를 전체주의적이라고 비판하면서도, 시민의 행복과 정의의 지배라는 목적에 의해 현대적 전체주의와는 구별된다고 해석한다. 참조. R. H. S. Crossman, *Plato To-day*(1937); C. E. M Joad, *Guide to the Philosophy of Moral and Politics*(1938).
13) *OS* I, p.90.
14) *OS* I, p.89; 비교. G. J. De Vries, *Antisthenes Redivivus: Popper's Attack on Plato*(Amsterdam: North-Holland Publishing Company, 1952), pp.24-32.
15) *OS* I, p.94.
16) *OS* I, p.95.
17) Platon, *Laws*, 744b.
18) Aristoteles, *Politics*, III, 9, I, 1280a.
19) *OS* I, p.102; 참조. Otto Peter Obermeier, *Poppers Kritischer Rationalismus* (München: Ernst Vögel, 1980), p.116.
20) *OS* I, p.112.
21) *PH*, p.74.
22) *PH*, pp.74-75.
23) *PH*, p.73.
24) *OS* I, p.157.
25) *OS* I, p.157.
26) *OS* I, p.159.
27) *OS* I, p.160.

28) *OS* I, p.161.

29) *OS* I, p.161; *CR*, pp.355-363.

30) *OS* I, p.164.

31) *OS* I, pp.164-165.

32) *OS* I, p.165.

33) *OS* I, p.165. 플라톤 정치철학을 옹호하는 사람들로는 레빈슨(R. B. Levinson), 와일드(John Wild), 드 브리스(G. J. De Vries), 웅거(Erich Unger), 필드(G. C. Field) 등을 들 수 있다. 참조. J. R. Bambrough, "Plato's Modern Friends and Enemies", J. R. Bambrough, ed., *Plato, Popper and Politics*(Cambridge: W. Heffer & Sons 1967), p.4.

34) *OS* I, p.167.

35) *OS* I, p.167.

36) *OS* I, p.168; 비교. G. J. De Vries, *Antisthenes Redivivus: Popper's Attack on Plato*(Amsterdam: North-Holland Publishing Company, 1952), pp.47-48.

37) 참조. John Passmore, "The Poverty of Historicism Revisited", *History and Theory: Essays on Historicism*(Middletown, Connecticut: Wesleyan University Press, 1975), p.39.

[3부 1장]

1) 이 장의 설명은 부분적으로 이한구, 『역사주의와 역사철학』을 기반으로 한 것이다. 이 장을 논의하면서 나는 특히 Franz Schupp의 *Poppers Methodologie der Geschichtswissenschaft*(Bonn: Bouvier, 1975)를 많이 참고했다. 그러나 포퍼에 관해 일반화되어 있는 논의들에 관해서는 참고한 부분을 일일이 각주로 밝히지 않았다.

2) K. Popper, *Das Elend des Historizismus*, 4 Auflage(Tübingen: J. C. B. Mohr, 1974), p.ix.

3) 참조. H. Albert, *Traktat über Kritische Vernunft*(Tübingen: J. C. B. Mohr, 1968), p.13.

4) *CR*, p.136; 참조. Helmut F. Spinner, *Pluralismus als Erkenntnismodel*(Frankfurt am Main: Suhrkamp, 1974), p.43.

5) *CR*, pp.3ff; *OK*, pp.25ff; 참조. Hans Albert, *Traktat über Kritische Vernunft*, p.35.

6) K. Popper, *Das Elend des Historizismus*, p.ix.

7) 참조. Reinhardt Albrecht, *Sozialtechnologie und Ganzheitliche Sozialphilosophie*(Bonn: Bouvier, 1973), p.19.

8) *PH*, p.131.

9) *PH*, p.134.

10) *LD*, p.28. 이 귀납의 문제는 흄에 의해서 극단적으로 추구되었던 관계로 보통 '흄의 문제(Hume's problem)'라 불린다. 참조. *OK*, p.3.

11) Alan F. Chalmers, *What is this thing called Science?*(St. Lucia, Queenland: University of Queenland Press, 1976), p.15.

12) *OK*, p.92.

13) *PH*, p.131.

14) P. A. Schilpp, ed., *The Philosophy of Karl Popper*(La Salle: Open Court, 1974), p.963.

15) *CR*, p.253.

16) *LD*, p.34. 포퍼에 따르면 이러한 구획의 문제는 흄에게는 이미 알려진 문제였고, 칸트에서는 인식론의 중심 문제였던 것이다. 따라서 포퍼는 귀납의 문제를 '흄의 문제(Hume's problem)'라고 부를 수 있다면, 구획의 문제는 '칸트의 문제(Kant's problem)'라고 부르자고 제안한다.

17) *LD*, p.41.

18) Alan F. Chalmers, *What is this thing called Science?*, p.39.

19) *LD*, p.76.

20) *LD*, p.43.

21) *LD*, p.101.

22) *LD*, p.102.

23) *LD*, p.102. 상호 주관적(inter-subjectively)으로 검사 가능하다는 이론은 상호 감각적(inter-sensually)으로 검사 가능할 것이라는 사실과도 연관되어 있다. 말하자면 한 감각 기관의 지각에 의한 검사는 다른 감각 기관에 의한 검사에 의해서 원칙적으로 대체될 수 있다는 것이다. 참조. *LD*, p.103.

24) *LD*, p.103.

25) *LD*, p.106.

26) *LD*, p.109.

27) *CR*, p.155, 387.

28) *CR*, pp.118ff; F. Schupp, *Poppers Methodologie der Geschichtswissenschaft*, p.26.

29) *PH*, p.143.

30) *OK*, pp.354-355ff; 참조. F. Schupp, *Poppers Methodologie der Geschichtswissenschaft*, pp.37-38.

31) K. Popper, "Naturgesetze und theoretische System", H. Albert, hrsg., *Theorie und Realität*(Tübingen: J. C. B. Mohr, 1972), p.53.

32) *PH*, p.144.

33) *PH*, p.144.

34) 참조. *LD*, pp.100-101.

35) *PH*, p.145.

36) *PH*, p.147.

37) 참조. E. Nagel, *The Structure of Science*(New York: Harcourt, Brace & World, Inc., 1961), pp.20-25.

38) *PH*, p.122; *OS* II, p.262.

39) *PH*, p.123; 3부 1장 1절; 참조. 3부 1장.

40) *OS* II, p.363. 그러므로 사건 A가 사건 B와 인과적으로 연결되거나 혹은 필연적으로 연결된다고 할 수 있는 것은 참된 보편적 법칙으로부터 그 함축항이 A를 지시하고 그 피함축항이 B를 지시하는 하나의 실질적인 함축 관계가 나오는 경우에 한한다. 즉 B가 U(보편적 법칙)와 A의 논리적 귀결인 경우이다.

41) *PH*, p.124.

42) C. G. Hempel, *Aspects of Scientific Explanation and Other Essays in the Philosophy of Science*(New York: Free Press, 1965), p.232, 249, 336.

43) A. Donagan, "Historical Explanation: The Popper-Hempel Theory Reconsidered", G. H. Nadel, ed., *History and Theory*, Vol. IV, No. 1(Wesleyan University Press, 1964).

44) F. Schupp, *Poppers Methodologie der Geschichtswissenschaft*, p.40.

45) W. Dray, *Laws and Explanation in History*(Oxford: Oxford University Press, 1957), p.1.

46) P. Gardiner, *The Nature of Historical Explanation*(Oxford: Oxford University Press, 1961), p.65, 70, 82.

47) C. G. Hempel, *Aspects of Scientific Explanation and Other Essays in the Philosophy of Science*, p.233.

48) M. White, *Foundations of Historical Knowledge*(New York: Harper& Row, 1965), pp.219-270.

49) P. Gardiner, *The Nature of Historical Explanation*, pp.62ff.

50) F. Schupp, *Poppers Methodologie der Geschichtswissenschaft*, p.42.

51) 같은 책, p.45.

52) *PH*, p.150; 참조. C. G. Hempel, *Aspects of Scientific Explanation and Other Essays in the Philosophy of Science*, pp.235ff.

53) *OS* II, pp.264-265.

54) C. B. Joynt and N. Rescher, "The Problem of Uniqueness in History", *History and Theory*, G. H. Nadel, ed., Vol. I, No. 2(Wesleyan University Press, 1961), p.154; 참조. 신일철, 「역사적 이해의 기준 문제」, 『고려대학교 논문집』(인문사회과학편) 제15집, p.9.

55) C. G. Hempel, "The Function of General Laws in History", ed., P. Gardiner,

Theories of History(London: The Free Press, 1959), pp.344-356.

56) C. G. Hempel, *Aspects of Scientific Explanation and Other Essays in the Philosophy of Science*, p.236.

57) 같은 책, p.236.

58) 같은 책, p.238.

59) J. A. Passmore, "Explanation in Everyday Life, in Science, and in History", G. H. Nadel, ed,. *History and Theory*, Vol. II, No. 2(Wesleyan University Press, 1962), pp.106ff.

60) W. Dray, *Laws and Explanation in History*(Oxford: Oxford University Press, 1957), p.76; 참조. F. Schupp, *Poppers Methodologie der Geschichtswissenschaft*, p.46.

61) W. Dray, *Laws and Explanation in History*, p.76.

62) 같은 책, p.81.

63) F. Schupp, *Poppers Methodologie der Geschichtswissenschaft*, p.48; 참조. M. Brodbeck, "Explanation, Prediction, and Imperfect Knowledge", *Minnesota Studies in the Philosophy of Science* III(Minneapolis, 1966), pp.231-272.

64) *CR*, pp.134ff.

65) *CR*, p.135, 295.

66) *CR*, p295; 참조. K. Popper, *The Self and Its Brain*(New York & London: Springer International, 1977), p.58. 포퍼는 여기서 언어의 기능을 다음과 같이 도표화시켜 놓고 있다.

기능			가치	
		(4) 논증적 기능(Argumentation Function)	타당성/비타당성	인간
	벌	(3) 서술적 기능(Descriptive Function)	진/위	
동물		(2) 신호적 기능(Signal Function)	효율성/비효율성	
식물		(1) 표현적 기능(Expressive Function)	표출/비표출	

67) F. Schupp, *Poppers Methodologie der Geschichtswissenschaft*, p.47.

68) *PH*, pp.146ff; 참조. A. C. Danto, *Analytische Philosophie der Geschichte* (Frankfurt, 1974), p.348.

69) K. Popper, *The Self and Its Brain*(London: Springer International, 1977), p.16; 참조. Anthony O'Hear, *Karl Popper*(London: Routledge & Kegan Paul, 1982), p.183.

70) *OK*, p.157.

71) *OK*, p.38.

72) Peter Skagestad, *Making Sense of History: The Philosophies of Popper and Collingwood*(Oslo: Universitetsforlaget, 1975), p.35; *OK*, p.178.

73) *PH*, p.149.

74) *OK*, p.179.

75) *PH*, p.140.

76) K. Popper, "Intellectual Autobiography", *The Philosophy of Karl Popper*, p.193.

77) *PH*, p.141.

78) O. Stammer, ed., *Max Weber and Sociology Today*(New York: Harper & Row, 1971), p.209.

79) J. S. Mill, *A System of Logic*, VI:VII, §1.

80) *OS* II, p.91.

81) *OS* II, p.93.

82) *OS* II, p.93.

83) *OS* II, p.95.

84) K. Popper, "The Logic of the Social Sciences", Theodor W. Adorno, et. al., *The Positivist Dispute in German Sociology*(New York: Harper & Row, 1969), pp.102-103.

85) F. Schupp, *Poppers Methodologie der Geschichtswissenschaft*, p.70; 참조. 신일철, 「역사적 이해의 기준 문제」, 『고려대학교 논문집』(인문사회과학편) 제15집.

86) W. Dray, *Laws and Explanaion in History*, p.124.

87) C. G. Hempel, "Reasons and Covering Laws in Historical Explanation", S. Hook, ed., *Philosophy and History*(New York University Press, 1963), pp.154ff.

88) *OS* II, p.225.

89) S, J. Latsis, "Situational Determinism in Economics", *The Britisch Journal for the Philosophy of Science*, 23, 1972, pp.207-245.

90) *OS* II, p.97.

91) R. D. Luce and H. Raiffa, *Games and Decisions*(New York and London: John Wiley & Sons, Inc., 1957), p.13; 참조. W. Stegmüller, *Probleme und Resultate* I(Berlin-Heidelberg, 1969), p.395.

92) 참조. 이초식 · 피세진, 「가치 · 규범 · 의사 결정의 논리 연구」, 『철학』 제14집, 1980, pp.47-84.

93) 참조. John Rawls, *A Theory of Justice*(Cambridge, MA: Harvard University Press, 1971). 황경식 옮김, 『사회정의론』(서광사, 1985), p.172.

[3부 2장]

1) 이 장의 설명은 부분적으로 이한구, 『역사주의와 역사철학』을 활용한 것이다. 이 장에 관한 논의는 B. T. Wilkins의 *Has History Any Meaning*(Itaca, New York: Cornell University Press)과 F. Schupp의 *Poppers Methodologie der Geschichtswissenschaft*(Bonn: Bouvier, 1975)에 크게 힘입었다. 그러나 나는 포퍼에 대한 비판에서는 이들과 견해를 같이하지 않았다.
2) *LD*, p.70; 참조. F. Schupp, *Poppers Methodologie der Geschichtswissenschaft*, p.31.
3) *LD*, p.36.
4) *CR*, p.195.
5) *CR*, p.194.
6) *CR*, p.199.
7) *CR*, p.199.
8) F. Schupp, *Poppers Methodologie der Geschichtswissenschaft*, p.33.
9) *PH*, p.150.
10) 참조. B. T. Wilkins, *Has History Any Meaning*, p.33.
11) *PH*, p.150.
12) *OS* II, p.268.
13) *PH*, p.77.
14) *OS* II, p.259.
15) 참조. *PH*, p.132. 협약주의의 대표자로는 푸앵카레(Henri Poincaré), 뒤앙(Pierre Duhem) 등을 들 수 있다.
16) *OS* II, p.260.
17) *OS* II, p.260.
18) *OK*, p.346.
19) *OS* II, p.260; 참조. B. T. Wilkins, *Has History Any Meaning*, p.95.
20) *PH*, p.151.
21) *OS* II, p.266; *PH*, p.151. 포퍼는 얼핏 보기에는 과학적 이론과 닮아 보이지만 완전히 다른 성격을 띤 이런 '역사적 해석'을 참된 과학적 이론이 아니라는 이유에서 유사 이론(quasitheories)이라 부르기도 한다.
22) *OS* II, p.265.
23) *OS* II, p.261.
24) 참조. J. A. Passmore, "The Objectivity of History", W. Dray, hrsg., *Philosophical Analysis and History*(New York: Harper & Row, 1966), pp.75-94.
25) M. Mandelbaum, "Objectivism in History", S. Hook, ed., *Philosophy and History*(New York University Press, 1963), p.45.

26) *OS* II, p.265.
27) *PH*, p.151.
28) *PH*, p.150.
29) *OS* II, p.266; 참조. B. T. Wilkins, *Has History Any Meaning*, p.73.
30) *OS* II, p.265; *PH*, p.151.
31) *OS* II, p.267.
32) *OS* II, p.268.
33) *OS* II, p.268; 참조. B. T. Wilkins, *Has History Any Meaning*, p.79.
34) *OS* II, p.268.
35) *PH*, p.151.
36) B. T. Wilkins, *Has History Any Meaning*, p.99.
37) F. Schupp, *Poppers Methodologie der Geschichtswissenschaft*, p.149.
38) K. Popper, "Selbstbefreiung durch das Wissen", L. Reinisch, hrsg., *Der Sinn der Geschichte*(München: C. H. Beck, 1961), p.100.
39) *CR*, p.102.
40) K. Popper, "Selbstbefreiung durch das Wissen", p.115.
41) *OS* II, p.225.
42) *OS* I, p.ix.
43) *OS* II, p.224.
44) *OS* II, p.225.
45) *OS* II, p.227.
46) *OS* II, p.238. 칸트가 말한 황금의 도덕률인 이성의 법칙은 "네 의지의 준칙이 항상 동시에 보편적 입법의 원리로서 타당하도록 행위하라."는 것이다.
47) *OS* II, p.238.

[3부 3장]

1) 이 부분에 대한 논의는 이한구, 『역사학의 철학』에서 가져온 것이다. 더욱 자세한 논의는 『역사학의 철학』을 참조할 것.
2) Johann M. Chladenius, *Allgemeine Geschichtswissenschaften*(Leipzig, 1752), p.37. 이에 대한 자세한 설명은 이상신의 『19세기 독일 역사인식론』(고려대학교출판부, 1989), pp.26ff.을 참조.
3) 참조. 이상신, 『19세기 독일 역사인식론』, p.5.
4) Johann M. Chladenius, *Allgemeine Geschichtswissenscaften*, p.37. 이상신, 『19세기 독일 역사인식론』에서 재인용함.
5) William H. Walsh, *Philosophy of History*(Harper Torchbooks, 1967), p.99.
6) Adam Schaff, *History and Truth*(Oxford: Pergamon Press, 1976), p.238; 참

조. 김택현 옮김, 『역사와 진실』(청사, 1983), p.310.
7) 참조. 최인철, 『프레임』(21세기북스, 2007), pp.106ff.
8) 참조. 이한구, 『역사학의 철학』, p.132.

[3부 4장]

1) 이 장의 설명은 이한구, 『역사주의와 역사철학』을 기반으로 한 것이다.
2) *OS* II, pp.278-279.
3) *OS* I, p.59.
4) *OS* I, p.62.
5) *OS* II, p.383.
6) *OS* I, p.63.
7) *OS* I, p.64. 그러나 포퍼가 이야기하는 결단은 비합리주의자나 실존주의자들이 주장하는 '결단'과는 구별된다. 왜냐하면 실존적 결단이란 지식의 기초 위해서 행해지는 합리적이고 비판적인 결단이 아니라, 차라리 우리가 맹목적이거나 우연히 택하는 선택이기 때문이다. 참조. *OS* II, pp.380ff.
8) *OS* II, p.383.
9) *OS* II, p.385; B. T. Wilkins, *Has History Any Meaning*(Itaca, New York: Cornell University Press), pp.208-209.
10) *OS* II, p.383.
11) *OS* I, p.68; 참조. Otto Peter Obermeier, *Poppers "Kritischer Rationalismus"* (München: Ernst Vögel, 1980), p.180.
12) *OS* I, p.68. 이러한 생물학적 자연주의는 평등주의를 옹호하기 위해서 뿐 아니라 강자 지배의 반평등주의 원칙을 옹호하는 데도 이용되어 왔다. 왜냐하면 인간은 평등하다는 것이 자연의 법칙이라고 볼 수도 있고, 반대로 인간은 불평등하다는 것이 자연의 법칙이라고 볼 수도 있기 때문이다. 포퍼의 연구에 따르면 생물학적 자연주의의 인도주의적 내지 평등주의적 이론을 최초로 제창한 자는 소피스트 안티폰(Antiphon)이었고, 같은 소피스트인 히피아스(Hippias), 에우리피데스(Euripides), 알키다마스(Alcidamas), 리코프론(Lycophron) 등이 모두 이 이론에 동조한 자들로서 간주될 수 있다. 이와 반대로 이 위대한 인도주의 운동에 반발해서 인간의 생물학적 및 도덕적 불평등의 이론으로 나아간 자는 플라톤과 그의 제자 아리스토텔레스이다. 이들은 다음과 같이 주장한다. 그리스인과 야만 인간의 대립은 자연적 주인과 자연적 노예에 대응하며, 인간의 자연적 불평등은 인간이 함께 생활하기 위한 이유 중의 하나이다. 참조. *OS* I, p.70.
13) *OS* I, p.71.
14) *OS* I, p.71.

15) *OS* I, p.72. 플라톤을 정신적 자연주의로 규정할 수 있을 것인가에 대해서 논의가 있을 수 있다. 무어(G. E. Moore)에 따르면 윤리학설은 방법론적 원리에 따라 형이상학적 윤리설, 자연주의적 윤리설, 직각론적 윤리설로 나누어진다. 이러한 기준에서 보면 플라톤은 당연히 형이상학적 윤리설에 속한다고 할 수 있다. 그러나 포퍼에 의하면 플라톤 역시 자연－그것이 설사 형이상학적 자연이라 할지라도－에 기초를 두고 규범을 도출하고자 했다는 점에서 자연주의이다. 참조. 김태길, 『윤리학』(박영사, 1964), pp.30ff.

16) W. H. Walsh, "Meaning in History", P. Gardiner, ed., *Theories of History* (New York: The Free Press, 1959), p.302; 참조. B. T. Wilkins, *Has History Any Meaning*, p.16.

17) *OS* II, p.269.

18) *OS* II, p.278.

19) 이 책 2부 2장 1절을 참조할 것.

20) *OS* II, p.270.

21) *OS* II, p.270; 참조. W. H. Walsh, *Philosophy of History*(New York; Harper & Row, 1967), p.64.

22) *OS* II, pp.207-271.

23) *OS* II, p.272.

24) *OS* II, p.271; 참조. 이 책 2부 4장 1절.

25) *OS* II, p.278.

26) *OS* II, p.278.

27) B. T. Wilkins, *Has History Any Meaning*, pp.20~21.

28) *OS* I, p.201.

29) Henri Bergson, *Les deux sources de la morale et de la religion*, 88e édition, Presses Universitaires de France(Paris, 1958), p.34.

30) 참조. 김진성, 「베르그손에 있어서 닫힌사회와 열린사회」, 한국사회과학연구소 편, 『사회와 인식』(민음사, 1984) p.220.

31) Henri Bergson, *Les deux sources de la morale et de la religion*. 강영계 옮김, 『도덕과 종교의 두 원천』(탐구당, 1985), p.292.

32) *OS* I, p.202.

33) *OS* I, p.173.

34) *OS* I, p.173.

35) *OS* II, p.304.

36) *CR*, p.345.

37) *OS* I, p.59; 참조. Otto Peter Obermeir, *Poppers Kritischer Rationalismus* (München: Ernst Vögel, 1980), p.180.

38) Platon, *Laws*, 903c.

39) *OS* I, p.113.

40) *OS* I, p.123, *OS* II, p.124.

41) *OS* II, pp.124ff.

42) *OS* II, p.130.

43) *CR*, p.350.

44) *CR*, p.350.

45) *OS* I, p.235.

46) *OS* I, pp.284ff; 참조. 황경식, 『사회 정의의 철학적 기초』(문학과지성사, 1985), p.115.

47) *OS* II, p.237; 참조. Alexander Passerin d'Enntréves, "Political obligation and the Open Society", Dante Germino, ed., *The Open Society in Theory and Practice*(The Hague: Martinus Nijhoff, 1974).

48) *OS* II, p.237.

49) *OS* I, p.186.

50) *OS* I, p.7.

51) 열린사회의 재구성에 대한 논의는 곧 출간될 나의 저서 『열린사회와 새로운 적들』에서 자세하게 논의할 예정이다.

52) *PH*, p.58. 'piecemeal'은 원래 '단편적'이라는 의미지만 그 의미를 포괄적으로 드러내기 위해 '점진적'이라 번역한다.

53) *PH*, p.61; 참조. *LD*, pp.68-70.

54) *PH*, p.64.

55) *PH*, p.66.

56) *OS* I, p.22.

57) *OS* I, p.23.

58) K. Mannheim, *Man and Society in an Age of Reconstruction*(New York: IIarcourt, Braco & World, Inc., 1940), p.269, 295.

59) *PH*, p.69.

60) *PH*, p.70.

61) Hans Albert, "Aufklärung und Steuerung", *Kritischer Rationalismus und Sozial-demokratie*(Berlin: J. H. W. Diets Nachf., 1975).

62) R. J. Ackermann, *The Philosophy of Karl Popper*(Amherst: University of Massachusetts, 1976), p.173.

63) *OK*, p.122.

64) K. popper, "Reason or Revolution", Th. W. Adorno, et al., *The Positivist Dispute in German Sociology*, p.292.

65) *OS* I, p.235; *CR*, p.361.

66) R. J. Ackermann, *The Philosophy of Karl Popper*, p.174.

[참고문헌]

Abel, Th., "The Operation called 'Verstehen'", in: H. Feigl and M. Brodbeck, ed., *Readings in the Philosophy of Science*(New York: Appleton Century Crofts, 1953).

Ackermann, R. J., *The Philosophy of Karl Popper*(Amherst: University of Massachusetts, 1976).

Adorno, Th. W., et al., *Der Positivismusstreit in der deutschen Soziologie* (Darmstadt und Neuwied: Hermann Luchterhand, 1969). *The Positivist Dispute in German Sociology*, trans., G. Adey and D. Frisby(New York: Harper & Row Publishers, 1976).

Albrecht, Reinhardt, *Sozialtechnologie und Ganzhheitliche Sozialphilosophie* (Bonn: Bouvier, 1973).

Albert, H., *Traktat über Kritische Vernunft*(Tübingen: J. C. B. Mohr, 1968).

_____, hrsg., *Theorie und Realität*(Tübingen: J. C. B. Mohr, 1972).

_____, "Aufklärung und Steuerung", *Kritischer Rationalismus und Sozialdemokratie*(Berlin: J. H. W. Diets Nachf., 1975).

_____, *Die Wissenschaft und die Fehlbarkeit der Vernunft*(Tübingen: J. C. B. Mohr, 1982).

Antoni, Carlo, *Dallo storicismo alla sociologia*, trans. Walter Goetz, *Vom Historismus zur Soziologie*(Stuttgart: K. F. Koehler, 1945). 이광주 옮김, 『역사학에서 사회학으로』(문학과지성사, 1982).

Aron, R., *Introduction to the Philosophy of History*, trans., G. J. Irwin (London, 1948).

Bambrough, J. R., ed., *Plato, Popper and Politics*(Cambridge: W. Heffer & Sons, 1967).

Barraclough, G., 이연규 옮김, 『현대 역사학의 추세와 방법론』(풀빛, 1983).
Baumgardt-Thomé, Yvonne, *Das Problem der Geisteswissenschaften in der analytischen Philosopie und Wissenschafttheorie*(Meisenheim am Glan: Aton Hain Verlag, 1978).
Bayertz, K. und Schleifstein, Josef, *Mythologie der "Kritischen Vernunft"* (Köln: Pahl-Rugenstein, 1977).
Beck, Rainer, *Wahrheit Pluralismus Kunst*(München: Ernst Vögel, 1979).
Brinkmann, Heinrich, et al., Wisseneschaftstheorie + Gesellschaftliche Praxis (Giessen: Edition 2000, 1972).
Brodbeck, M., "Explanation, Prediction, and Imperfect Knowledge", *Minnesota Studies in the Philosophy of Science* III(Minneapolis, 1966).
Bunge, M., ed., *The Critical Approach to Science and Philosophy in Honor of K. R. Popper*(New York: Free Press of Glencoe, 1964).
Callinicos, A., *Making History: Agency, Structure and Change in Social Theory*(New York : Cornell University Press, 1988). 김용학 옮김, 『역사와 행위』(나남, 1997).
_____, ed., *Marxist Theory*(Oxford University Press, 1989).
Carr, E. H., *What is History*(London: Penguin Books, 1970). 김승일 옮김, 『역사란 무엇인가』(범우사, 1996).
Cassirer, E., *The Problem of Knowledge*(New Haven & London: Yale University Press, 1974).
_____, *Die Philosophie der Aufklärung*(Tübingen: J. C. B. Mohr, 1932). 박완규 옮김, 『계몽주의 철학』(민음사, 1995).
Chalmers, Alan F., *What is this thing called Science?*(St. Lucia, Queenland: University of Queenland Press, 1976). 신일철 · 신중섭 옮김, 『현대의 과학철학』(서광사, 1994).
Chladenius, Johann M., *Allgemeine Geschichtswissenscaften*(Leipzig, 1752).
Cohen, G. A., *Karl Marx's Theory of History: A Defence*(Princeton: Princeton University Press, 1978).
_____, "Review of Melvin Rader: Marx's Interpretation of History", *Clio*, Vol. 10, No. 2, 1981.

_____, "Reply to Elster on Marxism, Functionalism, and Game Theory", Alex Callinicos, ed., *Marxist Theory*(Oxford University Press, 1989).

Collingwood, R. G., *The Idea of History*(Oxford: Clarendon Press, 1961). 소광희 · 손동현 옮김, 『역사의 인식』(경문사, 1979).

Coser, L. A., *Masters of Sociological Thought: Ideas in Historical and Social Context*(New York, 1971).

Croce, Benedetto, *History as the Story of Liberty*, trans., Sylvia Sprigge (London: George Allen & Unwin, 1941).

_____, *Philosophy, Poetry, History: An Anthology of Essays*, trans., C. Sprigge(London, 1966).

Crossman, R. H. S., *Plato To-day*(1937).

D'amico, Robert, *Historicism and Knowledge*(New York: Routledge, 1989).

Danilevsky, N. Y., "Russia and Europe", *Zaria*, No. 3.

Danto, A. C., *Analytische Philosophie der Geschichte*(Frankfurt, 1974).

Dennett, Daniel C., *Toward An Understanding of Consciousness*(Great Britain: Orion Publishing Group, 1996). 이희재 옮김, 『마음의 진화』(사이언스북스, 2006).

_____, *Freedom Evolves*(Viking, 2003). 이한음 옮김, 『자유는 진화한다』(동녘사이언스, 2009).

Dick, Franz, *Wenn p, dann q*(Frankfurt am main: Harri Deutsch, 1976).

Dilthey, W., *Gesammelte Schriften* III(Stuttgart: B. G. Teubner, 1957).

_____, *Gesammelte Schriften* V: *Die geistige Welt: Einleitung in die Philosophie des Lebens*(Stuttgart: B. G. Teubner, 1957).

_____, *Gesammelte Schriften* VII: *Der Aufbau der geschichtlichen Welt in den Geisteswissenschaften*(Stuttgart: B. G. Teubner, 1958). 김창래 옮김, 『정신과학에서 역사적 세계의 건립』(아카넷, 2009).

_____, *Gesammelte Schriften* VIII(Stuttgart: B. G. Teubner, 1958).

Donagan, A., "Historical Explanation: The Popper-Hempel Theory Reconsidered", G. H. Nadel, ed., *History and Theory*, Vol. IV, No. 1 (Wesleyan University Press, 1964).

_____, "Popper's Examination of Historicism", P. A. Schilpp, ed., *The*

Philosophy of Karl Popper(La Salle: Open Court Publishing, 1974).

Dray, W., *Laws and Explanation in History*(Oxford: Oxford University Press, 1957).

_____, hrsg., *Philosophical Analysis and History*(New York: Harper & Row, 1966).

Eisermann, Gottfried, *Die Grundlagen des Historismus in der deutschen Nationalökonomie*(Stuttgart: Ferdinand Enke, 1956).

Elster, Jon, "Marxism, Functionalism, and Game Theory: The Case for Methodological Individualism", *Theory and Society*, Vol. 11, 1982.

_____, *Making Sense of Marx*(Cambridge University Press, 1985).

_____, "Further Thoughts on Marxism, Functionalism and Game Theory", John Roemer, ed., *Analytical Marxism*(Cambridge University Press, 1986).

_____, "Introduction", Jon Elster, ed., *Rational Choice*(Oxford: Basil Blackwell, 1986).

Engel-Janosi, Friedrich, *The Growth of German Historicism*(Baltimore: Johns Hopkins Press, 1945).

Friedrich, C. J., *The Philosophy of Law in Historical Perspective*(Chicago, 1963).

Gadamer, H.-G., *Wahrheit und Methde: Grundzüge einer philosophischen Hermeneutik*(Tübingen, 1986).

Gardiner, P., ed., *Theories of History*(New York: The Free Press, 1959).

_____, *The Nature of Historical Explanation*(Oxford: Oxford University Press, 1961).

Garcia, E. Carlos, *Popper's Theory of Science*(Continuum International Publishing Group, 2006).

Germino, Dante, ed., *The Open Society in Theory and Practice*(The Hague: Martinus Nijhoff, 1974).

Gleiser, Sigmar, *Eine Politökonomische Analyse der Kritischen Rationalismus unter Einbezug dirket auf ihn Zurückführbarer Gesellschaftlicher Steuerungstechniken*(Frankfurt am Main: Piter D. Lang, 1979).

Gombrich, "The Logic of Vanity Fair", P. A. Schilpp, ed., *The Philosophy of Karl Popper*(La Salle, Illinois: Open Court, 1974).

Gomperz, H., *Weltanschauungslehre*, II/I(1908).

Hacking, I., *The Social Construction of What?*(Cambridge, MA: Harvard University, 1999).

Hamilton, Paul, *Historicism*(London; Routledge, 1996). 임옥희 옮김, 『역사주의』(동문선, 1997).

Harman, Chris, "Base and Superstructure", *International Socialism*, 2, 32, 1986.

Hayek, F. A. von, *Studies in Philosophy, Politics and Economics*(Chicago: University of Chicago Press, 1967).

Hegel, G. W. F., *The Philosophy of History*(New York : Dover, 1956).

_____, *Vorlesungen über die Philosophie der Geschichte*(Von F. Brunstäd) (Stuttgart: Philipp Reclam Jun, 1961).

_____, *Die Vernunft in der Geschichte*. 임석진 옮김, 『역사 속의 이성』(지식산업사, 1992).

_____, *Grundlinien der Philosophie des Rechts*(Frankfurt am Main: Suhrkamp Verlag, 1970).

Hempel, C. G., *Aspects of Scientific Explanation and Other Essays in the Philosophy of Science*(New York: The Free Press, 1965).

Heussi, Karl, *Die Krisis des historismus*(Tübingen: J. C. B. Mohr, 1932).

Hodges, H. A., *Wilhelm Dilthey*(New York: Howard Fertig, 1969).

Hofer, Walter, *Geschichtschreibung und Weltanschuung*(München: R. Oldenbourg 1950).

Hook, S., ed., *Philosophy and History*(New York University Press, 1963).

Hunt, Ian, *Analytical and Dialectical Marxism*(England Aldershot: Avebury, 1993).

Hughes, H. S., *Consciousness and Society*(New York, 1961).

Husserl, E., *Philosophie als strenge Wissenschaft*(Frankfurt am Main: Vittorio Klostermann, 1965).

Iggers, G. G., "The Decline of the Classical National Tradition of German Historiography", *History and Theory*, Vol. 6, 1967.

_____, *The German Conception of History: The National Tradition of Historical Thought from Herder to the Present*(Middletown, Connecticut: Wesleyan University Press, 1968).

_____, *New Directions in European Historigraphy*(Wesleyan University Press, 1975). 이민호 · 박은구 옮김, 『현대사회사학의 흐름』(전예원, 1984).

Jaeggi, Urs und Honneth, Axel, *Theorien des Historischen Materialismus* (Frankfurt am Main: Suhrkamp Verlag, 1977). 윤근식 편저, 『유물론적 역사이론들』(성균관대학교 출판부, 1993).

Joad, C. E. M., *Guide to the Philosophy of Moral and Politics*(1938).

Joynt, C. B. and Rescher, N., "The Problem of Uniqueness in History", G. H. Nadel, ed,. *History and Theory*, Vol. I, No. 2(Wesleyan University Press, 1960).

Korsch, Karl, *Karl Marx*(Frankfurt am Main, 1967).

Kreiger, Leonard, *Ranke: The Meaning of History*(Chicago: University of Chicago Press, 1977).

Kuhn, Thomas, *The Structure of Scientific Revolution*(Chicago: University of Chicago Press, 1970). 김명자 옮김, 『과학혁명의 구조』(까치, 1999).

Kukla, André, *Social Constructivism and the Philosophy of Science* (London: Routledge, 2000).

Ladyman, James, *Understanding Philosophy of Science*(Routledge, 2002). 박영태 옮김, 『과학철학의 이해』(이학사, 2003).

Laplace, P. S., *A Philosophical Essay on Probabilities*(New York: Dorer, 1951).

Lakatos, I., *The Methodology of Scientific Research Programmes*(Cambridge University Press, 1978). 신중섭 옮김, 『과학적 연구 프로그램의 방법론』(아카넷, 2002).

Lakatos, I. and Musgrave, A., ed., *Criticism and the Growth of Knowledge* (New York: Cambridge University Press, 1970). 조승옥 · 김동식 옮김, 『현대과학철학 논쟁』(민음사, 1987).

Latsis, S. J., "Situational Determinism in Economics", *The British Journal for the Philosophy of Science*, 23, 1972.

Lee, Dwight E. and Beck, Robert N., "The Meaning of Historicism", *American Historical Review*, Vol. 59, No. 3, 1954.

Levine, Andrew, *Arguing for Socialism: Theoretical Considerations*(London: Verso, 1988).

Lombard, Lawrence Brian, *Events: A Metaphysical Study*(London: Routledge & Kegan Paul, 1986).

Luce, R. D. and Raiffa, H., *Games and Decisions*(New York and London: John Wiley & Sons, Inc., 1957).

Mannheim, Karl, trans., Louis Wirth and Edward Shils, *Ideology and Utopia*(New York: Harcourt, Brace & World, Inc., 1936). 임석진 옮김, 『이데올로기와 유토피아』(지학사, 1976).

_____, *Man and Society in an Age of Reconstruction*(New York: Harcourt, Brace & World, Inc., 1940).

_____, "Historismus", H. Maus und F. Fürstenberg, ed., *Wissenssoziologie* (Darmstadt, 1970).

_____, "Historicism", G. W. Remmling, ed., *The Sociology of Knowledge* (London: Routledge & Kegan Paul, 1973).

Marx, K., *Grundrisse der Kritik der Politischen Ökonomie*(1857/8)(Berlin: Dietz Verlag, 1953).

_____, *Das Kapital* I. 김수행 옮김, 『자본론』(비봉출판사, 2005).

_____, Institute für Marxismus-Leninismus, ed., *Marx and Engels Werke* 3 (Berlin. Dietz Verlag, 1959).

_____, *Poverty of Philosophy*(Moscow: Progress, 1975).

_____, *Zur Kritik der Politischen Ökonomie: Vorwort*, Institute für Marxismus-Leninismus, ed., *Marx and Engels Werke* 13.

Mandelbaum, M., "Historicism", P. Edwards, ed., *The Encyclopedia of Philosophy*, Vol. 4(New York: Macmillan Publishing Co. & Free Press, 1967).

_____, *The Problem of Historical Knowledge: An Answer to Relativism* (New York, 1967).

Magees, Bryan, *Popper*(Fontana: Collins, 1973). 이명현 옮김, 『칼 포퍼』(문

학과지성사, 1984).
Mckeon, Richard, ed., *The Basic Works of Aristotle*(New York: Random House, 1941).
Megill, A., "Aesthetic Theory and Historical Consciousness in the Eighteenth Century", *History and Theory*, Vol. 17(Wesleyan University Press, 1978).
Meinecke, Friedrich, *Zur Theorie und Philosophie der Geschichte*(Stuttgart: K. F. Koehler, 1965).
_____, *Die Entstehung des Historismus*(München: R. Oldenbourg, 1965).
_____, *Historism: The Rise of a New Historical Outlook*, trans., J. E. Anderson(London, 1981).
_____, *Machiavellism: The Doctrine of Raison d'etat and Its Place in Modern History*, trans., D. Scott(London, 1957).
Meyerhoff, Hans, ed., *The Philosophy of History in Our Time*(New York: Doubleday & Company, Inc., 1959).
Müller-Schmidt, Peter Paul, *Die philosophischen Grundlagen der Theorie der "Offenen Gesellschaft"*(Heidelberg: F. H. Kerle, 1970).
Mill, J. S., *Logic, Book*, VI,
_____, *A System of Logic*, VI, VII.
Morris, Wesley, *Toward a New Historicism*(Princeton, New Jersey: Princeton University Press, 1972).
Munz, Peter, *Our Knowledge of the Growth of Knowledge*(London: Routledge & Kegan Paul, 1985).
Nadel, G. H., "Philosophy of History before Historicism", *History and Theory*, Vol. III, No. 3(Wesleyan University Press, 1964).
Nagel, E., ed., *John Stuart Mill's Philosophy of Scientific Methods*(New York: Hafner Press, 1950).
_____, *The Structure of Science*(New York & Chicago: Harcourt, Brace & World, Inc., 1961). 전영삼 옮김, 『과학의 구조 I, II』(아카넷, 2001).
Nelson, A., "How could facts be socially constructed?", *Studies in History and Philosophy of Science*, 25.

Noble, James, "Marxian Functionalism", T. Ball and J. Farr, ed., *After Marx*(Cambridge: Cambridge University Press, 1984).

Obermeier, Otto Peter, *Poppers Kritischer Rationalism*(München : Ernst Vögel, 1980).

O'Hear, Anthony, *Karl Popper*(London: Routledge & Kegan Paul, 1982).

Parijs, Philippe van, "Marxism's Central Puzzle", T. Ball and J. Farr, ed., *After Marx*(Cambridge: Cambridge University Press, 1984).

Passmore, J., *History and Theory: Essays on Historicism*(Middletown, Connecticut: Wesleyan University Press, 1975).

_____, "Explanation in Everyday Life, in Science, and in History", G. H. Nadel, ed,. *History and Theory*, Vol. II. No. 2(Wesleyan University Press, 1962).

Platon, *Laws*. 박종현 옮김, 『법률』(서광사, 2009).

_____, *Republic*. 박종현 옮김 『국가 · 정체』(서광사, 2005).

Phillips, D. C., *Holistic Thought in Social Science*(California: Stanford University Press, 1976).

Popper, Karl R., "Selbstbefreiung durch das Wissen", L. Reinisch, hrsg., *Der Sinn der Geschichte*(München: C. H. Beck, 1961).

_____, *The Poverty of Historicism*(New York: Harper & Row Publishers, 1964). 이석윤 옮김, 『역사주의의 빈곤』(벽호, 1996).

_____, *The Logic of Scientific Discovery*(New York & Evanston: Harper & Row Publishers, 1968). 박우석 옮김, 『과학적 발견의 논리』(고려원, 1994).

_____, "Die Logik der Sozialwissesnschaften", Th. W. Adorno, et al., *Der Positivismusstreit in der deutschen Soziologie*(Darmstadt und Neuwied: Hermann Luchterhand, 1969).

_____, "Normal Science and Its Dangers", I. Lakatos and A. Musgrave, ed., *Criticism and the Growth of Knowledge*(London: University Press, 1970).

_____, *The Open Society and Its Enemies*, Vol. I, II(Princeton: Princeton University Press, 1971). 이명현 · 이한구 옮김, 『열린사회와 그 적들』(민음사, 2006).

_____, "Naturgesetze und theoretische System", H. Albert, hrsg., *Theorie und Realität*(Tübingen: J. C. B. Mohr, 1972).

_____, *Objective Knowledge*(Oxford: Oxford University Press, 1972)

_____, *Conjectures and Refutations: The Growth of Scientific Knowledge*(London: Routledge and Kegan Paul, 1972). 이한구 옮김, 『추측과 논박 I, II』(민음사, 2001).

_____, *Das Elend des Historizismus, 4 Auflage*(Tübingen: J. C. B. Mohr, 1974).

_____, *The Self and Its Brain*(New York & London: Springer International, 1977).

_____, "Three Worlds", *The Tanner Lectures on Human Values*(University of Utah Press, 1980).

_____, *The Myth of Framework*, ed., M. A. Notturno(London & New York: Roiledge. 1994).

_____, "Replies to My Critics", P. A. Schilpp, ed., *The Philosophy of Karl Popper*.

Popper, Karl R. und Lorenz, K., *Die Zukunft ist offen*(München: Piper, 1985).

Rand, Calvin R., "Two Meanings of Historicism in the Writings of Dilthey, Troeltsch, and Meinecke", *Journal of History of Ideas*, Vol. 25, No. 4, 1964.

Rawls, John, *A Theory of Justice*(Cambridge, MA: Harvard University Press, 1971). 황경식 옮김, 『사회정의론』(서광사, 1985).

Reinisch, L., hrsg., *Der Sinn der Geschichte*(München: C. H. Beck, 1961)

Remmling, G. W., ed., *The Sociology of Knowledge*(London: Routledge & Kegan Paul, 1973).

Rickert, Heinrich, *Kuturwissenschaft und Naturwissenschaft*(3rd)(Tübingen: J. C. B. Mohr, 1915). 윤명노 옮김, 『문화과학과 자연과학』(삼성문화재단, 1973).

Rigby, S. H., *Marxism and History: A Critical Introduction*(Manchester: Manchester University Press, 1987).

Ritter, J., hrsg., *Historisches Wörterbuch der Philosophie*, Band 3(Basel: Schwabe & Co., 1974).

Roemer, John, "Rationalizing Revolutionary Ideology: A Tale of Lenin and the Tsar", Michael Tayler, ed., *Rationality and Revolution*(Cambridge, UK: Cambridge University Press, 1988).

Rossi, Pietro, "The Ideological Valences of Twentieth Century Historicism", *History and Theory: Essays on Historicism*(Middletown, Connecticut: Wesleyan University Press, 1975).

Rothacker, Erich, *Die dogmatische Denkform in den Geisteswissenschaften und das Problem des Historismus*(Mainz: Akademie der Wissesnschaften und der Literatur, 1954).

_____, "Das Wort 'Historismus' ", *Zeitschrift für deutsche Wortforschung*, 16(1960).

Runes, Dagobert D., ed., *Dictionary of Philosophy*(New York: Philosophical Library, 1960).

Salamun, Kurt, hrsg., *Was ist Philosophie*(Tübingen: J. C. B. Mohr, 1980).

Sceski, John H., *Popper, Objectivity and the Growth of Knowledge* (Continuum International Publishing Group, 2007).

Schaff, Adam, *History and Truth*(Oxford: Pergamon Press, 1976). 김택현 옮김, 『역사와 진실』(청사, 1983)

Schleifstein, Josef, "Karl R. Poppers Gesellschaftsauffasung und Politik", K. Bayertz und Josef Schleifstein, *Mythologie der "Kritischen Vernunft"* (Köln: Pahl-Rugenstein, 1977).

Schilpp, P. A., ed., *The Philosophy of Karl Popper*(La Salle: The Open Court Publishing, 1974).

Schmidt, Gustav, *Deutscher Historismus und der Übergang zur parlamentarischen Demokratie: Untersucjungen zu den politischen Gedanken von Meinecke, Troeltsch, Max Weber*(Lübeck und Hamburg: Mattiesen, 1964).

Schnädelbach, H., *Geschichts Philosophie nach Hegel: Die Probleme des Historismus*(Freiburg & München: Karl Alber, 1974). 이한우 옮김, 『헤겔

이후의 역사철학』(문예출판사, 1986).

_____, *Philosophy in Germany 1831-1933*, trans., E. Matthews(Cambridge, 1984).

Schulick, M., "Meaning and Verification", W. Barrett and H. D. Aiken, ed., *Philosophy in the Twentieth Century*, Vol. 3(New York: Random House, 1962).

Schupp, Franz, *Poppers Methodologie der Geschichtswissenschaft*(Bonn: Bouvier, 1975).

Singer, Peter, *How Are We to Live?: Ethics in an Age of Self-Interest* (Prometheus Books, 1995). 정연교 옮김, 『이렇게 살아가도 괜찮은가』(세종서적, 1999).

Skagestad, Peter, *Making Sense of History: The Philosophies of Popper and Collingwood*(Oslo: Universitestsforlaget, 1975).

Spengler, O., *Untergang des Abendlandes*. 박광순 옮김, 『서구의 몰락』(범우사, 1995).

Spinner, Helmut F., *Pluralismus als Erkenntnismodel*(Frankfurt am Main: Suhrkamp, 1974).

Stammer, O., ed., *Max Weber and Sociology Today*(New York: Harper & Row, 1971).

Stark, W., *The Sociology of Knowledge*(London, 1971).

Stegmüller, W., *Probleme und Resultate* I(Berlin-Heidelberg, 1969).

Stinchcombe, A., *Constructing Social Theory*(New York: Harcourt, Brace & World, Inc., 1968).

Topitsch, E., hrsg., *Logik der Sozialwissenschaften*(Köln: Kiepenheuer & Witsch, 1976).

Troeltsch, Ernst, "Die Krisis des Historismus", *Dis neue Rundschau*, Vol. 33, 1922.

_____, *Der Historismus und seine Probleme, Gesammelte Schriften* 3 (Tübingen, 1923).

_____, *Der Historismus und seine Überwindung*(Berlin, 1924).

Vries, G. J. De, *Antisthenes Redivivus: Popper's Attack on Plato*(Amsterdam: North-Holland Publishing Company, 1952).

Vico, G., "The New Science", P. Gardiner, ed., *Theories of History*(New York: Free Press, 1959).

Wach, J., *Das Verstehen*(Tübingen: J. C. B. Mohr, 1926).

Walsh, William H., *Philosophy of History*(Harper Torchbooks, 1967).

Watkins, J. W. N., "Historical Explanation in the Social Sciences", P. Gardiner, ed., *Theories of History*(New York: The Free Press, 1959).

_____, "Ideal Typus and Historical Explanation", A. Ryan, ed., *The Philosophy of Social Explanation*(London: Oxford University Press, 1973).

Weber, M., *The Methodology of the Social Sciences*, trans. and ed., E. A. Shils and H. A. Finch(New York, 1949).

Wildt, Andreas, "Produktivkraefte und sociale Umwaelzung. Ein Versuch zur Transformation des Historischen Materialismus", *Urs Jaeggi und Axel Honneth*, Theorien des Historischen Materialismus.

Wilkins, Burleigh Taylor, *Has History Any Meaning*(Itaca, New York: Cornell University Press, 1978).

Wittgenstein, L., *Tractatus Logico-philosophicus*(London: Routledge & Kegan Paul, 1974). 박영식 외 옮김, 『논리철학논고』(정음사, 1985); 김영철 옮김, 『논리철학논고』(천지, 1991).

Wright, Erik O., *Reconstructing Marxism : Essays on Explanation and the Theory of History*(London: Verso, 1992).

Wright, G. H. von, *Explanation and Understanding*(Ithaca, New York: Cornell University Press, 1971). 배영철 옮김, 『설명과 이해』(서광사, 1995).

White, Hayden, *Tropics of Discourse: Essays in Cultural Criticism*(Baltimore, 1978)

_____, *Metahistory: The Hisorical Imagination in Nineteenth Century Europe*(Baltimore: The Johns Hopkins University Press, 1973). 천형균 옮김, 『19세기 유럽의 역사적 상상력: 메타역사』(문학과지성사, 1991).

_____, *Foundations of Historical Knowledge*(New York: Harper & Row, 1965).

강돈구 외, 『해석학과 사회철학의 제문제』(일월서각, 1990).
강돈구, 『슐라이어마허의 해석학』(이학사, 2000).
강영안, 『주체는 죽었는가』(문예출판사, 2001).
_____, 『칸트의 형이상학과 표상적 사유』(서강대학교 출판부, 2009).
고창택, 「마르크스 역사적 유물론의 분석철학적 재구성에 관한 논문」(동국대학교 대학원 박사학위 논문, 1993).
김규영, 『시간론』(서강대학교 출판부, 1987).
김기봉, 『'역사란 무엇인가'를 넘어서』(푸른역사, 2003).
김기봉 외, 『포스트모더니즘과 역사학』(푸른역사, 2002).
김기현, 『현대인식론』(민음사, 1998).
김도식, 『현대영미인식론의 흐름』(건국대학교 출판부, 2004).
김동식, 『프래그머티즘』(민음사, 2002).
김세종, 『확률적 인과론 연구』(삼영사, 2004).
김여수 외, 『언어 · 진리 · 문화 1 · 2』(철학과현실사, 1997).
김영한 · 임지현 편, 『서양의 지적운동』(지식산업사, 1994).
김재권, 『수반과 심리철학』(철학과현실사, 1994).
김태길, 『윤리학』(박영사, 1964).
_____, 『변혁 시대의 사회철학』(철학과현실사, 1990).
김태길 외, 『현대 사회와 철학』(문학과지성사, 1981).
김현식, 「역사주의」, 『서양의 지적 운동』(지식산업사, 1994).
김형효, 『구조주의 사유체계와 사상: 레비-스트로쓰, 라캉, 푸코, 알튀세르에 관한 연구』(인간사랑, 2008).
김효명, 『영국경험론』(아카넷, 2002).
김희준, 『역사철학의 이해』(고려원, 1995).
남경희, 『비트겐슈타인과 현대 철학의 언어적 전회』(이화여자대학교 출판부, 2006).
노태돈 외, 『현대한국사학과 사관』(일조각, 1991).
박성수, 『역사학개론』(삼영사, 1977).
박영식, 『비트겐슈타인 연구』(현암사, 1998).
박영식 외, 『언어철학연구』(현암사, 1995).
백승균, 『세계사적 역사인식과 칸트의 영구평화론』(계명대학교 출판부,

2007).
백종현, 『존재와 진리: 칸트 『순수이성비판』의 근본 문제』(철학과현실사, 2000).
소광희, 『시간의 철학적 성찰』(문예출판사, 2001).
______, 『자연 존재론』(문예출판사, 2008).
소흥렬, *Causal Explanation of Human Action*(탑출판사, 1976).
송호근, 『칼 만하임의 지식 사회학 연구』(홍성사,1983).
신용하 편, 『아시아적 생산양식론』(까치, 1986).
신일철, 「역사적 이해의 기준 문제」, 『고려대학교 논문집』(인문사회과학편) 제15집.
신중섭, 『포퍼와 현대의 과학철학』(서광사, 1992).
______, 『포퍼의 열린사회와 그 적들』(자유기업센터, 1999).
안병직 외, 『오늘의 역사학』(한겨레신문사, 1988).
엄정식, 『분석과 신비』(서강대학교 출판부, 1990).
______, 『비트겐슈타인의 사상』(서강대학교 출판부, 2003).
오병남 외, 『미학대계』(미학대계간행위원회, 2007).
윤평중, 『담론 이론의 사회철학』(문예출판사, 1998).
______, 『혁신자유주의 사회철학』(아카넷, 2009).
원만희, 『진리, 의미 그리고 합리성』(철학과현실사, 2004).
이명현, 『이성과 언어』(문학과지성사, 1982).
______, 『신문법 서설: 다차원적 사고의 열린 세계를 향하여』(철학과현실사, 1997).
이민호, 『역사주의: 랑케에서 마이네케』(민음사, 1988).
이상신, 『19세기 독일 역사인식론』(고려대학교 출판부, 1989).
이상현, 『신이상주의 역사이론: 비코, 크로체-콜링우드를 중심으로』(대완서적출판사, 1985).
______, 『역사적 상대주의: 미국 신사학파를 중심으로』(집문당, 2002).
이수윤, 『역사철학』(법문사, 1993).
이영호, 「변증법 철학」, 『사회과학의 철학』(민음사, 1980).
이양기, 『토인비와 현대』(영남대학교 출판부, 1985).
이영철, 『진리와 해석』(서광사, 1991).

이종관, 『과학에서 에로스까지』(철학과현실사, 2005).
이좌용, 『존재론 연구 I』(철학과현실사, 2005).
이초식 · 피세진, 「가치 · 규범 · 의사 결정의 논리 연구」, 『철학』 제14집 (1980).
이한구, 『칸트의 역사철학』(서광사, 1992).
_____, 『역사학의 철학』(민음사, 2007).
임희완, 『20세기의 역사철학자들』(건국대학교 출판부, 2003).
정대현, 『필연성의 문맥적 이해』(이화여자대학교 출판부, 1995).
_____, 『다원주의시대와 대안적 가치』(이화여자대학교 출판부, 2006).
정연교 · 김균, 『맥루언을 읽는다』(궁리, 2006).
조동걸, 『현대한국사학사』(나남, 1998).
조동걸 외, 『한국의 역사가와 역사학 상 · 하』(창작과비평사, 1994).
차인석, 『사회인식론』(민음사, 1987).
_____, 「비판 이론」, 『현대의 철학 I』(서울대학교 출판부, 1980).
차하순, 『역사의 본질과 인식』(학연사, 2003).
_____ 편저, 『사관의 현대적 조명』(청림문화사, 1978).
최인철, 『프레임』(21세기북스, 2007).
최재희, 『역사철학』(청림사, 1971).
_____, 『헤겔의 철학 사상』(정음사, 1966).
_____, 『사회철학』(법문사, 1963).
한국분석철학회 편, 『실재론과 관념론』(철학과현실사, 1993).
한국사회과학연구소, 『사회과학의 철학』(민음사, 1980).
_____, 『사회와 인식』(민음사, 1984).
한국사학사학회, 『역사학 길잡이』(경인문화사, 2008).
한국현상학회 편, 『역사와 현상학』(철학과현실사, 1999).
한기영, 『역사주의의 흐름』(천지, 2001).
한영우, 『역사학의 역사』(지식산업사, 2002).
황경식, 『사회정의의 철학적 기초』(문학과지성사, 1996).
_____, 『자유주의는 진화하는가』(철학과현실사, 2006).

[찾아보기]

[ㄴ]

[ㄷ]

[ㄹ]

[ㅁ]

[ㅂ]

[ㅅ]

[ㅇ]

[ㅈ]

[ㅊ]

[ㅋ]

[ㅌ]

이한구

서울대학교에서 철학박사학위를 받고 뮌헨대학, 도쿄여자대학, 브라운대학 및 위스콘신 매디슨대학의 연구교수를 지냈으며, 현재 성균관대학교 철학 전공 교수로 재직 중이다. 열암학술상과 서우철학상 및 대한민국학술원상을 수상했고, 한국분석철학회와 철학연구회 및 한국철학회의 회장을 역임했다.

그는 사회철학, 역사철학, 과학철학 등의 분야에서 비판적 합리주의의 철학을 발전시키면서, '열린 유토피아의 사회', '진화론적 관점에서 본 인류 보편사의 이념', '비판적 이성과 객관적 지식의 가능성' 등의 이론을 중심으로 새로운 논의를 전개하고 있다.

주요 저서로는 『역사학의 철학』, 『지식의 성장』, 『현대사회와 철학』(공저), 『정보사회의 철학적 진단』(공저), 『사회변혁과 철학』(공저), 『고교철학』(공저), 『디지털 시대의 민주주의와 포퓰리즘』(공저), 『역사를 어떻게 볼 것인가』(공저) 등이 있고, 주요 역서로는 『열린사회와 그 적들 I』(포퍼), 『추측과 논박 I · II』(포퍼), 『철학적 분석』(엄슨), 『영원한 평화를 위하여』(칸트), 『칸트의 역사철학』(칸트), 『파르메니데스의 세계』(포퍼) 등이 있다.

역사주의와 반역사주의

1판 1쇄 인쇄 2010년 7월 10일
1판 2쇄 발행 2013년 2월 15일

지은이 이 한 구
발행인 전 춘 호
발행처 철학과현실사

등록번호 제1-583호
등록일자 1987년 12월 15일

서울특별시 종로구 동숭동 1-45
전화번호 579-5908
팩시밀리 572-2830

ISBN 978-89-7775-728-8 93130
값 20,000원